汲古叢書79

小林一美著

中華世界の国家と民衆　上巻

汲古書院

序文

　これまで学生時代から書き貯めて、本書に収めた三〇数本の論文を眺めながら、自分は半世紀にわたって、いったい何を研究し、何を明らかにしようとしてきたのかと篤と考えた。日本に生まれ日本以外の地で暮らしたことがないから、自国の歴史と文化を基礎にして中国の歴史を学び、更に中国を通じてアジア全体、世界全体に知識と関心が広がった。そして逆にまた、日本の歴史と文化を外部からの目で見直すこともできた。自分も大きく変わった。戦後の日本と世界の状況変化とともに、関心や思想も急激に変わり、日本史像、中国史像、果ては世界史全体に対する見方も、次々に変化していった。私の青年時代の関心は、自国史と中国史を世界史の基本法則の一環に位置づけることにあった。そして未だ訪れたこともない中国の民衆の歴史に自分をくりこもうと思い、そして後半生はそれを否定して、少し醒めた目で世界史の中の日本文化、中国史の個性や独自の意味を発見しようとした。しかし老年になると日本史や中国史はもちろん、世界人類史、文化・文明史を青年時代とは異なった視点から、新たに考え直したいと思うようになったのである。

　大学教師の約四〇年間の講義は教養課程の「世界史」であり、東洋史でもなければ、中国史でもなかった。だから私は、アカデミックな「中国史家」ではない。私は、世界史の講義の中で、中国・日本の歴史、社会、文化、および人類の歴史等々を考えて、四〇年間一貫して「世界史」講義を行ってきた。人類史、世界史を考え講じなければ、俗な言葉で言えば大学でご飯が食べられなかったのである。日本人として国内で生活し、中国史研究を根拠地にして、世界史・人類史を講義するというスタンスが、私の教員人生であった。

さて、中国史研究といっても、「中国」と称される対象は時代とともにその歴史・文化・勢力・版図は、絶えず変化し、宋代以降は異民族に支配されることの方が多く、漢族王朝はしばしば消滅した。毛沢東ばりに言えば「生まれたものは必ず消滅する」、だからまた「国家もまた死滅するのだ」。永遠不滅な国家も、歴史も、文化も、版図もないのである。現存の国家・民族も絶えまない束の間の、世界史・人類史の変化の過程にあるのである。国家も文明も民族も、皆このような冷厳な眼で見ることが必要であると最近強く感じる。本書の書名を「中国の」とせずに「中華世界の」とした理由もそこにある。

中国のような世界帝国、古代文明の伝統を深く、長く保持してきた国家の歴史を学ぶたびに、これは果たして「中国の文明」のことだろうか、「中国の歴史」といえるだろうかと、いつも考えた。私の中国に対する意識は、「現存の中国」と「中華世界帝国」と日本をも含む「東洋世界の文明圏」の間で絶えず揺れ動き続けてきた。正確に言えば、東洋史全体、ユーラシア世界史全体の中の「中国史」といったところであろうか。いや、現存の中国を通じて、中華帝国と中華文明の歴史を考え、世界史の変遷を考え続けたという気持ちである。要するに、私の意識は絶えず、日本、中国、アジア、ヨーロッパ、世界、人類の間を揺れ動いてきたのであり、また今でも漂っているのである。

本書に収めた三〇数本の論文は半世紀にわたって書いたものであるから誤りも多く、互いに矛盾し、論旨はしばしば堂々巡りし、行きつ戻りつしている。言わずもがなのことであるが、エジプトやインカ・マヤのピラミッドのように整然と積み重なっておらず、また古代ローマ都市のように整然と区画されてもいない。しかし、永遠に価値ある歴史的事実、価値判断、理論やパラダイム等というものは存在しないのだから当然である。人間がつくる自然・環境・世界は絶えず変化し、それに対応して生きる価値、研究すべき課題も変化し、人間の履歴書や歴史的事実も意味が変わる。このように思い、増改築を繰り返し継ぎはぎしてきたこの長屋のような建物が、私の半生をかけた作品であり、出来映えの判定、是非の判定は読者の判断に待つより仕方がない。

さて、この古くて拙い論文を見るたびに、これまでの歳月を思い出すのである。私は、一九五七年にそれまで一度しか行ったことのない東京に大いなる緊張感とともに上京した。この頃は、まだ敗戦後一二年しか経っておらず、歴史の研究も一般に「近現代史などはまだ歴史学の対象ではない」と思われていた。中国近現代史の分野は史料も乏しく、またまともな辞書や今日の如き便利なコピー機やパソコンもなく、学生は食うために精一杯の時代であった。だからこつこつと時間をかけてやらなければならない実証主義は流行らなかった、というより出来なかった。人間の大脳は生活が貧しいと、それに反比例して観念的になるものらしい。当時は、「理論・法則」の威力は圧倒的であった。歴史は物語ではなく、「科学」であらねばならない。歴史が「科学」であるならば、そこに絶対の「法則」が貫徹していなければならない。歴史に「法則」があるならば、「必然」の道があるということだ。この「必然」の道を生きることが真に生きることであり、人生に「意味」が生まれるのであり、人間が真に「自由」であるということだ、という結論に達した。一九六〇年代までは、日本の青年の心にこうした時代の精神が強力に働いていた。しかし、「科学」も又人間の大脳が生み出した最高の「幻想体系」であったろう、と今にしては思うのであるが。

さて当時、私たちをとらえていたもう一つの価値観は、文化的な人間、民主的な人間にならねばならないということであった。私の小学校から大学の学部時代までの時期、つまり一九四五年八月の敗戦からおよそ二〇年間以上、日本人の大多数は、何事も「封建的（古い）」対「文化的（新しい）」の二元論で価値評価をしていた。旧日本の封建的性格を全否定して文化的でなければならない、という時代であった。だから「文化鍋、文化竈、文化包丁、文化祭」

から始まって遂には「文化の日、文化勲章、文化庁」と、何でも封建的なものから文化的なものに大変革しなければならないということであった。一九六〇年代の前半まで、よく「お前の考えは、封建的だ」、「民主的ではない」等と相手を批判したものだった。だから、日本の歴史学界では、江戸時代などは「世界でもっとも残酷な封建的身分制が純粋化した悪の時代」であったとされた。こうして、「封建制から資本制への移行」は最大のテーマとなった。我々日本人は、戦争に明け暮れた戦前を全否定して、真面目に「近代」をやり直し、真っ当な「近代的にして民主的な人間」にならねばならなかったのだ。封建制は帝国主義、植民地主義と並んで最大の敵だった。

一九五七年四月、東京教育大学の文学部史学科の東洋史学科で歴史学なるものに初めて接し、多くの先生方の講義で歴史学の何たるかを、また学問に必要な知識や能力の何たるかを教えられた。ビザンツ史の大家である非常勤講師の渡辺金一先生の講義では、先生の語学の才能に圧倒された。ギリシャ語、ラテン語、英語、フランス語、ドイツ語等々（実は何語かよくは分からなかったのだが）を自由自在に駆使し、史料や研究書名を黒板に書きなぐっては消すという連続で、書き写す暇もない。黒板に日本語が全くないのである。とても付いていけず、三カ月で逃亡した。世の中にはこんな凄い人間もいるのだと驚いた。木村正雄先生の講義では、西嶋定生、増淵龍夫、好並隆司、ウィットホーゲルなどの古代中国に関する諸学説をお聞きし、また生産力と生産関係の矛盾によって歴史の展開を捉えよと教えられた。何事にも相反する学説というものがあるのだということを初めて知った。野沢豊、小竹文夫両先生には近現代中国への深い理解の必要性を教えられた。今こうして生きている、現代が歴史学の出発地点だということを知った。人は今求めているものしか歴史の中に見ようとはせず、また答を「発見」することもできない。中嶋敏先生には無心になってひたすら調べ続ける姿を見せて頂いたが、これは今もって真似が出来ない。教科書裁判に半生をかけられた家永三郎、博覧強記の和歌森太郎、戦時中官憲に逮捕投獄されたことのある美濃部亮吉、いつも風の如く現れ風のごとく去ったフランス文学の河盛好蔵など著名な先生方の講義も受けた。畏敬の念で眺めていた羽仁五郎氏の講演は挑発的であり、他大学まで追っかけて数回拝聴した。羽仁五郎氏は、「歴史研究が学問であるためには、当然現代に生きる者としての研究目的、価値判断がなければならない」とよく講演で語った。今もってこの言葉を覚えているが、具体的に世界史の中で意識して研究課題を決定することはなかなか難しい。更に、研究をするためには、問題を発見し提起する膂力を養い、思考の枠組み（パラダイム）を作り、そしてその場で使う道具、つまり概念・理論・論理の考案とその錬磨が求められる。以後、内外の多くの偉い先生方の講義を受け、また専門著書を拝読して、私は大学院時代に歴史学なるものを専門に勉強しようと思ったのである。

本書（上巻）の冒頭に収めた三本の論文は、大学院時代の前後に「封建制から資本制への移行」論、「階級闘争史観」に惹き付けられながら書いたり、構想を練ったりしたものである。この当時中国史の論文を書く際の問題意識は、次のようなものだった。歴史には段階的発展があること、中国史ではアジア的停滞性理論を打破しなければならないこと、そのためには一九世紀の中国農村社会に「封建制から資本制への移行」を証明する必要があること、しかしそれだけでは不十分であり、農民を主体とする「農民的土地所有の実現」を目指す「階級闘争」がそれを最終的に決定するのであるから、それを実証することを目的とした。中国革命の必然性、社会主義権力の正統性の証明が最終目的地であった。私はこうした時代的精神の中で学業を続け、論文なるものを書いていたのであった。

一九六八年頃から第二次安保反対闘争、各セクトの政治運動、ベトナムに平和を市民連合（べ平連）、全共闘の運動等々が盛り上がり、それからは七一年の連合赤軍事件まで高揚を維持した。こうした状況下で、私は数人の仲間たちと「高校世界史教科書批判」運動を行ったが、その過程で書いた論稿二本を下巻の最後に収めた。また、一九七〇年代初期から、研究の方向も社会経済史から、人間の思想・宗教・精神の分野を重視すべきだというように変わり、七四年に、上巻に収録した「抗租・抗糧闘争の彼方」を発表した。以後、私の関心は、中国の宗教反乱、義和団運動に集中していった。こうした情況下で、問題意識と研究方法を変革する必要があるというわけで、「中国前近代史像形成のための方法論的覚書」（江古田の木造のぼろアパートの二階で書いた論考。後に『中国民衆反乱の世界』正篇、汲古書院、一九七四年刊行に収める）を書いて大いに得意であった。しかし、この論考の中で、大変お世話になりまた尊敬申し上げていた田中正俊先生を始め、多くの大恩ある先生方に失礼なことを書き、今回この論集に収める勇気がない。当時は恩師を批判することこそが「造反有理」の証であるといった、紅衛兵バリの気分であったのだ。池袋東口の酒場で、東京教育大学の筑波移転反対派を中心とする文学部の学部長をされていた恩師の中嶋敏先生に咬みついたこともあった。この論文は、こうしたお恥ずかしい所業の数々とともに書いたものであり、この論文集に再録する勇気が出ない。しかし、この未熟な論考で提起した問題は、以後の私の研究方向を決定したもののように思う。

先に述べたように、大学の学部時代から私の中で「歴史は物語から法則」となり、「歴史学は社会科学」になった。法則は実践的に担われてこそ初めて実現するというわけで、少しばかり行動的になった。次のような二、三の例が想い出される。大学院博士課程の一年目、つまり一九六二年にキューバ危機が起こった。まさに第三次世界大戦が勃発して人類滅亡の危機かと思われた。私が属している中国史専攻の大学院生だけで作る中国社会経済史研究会のメンバーも何かアクションを起こすべきだということになり、確か江原正昭、久保田文次両氏の発案により、数人でアメリカ大使館に抗議に行ったことがあった。間違いなく大使館の門前で追い返されると思っていたが、一応書記官に面会を申し込んだ。すると書記官が来て扉を開けて我々を立派な建物の二階に案内した。たくさんの本が棚に並ぶ重厚な広い部屋であった。誰かが抗議文を読み上げて渡すと、書記官は、「本国に伝えます」と言って受け取った。アメリカはなかなか懐が深いなと驚いた。英語で反論、攻撃されなくて助かった。

一九六六年頃から七年間、私立佼成学園高校の教諭となり、職場では解雇撤回闘争を数年間続けた。その間、そこで五日間のハンガーストライキ（これは本物の）をしたこともあった。その頃、東京教育大学の筑波移転問題が、教師や学生をも巻き込んで闘争にまで激化していた。私たちは母校を失って、研究会をする場所も、友人達とのたまり場も、自分の書斎のように使っていた東洋史教室の図書室も、総て失った。六九年には移転反対の学生運動が激化したため、教育大学では入学試験が取り止めになった。七〇年代以降今日に至るまで、我々は母校を失い、喪家の狗の如く都内をウロツクことになる。学生時代の仲間も多くが分裂したり、よそよそしくなったりして、ごく少数の仲間と竹早高校の同窓会館、お茶の水女子大付属高校の同窓会館、それに私の下宿などを転々としながら、研究会を持続することになった。以後今日に至るまで母校は想い出の中に残るだけとなった。

一九七一年、私は東京から名古屋に移って一五年間そこで暮らした。中国に対する考えが大きく変わったのは、一九八〇年代に入ってからである。八〇年代の初期に、戦後初めての中国の国費留学生が名古屋にやってきた。みな優秀であり彼等とよく遊んで楽しかった。また、一九八四年夏、南開大学の兪辛焞教授のお世話（亡妻平田光子が兪先生に東京の自宅をタダで貸した返礼として、お世話してくださった訪中）で、奥崎裕司、相田洋、大島立子、古屋昭弘の諸氏と北京大学、南開大学、山西大学、河南大学、山東大学と講演や座談会をして歩き廻り、中国の都市や農村社会を実際に見たのだった。この訪中で中国に多くの友人ができ、また中国史に対する視野も決定的に広がった。帰国後、こうした中国の先生方との最初の交流を記念して、共編著『東アジア世界史探究』（汲古書院、一九八六年）を出版した。

中国を実際に見ることができた一九八〇年以降、アジア的生産様式、アジア的停滞性理論、総体的奴隷制、東洋的専制主義、アジア的共同体等という諸理論にみられるような、「東洋を遅れた社会、西洋を発展する社会」或は「東洋を専制主義、西洋を自由民主主義」とする、戦前からの理論・思想を批判的に継承しつつ如何に根本的に克服するのかという、この古くて新しい大問題がいつも問題意識の根本に居座るようになった。前記のような東洋を否定するための国家理論、社会構成体論だけでは、東洋の歴史的価値、その大いなる人類史の試みの意味が全く失われてしまう。そこで、何とかして「中華世界帝国、中華世界文明」という歴史概念を提起し、前近代のユーラシア大陸に燦然と輝く「旧帝国、旧文明」に新しい歴史的価値、歴史的射程を発見しようとしたのである。歴史を、時間軸によって、あるいは地域軸によって、「東と西」、「旧と新」、「進歩と落後」というように二つに分けるのではなく、地層のように積み重なる「文化と文明」、「国家と社会」の重層的且つ生態的な歴史的展開過程として把握すべきだと考えたのである。このように考えれば、数千年にわたってユーラシア大陸、あるいはアフリカ・中南米に燦然と輝いた古代帝国、古代文明の重要な経験や軌跡もまた、人類の未来に重大な価値を有するということになる。植物と動物の生の痕跡が重層的に積み重なり、その環境の上にまた人間の活動や気温、風光、風雨による新しい生の営みが展開する。人間もこのような生態系の歴史的重層化、堆積化の中で生きているのであり、その一部をなすものであろう。歴史観の基礎に、生態学的な「主体―環境」の実践的に展開される統一系の「遷移」の思考を置かねばならない（廣松渉）のだ。そこには進んだ西洋世界、遅れた東洋世界等という世界史＝人類史は存在しないのではないかと考えるようになった。しかし、このことを歴史研究の中で理論化し、実証することはなかなか難しい。

もう一つの大きな転換点は、一九八〇年代の後半に中国の農村社会を詳しく実地調査する中で、日本の農村社会や徳川封建制社会とよばれる社会構造を比較史的に考える必要に迫られた。こうして本書（下巻）に収めた何本かの「日中比較社会史」関係の論文を書いた。日本と中国の農村は内部構造に大きな違いがあり、また農民の気質や政治思想にも、更に社会全体に於ける農村村落の位置にも大きな違いがあることを発見した。私が知っている日本の農村、百姓一揆、農民運動と、中国で実際に見た農村、村落、農民、農民運動は似て非なるものの如く思えたので、以後、日中農村社会の比較、農民運動の歴史の比較研究に熱中した。更に、一九八〇年代になってからの中国の目覚ましい経済発展を目にし、中国国家論に関心を持ち、中華世界帝国論の構築に微力を注いだ。また、ユーラシア大陸に栄えた旧帝国、諸文明の歴史についても関心が湧き起こり、少し調べては大学の世界史講義の中心的テーマの一つにした。

こうして、文化と文明、文明と帝国、帝国と国民国家、共同体と国家、商業世界と農業世界、血縁地縁共同体と社会利害共同体等を対比しながら、中国史や日本史を世界史の中で対比的に考察してみたのである。確たる理論や見取図がないので、私の拙い歴史の試みは相互に矛盾し、前進と後退を繰り返し、紆余曲折を辿ることとなった。

私の論文は、何度も言うが、いわゆるアカデミックなものではない。学校での主要な仕事が、名城大学でも、神奈川大学でも、一般教養の「世界史講義」であったから、中国史のアカデミックな講義、演習の経験は全くと言ってよいほどない。更にまた、青年時代に歴史学界のアカデミズムを批判することに大いに共鳴していたので、限られた中国史の一、二のテーマや特定の時代の研究に一生を捧げる気には全くならなかった。こうして研究対象がやたらに幅広くなり、世界史の中で中国史を位置づけ、そして中国史の中に世界史を訪ね、更に進んで世界帝国論を考え、世界文明史論の構築を目指すことになったのである。「世界史講義」は、関心を世界へ、人類へ、地球へと拡大させた。書くこと話すことが「大風呂敷」になり、「世界史全体」に及んでいったのには、かかる事情があったのである。

これまでの「雑読雑学」の歩みと、私の問題関心、研究課題の変化は、ざっと上に記したようなものである。こうして日本と中国と世界を複眼で眺めて、その時々に一番大切なことと思って書いた論文を基にして一書となし、一応「中華世界の国家と民衆」と題して、まとめてみたのである。

二〇〇八年二月記。

〈上巻〉

第一部　中国史における民衆とその運動

〈下巻〉

第二部　中国史における社会と文化

第三部　中国史における国家と権力

附　録

原掲載一覧表

本書（上、下）に収めた論考は、以下の著書、雑誌に掲載されたものである。本書に収録するに当たって、必要最小限の訂正、削除、附記を行った。また、一部の章には補論を加えた。

上巻　第一部　中国史における民衆とその運動

第一章　太平天国前夜の農民闘争―揚子江下流デルタ地帯における―
東京教育大学アジア史研究会編『近代中国農村社会史研究』（汲古書院、一九六七年）

第二章　一九世紀における中国農民闘争の諸段階　大塚史学会編『東アジア近代史の研究』（御茶の水書房、一九六七年）

第三章　中国半植民地化の経済過程と民衆の闘い―厘金（釐金）をめぐって、一九世紀後半―
歴史学研究会『歴史学研究』（No三六九、一九七一年二月号）

第四章　抗租・抗糧闘争の彼方―下層生活者の想いと政治的宗教的自立の途―　岩波書店『思想』（No五八四、一九七三年）

第五章　（一）嘉慶白蓮教反乱の性格　『中嶋敏先生古稀記念論集』（汲古書院、一九八〇年）

（二）嘉慶白蓮教反乱の軌跡―斉王氏の反乱―
青年中国研究者会議編『続中国民衆反乱の世界』（汲古書院、一九八三年）、原題は「斉王氏の反乱」

第六章　清代の宗教反乱　『中世史講座』巻七（学生社、一九八五年）

第七章　叛逆の女首領となった女性たち　『結社の社会史』第二巻（学生社、二〇〇五年）

第八章　中華帝王を夢想する叛逆者たち―中国における帝王幻想（ユートピア）の磁場―

第九章　中国農民戦争史論の再検討
『ユートピアへの想像力と運動』（御茶の水書房、二〇〇一年）
附録　一　中国近代史研究の視点—戦後歴史学における方法論の批判と反省—
『明清時代の基本問題』（汲古書院、一九九八年）
二　アジアの民衆運動と宗教—中国・朝鮮—
大塚史学会編『史潮』（No一〇一号、一九六七年）
三　書評論文、小島晋治著『太平天国革命の歴史と思想』について
国際歴史学会日本委員会編『歴史研究の新しい波』（山川出版社、一九八九年）
四　アジアにおける近代—中国の反近代、超近代、近代化をめぐって—
史学会編『史学雑誌』（第八八編第七号、一九七九年）
五　時間・歴史・世界認識—竹内好『現代中国論』を半世紀ぶりに読んで思う—
『神奈川大学評論』（No一六号、一九九四年）
六　第四章論文「抗租・抗糧闘争の彼方」の英文訳
『神奈川大学評論』（No二五号、一九九六年）
『STATE AND SOCIETY IN CHINA』（リンダ・グローブ、クリスチャン・ダニエル共編、東京大学出版会、一九八四年）

下巻　第二部　中国史における社会と文化

第一章　中華世界の構造と難民・移住民・華僑—福建省（閩）を中心として—
神奈川大学人文学会編『国家とエスニシティ』（勁草書房、一九九八年）

第二章　中華世界帝国と封建制日本—家産相続からみた国家・社会の比較—
中村義編『新しい東アジア像の研究』（三省堂、一九九六年）

第三章　中華帝国と秘密結社—中国にはなぜ多種多様の宗教結社や秘密結社が成長、発展したか—
神奈川大学人文学会編『秘密社会と国家』（勁草書房、一九九六年）

第四章　家産均分相続の文化と中国農村社会
佐々木衛編『中国の家、村、神々』（東方書店、一九九一年）

第五章　日本と中国の国家、社会、文化の比較史的考察—両国の民衆運動、民衆思想を比較して想う—
神奈川大学人文学研究所編『歴史と文学の境界』（勁草書房、二〇〇三年）

第六章　The Character of Land Management and Commercial and Business Operations in Modern North China
（東方学会編『ＡＣＴＡ　ＡＳＩＡＴＩＣＡ』ＴＯＫＹＯ　一九九二年）

同上論文の華訳「近代華北的土地経営与商業運行的特徴」（中国社会科学院近代史研究所編『国外中国近代史研究』第二六輯、一九九四年）

下巻　第三部　中国史における国家と権力

第一章　中華世界における「華・夷」関係の歴史的展開　『中世史講座』巻一一（学生社、一九九七年）

第二章　魏晋南北朝時代の国家、共同体史論—隋唐世界帝国形成に関する理論的考察—
『名城大学人文紀要』（No二七集、一九八一年）

第三章　「アジア的国家・共同体」の解体過程—滝村隆一氏の国家論によせて—　『道』六号（世代群評社、一九八一年六月）

第四章　朱元璋の恐怖政治と「皇帝革命」概念—中華世界帝国における専制君主の歴史的位相—

『山根幸夫退休記念明代史研究論集』（原題は「朱元璋と恐怖政治」汲古書院、一九九〇年）

第五章　中国史における国家と民族―中華帝国の構造とその展開によせて―

神奈川大学人文学研究叢書『民族と国家の諸問題』（神奈川新聞社、一九九一年）

第六章　中国社会主義政権の出発―「鎮圧反革命運動」の地平―

神奈川大学中国語学科編『中国民衆史への視座』（東方書店、一九九八年）

第七章　中国における地方官「知県・県長・県書記」の実態とその権力の変遷―清朝・中華民国・中華人民共和国の三つの時代―

（この論文の概要の一部は、愛知大学二一世紀ＣＯＥプログラムの２００５年度国際シンポジウムで発表し、論集『現代中国学方法論とその文化的視角　文化篇』に掲載された）

第八章　新しい比較史論、文化文明史論に基づく中国国家史論、日本史論

（この論文の概要は、二〇〇六年一一月に、愛知大学のＣＯＥの研究会で発表した）

附録　一　高校世界史教科書における歴史認識

将至会編『はるかなる歴史研究、歴史教育の地平』（一九七四年）

二　高校世界史教科書と現代歴史学の陥穽

歴史学研究会『歴史学研究』（別冊特集号、一九七二年二月）

三　日本における科学的歴史学と近接諸科学との関係

『東アジア世界史探究』（汲古書院、一九八六年）

第一部　中国史における民衆とその運動

第一章　太平天国前夜の農民闘争——揚子江下流デルタ地帯における——

一　問題の設定

アヘン戦争を起点として資本主義世界の一環に組み込まれた中国社会は、それ以後封建勢力と買弁ブルジョア階級との結合というかたちで、人民が二重に搾取される苦難の歴史を始めた。これが一般に「半封建・半植民地社会」という言葉でよばれるのは、解放を担うものの主体と主要な敵との矛盾を明確に表現しているからである。つまり中国革命の路線と展望を求める者の、現状分析に基づく規定であった。この解放の主体者達によって、否定すべきものとして把えられた半封建・半植民地社会に於て、帝国主義の時代に強制的に資本主義諸国の市場に編成され、畸形的ではあれ、資本主義的生産関係は急速に生みだされていった。資本の性格はいかに買弁的なものであろうと、真のプロレタリアートは急激に増大したし、地主の勢力にがんじがらめにされているかの如き農村にも、一九三〇年代には、農民層のブルジョア的分解が存在することが実証されている(1)。世界資本主義市場の一環にくりこまれた民国時代の中国は、資本主義が発展しつつあったが故に、農村の一定程度のブルジョア的分解は確認されて当然のことであった。

だが、この近代以前の中国、つまり西欧資本主義が中国に侵入する前の中国に於ても、明末清初に資本主義の萌芽の存在がみられると、多くの中国の歴史研究者は主張している。[2]「資本主義の萌芽」の概念にもっと厳密な規定を与えようと努力して、手ばなしの「萌芽存在論」に懐疑的な日本の研究者も、明末清初になんらかの新しい社会発展を想定している。それは、「主僕の名分」がなくなり「地主の法上の優位は消滅してゆき」、「永佃権の成立」に佃戸の社会的経済的地位の向上をみるといった主張に現れている。[3]このような社会発展の諸相は、商品作物の栽培・商品生産の発展――その性格規定はさておいて――と密接な関係をもつことは明らかである。しかし明末清初以降のこのような新たな発展を、小農民経営の内部から考察したものは少ない。

この章は、明末以来の中国社会の自生的な発展――佃戸の法律上の地位の向上、耕作権の強化と確立、商品生産の発展等々といった具体的な諸事実に表現される――がいかなる段階に達しており、またいかなる展望をもっていたかを、西欧資本主義が侵入する前夜、つまりアヘン戦争前後の先進地帯の小農民経営に視点をあてて考察しようとするものである。

このような本章のテーマは、「明末以来、とくに太平天国運動の前夜、商品流通の発展している華中・華南に多分に組織的なものとして展開していた抗租闘争に表現され、また太平天国発展の主要な条件をなす農民の主体的な力の高まり[4]」といわれるものに、具体的イメージを提供し、その歴史的内容を明らかにしようとするものでもある。なぜなら、ここでいわれる「主体的な力の高まり」とは、明末以降、その持続性・闘争性・組織性および波及性が認められる農民闘争――抗租・抗糧など――を支えるものの意味であろうが、それを小農民経営の構造と発展との関係で解明することがほとんどなされていないからである。そこで本章で行う小農民経営の発展段階規定と分析は、「封建的支配を体現する封建地代と農民的商品生産とが交差する萌芽的利潤範疇[5]」を鍵としてなされよう。農民闘争の発展と商品生産との統一的把握は、この萌芽的利潤範疇を軸になされなければ、抽象的な「主体的な力の高まり」という規定以上に出ることはできない。

ところで、まず第一に、中国社会が世界資本主義に包含される以前にいかなる内的構造——社会的・経済的構造をもっていたのか、いかなる階級矛盾や階級対立に直面していたのか、そしていかなる方向に動こうとしていたのかといった主体的条件を分析し把握することが大切である。こうした研究こそ、半封建・半植民地化の過程である清末の動的把握を可能ならしめると思うし、半植民地化なるものの実態を明らかにし得る第一歩であると考えるからである。

さて以上の如きテーマ、つまり旧中国社会の全面的な構造分析を直接に目的とする壮大なテーマは、能力からいってこの本章のよくなし得るところではない。いわばこの小論の位置は、外国資本主義の侵入がまだ本格化しない時点で、中国の自生的な小農民経営の到達した段階とその展望を明らかにし、それをとりまく農村社会が太平天国期を境にいかに変動したかをみようとするものであるが、考察の範囲からいっても一地方史研究に属するものであり、中国社会の全面的構造分析の第一歩に過ぎないものであることを記しておく。

最後に考察の対象となる蘇州府昭文県東部農村の地理的位置を紹介しておこう。昭文県は清代にのみ設置されていた県で、現在の常熟県の東半分に当たる。長江（揚子江）下流デルタ地帯にあったが、河口に面していたためアルカリ性の砂地が多く、そのため米作はあまり盛んではなかった。この昭文県の東部農村は、その内部を白茆・高浦・徐六涇・許浦などの諸河が縦横に流れるクリーク地帯でもあり、小船を利用するため交通の便がよく、商品物資の集散地としての位置を占めていた。したがってこのクリークの興廃によって、市鎮の栄枯盛衰がしばしば繰り返されたという。(6) 太平天国軍もこの地帯を支配下におくや、「許浦の各港口みな毛（天国軍兵士）を派し来り、卡（関税所）を立て税を収せしむ。梅里・芝塘等のところまた卡を立つ(7)」と商品流通の利益を掌握しようとした。これより先、雍正九年以前に「居民百余家、其の業は農・賈なり」とも、また「小舟蟻集し貨物輻湊す。其の民、産を治するに末を逐い倶に贏利を獲す」[8]ともいわれ、この地が早くから商品貨幣経済に巻き込まれていたことが窺われるのである。

註

（1）矢沢康祐「民国中期における農民層分解とその性格」（『社会経済史学』第二七巻三号）、河地重造「一九三〇年代の農民層分解の把握のために」（『歴史学研究』一九六四年七月）。

（2）中国人民大学中国歴史教研究室編『中国資本主義萌芽問題討論集』（一九五七年三月）、鈴木俊・西嶋定生編『中国史の時代区分』（一九五七年五月）。

（3）仁井田陞『中国法制史』（一九五二年六月）。
藤井宏「中国史における新と旧」（『歴史学論集』所収）。
小山正明「明末清初の大土地所有」（『史学雑誌』第六六編一二・一三号）。

（4）小島晋治「近代史分科会の準備と当日の質疑応答をめぐって」（『歴史学研究』一九六四年二月）。

（5）山崎隆三「江戸後期における農村経済の発展と農民層分解」（『日本歴史』〔第一期〕近代4　岩波書店）。

（6）『常昭合志稿』巻三・市鎮・雍正九年刊。

（7）顧汝鈺『海虞族乱志』（中国近代史資料叢刊Ⅱ『太平天国』Ⅴ所輯）。

（8）註（6）に同じ。

二　商品生産の発展

雍正九年（一七三一）刊の『昭文県志』（巻三・市鎮）によると、この東部農村に於ける商品生産の発達は著しかった。例えば、「小塘鎮は……居民千余家なり。産業を治し紡績に勤め利を逐いて上気す」、「周涇口……民風剽なり。

機利を仰ぎて食す」、「西周家市……碧渓市の傍に在り、浦鞋を以て業となす」、「周家市……居民百家なり。桑麻魚蛤の利あり」、「李市……邑民、績麻を知らず。惟だ唐市のみこれあり。………李市以北は苧布を績す者なし」と記されている。この史料より見ると、雍正九年以前にこの一帯の農民は紡績（綿布よりは麻布・苧布が主たるもののようである）に努め、その生産からの利が生計の中で極めて大きな比重をもっていたようである。

明末清初以来、綿花生産が徐々に広まるにつれて、農民の紡績でも麻布（麻の布）・苧布（からむしの布）の生産を抑えて綿紡織関係の商品生産が増大した。昭文県東郷の織布に関して、道光頃すでに、「常（常熟県）、昭（昭文県）両邑の、歳ごとに産する布疋は、価五百万貫を計る。……民生若《も》し此利の頼るなくんば、棉・稲ふたつながら豊なりと雖も済《たす》からざるなり(1)」といわれ、小農民経営の中で織布業が欠かすことのできない大きな比重を持つにいたっている。また当該地帯をとりまく綿布市場については、「吾が郷の地は、海浜に処す。壌は皆沙土、広く棉花を種す。……常・昭両邑の歳ごとに産する布疋は、価五百万貫を計る。通商販鬻して北のかた淮揚及び山東に至り、南のかた浙江及び福建に至る(2)」とある。これによると常熟・昭文両県における織布生産は、単なる小農民の自給部分を充足するにとどまらず、淮揚・山東・浙江・福建などをその市場とするほどの盛行をみせていた。

ところで、この織布の前に、軋花（綿繰り）・紡紗という二つの工程がある。

小農民は、その経営の脆弱性・未熟性の故に、生産した綿花を有核のまま市場に投じたがために軋花が必要となり、「経営の主体が零細化した貧民であることから考えて、彼らは流動資本に乏しく、その為には小規模な再生産過程を短期間に繰返す必要があった(3)」ので、軋花・紡紗の各部門がそれぞれ独立した工程となっていたのである。

しかしながら軋核（軋花）操作は、明清両代における太倉式の三足式軋車や句容式軋車などの高性能軋車の発明および普及や、古来からの攪車の技術改革等々によって、すばらしく生産能率を高め(4)、副業としての限界を破るほどになっていた。例えば、昭文県東部農村に境を接する太倉州には、清代中期頃の記述として、「一人一日、百二十斤を軋して浄花三の一を得可《うべ》し。他処、輾軸あるいは攪車を用いる。惟だ太倉式は一人で四人（旧式の軋車を使用するものの四人分）に当たる。九月中南方の販客城市に至る。男子多く軋花を生業とす(5)」とあり、単なる「女紅」といった女子の副業ではなく、成年男子の専業となりつつあったのである。

次いで、昭文県東高郷の紡紗業について考察すべきであるがほとんど史料がない。ただ注目すべきは、道光期に生産性の高い三錠紡車の昭文県東高郷への導入が窺われることである。それまでは、能率の悪い一錠紡車が長い間使用されていたらしい。例えば、『一斑録』に「棉紡して紗をなすも、架する所は只一定、抽紡も只一定のみ」とあるが、この『一斑録』の著者鄭光祖（昭文県東部農村の東張市の人(6)）は、たまたま上海で三錠紡車を見て、その能率の高度なのに驚胆し、一車を購入し故里へ導入したという(7)。このことは、単なる一知識人地主の気紛れな行為として見逃されるべきことではなく、当時の昭文県東部農村の生産力増大への熱望と商品生産の必要性が、その行為を支える底流として存在していたことを推測せしめるであろう。

以上のように、昭文県東部農村では、明末清初の麻布・苧布を中心とする紡織生産から、綿花の軋花・紡紗・織布に重点をおく商品生産へ発展してきたこと、しかも綿紡織生産は量的に発展したに止まらず、軋花工程では「男子の生業」たる段階にまで到達し、紡紗工程では道光期（一八二一〜五〇）に新式器具の導入による生産力の増大の可能性さえみせ始めるのである(8)。

ところで、綿紡織業が軋花・紡紗・織布にそれぞれ独立性をもっていたことは、商品生産者たる小農民経営が「流動資本に乏しく……小規模な再生産過程を短期間に繰返す必要(9)」があって、そのため商業高利貸資本の支配を容易ならしめる側面をもっていたことをも意味した。更にまた市場の性格をみても、常昭両県の綿布が淮揚・山東・浙江・

福建という広大な市場を道光頃に既にもっていたとはいえ、それが農民的市場であったとか、生産が産業資本の母体たるマニュファクチュア形態をとって現れていた、等々と断定できる史料は皆目みあたらない。逆に前期的資本たる商業高利貸資本の存在を示すものこそ多いのである。例えば、咸豊一〇年（一八六〇）太平天国動乱期の梅里鎮のこととして、「当鎮の富商は、（太平天国軍によって）城の失われ勇の散ずるを見て、各黄白細軟《きんぎんざいほう》をして車を雇い走避せしむ。独り当鋪・布行の財物は倍多にして移動するあたわず[10]」であったという。富商は巨大な物資をかかえていた当鋪（質屋）、布行（綿布問屋）とならぶ大変な財産家であったが、自らが生産を営むものではなかった。従って道光二六年昭文県東部農村に荒れ狂った抗租闘争の中で、高利貸的収奪を行っていた馬正興布荘という綿布商店が佃戸《こさくにん》（農奴範疇）によって襲撃されたのも当然であった[11]。

これらの事実は、依然として根強い商業高利貸資本の支配を示してはいるが、「土着資本あるいは客商資本として の商業資本は、みずから全く生産の外部にあって――したがって歴史発展の主体的契機たりうることなしに――市場の狭隘性とそれにもとづく支払手段の慢性的不足とを前提」として、「流通過程からのみ譲渡利潤を抽出壟断[12]」するのであって、商業高利貸資本の存在が新たな当該地帯の生産関係の発生を完全に否定する理由にはなり得ないこと、また道光期の当該地帯における商品生産の著しい発達が、何らかの質的変化を小農民経営の内容と生産関係にもたらしたと考えられることを指摘しておく。

註

（1）鄭光祖『一斑録』雑述七、「三椗紡紗」。

（2）註（1）に同じ。

（3）西嶋定生「支那初期綿業の成立とその構造」（『オリエンタリカ』2号）。

（4）天野元之助『中国農業史研究』（頁六一七〜六二〇、御茶の水書房、一九六二年）。

（5）『太倉州志』（古今図書集成、経済彙編所集）。この史料の重要性は、天野元之助が『中国農業史研究』（註4に同じ）で既に指摘している。

（6）『一斑録』の著者鄭光祖について知りえた限りのことを紹介しておく。彼の家系について、光緒三〇年刊『常昭合志稿』巻三一、人物の義行の項に次の記録がある。「鄭鐘字履中、昭文諸生、策貢後、需次光禄寺署正、張墅建社倉、捐米為里中倡、雍正壬子、潮災馨所、米麦以済貧、制府給額奨之、子士泰雲南同知、従子鎏字天倬、幼孤事大父、有至性、居郷孰善行、具幹才、邑命康公深器之、士泰子徳懋、光祖、光祖字梅軒、慷慨有幹略、道光甲午濬白茆河、光祖董其役、著有河工瑣記、一斑録（家述）」

これによると祖父の代から典型的な郷村指導層に属する家柄であったらしい。鄭光祖の祖父は光禄寺署正、父は雲南同知、兄は諸生（『常昭合志稿』人物・蔵書家の項）で、郷村では最高の知識人であった。家系からみると郷民というよりは、常熟・昭文両県の名望家というべきかもしれない。鄭光祖については、その数々の行動を後に紹介する筈なので詳しくは述べない。しかし、道光一三年一一月初六日の林則徐の公牘（『林則徐集』、一九六二刊、頁二〇）に「茲拠常昭両県職監鄭光祖等来轅呈称……」とあり、彼は常昭両県の職監（職衡監生）として、貧民救済のため、水利工事（「以工代賑」）を興すよう林則徐に要請し、許可を得たのち董事として白茆河改浚工事を完成した。

（7）『一斑録』雑述七「三椗紡紗」に、

「前至上海、泊閘上、見有紡紗、並架三椗抽三緒者、両足蹈一木、旋其車皮環、随車以転則三椗胥椗、左手指縫、夾三棉条、引三緒、右手持一細竿、按陣押其緒於椗上、偶或一断、右手幫而続之、云毎日可十両、余奇之、覓一車以回、多年人莫能用」とある。

（8）軋花工程に関しては註（5）参照。

紡紗工程に道光期に新式器具の導入の可能性があると言ったのは、註（7）の史料解釈から推察できると考えたからである。つまり鄭光祖が「余奇之、覔一車以回」と、これを一台買って帰ったのは単なる一地主の気紛れだと考えられない。当時昭文県の農民の生産力発展への期待と熱望が、地主鄭光祖にこのような新式器具への関心を植え付けたのだと思われるからである。一般に技術導入の始まりは、このような一見単なる偶然とみまごうばかりの道を通ることから開始されるのではなかろうか。

（9）註（3）の西嶋論文からの引用。
（10）顧汝鈺『海虞賊乱志』（『太平天国』V、頁三六〇）。
（11）『一斑録』雑述七、「郷民不法」に、「……又北三里、入徐市、擾馬正興布商」とある。
（12）田中正俊「明末清初江南農村手工業に関する一考察」（『和田博士古稀記念東洋史論叢』所収、講談社、一九六一年）。

三　農業生産力の発展――麦豆作より麦綿作へ――

蘇州府の東南の諸県の綿作は、明末清初にすでにその普及の著しさによって知られていた。『農政全書』[1]に「玄扈先生曰く、……呉下吉貝を種す。吾海上（上海）及び練川（嘉定）尤も多し。頗る其利を得る」とあり、太倉の人呉梅村は「木棉吟并序」[2]で「上海・嘉定より、延べて吾州（太倉州）堈身に及ぶまで高仰にして土宜に合す」と記している。これらの記述から見て、昭文県の東南諸県（上海・太倉・嘉定）の綿作は既に明末から頗る盛んであったことを知り得るのである。綿作の普及度については、呉梅村が「上海・嘉定・太倉の境は、倶に三分稲に宜く、七分木棉に宜し」と書いており、耕地の約七割ほどを占めていた。

ところで、これらの諸州県に対して、常熟・昭文両県の綿作はそれほど顕著ではなかったらしい。昭文県東部農村が綿作の最先進地でなかったことは確かであるが、一部の地帯には雍正九年（一七三一）以前に綿作の普及がみられる。雍正九年刊の『昭文県志』（巻三・市鎮）に、「老呉家市……在小呉市南五里、臨金涇浦、居民三四百家、地宜花豆」[3]とあり、老呉市などは綿花生産がおこなわれていたらしいが、他の大多数の市鎮の綿作は特に記載はない。

しかるに、清末光緒（一八七五～一九〇八）の頃、当該地帯（昭文県東部農村一帯）に設立された義荘（光緒三〇年刊『常昭合志稿』による）は、ほとんど綿花畑（以下、花田と記す）によってその所有地が構成されていた。例えば、帰家市には花田五〇〇畝の顧氏義荘、老徐市には花田五一〇畝の王氏義荘、花田二五〇畝の黄氏義荘、花田五〇〇畝の黄氏義荘があげられる。また光緒二四年刊の『農学報』には、「東郷（常熟県）は江（揚子江）に近く、多く棉を種す」[4]とあり、常熟県にまで綿作は普及しているのである。

清末から時代を遡って道光末年の昭文県東部農村の綿作状況をみると、当該地帯の知識人である地主鄭光祖は、道光末年に次のように記している。「吾郷、地は海浜に処し、壌は皆沙土なり。広く棉花を種す。（常熟・昭文より、南のかた太倉・嘉定・上海・南匯・金山に至り、直ちに差浦に至るまで其の地はおおむね同じ）」と。これによると道光期に常熟・昭文は綿作の一般化した地帯に成長していたことを知るのである。

ところで当時の綿作地の地理的状況をもっと詳細に考察してみると、鄭光祖の『一斑録』に「この堈身大路は、江陰を過ぎ常熟・昭文に抵り、以て太倉・松江に及び直ちに浙省に往く……。東（堈身大路の東方一帯）の地勢稍高く、皆海に浜す。種する所、棉多し。路以西の地勢稍低く、皆内地の種する所、惟だ稲を称す」とあり、堈身大路以東に属する昭文県東部一帯は綿作の適地であり、同時に普及地であったことが確認されるのである。

以上、当該地帯が明末清初頃にはそう顕著な綿作地帯でもなかったのに、道光期以後急速に抬頭していることを見てきた。しからばこのような変化は、いつの頃に始まったのであろうか。この点について鄭光祖『一斑録』に重要な指摘がある。同書雑述二「大有年」に、「余が郷、海より堈身（堈身路のこと）に至るまでの二十余里東高郷と称す。

遡りて雍正以前、郷農の種する所、豆は棉より多し。……時に棉を種するもの十の僅かに四、五のみ。……自後生歯《じんこう》日に蕃《さか》んなり。故に棉を種するもの漸く豆より多し」とある。

これによれば、雍正以前には豆作が綿作より多かったことがわかる。ところが雍正期を境に、両者の耕作比率は逆転して、綿作は豆作を圧倒し首位を奪ったという。この場合、雍正以前とて綿作は豆作より劣っていたとはいえ、耕地の四、五割程度を占めていたことを忘れてはならない。つまり、当地帯においては、綿作は清代初期から盛んとなり、雍正期に一般化して豆作を完全に圧倒したということである。これは清代に入って後、上海・嘉定・太倉等の諸県から、徐々に昭文・常熟へ綿作が普及していったためであろう。

例えば、この推察を裏付ける史料として、道光一四年（一八三四）刊の『蘇州府志』「物産」の記載に、「太倉は東郷土高く最も宜し。今常熟東郷の高田皆之（綿花）を種す」とあり、また天野元之助も、清代になってから常熟方面へ綿作が広まっていったことを明らかにしている。(5) これが『一斑録』によって更に詳細に、雍正期（一七二三～三五）を境にして綿花耕作が最大面積を占めることになった事実、つまり綿作が始まった時点ではなく、豆作を圧倒して全面的に発展した時期が明らかにされたのである。

ところで綿作の耕作期間についてみると、『一斑録』に「棉花四月より始めて種し、七、八月に至るを以て収成す」とあり、また同書に「我郷向年の風俗、棉花七月に始めて開き、八月にして盛んなり。農家捉取に勤め、九月に至りて尽る」とあって、綿花は四月に種子を蒔き八～九月に収穫する。そのため四月～九月頃まで耕地は他の農作物の栽培に利用できず、同一時期に生育する豆とは二者択一を迫られるのである。従って雍正以後に綿作が豆作にとって代わったことは、農家経営にとって大きな変革であった。つまり、綿花という商品作物の増大は商品経済の中に小農民を根底から巻き込んだのであった。豆は既に商品生産物であったと考えられるが、ある場合には食糧として自家消費に転用できるのであって、全く糧食となることが期待できない綿花生産こそ、より商品作物たる本性をもつものであったと言い得るのである。しかし豆も商品となり得る可能性があった以上、豆作↓綿作へという変化が、そのまま自然経済↓商品経済へという変化発展の論拠とはなり得ないが、綿作・綿業地帯では、商品生産が自給経済を巻き込む度合いがより大きかったことは確かなことであろう。それは、綿花生産が軋花・紡紗・織布という生産工程と密接に関連しているからでもある。

最後に、昭文県東部農村の綿花生産量についてふれておこう。光緒二四年の常熟県では「東郷、江（長江）に近し。多く棉を種し出産頗る佳《よ》し。棉の種、畝ごとに約五六斤を立夏後二三日に下種すべし。地はよろしく沙を帯し、棉田に糞すべし。糞及び爛草を上となし、草泥・畜糞これに次ぐ。豆・棉・菜の各餅またこれに次ぐ。常年畝ごとに花を収するに、上なる者約百二十斤、中なる者百斤、下なるもの八十斤以下なり」(6)とあって、常熟県の綿作生産量は最高一畝百二十斤、低いものでは八十斤以下で、普通作で百斤であった。昭文県東高郷では、鄭光祖によれば「常年畝ごとに花百斤を得るを上となす」(7)とあって、一畝百斤の収穫も可能だったようだ。綿作の最先進地帯であった松江府では、豊年で綿花（以上みな有核綿花）百二十斤であったという。この松江府や先の常熟県に比較して、昭文県東高郷の生産額は若干落ちるようであることを付け加えておく。

註

（1）『農政全書』巻三五、「樹芸」。
（2）『梅村家蔵藁』巻一〇、（『中国農業遺産選集』「棉」、頁六九）。
（3）雍正九年刊の『昭文県志』（巻二、市鎮）に、「此は花、豆に宜なり」とあるのは、この老呉市だけである。従って昭文県東部農村では、雍正九年以前では綿作はそう一般的ではなかったと考えられる。
(4) 光緒二四年『農学報』第二六(各省事述)。
(5) 天野元之助の前掲書「清代の綿作発展」の項。
(6)(7) 『一斑録』雑述二、「大有年」。

四 定額銭納地代成立の可能性

封建地代の形態転化、つまり労働地代→生産物地代→貨幣地代へという転化は、封建的土地所有の成立・発展・解体に照応し、封建社会の構造的変化を論証する基準となっている。中国史上に於ては、既に明代万暦の時、明らかな貨幣地代の存在が実証されている。しかるに、それ以後貨幣地代が全国的規模で成立することはなかった。辛亥革命で二千年にわたる中国専制王朝の支配に終止符をうった後にも、農村の地主支配は存続し、生産物地代は江南先進地帯にあってさえいくらもみられた。更に生産物地代から貨幣地代へ、そして亦逆に貨幣地代から生産物地代へという地代形態の変転の極まりなき状況もあった。また学界には明末清初に在地地主権力は崩壊し始め郷紳層の支配が成立したとする学説や、[1]清末でも農民層の没落(地主支配の発展)或はその逆の上昇(地主在地支配権力の一般的後退)を強調する学説がある。[2]諸学説の多様さに圧倒され、我々は清初以降の地主制を変化・発展・解体という論理の中で解明し位置づけることができなかった。

本節は一八世紀後半から一九世紀前半の昭文県東高郷一帯に焦点をあて、封建地代の形態変化とそれがもたらす小農民経営の変化の内容をみようとするものである。

既に貨幣地代の存在は、清初順治の昭文県東郷に確認される。『一斑録』「雑述六」に、「余の郷の業戸に、旧時の租簿有り。順治四年麦収は歉薄なり。租価麦一石を大銭（新鋳順治青銭）に折するに、一千六百文より二千に至る。小銭（即崇禎等銭）の若きは、十六千文より二十千に至る」とある。これによると明らかに順治四年に貨幣地代があったことがわかる。この場合、貨幣地代は単なる生産物地代の形態転化であるとはいえ、つまり佃租の貨幣額が一定額に固定されず、納租すべき現物の市場価格に相当する貨幣を納めたに過ぎぬとはいえ、少なくとも生産物の一定部分は市場に投ぜられ、規則的に貨幣と交換されねばならず、未だ微弱ではあったが、「商品生産の論理（価値法則の作用）」が貫徹する一定の現実的基盤があったことを窺わせる。

それから百年余の後の乾隆期（一七三六〜九六）、つまり第二節で実証した綿作の全面的普及の段階で、封建地代の形態に大きな変化が生じた。まずその点に関する『一斑録』（雑述二「大有年」）の記載を紹介しよう。（次の史料（Ⅰ）・（Ⅱ）は、連続した文章であるが、便宜上二つに区分した）

（Ⅰ）余郷自海至墹身、二十余里、称東高郷、遡雍正以前、郷農所種、豆多於棉、租額畝麦三斗・豆七斗・麦以額償、豆従七八九折、照豊歉以定其数、時種棉十僅四五、蓋黄霉削草、必資人多、曩時人較少也。

（Ⅱ）自後生歯日蕃、故種棉多於豆、乾隆三十年後、秋租折価、各業書数於壁、豆皆不照墅価約剖、歳収以定租数、而各佃立写租札、則仍依旧規三麦七豆、亦有二五麦・六五豆及二麦六豆、曾有抄案、田当官照租簿収租、佃大苦焉。

（註）この論文発表時には、「乾隆三十年後」の「後」を見落としており、小島晋治先生に後で指摘されて訂正した。又、小島、伊原弘両氏により、この史料強調点を付けた部分の読み方が間違いであり、定額銭納地代と読むことはできないと批判された。今回、収録するに当たって、誤りも又歴史的事実として残すべきと考え、大いに問題のある第四節、第五節をそのままにしておく。（補記を参照されたい）

まず（Ⅰ）の史料によれば、昭文県東部一帯における現物定額地代の成立は、既に雍正期か或はその以前にみられたということである。前述したように、雍正以前には綿作より豆作の方が多かった（「時に種綿十の僅かに四、五」とあって綿作のかなりの普及は勿論あったが）のであるから、佃租＝封建地代は春の麦租と秋の豆租が中心となるのは当然のことである。そしてこの租額は、一畝につき麦三斗・豆七斗である。麦租のほうは、「麦は額を以て償す」と規定額を割引きなしで納入せねばならなかったが、豆租はその歳の豊歉に照して七斗の七・八・九掛のどれかに割引きされた。土地の肥沃度に応じて若干の差はあるが、要するに一般的には「麦三斗・豆七斗」の定額現物地代が一般的には雍正段階で成立しているのである。これが、以後どう変わったか（Ⅱ）の史料をみると分かる。

（Ⅱ）では乾隆三〇年（一七六五）の租額規定の改定内容が中心をなしている。そしてこの佃租額改定の中心は、全佃租（麦・秋両租）にあるのではなく、唯「秋租」だけなのである。つまり、「自後、生歯日に蕃《さか》んなり。故に種棉は豆より多し」という植付農産物の変化（豆作→綿作）が必然的にもたらす佃租（秋租）規定だけの改定だったわけである。従って、「秋租の折価は各業『数』を壁に書す」とある秋租とは綿田佃租である。このことは、下に改めて「豆は皆墅価（市価）に照して……」と書いて、秋租と豆租を厳密に区別していることからも説明できる。

ところで、（Ⅱ）の史料の全面的分析のために、次の四つの問題を検討しなければならない。

第一の問題。（Ⅱ）の史料は、単に乾隆三〇年（一七六五）という一年間だけのことか。それとも乾隆三〇年以後も慣行として効力＝規定性をもつことを意味していたのだろうか。

（解答）まず結論から先に述べる。この史料は乾隆三〇年以後長い間行われた新規則であって、一年間行われただけのものとは考えられない。なぜか。まず文章の構造をみる。乾隆三〇年の規定は、雍正期或はそれ以前に麦豆を中心とする現物定額の地代であったものが、「種棉、豆より多し」という作付農産品の変化に対応して必然的にもたらされたものとして規定されている。明らかに乾隆三〇年という年代の地代形態を、長い過去の記録から恣意的に抜出したものでないことは明らかである。

また（Ⅱ）の史料の最後に、「各佃戸が小作契約をする際には、雍正以前の旧規をなお踏襲した」とあり、明らかに乾隆三〇年の租額規定が、「新規」として記録者鄭光祖に意識されているのである。もし乾隆三〇年という年に限られる例外的なことであるならば、三〇年の佃租額とその形態に対して「なお旧規三麦・七豆」と書いて、以前のものを「旧規」とする必要は全くないのである。以上の理由によって、乾隆三〇年の規定は過去の現物定額地代を全面的に改定してなされたもので、その改定の成立の事情からして以後長い年月、当該地帯の新しい佃租規定として効力を発揮したものであることがはっきりした。

第二の問題。「秋租折価、各業数を壁に書す」の「折価の数」とは、具体的に何であるか。

（解答）まず「秋租」とは、この場合「花租」つまり棉田佃租であることは先にみた。しからば、この折価とは花租の納入形態を示すことになる。普通「折価」といえば、貨幣形態にすることを意味していると考えられ、佃租の割引率ではないであろう。なぜなら、割引く場合、鄭光祖は（Ⅰ）の史料の如くに、「豊歉に照して……」と書くか、或は（Ⅱ）の史料の豆租の場合のように、「墅価に照して……」という言葉を入れているのであって、最も重要な「秋租」の場合、このような言葉を挿入しない筈はないと考えるからである。また綿田佃租の形態は、米作地のそれとは性格が違うからである。というのは、光緒の『常昭合志稿』にある義荘のうち、その佃租額が判明する二七件をみると、花田とある義荘（義荘の所属地が綿田であるもの）の佃租は銭数で記録されており、他の稲田佃租は石で表示されているからである。つまり一般に綿田佃租は、銭で納入されるのが普通であるということである。これは綿花がすぐれて商品作物であったがためであると考えられる。

以上の考察によって、秋租折価とは、花租の貨幣納（銭）を意味し、その「数」とは貨幣額であると考えてほとんど誤りはなかろう。要するに、乾隆三〇年（一七六五）後の段階に、秋租（花租）は定額金納地代として成立したのである。

第三の問題。「豆皆不照墅価……」という部分をどう解釈したらよいか。読み方によって全く逆の意味になる。

（解答）読み方の一つは、「豆は皆墅価《しか》に照し約剖し、歳収もって租数を定めず」。もう一つは「豆は皆墅価に照さず。歳収を約剖し租数を定む」と読む。（Ⅱ）の史料のこの部分は、「秋租の折価数」を定額に固定したことに対比して、「豆は皆……」と書いているのであって、このような対比的な書き方から見て、秋租（花租）の折価数が、綿花の市場価格に関係なく定額化されたのとは逆に、豆租は市場価格の変動に応じて割引きされたのである、と考えざるを得ない。従って前者の読み方が正しいということになる。しかし仮りに後者のように読むべきだとしても、乾隆三〇年の租額規定の本質は、花租規定を綿作の一般化に応じて新しく設けたことにあるのであって、秋租の定額銭納地代化を論証しようとする本論には直接には関係ないのである。

第四の問題。乾隆三〇年に佃租の新規定がつくられたのに、それ以後も小作契約の際には「則仍依旧規」と、旧規を踏襲したのはなに故か。

（解答）これは、乾隆三〇年の佃租規定のもつ意味に係わる問題である。まずこの新しい佃租規定は、綿作による豆作の圧倒という新事態によって、過去の豆租規定だけでは秋租を徴収できなくなったため行われたのである。更にまた綿作による直接生産者佃戸のもとに生じた貨幣収入の増加に対して、地主が豆租のとき以上の佃租徴収をもくろんだためでもあった。ここに地主の意図があった。しかし地主は新規定がまだ慣行として成立していず、新規定の実施に不安があり、また佃戸層の抵抗も予想した。新規定は或は逆に、実質的には旧規定以下の佃租しかもたらさないのではないか。こう心配した地主層は、長い年月慣習として存続してきた権威ある旧規に、最低限度の佃租を確保する保障を求めようとしたのであろう。ここに新規が実施され始めた乾隆三〇年以後も、ある期間、旧規が小作契約書に使用された理由がある。そしてこの新規定は、「田は当に官が、租簿に照して租を収む」とあることから明白なように、佃戸の抵抗を招き、官憲の介入を必然的にもたらしたのである。新規成立以後も、契約書に旧規を使用したのは、こうした官憲の介入を地主が要請した際、彼ら地主に有利とするためである。なぜなら官が公的に拠るところは、乾隆三〇年以前からの「抄案」（文書）しか法的には存在しないからである。

以上長々と史料（Ⅰ）（Ⅱ）を分析してきた。これを要約すると次のようになる。

昭文県の東高郷では、雍正及びそれ以前、まだ豆作が綿作より多かった時、全佃租（麦・豆）は現物定額租として成立していた。或は、単なる形態転化にすぎぬところの貨幣納であったかもしれない。何故なら、この地帯に順治四年（一六四七）、すでに佃租の貨幣納があったから。[3] ところが、雍正以後、綿作が豆作を圧倒するや、地主は乾隆三〇年（一七六五）後、直接生産者＝佃農の貨幣収入の増加部分を余さず収奪しようとした。ここに於て、当該地帯に初めて定額貨幣地代が実現したのである。

次に定額貨幣地代の成立がもつ歴史的意味を考察しておこう。明代万暦期に貨幣地代が既にあり、又この昭文県東高郷に清代順治期にもそれがあったことは前述したが、しかしこれが生産物地代の単なる形態転化であるかどうか明確ではない。しかし、乾隆三〇年以後の昭文県東郷（東張市を中心とした一帯）に於ける地代は、明らかな定額貨幣地代である。

理論的な考察によれば、「資本制社会では、利潤が近代的地代の高さをきめるが、資本がまだ社会的労働を、まったくまたは散在的にしか包摂していないような封建社会では、利潤は逆に地代の高さによって規定されている。封建的土地所有が存在していた以上、地代の大小が農民の剰余（＝萌芽的利潤）の有無・大小を決定することになる[4]」という。つまり地代の大小・高低こそ小農民経営における萌芽的利潤の実現を可能にするか否かの鍵なのである。

従って乾隆三〇年の貨幣地代の成立は、当地帯の小農民経営に萌芽的利潤の発生を可能にする契機となったと考えられる。吉岡昭彦氏によれば、貨幣地代の成立のためには、「動産とくに労働諸条件が事実上はもちろんのこと法律的にも、いっそうつよく彼自身の所有に転化されなければならない」し、また「商業・都市工業・商品生産一般の、したがってまたこれに照応する貨幣流通のいっそうの展開を必要とする[5]」のである。そして貨幣地代の成立下にあっては、直接生産者は労働生産物の一部を恒常的に商品として貨幣に転化せねばならないため、彼自身は商品生産者となり、萌芽的利潤をその手中に実現する可能性を獲得する。更に地主と佃戸との関係は、隷属的な支配関係を弱め、ついには単なる「貨幣関係」に転化するのである[6]。

乾隆三〇年（一七六五）以後の昭文県東部農村における小農経営は、貨幣地代の成立によって、上に述べた如き論理的展望をもったと云えるのではあるまいか。

註

（1）（2）　多数の研究論がありここにはいちいち列挙しない。このような簡単な紹介では不充分であり先学に礼を失しているとも思うが後の機会に譲りたい。ただ座談会「中国の近代化」（『世界の歴史』11、「ゆらぐ中華帝国」筑摩書房）の中に、このような学界の動向がよく示されているように思う。なお明代万暦の貨幣地代の例は、安野省三「明末清初、揚子江中流域の大土地所有に関する一考察」（『東洋学報』四四―三号）。

（3）『一斑録』雑述六、「銀貴銭賤」に「余郷業戸、有田時租簿、順治四年麦収歉薄、租価麦一石、折大銭（新鋳順治青銭）一千六百文至二千」とある。

（4）阿部直琴・洒井一「封建制の動揺」（『日本歴史』［第一期］、近代1　岩波書店）。

（5）吉岡昭彦「封建的土地所有・封建地代・経済外強制」（『西洋経済史講座』（Ⅰ）所収、岩波書店）。

（6）マルクス『資本編』第四七章「資本制地代の発生史」。

五　小農民経営における萌芽的利潤の形成

小農経営に於ける萌芽的利潤発生の可能性が、乾隆三〇年以後に昭文県東部農村で生まれたことは、前節で詳しく述べた。しかし、その可能性は現実に社会で実現されたであろうか。

この問題に関しては、注目すべき記録が残されている。以下に紹介するのは、乾隆三〇年から八〇年の後、つまり道光二六年（一八四六）頃の史料である。

（Ⅰ）『一斑録』雑述六、「焼搶拒案」、道光二二年（一八四二）

「余張市一帯屯田、属太倉衛。歳収田租、畝不過銭七八百至一千一二百、佃力易償。陸市・小呉市等処、属蘇州衛、租有増無減。畝至銭一千六七百者、猶与当地田租相埒。」

（余張市一帯の屯田は、太倉衛に属す。歳ごとに田租を収するに、畝ごとに銭七八百より一千一二百に至るに過ぎず。佃力、

償し易し。陸市・小呉市等の処は、蘇州衛に属し租に増有りて減無し。畝ごとに銭一千六七百に至るは、猶お当地の田租と相埒《ひと》し）

（Ⅱ）『李文恭公奏議』巻一二、「審擬棍徒頑佃摺子」、道光二六年（一八四六）

「昭文県佃戸、応還業戸麦租、向由業戸、議定価値、画一折収、由来已久」

（昭文県の佃戸のまさに業戸《じぬし》に還《おさ》むべき麦租は、向に業戸に由りて価値を議定し、画一に折収す。由来已に久し）

（Ⅲ）『一斑録』雑述七、「郷民不法」、道光二六年（一八四六）

「麦租折価、各業毎石銭二千者、何得至二千四百。秋来、花租毎畝一千者、何得至一千二百。過一期限、銭毎千各業加銭三十者、何得驟加銭一百。而且各業、新買田産、召我等立写租札、毎畝索銭五六百、乃我等意中事。及於千、猶可努力支持。若索至銭二三千一畝、我輩典衣剝債、男啼女哭。誰則知之時」（麦租の折価、各業石ごとに銭二千なるもの、何ぞ二千四百に至るを得んや。秋来たり花租畝ごとに一千なるもの、何ぞ一千二百に至るを得んや。一期限を過ぎれば、銭千ごとに各業銭三十を加うる者、何ぞ驟に銭一百を加うるを得んや。而して且つ各業新たに田産を買い、我等を召して租札《けいやくしょ》を立写するに畝ごとに銭五六百を索《もと》むるは、乃ち我等意中の事なり。千に及ぶも猶お努力支持すべし。もし索むること一畝あたり銭二三千文に至らば、我輩典衣剝債し男啼女哭せん。誰ぞ則ちこの時を知らんや）

まず（Ⅱ）の史料を見る。これは道光二六年の抗租暴動の原因を、江蘇巡撫李星沅が彼なりに解釈したものである。彼によれば麦租折価額の増大が抗租暴動を引き起こしたという。しかし鄭光祖は、史料（Ⅲ）に佃戸の要求項目をそのまま記載しているのであって[1]、これによって見ると李星沅の記述は不充分である。つまり、道光二六年の抗租暴動は、麦租折価額の増大のみでなく、花租・押租等を含む全佃租の増額に対してなされたのであった[2]。

ところで、（Ⅱ）の史料に「向に業戸に由り、価値を議定し画一に折収す。由来已に久し」とある。これは、地主による麦租の折価数の一定化が、かなり古い昔に行われたという意味である。乾隆三〇年後の佃租規定の改正が、秋租（花租・豆租）に対してなされたことは先にみた所であるが、その時麦租については何ら言及されていなかった。

しかし（Ⅱ）の史料によって、この昭文県東部農村における麦租もかなり古くから銭納化されていたことが判明した。この麦租の場合、貨幣納であったといっても、（Ⅲ）の史料に「麦租の折価、各業石ごとに銭二千なるもの……」とあって、単なる生産物地代の形態転化にすぎぬのではないか、という反論が出されるかもしれない。だがこれは全く誤りで、麦租も実質上定額銭納地代として実現しているのである。なぜなら雍正以前に当該地帯では、麦租一畝三斗或は二斗五升或は二斗と、土地のそれぞれの肥沃度ごとに定額現物地代が慣習として成立しているのであって、この現物の折価額が「向に業戸に由り価値を議定し、画一に折収す」と、一定に固定された以上、必ず一定の銭納地代に帰結せざるを得ないからである。

かくして、道光二六年（一八四六）より既にかなり昔から――「由来已に久し」とあるのみで、詳しい年代は不明だが――麦租も定額銭納地代となっており、更に花租・豆租は乾隆三〇年に定額貨幣地代に転化し、道光末年には一畝千文（花租）だったという以上、昭文県東部農村一帯では、道光期に定額銭納地代が全面的に、且つ完全に確固として成立していたことになる(3)。

この定額貨幣地代は、小農民経営に萌芽的利潤を形成させる可能性を担うものであることは先に明らかにした。ところで、この可能性を現実のものに転化するのに有利な社会情勢が存在したことを忘れてはならない。というのは、嘉慶頃より激化した「銀貴銭賤」の傾向である。『一斑録』の記録では銀一両の銭文換算率は、乾隆四〇年（一七七五）以前は七百文、乾隆五〇年頃は九百文、嘉慶二年（一七九七）は千三百文、道光末期（一八四〇年代）には一千六百文

～二千文と激高している。(4) この「銀貴銭賤」は、場合によってはこの地帯の小農経営（佃戸経営）に有利な条件をもたらしたものと考える。

「銀貴銭賤」が何故に昭文県東部農村の佃農経営に有利な作用を及ぼす可能性があったのか、ここで詳しく検討しておきたい。

銀価の膨脹と銅銭の下落は、銀建で土地税（田賦）を納入する義務のある土地所有者の負担を増大させたし、諸物価の値上げによって一般民衆の生活を窮迫させた。この経済的危機を、地主層は「増租・奪佃し、進庄押租を増高し、折価を提高して収租する」（彭沢益前掲論文(5)）という佃戸搾取を強化する種々の方法を通して回避しようとした。しかし自作農（小土地所有者）は、「銀貴銭賤」の悪影響をもろに受け没落の度を深めた。昭文県では、一八四〇年代に「小戸の脂膏已に竭《つ》き、苟《いや》しくも、いささかの恒産《とち》あるものは、悉く大戸に售《う》る」とあるように自作農の小所有地は失われ、一八四五年には「彼境の小戸の田、或は契売し、或は寄粮すること猶お水の下に就くがごとく、遏《さえ》ぎるべからず」と、自作農層の没落は制止できぬものとなったのである。こうした社会状勢を背景にして、一八四〇年代の抗糧闘争は全国各地に激発してゆくのである。

これら土地所有者に対して、佃戸層は「銀貴銭賤」によっていかなる影響を受けたのであろうか。地主の佃戸支配力が強大で佃租額を固定せず地主の欲望のままに変動するといった状況

第一表〔銀貴銭賤〕

乾隆四〇年以前	※銀一両銭七〇〇文
乾隆四〇年以後	銀価少昂
乾隆五〇年以後	銀一両銭九〇〇文
嘉慶二年後	銀一両銭一三〇〇文
道光二〇—三〇年	銀一両銭一六〇〇文～二〇〇〇文

※我邑銭与銀並用…銀一両兌銭七〇〇文、数十年無所変更、故我邑至今銀銭之価已大更、而俗語尚以七〇文銭称一銭、銀子（七文銭称一文銭称一分）七〇〇文銭称一両、銀子七〇〇〇称一〇両、七〇〇〇〇称一〇〇両、循其旧也。

（鄭光祖は、この資料を書くにあたって『常昭合志』の「銀貴銭賤」の項に示されている数字は不正確と批判し、この自分の記録の正確さを強調している。）

下で、佃戸の自立性が弱体であった場合には、地主は「銀貴銭賤」によって増大した土地税（田賦）をそのまま佃租の増額によって補塡することができる。

しかし、一般に定額現物地代あるいは定額銭納地代が、曲りなりにも一応成立している地帯にあっては、佃戸層はそう簡単に地主の搾取強化を受け入れない。逆に「銀貴銭賤」が有利に作用して、佃租の実質的低下さえ実現できる可能性を一時的には生んだのである。

第二表は、『一斑録』雑述六「銀貴銭賤」の記述中の、「米価」、「田価」、「麦価綿花価」によって作製した、昭文県東部一帯の諸物価表である。

第二表〔田価〕

	田一畝当たり（田は畑の意）
順治初	良田一畝二～三両
康熙の間	〃　四～五両
雍正年	併徴積欠、田価又落如順治
乾隆初	田価漸長 高郷四～五両 低郷七～八両
嘉慶二〇年後	高郷一〇〇〇〇文（約八両） 低郷二〇〇〇〇余文（約一六両）

註、嘉慶二〇年後高郷田一畝一万文を約八両、二万文を約一六両と換算した基準は、当時銀一両を一三〇〇文という推定値によった。

第一表から当該地帯の銀両と銅銭の換算率は、乾隆四〇年を境にして変動を始め、嘉慶年間（一七九六～一八二〇）に入って速度を増し、一八四〇年のアヘン戦争を画期として激化したことが判明する。乾隆期に対して一八四〇年代は、実に銅銭の価値が二分の一から三分の一に下落している。従って国家に土地税を銀建で納入する土地所有者の負担も実質的にはそれだけ増大した。中でも弱少の経営規模しか保持できない自作農は、この危機を乗り越えることができず、その没落は急速度に進行したと思われる。田価は乾隆初年に比べて嘉慶二〇年（一八一五）に至る間に約二倍に値上がりしていたから（表二）、一度失った土地を再び買い戻すことは不可能であった。

農民の中で圧倒的多数を占める佃農層は、綿花と麦を主要な農産物とする生産者であった。その彼等の生産物――例えば綿花をみると、その市場価格は雍正頃の二千文から三千文、四千文、四千四百文さらに五千文と道光末年までには、およそ二倍から二・五倍に増加した。この綿花価格の上昇は、ちょうど銅銭の価値下落につり合っていたから、綿花生産に関する限り、佃農は「銀貴銭賤」の進行によっても経済生活を破壊される心配はない。しかし綿花についで重要な農産物たる小麦の価格が、一八〇〇年頃から二千文を常価にしていたということは、銭文の価値が下落しつつあった時には実質的には収入の減少を意味していた。また米価も、乾隆から道光末年までに約二倍の値上がりをしていたことは、当時貧しい農民が米をほとんど口にすることはなかったであろうと考えても、少なくとも一般民衆に不利な条件となっていたことは確かである。

このように「銀貴銭賤」とそれに伴う諸物価の値上がりによって、地主から佃農まで経済的後退を迫られたことは明らかであるが、没落した小土地所有者が失った土地を巨大地主は自己のもとに集中し、また種々の不正手段によって税粮を弱小戸に転嫁しつつ益々自己の所有地を拡大していった。

佃農層はどうか。彼等の小経営も不安にさらされていたとはいえ、佃租率に関しては、それは実質的に低下した。

第三表〔米価〕

	米一升
康熙四六年	七文
雍正～乾隆初	一四～一五文
乾隆五〇年前	一六～一七文
乾隆五〇年後	二〇文
嘉慶初	米価已漸増
一三年	三五～三六文
一三年～一九年	常価亦必四〇文
道光二〇年	銭三二為常
道光二五年～三九年頃	僅二二～二三文為罕覯也

なぜであろうか。昭文県東部一帯の道光二〇年（一八四〇）代の佃租は、一畝千六百～千七百文である。（そのうち花租が一千文、麦租が六百～七百文の割合だが）この佃租は、銀で納めるのではなく一定の銭文で固定されていたから、銭文の価値下落は生産物総収入に占める佃租額の実質的低下を結果した。麦租部分に関してのみいえば、麦価が上昇しなかったから、その搾取率は若干増大したであろうが、農業生産の比重は綿花生産にあったから、それは決定的なものではなかった。従って「銀貴銭賤」の傾向は、定額銭納段階のこの一帯

第四表〔綿花価〕

	一担（一六両秤）
国初~雍正	銭二〇〇〇文前後
乾隆の間	漸増。しかし三〇〇〇文を超えず
乾隆四六年五月	僅二三〇〇~二四〇〇文
四六~五九年	常価終止　四〇〇〇文
五九年	九〇〇〇文
以後	復旧（四〇〇〇文）
道光元年以来	連歳豊収、降至三二〇〇~三三〇〇文
四年~一三年	四四〇〇文
二〇年以後	連歳八〇〇〇~九〇〇〇文
二四年以後	連歳下落
二七、八年	五〇〇〇文常価

の小農にとって、一時的に地代の軽減をもたらす可能性があったと結論される[6]。

定額銭納地代の数十年にわたる実施は、こうした社会状況も作用して、佃農経営にある程度の余剰蓄積を可能にしたのである。定額銭納地代の実現や商品生産の発展は、萌芽的利潤実現の主要な基礎である。

日本封建社会解体期の経済史研究における理論的成果によれば、「農民経営において、G—W—G の循環が成立しても、その生産過程に賃金労働を包摂しないかぎり、厳密にいってG—W—G'（G+g'）すなわち価値増殖が法則的に実現するわけではない。しかし萌芽的利潤部分が封建地代の再強化や商業資本の収奪によって消滅しないかぎり、単純再生産に必要以上の一定の剰余が生ずる[7]」のであり、このような段階が、昭文県東高郷一帯では、道光期（二六年以前）に到来していた可能性がある。

かくして、定額銭納地代は、それが慣習的に確立し、しかも「銀貴銭賤」という地主にとっては不利な、佃戸には有利な条件が生ずるや、佃租の増徴という初期の地主の意図を自ら否定して、逆に地主層の経済的危機と佃農の経済的上昇を招来することとなった。そこで地主は、自ら規定した佃租徴収基準を廃棄し、佃農層のもとに形成された萌芽的利潤を残らず収奪せんと、封建地代の再強化にのりだす。そしてその時点は、道光二六年か、或は道光二二年~二六年の間であったことは、史料（Ⅰ）（Ⅱ）（Ⅲ）の考察によって明らかである。

地主層の新たな攻勢の具体的内容は、佃戸側の抗議をそのまま転写したと推測される史料（Ⅲ）に詳しい。これによると、麦租は一石二千文が二千四百文にと二〇パーセントの増額、花租は一畝一千文が一千二百文にと二〇パーセントの増額が強行された。更に納租期限に遅れた場合、納租額一千文につき三〇文を余分に取りたてられていたのが、百文へと一〇パーセントに増額され、また小作保証金（押租）は、一畝五六百文だったのが二三千文へと四、五百パーセントも増額された。このように地主の増租要求は驚くべきものがあった。この地主の一方的増租強行は、地主商人など三八戸に対する放火・破壊という巨大な抗租暴動をよびおこしたのである。

以上見てきたこの地主層による極端な増租強行は、少なくとも銭納地代のもとにおける余剰蓄積＝萌芽的利潤の形成を前提にしなければ、全く実現不可能なナンセンスな要求ということになろう。なぜなら、地主が道光二六年までの数十年にわたって、必要労働部分にくい込むほどの苛酷な搾取を全く恣意的に行っていたとするなら、この急激な増租要求は所詮ないものねだりに過ぎないからである。そして実際に、道光二六年の抗租暴動は決して単なる飢餓暴動ではなかった。直接生産者＝佃農のこの闘争こそ、余剰蓄積に支えられた経済的自信を背景にしていたのである。それは史料（Ⅲ）に充分読み取ることができる。

「各業新たに田産を買い、我等を召して租札を立写するに、畝ごとに銭五六百文を索むるは、乃ち我等意中の事なり。千に及ぶも猶お努力支持すべし」

佃農をしてかくの如き言葉をはかせた経済的自信のもつ意味は、もはや多言を要しないであろう。

このように道光二六年の抗租暴動こそ、小農民のもとに形成

第五表〔麦価〕

小麦五、六〇年来（一八〇〇～一八五〇）一石銭二〇〇〇文を以て常価となす	
嘉慶四年春	城麦尽四〇〇〇文
一〇年春	三五〇〇文
一一年春	麦尽四〇〇〇文
一九年	大旱三五〇〇文
道光一二年	三五〇〇文
一三年冬	四二〇〇文
自後	二二〇〇～二三〇〇を以て常価となす

された余剰部分＝萌芽的利潤の攻防をめぐる業佃両者の闘争の可能性があったということが出来る。このような性格をもった業佃両者の闘争だからこそ、中国史上未だなかった新たな矛盾を背景としたものとなり、また佃農にとっては一定の萌芽的利潤を越えて農業経営を更に発展させることが出来るか、それとも余剰労働部分を完全に収奪されてより以上の上昇を阻止されてしまうか、という運命をかけた闘争だったという評価が与えられるのである。

註

（1）史料（Ⅲ）の前に「余張市西四里、承吉庵・頭陰涇一帯農佃、忿業主収租兇刻、因造言謂」という文言があり、（Ⅲ）の史料は、佃戸の要求をそのまま記録したものと考えられる。

（2）註（3）参照のこと。

（3）「道光二六年の抗租暴動の原因となった如き増租は、この時ばかりでなく以前にも屢々行われていたのではないか。たまたまこの年の増租だけが暴動を引きおこしたと思えないか」という批判が提出され、もしこうした批判が正当だとすれば、本論の論理構成は崩壊するように思うかもしれない。つまり、定額銭納地代の成立、萌芽的利潤の形成、道光二六年の抗租暴動の新しい性格等々を主張する本論の論旨は、説得力を失ってしまうのではないかという疑問があろう。そこで道光二六年の増租に関する私の解釈をより詳しく述べておきたい。

「道光二六年の増租は、定額銭納地代の慣習を破るものであり、長い間増租がほぼ行われることがなかったこの地帯に、この年突然地主によって強行されたものである」という私の解釈の論拠は、次の二点にある。

①李星沅は、道光二六年抗租暴動の原因として、「昭文県の佃戸の応に業戸に還《おさ》むべき麦租は、向に業戸に由りて価値を議定し画一に折収す、由来已に久し」と述べているが、「麦租折価数」の地主による増加だけに原因をみているとすれば不充分である。

鄭光祖の記録（史料（Ⅲ））によれば、全佃租（麦租ばかりでなく、花租も含めた）の増額と押租および納租期限遅延料の増額に暴動の原因があったことは明らかである。従って李星沅は、各種の増租の中からたまたま麦租だけを恣意的に取り上げて記録したものと思われる。こう考えると「向に業戸により価値を議定し画一に折収す、由来已に久し」という個所は、麦租だけに係るのではなく、麦租・花租・豆租などの全佃租に係る説明ということになる。かくして、当該地帯に於ては、一租額規定が長期間に亘って規制力を持ち業佃両者によって守られてきたと考えられよう。もし、「向に業戸により価値を議定し画一に折収す、由来已に久し」という個所が麦租だけに係るという解釈が正しいと仮定したとしても、麦租が已に事実上定額銭納地代として現実に成立していた時（本章の五節を見よ）、花租・豆租だけは、乾隆三〇年以後道光末まで、しばしば地主によってかってに増額されていたといったことは常識的にも考えられない。

②史料（Ⅲ）にあるような急激で巨額な増租要求は、もし久しい以前から地主が必要労働部分にくい込むほどの搾取を恣意的に行っていた場合、達成不可能である。また仮りに佃戸層が全余剰部分を搾取され続け、しかも道光二六年直前に、このような増租が強行されたとしたなら、地主層は、彼等の経済的生活の再生産を保証する佃農の小経営を完全に破壊してしまっていたであろう。また「銀貴銭賤」の傾向は、嘉慶頃から始まったといっても、それが顕著になったのは道光に入ってからであり、更に社会的諸矛盾を激発させたのは阿片戦争以後のこと（彭沢益「鵜片戦後十年間銀貴銭賤波劫下的中国経済与階級関係」歴史研究一九六一—六期を参照）であって、乾隆三〇年以後常時、佃租の増額がされ続けたということは少なくとも道光初期以前には想像され難い。若干の増租がこれまであっても、本論と基本的には矛盾しない。

（4）『一斑録』雑述六、「銀貴銭賤」、頁四一。

（5）彭沢益「鴉片戦後十年間銀貴銭賤波動下的中国経済与階級関係」（『中国歴史研究』一九六一年六期）。

（6）ところで生産物の市場価値だけで佃戸の経営内容をおしはかることは不充分であることは確かだ。というのは、豊年が続いて生産物が過剰になると市場価格は下落するのであって、その例は表四の道光元年からの棉花価に見ることが出来る。したがって、その年の生産額と市場価格の二つが正確に判明しない時には、正確に経営内容を分析することはできない。しかし少なくとも、「銀貴銭賤」の進行は、事実上定額の銭納地代が成立していた昭文県東高郷一帯の佃農にとって、佃租額の実質的低下をもたらしたことは承認されよう。

（7）　山崎隆三「江戸後期における農村経済の発展と農民層分解」（『日本歴史』［第一期］近世4　岩波書店）。

六　農民闘争の展開

道光二六年の抗租暴動の本質については前節に於て論じた。ところで清末昭文県の農民暴動は、道光二二年、二六年と連続して勃発しているのである。その他この一帯では太平天国期、光緒期、辛亥革命期に不穏・動揺・騒擾事件がかなり多く見られた[1]。

本節では、道光二二、二六年に起きた両事件の概要とその特徴に限って考察する。

（一）道光二二年（一八四二）の抗租暴動

これは、昭文県東部農村で、蘇州衛屯田を佃作していた農民が、佃租徴収に下郷した旗丁に反抗し、ついで地主層に対する抗租暴動に転化した事件である。概要は唯一の記録書『一斑録』雑述六「焼搶巨案」によって見ることができる。

道光二二年一〇月、蘇州衛の旗丁は知県の収租許可証を携えて屯田の所在部落（陸市近傍）に来郷した。屯田佃戸の王長明・王長元などは、抵抗のため附近の佃戸を糾集し、収租船一〇艘を焼燬した。一〇月の二二日・二三日の両日の出来事である。この時の総勢は閔元元等も加わる五八名で、牛角尖・老呉市の地主房屋と巡司衙をも襲撃したという。二五日、牛角尖を出て途中田畑に労働中の農民も加えて碧渓市に進み、地主の家屋数軒を焼く。二六日、小呉市の商家及び地方の名士薛玉堂――彼は宝石・衣装・骨董・書籍・書画などを所有していたが、これらの財産はことごとく灰塵に帰したという——を襲い、ついで昭文県職員陳茂堂の家を焼く。二七日、彭家橋の某家を襲う。ついで首謀者閔元元は、梅里鎮の季芳に暴動鎮圧の動きがあるのを聞き、東張市の帰氏倉房の打燬計画を中止して梅里鎮に進み、季芳及び地主数人を襲う。

この日、地主たちは、昭文県城内にある県署に赴き、知県に速やかな鎮圧を願った。二八日、陳茂堂・季芳は郷勇を率いて知県と共に来郷し、腹心のスパイ二名を暴動の参加者にしたて、内外呼応して弾圧に成功した。王長明・王阿南等二二名を逮捕。王長明・閔元元は自殺し、徐二蛮は蘇州城内で斬決、王関壬は昭文県城内で絞決され事件は終結した。これがおよその事件経過である。

襲撃が行われた市鎮は、詳しく掲げると、牛角尖・老呉市・碧溪市・小呉市・彭家橋・東張市・陸市・白蕩橋・先生橋・長浜である。そして暴動参加者の大多数の居住地は、「衆兇皆白馬菴附近人」とあり、白馬菴に住む人々なのである。衛所所属の田地を耕作していた白馬菴附近の屯田佃戸が、蘇州衛の旗丁を暴動の対象とするばかりか、上記一〇市鎮の一般地主まで襲撃し始めたこの事件は、当該地帯の土地所有の形態・権力構造、その他興味深い諸点を我々に語っている。

まず、屯田・旗丁・衛所・両衛(蘇州・太倉)の所有地等々について若干検討しよう。太倉衛や蘇州衛は、田賦の輸送(田賦徴収地から京師・通州の倉庫まで)にあたる軍事組織なのである。もっとも、明代では軍役も任務に包含されていたが、清代では軍役は事実上免除されていた。[2] この衛所には、旗丁という軍籍にあるものが所属している。そして旗丁は「糧舟毎船一旗丁(軍籍)掌管。各給屯田二三百畝、免賦以資運力、其田散処各郷(各軍田)[3]」とあって、屯田二三百畝を有し、そこからあがる佃租が彼等の主要な収入なのである。清末になると、国家の漕運を担当していた旗丁の生活は、所有地の解体や輸送途中に上級官僚などが行う賄賂強要等によって貧窮化しつつあった。[4]

	昭文県東部一帯の所在地	（道光二二年当時）小作料・一畝	暴動の首脳層
太倉衛の屯田	東周市・東張市のみ	七、八〇〇～一二〇〇文	記載なし
蘇州衛の屯田	大多数の市鎮（白馬菴・陸市・老呉市など）	一六〇〇～一七〇〇文（当地の佃租と等し）	白馬菴附近の人（道光二二年）陸市附近の人（太平天国期）

ところで、昭文県東高郷一帯は、蘇州衛と太倉衛の屯田が混在する地帯なのである。太倉衛所属の屯田は二四三頃二畝、そのうち昭文県に八三頃七七畝あったという。これは『民国太倉州志』の記載である。また『光緒常昭合志稿』によれば、康熙五六年蘇州衛の屯田三三七頃七一畝のうち、昭文県に一〇三頃三畝があったという。ところで昭文県東部農村に限っていえば、太倉衛の屯田は、東周市・東張市など太倉州境の市鎮にあり、蘇州衛の屯田は陸市・老呉市・老徐市など他の大多数の市鎮に存在していた。そして佃租の額についていうなら、太倉衛の屯田は一畝七八百～千二百文であるのに、蘇州衛の屯田佃租はかなり高く一畝一千六百～一千七百文ほどで、一般の佃租（小作料）額に等しかったという。以上考察した諸点を前表に整理した。

この表から明らかなように、蘇州衛の屯田佃戸が道光二二年（一八四二）暴動の主体となったのは、太倉衛の屯田佃租があまりに低額であったことによって、蘇州衛旗丁への反感が醸成されたためである。そして東周市・東張市へと暴動が拡大できなかったことの原因、つまり共同意識を育てられなかった原因は、この両衛の佃租額の差があまりに大きかったためではないだろうか。しかし一般的にいえば、昭文県東部農村の佃農の連帯意識＝共同体的結合は、他の諸地帯に比較して極めて高かったと考えられる。なぜなら、当該地帯をとりまく権力は三つに分散しているからである。つまり一般地主（昭文県知県の権力に依存する）・蘇州衛・太倉衛が、それぞれ当該地帯の直接生産者農民＝佃戸を他とは無関係に直接的に自己の下に掌握しようとするからである。権力内部の対立や支配力の強弱は、道光二二年段階では具体的な形の一つとして佃租額の差異で現れた。佃戸はその不公平を衝く農民暴動を激発させ、それが契機となって村の人々の共同体的結合や連帯感を醸成せずにはおかなかった。

さて、蘇州・太倉両衛の佃戸支配権力は、一般の地主のそれに比較して極めて劣弱であった。各衛所の旗丁の生活の基盤は農村にはなく、単に「軍租催頭」（小作料徴収人）を自己の屯田所在地に置いて、自分の佃戸を管理させる関係に過ぎなかったからである。このことから、道光二二年の抗租暴動の契機をつくったのが蘇州衛屯田佃戸であったことの説明がつくのであり、またこの事件以外にも、咸豊一一年（一八六一）に旗丁に対する反抗が激しく起こった原因をも知り得るのである。[5]

この事件から学ぶもう一つの重要なことは、直接生産者＝佃戸の隷属関係の構造・強弱に関するものである。本章でしばしば「屯田佃戸」という用語を用いてきたが、屯田佃戸といってもなにも旗丁の所有地を耕作するだけにとどまるものではない。例えば、道光二二年暴動で蘇州衛の屯田佃戸が、普通の地主を襲撃することの方が量的に多かったのは何故かを考えれば分かる。白馬菴附近の佃戸は、土地の貸借関係を通して、蘇州衛及び一〇個の部落・市鎮の地主と支配＝隷属関係にあったればこそ、暴動の攻撃対象が旗丁から一般地主（一〇部落に散在）へと拡大したのだからである。つまりこの事実は、地主所有地の分散性を示しているし、また個々の佃戸が特定の一地主に支配されていないため、個々の地主に対する隷属度は弱まっていることをも表している。そしてこのことは、個々の地主と佃戸の対立ではなく、地主支配層一般と佃戸層一般の階級的対立であったことをも意味していた。

（二）道光二六年（一八四六）の農民暴動

前記の農民暴動から四年の後、更に規模の大きい抗租暴動と抗糧暴動が発生した。この事件に言及した史料は甚だ多いが、詳しい記録は鄭光祖の記録（『一斑録』雑述七、「郷民不法」）と『李文恭公奏議』巻一二「審擬梱徒頑佃摺子」及び未見の柯悟遅『漏網喁魚集』(6)の三書である。ここでは前二書によって事件の概要をみることにする。

道光二六年前、常熟・昭文両県にまたがった大規模な「包攬」（土地税、つまり田賦を有力者に金を払ってその名義を借り、県に納入する。こうすると、税がかなり低額になるがこれは不法行為である）が行われていた。この関係者は、常熟県で前任直隷献県知県の蔡廷熊、漕書の徐政心、武挙人の浦登彪及びその兄弟であり、昭文県では長い間漕書であった薛正安であった。薛正安等は有力者の名をかりて「包攬」を行っていたのである。当時、このような「包攬」行為にとどまらず、大小戸の差別（田賦納入額に有力者と一般のものに差別があること）や衿監（郷紳）による「経造」（県の職員の一種）の勝手な任免等の悪弊が昭文・常熟両県に横行していたのであった。

さて昭文県東部農村に金徳順という男がいた。彼は幼にして孤児となり、寺で小僧をしながら成長した。しかし寺院生活になじめず還俗し、医を行うかたわら少しの田畑を耕作し、生活していたという。たまたま道光二五年一〇月薛正安の病を診察したことから、薛等の包攬行為を察知し、自分にも一口のせるよう強要したが拒否され、怨恨を抱くに至った。金徳順は、田賦額に関して薛正安と抗争中の季萃萃と語らい、薛正安の弾劾に起ち上がった。これが、道光二六年暴動の発端である。

両者は、薛正安等の不法行為（包攬）を攻撃し、農民三五名の参加を得て、道光二六年正月二一日、薛正安の住居を襲った。ついで昭文県署に侵入し器物を破壊した。金徳順・季萃萃を中心とする暴動はただこれだけの行動にとどまり、あとは官憲の追及に反抗するだけという単純なものであった。五月まで農民側にも官憲にも特別な動きなし。五月初旬、農民若干名が捕縛されるも他は逃亡。七月、江蘇巡撫の李星沅及び揚州知府の桂丹盟等の指揮により大規模な討伐が行われ、金徳順など首謀者は姿を消し、他のほとんどは逮捕された。

ところでこの金徳順らの暴動が完全に鎮圧される二カ月前の五月に、もう一つの佃戸層の暴動が勃発した。五月一六日、王四麻子・金三桂・張栄栄・張坤大らが集会した時、張栄栄が皆に金徳順が起こした暴動のあらましを紹介した。その情景を李星沅は「張栄栄、言及金徳順等聚衆滋鬧、人皆側目」と書き、続いて「現在麦価」が甚だ賤《ひく》いのに「各業戸収取」するに当たって「減譲《わりびき》」を肯んじない、それで張栄栄暴動を思い立ったと書いている。

まず佃戸達は、減租要求を地主に出した（唐万一起草の既に紹介した五章（Ⅲ）の史料参照）が黙殺されたので、「聚衆滋鬧」に発展したのである。五月一六日〜二二日までに、昭文県東部農村の東周市・東張市・老呉市・老徐市・陸市などの諸村の地主・商人ら計三六戸を襲撃し、家屋・財産を尽く破壊・焼燬した。地主は県城に逃亡して知県毓成に弾圧を懇請したが、官憲には鎮圧の勇気も実力もなかった。それで七月、知県毓成は無能のかどで罷免され、事件解決に巡撫の李星沅、揚州知府の桂超万（丹盟）がのりだした。新任知県の何士祁が指揮して八月に鎮圧し、二六年暴動は完全に終焉した。首謀者の張昆栄・張庸・王四麻子等は逃亡したが、すぐ懸賞金めあての農民の密告により捕縛された。以上が二六年暴動のあらましである。

この農民暴動は、清末という段階での危機的状況を最も鋭く露呈したものであったから、この事件に言及した官僚は甚だ多かった。その場合、この暴動が二つの異なった性格をもっていたから、つまり金徳順を中心とする反官憲暴動と王四麻子・金三桂・張栄栄を中心とする反地主暴動という二つの反体制勢力が並存していたが故に、この事件の解釈が発言者によって異なるのである。この差を分析することによって、当時の支配層の政治的思考構造とか危機意識の深浅度を明らかにできると思われる。

この事件の解釈は二つに分かれていた。一つは、戸部侍郎の柏葰、両江総督の壁昌、江蘇巡撫の李星沅など最上層官僚などに共通するものである。(7) 彼らは、この暴動を国家権力対全人民の矛盾として把えたため、金徳順を中心とする勢力を主要なものと考えていた。特に中央の最高官僚柏葰などは、王四麻子・金三桂などの抗租暴動を、それが危機認識の極めて主要なファクターであるにもかかわらず全く欠落させてしまっているのである。従って柏葰の暴動対策では、知県毓成の罷免、税糧徴収の公正にして厳重な遂行、暴徒の徹底的弾圧という点だけが強調された。つまり、ここでは当時の基本的な危機を地主制の危機として把える視角がなく、単に国家対全人民という視角でしか問題を構築できない弱さが露呈されているのである。だから高級官僚は社会矛盾の具体的解決策として、せいぜい太平天国後に馮桂芬の「均賦論」どまりの政策案しか出せなかったのである。

もう一つは、東張市の地主の鄭光祖や包世臣（新喩知県を歴任し、また陶澍・裕謙・楊芳などの幕友も経験した地方官僚）クラスに共通する危機認識の仕方である。彼らは、共同体規制の現実の掌握者たる郷居地主か下級官僚などであった。こうした人々の認識は、支配権力の基盤である地主的支配の危機という視角からなされている。鄭光祖は『一斑録』に記述する際、抗糧・抗官の金徳順事件は全く無視し、佃戸層の抗租暴動のみに大部分のスペースをさいている。しかも「地主佃戸」関係の調和を破る地主を批判し、しばしば「兇租を収す」という文句を使っている。また包世臣は、江蘇省揚州知府であった桂丹盟（超萬）が私信において、「刁民の兼悍、習いて性と成る。鎮洋の巨案、踵を接して起こり、風を移し俗を易う。俗吏いまだ慚恧するあたわず。名状すべからず」と言ってきたのに対し、「卑牧の誠に発すると雖も、然れども世臣竊かに意うに、閣下は尚いまだ此の証の腠理を診得せざるなり。鎮洋・昭文前後して官吏・紳富の房屋を毀搶すること数百千楹なり(8)」と答え、桂丹盟の危機認識の甘さを批判しているのである。

鎮洋・昭文両県の抗租暴動に象徴される支配体制の動揺を防ぎ、支配権力の再編成を図る必要が目前に迫った時、下級官僚や郷居地主層から提出される対策は、地主制の安定化であり、それは「減租論」に行きつかざるを得ないのである。

曾国藩から李鴻章・馮桂芬に連なる高級官僚が、「減賦論」——それは馮桂芬の初期の「均賦論」からも遙かに後退した[9]——をひっさげて支配体制の建て直しを図ったのに対し、蘇州府元和県貞豊里の郷居地主であった陶煦は、『租覈』を著し、そこで「減租論」を展開して、「減賦論」が矛盾を解決できぬこと、むしろ矛盾を激化せしめる以外の何ものでもないことを鋭く指摘した。つまり、清末農村社会の危機は、地主佃戸制の内部にその根源をもつことを認識していたからこそ、「減租論」に危機打開の道を求めるほかなかった。鄭光祖や陶煦などの郷居地主層は、地主としての自己再生産の場が農民の中にしかなかったから、支配体制の危機の度合と性格を、地主側から鋭く感得し得たのであって、封建体制強化の対策や思想がより鋭かったのは当然といえば当然のことであった。

ところで、道光二六年の農民暴動の性格に関して若干検討を加えよう。まず前半を飾る金徳順等の闘争は、その無計画性・一時性という弱さを持っていたが、このような限界は、首謀者の無階級性によっていたのではなかったか。中心人物たる金徳順は、エンゲルスのいう「浮浪的ルンペンプロレタリアート[10]」の範疇に属すことは明らかである。「包攬」を行う中心人物の薛正安に対する「強請」に失敗したことが暴動の契機になったという、その浮浪者的な無節操さこそ、この前半に起こった暴動の限界をなしていたのであろう。

しかるに、この金徳順暴動が、半年の長きに亘って鎮圧されなかった原因は、官兵の弱さに主要な原因があったばかりではあるまい。この事件を追求すれば、包攬や経造の任免を自由に行っていた漕書・郷紳、果ては知県クラスの責任の問題にまで事件は拡大せざるを得ないためではなかったか。つまり官憲・紳衿・地主等支配層の、極度の腐敗現象が進行していたのだ。この支配体制の腐敗と横暴さが金徳順らの抗糧暴動で暴露された時、これまでの小作料率を守る戦いが王四麻子・金三桂・張栄栄ら農民の大多数を占める佃戸層によって闘われた。これが五月中旬から始まる抗租暴動の意味である。

この抗租暴動こそ、一定の萌芽的利潤を防衛して小農民経営を上昇させることが出来るか、それとも、没落して必要労働部分の再生産の単なる継続段階にとどまるかという決定的対決であったから、闘争性・組織性・計画性に於て、道光二二年の抗租暴動や金徳順のそれより一層激しいものとなった。

さて次にこの道光二六年の抗租暴動を素材にして、当該地帯の支配権力・土地所有の形態・共同体の性格等を考察することとする。

註

（1）顧汝鈺『海虞賊乱志』、杜元穆『海岳軒叢刻、寄螺行館』巻一（『中国近代農業史資料』巻一、頁九七一）。

（2）星武夫『清史稿漕運志訳註』。

（3）『一斑録』雑述六、「焼搶巨案」。

（4）註（2）に同じ。こうした貧窮化した旗丁がもたらす多くの社会問題に関する記載は多い。例えば『昭文県志』（雍正九年・巻四・田賦）「巡撫伊禁勒索以粛漕政」など参照。

（5）顧汝鈺『海虞賊乱志』（咸豊一一年）に、「五月時、有蘇州衛十余人到陸家市来収軍租、夜宿篁多廟、伝軍催按額清還、各佃以完辦銀米無力再還租籽、堅執不肯、吵鬧一日、各佃情竭、夜持農具進廟暗扑、僅活一人逃城声報、二逆発城毛到地、令偽職領抄、……郷民各自逃避、而陸市地処連累無辜大半」（『太平天国』V、頁三七一）とある。

（6）この書名と若干の内容は、彭沢益の前掲論文や酈純『太平天国制度初探』に見ることができるが、完全な内容を今日本で見ることはできない。これらの書中にある引用文を以下に再引用しておく。

「即有土棍徐二蛮等聚衆抗租、焚焼運丁船隻、井打毀業戸多家」（道光二二年事件に関する記事）。「突有梅李一帯郷農糾集多衆、直入［昭文］署、将法堂内室儘毀、官眷越墻。継到漕書辟三家、亦復一空」（道光二六年事件に関する記事）。

（7）道光二六年のこの暴動に関する『大清歴朝実録』に、同年二月、九月、一〇月の項に李星沅・壁昌・柏葰らの上奏文がある。

(8) 包世臣『安呉四種』巻七下、「復桂蘇州第二書」。

(9) 陶煦「租覈」参照のこと。

(10) エンゲルス『ドイツ農民戦争』(岩波文庫)。

七　地主制の構造とその危機

清代封建地主制下にあっては、地主が土地所有権によって、或はまた官紳身分によって、小農民を経済的に或は経済外的強制によって収奪する。従って地主支配の実態と村支配の内容を知るためには、土地所有の実態、土地所有者の階層分化、商業資本の役割等が分からなければならない。そのために道光二六年の抗租暴動の対象者(地主・商人等)の身分・所有地数・居住地・その人口等を調べてみる。[1] 以下の史料によって作成したのが次の表である。

第一表　道光二六年の抗租暴動

〈史料〉

Ａ項は雍正九年『常昭合志稿』市鎮

ＢＣＦＩの各項は光緒三〇年の『常昭合志稿』市鎮

ＤＥＧＨＪの各項は『一斑録』雑述七「郷民不法」

その他『海虞賊乱志』、『李文恭公奏議』等を参考にした。

第一表によって、昭文県東部農村の支配体制を検討すると、いくつかの注目すべき諸点が指摘される。

まず第一表の地主三〇数人中、なんらかの官僚の経歴或は官的身分をもつものは六名で、彼らは浙江県丞・恩貢生・

諸生・千総・武弁というごく下級な官職をもつ者であるにすぎない。更に「城居地主」（県城に住む地主）としては、五名程度あげられるだけであるが、彼等は土地を所有している農村に「収租所」（小作料徴収所）を持っていたが、農村には自己の親族（兄弟等）も住んでいたのである。従って城居といっても、純然たる寄生不在地主ではない。この二点から、当該地帯の地主層の大半は、強大な特権を持つものではなく、土地用益＝共同体支配から名実ともに分離したといわれてきた城居官紳地主の範疇に属するものではないことが分かる。とはいえ「郷居地主」（所有地の所在する農村に住む地主）であるといっても、一八四〇年段階では、彼等が強固な村共同体支配の権力を持っていたとはいえない。この点に関しては後ほど検討を加える。

地主の土地所有状況をみると、莫大な土地の集積が分散的土地所有形態下に進行していることが分かる。第一表中に、攻撃目標の地主と誤認されて襲撃された者が四名ほど記載されている。「群兇、王家を打せんと要《もと》めて悞り」、つまり王家を襲撃するつもりで出発したのに、間違って柳青発の家を打燬するといった現象は何故に起こったか。この事実は、「郷居地主」とはいえ彼の所有地が居住村落内に存在するだけでなく、極めて遠方の村落にまで散在し、耕作者たる佃戸たちは、自分の地主の家さえよく知らなかったことを示している。

このことから、地主の土地集積が進行するといえども、その分散的状況によって、地主が必ずしも佃農に対する支配力を強化するものではないことが分かる。土地集積の進行は、例えば義荘の田地の増大によっても分かる。一九世紀後半には、二〇〇余戸の東張市に鄭氏・王氏の両義荘があり、その所属田地は一五〇〇畝に上っている。また三七〇戸に一三三四名の人口をもつ老徐市には、四つの義荘が設立されており、総土地二九〇〇畝に達していた。こうした集団的・族的所有の大きさばかりではなく、各地主の土地所有も驚くべき規模をもっていた。ちなみに、中国の一畝（mu）は六・六六七アールで、日本の六・六六七畝（せ）に相当する。当時激増した義荘が、いかに広大な土地を所有していたか分かろう。

各個人の土地所有額に関しては、道光一四年二月の林則徐の公牘に、「紳士の集議に拠るに、常邑（常熟県）千畝以上の戸は、毎畝銭五〇文を捐し、又另に撫恤銭二〇文、百畝以上の戸は、毎畝銭五〇文を捐し、又另に撫恤銭一〇文を捐するを擬す。昭邑（昭文県）千畝以上の戸は、毎畝銭一〇〇文を捐し、又撫恤銭八〇文を捐するを擬す。百畝以上の戸は、毎畝銭五〇文を捐し、又另に撫恤銭四〇文を捐することを擬す。……約河工銭五万余千、撫恤銭二万余千なり」とある。(3) もし仮りに昭文県の割り当て率で考えてみると、河工銭五千万銭を千畝以上の戸が全額負担したと仮定した場合には、両県で約五百戸の千畝以上の地主が存在していたことになり、また百畝以上の地主が全額負担した場合には、両県で一万戸の百畝以上の地主がいたことになるのである。

この文章は、昭文県東張市の鄭光祖が董事となって行った白茆河道開浚事業の工費に関して、「勧捐辦理」（寄付を集め工事を施工する）の計画を林則徐に報告したことに対する返答中の一節であるが、ここからも上にみたように巨大地主が多数存在したことが予想される。ところで、このような地主の土地集積は道光末期にも不断に進行していた。例えば柯悟遅の『漏網喁魚集』によると、昭文県では一八四〇年以後、「小戸の脂膏已に竭き、苟しくもいささかの恒産あれば、悉く大戸に售す（売る）」という状態であったという。(4)

次に地主と佃戸の関係の在り方を検討する。地主所有地の分散性と集積土地の巨大さは、地主―佃戸関係を単なる佃租の収納関係にまで単純化させる傾向があった。倉房・祠堂に設けられ佃租収租所や「佃租催頭」（小作料徴収人）等の存在は、それを表している。佃農に対する規制力の弱化は、在地における共同体支配の力を地主が徐々に消失しつつあったことを表している。地主は自己の所有地が数部落から十数部落にまで散在していたので、従って顔も知らない地主―小作関係が一般化しつつあったため、自己の居住する村落のみの利益をはかる水利事業の主唱者となる必

〈第一表〉道光二六年抗租暴動

		東張市						帰家市					陸市
A	雍正九年民戸数					民戸200		100余戸					若干
B	光緒三〇年民戸数					民戸200余		100余戸					若干（100以下）
C	地　誌	大倉衛屯田兵	鄭氏義荘	（田五〇〇畝）	王氏義荘	（田一〇〇〇畝）		顧氏義荘（光緒・花田五〇〇畝・租額七〇万文）					蘇州衛屯田
D	道光二六年抗租暴動被害地主・商人氏名	鄭光祖	鄭徳懋	鄭香谷		王某	帰某	帰譲斎	帰筌芝	帰子勤	董某	朱子和	顧載錫
E	関係記事（破壊された物件）	水利事業に功あり破壊を免がる	城居来郷収租之所			王氏義荘襲撃さる	東所張市にある倉房（収租所であろう）	帰氏倉堂（城帰子勤収租之所）	帰氏倉房（収租之所）	帰氏倉房（城帰譲斎収租之所）	董家天益堂	家屋（帰市東二里近北港廟）	軍租（蘇州衛）催頭二二年にも家焼かる
F	義荘設立者	○				○							
G	商人或は商業兼営												
H	誤認され襲われる										○		
I	官僚或は官僚的身分	職監		諸生									
J	城居地主						○	○	○	○			

市鎮	戸数	戸数・人口	地主	被害者	被害内容				身分	
			蘇州衛屯田顧	顧渓谷	家屋					
			黄氏義荘（咸豊田五〇〇畝・租額八〇万文）	黄心葵兄弟	家屋（徐市西二里の小居浜に在住）				恩貢生	
				程旭堂						
				馬正興布荘	綿布商人		○			
東周市	100戸	100余戸 300〜400人	瞿・王の二姓多し 宜稲	王万堂	家屋（近周市）路人愩之而乃打搶			○		
				瞿桂棠	店面		○			
				瞿省斎	家屋					
				劉三房	店面		○			
老呉市	300〜400戸	200〜300戸	蘇州衛屯田 白茆巡視所 地宣花豆	柳青発	（群兇要打王家而愩）家屋を打搶す			○	武弁	
				胡毓麟	店面・銭物		○			
				王某	肉荘王某		○			
				司馬枚藺州	不識門面愩打己			○		
老徐市		370戸　1334人	王氏義荘（光緒田五一〇畝・租額七三万文）	顧子昇	家屋					
				顧　某	家屋		○			
				王仁基	家屋（六品銜家頗裕）	○			浙江県丞 捐六品	
			徐氏義荘（咸豊田一六四〇畝）	王静山兄第			○			
				徐煥	米廩二・綿包千余・書画・古玩・洋銀・珠翠	○			武学生千総	
			黄氏義荘（咸豊田二五〇畝・租額四〇万文）	徐恵芳						
				帰少虞	家屋					
				高恵郷	但燬窓格					

第二表　昭文県東部一帯の市鎮の戸数・家族数及び道光二二年事例史料（雍正九年刊と光緒三〇年刊の『常昭合志稿』、『一斑録』）

	雍正九年戸数	光緒三〇年戸数	三〇年家族数	道光二二年抗租暴動被害者
東周市	一〇〇戸	一〇〇余 三〇〇～四〇〇	三～四人	
東張市	二〇〇余戸	二〇〇余		鄭光祖は郷兵を率いて鎮圧に出動
帰家市	一〇〇余戸	一〇〇余		
陸市	（一〇〇以下？）	（少し？）		顧載鍚（軍祖催頭）、張恵新
	雍正九年戸数	光緒三〇年戸数	三〇年家族数	道光二二年抗租暴動被害者
老呉市	三〇〇～四〇〇	二〇〇〇～三〇〇〇戸		白茆巡視所破壊さる
小呉市（牛角尖）		一〇〇余戸 三〇〇余人	約三人	王懋園・陳雲渓・朱辛農・薛玉堂（小呉市）襲某・程渓堂（牛角尖）
徐六涇口市				職員陳茂堂は郷勇を率いて鎮圧
老徐市		三七〇戸 一三三四人	約四人	
支塘鎮	一〇〇〇余戸			
周涇口市		二〇〇余戸 七〇〇余人	約三・五人	
碧渓市		一〇〇戸		王士禎・王裕斎兄弟襲撃される
西周市		一〇〇余戸		
彭家橋市		一三〇〇余戸 五〇〇〇人	約四・六人	某家（陳茂堂の姻家）おそわる
先生橋市		一〇〇余戸 四〇〇～五〇〇余人	約四～五人	梅家
梅里鎮		五〇〇〇戸		季芳郷勇を率いて出動
白茆新市		三〇〇余戸 七〇〇～八〇〇人	約三・五人	
張市（東張市？）				帰家の倉房おそわる
白蕩橋				呉家おそわる
長浜				銭禹金家おそわる

要も、また興味も徐々に失っていった。これは、彼等が共同体の掌握者たる地位から遊離しつつあったことを意味している。

道光一〇年代に行われた昭文県東部の白茆河開浚の事業に際して、その工費を国家や地元の実際に恩恵を受ける人々だけが負担するのではなく、実に昭文県全県のみならず常熟県の百畝以上の地主までもが捐納して、全工費を負担せねばならず、また負担したという事実は、上述したように地主の在地からの遊離性と、またかなり広範囲にわたる地主の集団化の傾向をも示している。

この工事に常・昭両県の職監で、かつ工事の董事として活躍した鄭光祖は、道光二六年の抗租暴動には全く被害を受けなかった。鄭光祖はその間の事情を説明して、暴徒は「共に出でて余の家を経るに、不平とする所なし。（前に白茆河を開浚し、救災賠累するを謂う）」、つまり先に河の浚渫工事をやり災害を防ぎ民衆を助けた為に襲撃されなかったのだと誇らかに書いた時、その他当該地帯の大多数の襲撃された地主がもつ共同体的事業に対する彼らの関心や功績がどのようなものであったかを、一面で暴露しているのである。

浙江省のことであるが、『鏡湖自撰年譜』（段光清著）の同治七年（一八六八）の項に、「田東《じぬし》また修堰・整車・蓋屋せず。佃戸窮す」とある。また『盛湖志』巻三「変災」に、道光末年のころ堤防築防費をめぐる業・佃（地主と小作人）両者の闘争が恒常的に起こっていると記されている。[5]

このような、地主層の農業共同体からの離反と所有地の分散性に基づく佃農支配力の低下という二つの条件を前提として、佃租徴収規定の改悪は個々の地主によって個人的になされるのではなく、地主層の集団的意志として一円的に行われるのである。従って業・佃両者の対立も、個別の地主小作間の対立から、地主階級対佃戸（小農民）階級の闘争へと発展したのである。

ところで、道光二〇年代の暴動が、階級闘争として支配体制の危機にまで発展した時、闘争の対象が地主と同時に商業高利貸資本にまで拡大するのは当然である。[6] 第一表をみると二六年暴動で、七名の商人が襲撃されている。この七名の中には、大綿布商と思われる徐煥[7]や馬正興布荘から単なる雑貨商人の如き瞿桂棠・劉三房まで含まれる。こうした抗租暴動の中で商人が打燬されたのは、彼等が土地所有者でもあったからであろうが、又「市場の狭隘性と支払手段の慢性的不足を基盤として、直接生産者を収奪するかかる本性の故に、地主と一体である」[8] ためでもあった。そのために商業資本を佃戸が敵と目したのであろう。昭文県東部農村は、綿作地帯としても発展していたし、商品生産も拡大しつつあったから、地主は商業を兼ね、逆に商人は地主ともなるという地主＝商人の二重の搾取が小農民に加えられつつあった。

以上の諸考察によって、昭文県東部農村の危機的な様相を分析し、危機をもたらす幾つかの原因を明らかにした。そしてこの地帯の郷居地主が、支配権力＝郷村を支配する力の弱体化による佃租徴収力の弱さを、商業資本による搾取を増大してカバーしようとする姿を見た。しかし一方では又、村落内の同族結合を強め地主集団の団結力で危機に対抗しようとした。第一・二表に明らかなように、それぞれ親族関係にある地主集団が特定な村落に存在していた。例えば、東張市の鄭徳懋・鄭光祖ら一族五名、[9] 東周市の地主瞿氏兄弟、老徐市の黄心葵兄弟、王静山兄弟（以上第一表）、碧溪市の王士禎・王裕斎兄弟（第二表）という血縁関係の明らかな地主がおり、その他血縁関係は証明はできないが、帰家市の帰氏三名、老徐市の顧氏三名・王氏五名・徐氏三名、また老呉市には司馬氏三名ほど集団的に居住している。これらの者も血縁関係にあったのであろう。

こうした同族地主の力の結集こそ、後に詳しくふれるように、清末に激発する抗租暴動に対抗する暴力組織である郷勇と、地主所有地の管理と維持を目的にする「義荘」創設の基盤となったものである。道光末期から太平天国期の

危機を経過して、地主は同族の団結を強化することによって自己の階級的利益を守ろうとして狂奔したのである。(10)

註

（1）道光二六年暴動の被害者名は、『李文恭公奏議』によれば上表の三五名である。第一表は『一斑録』の記載によった。

（2）『常昭合志稿』の「選挙」の項で、『一斑録』・『李文恭公奏議』両書に掲載されている人名を調べたが、以上の如き結論を得た。またこれによって、鄭光祖は、「職監」という身分であったことが判明した（『林則徐集』頁二〇）。

（3）『林則徐集公牘』（一九六二年六月刊、頁二〇）。

（4）彭沢益前掲論文（『歴史研究』一九六一年六期）。

（5）『盛湖志』巻三「災変」には、

「始時、田未没、佃農争築防費銭索田主、什佰満堂、衆稍不逐、公然為寇、攘東家、脱戸牖、西家傾倉箱、秀水新塍、田主称水康、羣佃却之」とある。

『太倉州志及鎮洋県志』巻六「水利」には

「至岸塍多壊、其説有五、小民困於工力難継則苟且目前而不修、大戸之田与小民錯壌而処一寸之瑕、累及百丈、即大戸亦俳回四顧而不修、又有小民佃大戸之田、非己業則彼此担悞而亦不修」とある。その他このような水利施設の荒廃を記す史料は多い。例えば、『中国近代農業史資料』（一）頁七一〇を参照されたい。

（6）商人の農民支配の仕方としては、昭文県東部農村に次のような史料がある。

丁祖蔭『虞陽説苑』（潮災記略）頁一

「康熙三十五年……、王家墅某姓、開南貨店、久与沿海諸図民家相

鄭方叔	王万堂	徐允	昌黄淳
鄭兆馨	王仁基	高宗誠	劉仁傑
鄭世勲	王仁培	高徳培	董啓文
鄭徳懋	王朱氏	司馬江氏	朱福昌
顧載錫	王畏三	司馬朱氏	
顧袞	瞿鑾	瑜帰璋	
顧頴	瞿廷埼	長以謙	
顧錫雲	帰清福	程照	
顧士明	帰耿光	黄承煊	
	徐恵芳	柳青発	
	徐煥	胡毓麟	

熟、耕種時、居民以米麦花豆、暫抵貨物、至収成時来贖、是年某姓家、抵入米麦四百幾十石、豆称是、至冬底、竟無一人来贖者、遂以致富。……」。

(7) 徐煥は明確に商人と云うことはできないが、大地主であると同時に商業的活動にも関係していたように思われる。地主であることは、『常昭合志稿』巻二一「人物十義行」に、「良田一千四百畝」で義荘を設立したことがあることから分かる。しかし、道光二六年の暴動の際、農民が「燬搶米廩五壊二、棉包千余拖出未半焼之」とあり、収租時期から半年もたっている道光二六年五月に、棉包千余も所持していることは、投機的商活動との関係を推察させるであろう。実態は、史料不足でわからない。

(8) 田中正俊「明末清初江南農村手工業に関する一考察」(前掲書に収録)。

(9) 註(1)の鄭氏四名に鄭光祖を加えて五名。

(10) 同族地主の強固な結合は、本論で実証できたと思うが、一方では、血縁的紐帯や一村落の範囲を越えた地主層の連合や結合が進展しつつあった。それは、一地主にすぎない鄭光祖が郷勇を組織して道光二三年、二九年と二度も隣村に出動し、自己と直接関係をもたない暴動鎮圧に活動したことからも推測される。又太平天国の動乱期に、昭文県東部農村に住んでいて『海虞賊乱志』を著した顧汝鈺の交友範囲と交友関係が、如何に広く如何に深かったか驚くばかりである。第一表に名前の見える黄心葵・王静山から始まって、各部落の有力者とほとんど面識をもっていたようである。これらのことを考えると、地主の血縁的結合と同時に、地主という支配階級の団結が、血縁や居住村落の範囲を大幅に越えて形成されていたことを知り得るのである。

八　地主の対応——地主権力の再編成——

道光末期、昭文県東部農村における地主層の危機は極めて深く進行しており、一方では金徳順の暴動を半年以上も解決できないという官憲＝国家権力の解体化も進んでいた。

このような危機克服の道は、地主自ら独自に行うより外に方法がない。農業生産にもとづく共同体的結合の中に自己の権力を再び確立することは不可能であった地主は、まず第一に暴力機構の編成に乗りだす。その萌芽的形態として、抗租暴動の激化に対応して、各地に簇生した郷勇組織をあげることが出来る。

道光二二年、屯田佃戸を中心として起こった抗租暴動に際して、東張市の地主鄭光祖は郷勇を率いて暴動佃戸の捕縛に努めた。この時の郷勇組織の詳細な内容は不明であるが、道光二九年郷民の暴動を目撃した鄭光祖はまたも郷勇を率いて出動した。

『一斑録』の「己酉水災」に次のように状況を説明している。

「余思うに、此風（窮乏農民の不穏・蠢動――筆者）遏《とめ》るに早からざれば、又将に（道光）二六年の禍をなさん。急いで族衆・隣近の諸人を呼び、各々をして雇工・家属（家族に同じ）及び附近の熟佃（よく見知っている小作人）を率いて明早の黎明を約して共に集まらしむ。粥一盞を啜り、農器をして其の金（農具の鉄製部分か）を去らしめ、使うに胆ある者は持して以て向前せしめ、衆を率いて共に至らしむ(1)」と。

この鄭光祖が組織した郷勇は、彼の一族及び臨時に召集された近所の者（地主クラスか）とその「雇工・家属・熟佃」によって構成されていた。清末に活躍する郷勇や団練の原型は、まさに鄭光祖のこの郷勇に在るというべきであろう。

このように、郷居地主層はその権力の基盤を部落の共同体的結合に求めることができず、僅かに同族地主と近所の諸人及び彼等家長の隷属下にある雇工とその家族及び佃農の組織化に成功したに過ぎなかったのだ。それにしても郷居地主はある程度の支配権力を維持していたようだが、農村から全く遊離した「城居地主」の多くは、危機に際して国家権力＝軍事機構に依存できないのは勿論、在地における鄭光祖的郷勇組織にも頼ることは出来なかったであろう。

国家権力の無力さといえば、次の例に象徴的である。道光二六年、官兵で暴動鎮圧ができなかった昭文県知県の毓成は、老弱者やはては乞食まで金銭で召集して郷勇を組織した。

『一斑録』の「郷民不法」に、「県尊毓、心、主とする所なし。姑らく榜を出し民を安んずるも、連日搶を報ずるもの三八家、公堂を紛擾す。(毓成)やむを得ず郷勇数百を勉集し、毎名毎日銭三五百を給す。老弱・乞丐を故乱(でたらめに)充名せしむ」とある。

現職の知県が、一日一人三〇〇文から五〇〇文、当時米一升平均三〇文ほどであったから米に換算して実に一斗以上に相当する金銭を支給せねば、郷勇の組織さえ不可能なのである。このような国家権力の無力さが必然的に郷居地主層、つまり鄭光祖・陳茂堂・季芳等の郷勇組織を生みだすのである。一八四〇年代の郷勇は、上記の三名だけが判明しているに過ぎないことをみても、あまり積極的に組織されなかったようである。だが一八五〇年代に至ると太平天国の勢力が昭文県東部一帯にも押し寄せてきた。これに対抗して驚くべき速さで郷勇・団練が各地に簇生した。『海虞賊乱志』によってみると、咸豊一〇年四月、「将蘇常現在情形、拝摺入京。月余後、聞上諭以団練大臣龐鍾璐、倡捐招勇、常昭両県協力防堵、均属可嘉」という中央権力の命に応じ、知県などによる「邑尊服其論、即飭認役差伝各地保諭話、毎図招遊手三五人、押送到県試技勇、分三等用」という武力強化が積極化した。各地にも団練がつくられ、同じ咸豊一〇年四月には、「請新挙人鄭召欽・局董張青田等団練梅里鎮、恩貢生黄心葵与鄰友杜少虞往芝塘、偕許小霞・姚公信等団練断港廟、当東路之第一衝、昼夜輪巡不息」とあり、昭文県東部の有力地主である鄭召欽・張青田・黄心葵・杜少虞・許小霞・姚公信などが組織した団練が活動を開始しているのである。

つまり、道光末年から咸豊年間にかけて、地主権力は再編成の道を歩み始めたということである。地主佃戸間の対立は極めて激化していたから、太平天国下の農民暴動の一撃で地主権力は瓦解するかにみえて、逆に「団練・収租局・押佃公司・田業会・租桟」等を創設し権力再編成に成功しているのである。それを可能にした条件と社会状況を分析し、この不可思議な支配体制の性格を解明しなければならないが、現段階では力不足で不可能である。今後に残された最大の課題である。

ところで地主の危機に対する方策は、以上見てきたような直接的な暴力機構にのみ求められたのではない。他方で地主層は、同族の結合を強化する義荘の設立や救貧育児に名をかりた偽善的な「善堂」設立に異常なほどのエネルギーを集中した。昭文・常熟両県などにも、凝善書とか広仁堂とかいう善堂らしいものがあった。(2) 善堂は一種の社会事業と認められ、善堂所有の田地に対する田賦課税は一般民戸の半額という史料もある。

『安呉四種』巻四「中衢一勺」に、「其れ善堂・学租営田は公戸という。大小郷官は紳士という。曾て漕弊を告許する者は訟戸という。三戸大約皆折色を完むるに、其の価率ね民戸に半ばす」とあり、法律的にはどうだったか不明だが、蘇州府の善堂などの田賦は民戸の半額であったようである。こうして巨大地主は、諸負担に優遇を期待できる社会福祉事業に名をかりて、善堂などを営利事業に利用し始める。(3) 清末光緒期の郷居地主で良心的知識分子であった陶煦は、『租覈』の中で、「善堂、或は清節を名とし、或は保嬰の類を名とし、皆田千百畝を擁す。収租も亦上に云う所(非常に苛酷な収奪――筆者)の如し」と述べており、善堂が清節とか保嬰を口実にし、土地集積と土地防衛に狂奔していた姿を暴露した。

善堂がこのように利用されるに至る社会状況が問題になる。これは次に言及する義荘も同一の性格を持つものであろうが、「善」とか「義」とかいう儒教的倫理道徳を連帯のイデオロギーとして地主集団の結合をはかったものと思われる。その具体的な姿が、義荘にある。こうして抗租暴動の危機への対抗と、分散した所有地を強力に把握して自己の経済的基盤を確保するものとしての義荘が増大する。

さて昭文県東部一帯に関しては義荘の爆発的増加があった。道光二六年の抗租暴動で襲撃された三八戸の地主のうち、この事件以後三名が義荘をつくった。鄭光祖（孫の道元が、鄭光祖の遺命によって設立した）・王仁基・徐煥の三人である。また道光二〇年代の暴動範囲に限ると、これ以前には一つの義荘（東張市所在の「王氏義荘」田一千畝、道光九年設立）をみるだけだが、咸豊元年に黄氏義荘（老徐市・田五百畝）、同じく黄氏義荘（老徐市・田二百五十畝）、徐氏義荘（桂村・田一千四百六十畝）の三つが設立され、光緒一〇年には王氏義荘（老徐市・田五百十畝）、光緒一二年には鄭氏義荘（東張市・田五百畝）が、光緒二九年には陸氏義荘（白茆新市・田一千五十畝）というように、その増加に注目するのである。

	義荘設立数	義荘田地総計（畝）
一八一〇年以前		—記載なし—
一八一〇〜二〇	二	二、三〇〇
二一〜三〇	一	一、一〇〇
三一〜四〇	四	三、八〇〇
四一〜五〇	四	二、八九四
五一〜六〇	八	六、七二九
六一〜七〇	五	二、九五四
七一〜八〇	一三	一八、九二四
八一〜九〇	一九	一一、四二〇
九一〜一九〇〇	一	九、四六〇

かくの如き現象はなにも昭文県東部農村に特有なことではなかった。常熟・昭文両県において一八〇〇年以前には義荘はあまりなかったらしい。まず光緒三〇年刊『常昭合志稿』の「義荘」の項を整理し、義荘数とその田畝総数を一〇年単位にまとめたのが右の表である。これは常熟・昭文両県の総数である。

この表から明らかなように一八一〇年代から義荘は増え始め、咸豊以後の急激な増大は特に注目される。一八八一年から一〇年間を例にとってみると実に一九の義荘が新設され、その義田総数は一一四二〇畝に達している。太平天国の動乱の渦中とその直後にあたる一八六〇年代の義荘新設が二九五四畝とごく少ないのは当然として、清代末年に向かって急上昇している傾向は否定すべくもない。[4] このように地主をして義荘設立へ異常なまでに駆り立てたものは何であったか。少なくとも、それ故に義挙とされ善行と賞賛された「族中の貧人救済」に主要な動機があったとは思われない。それは、佃戸の抗租風潮に対抗するために同族の結合を強化し、危機に直面した地主所有地を義荘によって強力に管理維持するためであった、とする以外に考えられない。義田の佃租も他の一般民田のそれに比較して何ら軽減されてはおらず、もし族中の貧人が佃作したとしても、数百畝から千畝以上に至る義田はとても彼等だけで耕作出来ない。従って、大多数の義田を耕作する佃戸には、小作料の低減といった恩典はなく、逆にむしろ義田佃戸である故に、義荘によって組織され強化された地主支配力の重圧が予想されたであろう。数百畝から千畝以上の土地を有する義田の恒久的管理には、それが私人所有のものから族人の共同所有的なものになることによって、独自な組織・機関がつくられたであろうからである。更にまた、このような義荘の仮面をかなぐりすて、同族の範囲から一般地主までも包含する形であらわれたのが、村松祐次が紹介した「租桟」であったと思われる(5)。

註

（1）『一斑録』雑述八「己酉水災」に次のようにある。
「余思、此風若不早遏、又将成二六年（道光二六年の暴動のこと）之禍、急呼族衆鄰近諸人、令各率雇工・家属及附近熟佃、約明早黎明共集、各啜粥一盞、将農器去、其金使有胆者、持以向前共至」

（2）『林文忠公政書』乙集「使粤奏稿」巻八の「覆奏遵旨体察漕務情形通般薄画摺」に、「至近年祠堂公産、仮託者多、即義産息田、亦竊善挙之名、以遂短漕之計」とある。

（3）同じ『常紹合志稿』でも「雍正九年刊」のものには「義荘」の項が存在しないのに、光緒三二年のそれは大きなスペースをさいて詳細に「義荘」の設立経過、人物、田畝数、収入を記してその善行を称賛している。このことは清末になって義荘が急速に増加していくことを示している。もし一歩譲って、光緒の『常昭合志稿』は一八〇〇年以前の義荘を削除して掲載しなかったと仮定しても、それ以後急速に増大してゆく傾向は否定すべくもない。また同書の義荘の項は、全部を掲載したのではないかもしれない。なぜなら、散逸してしまった史料もあったであろうし、少なくとも完全なものだという証拠はないのだからという疑問も出されるであろうが、その場合の偶然に残存した義荘の統計でも、一八〇〇年以後の義荘増大の傾向を示してはいる。なぜなら、世論調査と同じ原理であるからである。私は同書の記載は、清代中期以後の義荘の正確な数を示していると思う。義荘の設立は、その地方における善挙であり、儒教的な郷村指導層の指導の正当性と権威を美化するものと考えられていた以上、散逸や不正確のまま彼らが記載する筈がないからである。

（4）『常昭合志稿』（光緒三二年刊）巻一七、「義荘」中の一畝当たりの佃租が判明する義荘二三のうち、嘉慶一五年～咸豊元年の間の史料を示す。

	題旌年月日	土地種類	所属田畝数	租額数量	一畝当租額
帰氏義荘	嘉一五	田	一〇〇〇畝	九八〇石	〇・九八〇石
董氏義荘	道一八	花田	七五〇	一六〇〇〇〇文	二一三〇文
龐氏義荘	道二一	田	五〇九	四二三石	〇・八三六石
周氏義荘	道二四	田	五一四	四七九石	〇・九三一石
龐氏義荘	道二五	田	七二八	五四六石	〇・七五〇石
黄氏義荘	咸一	花田？	五〇〇	八五〇〇〇〇文	一七〇〇文
黄氏義荘	咸一	花田？	二五〇	四〇〇〇〇〇文	一六〇〇文

右の表の咸豊元年に設立された二つの黄氏義荘は、昭文県東部農村のものである。一畝当たりの租額は、一七〇〇文と一六〇〇文である。これは、既に述べた昭文県一般の佃租額一六〇〇～一七〇〇文と全く変わりがない。つまり義荘田畝の佃租率は、その苛酷さに於て全く一般地主と変わりないのである。このような現実を背景にして、道光二六年の暴動佃戸によって王氏義荘が襲撃されたのである。

（5）村松祐次「清末蘇州附近の一租桟における地主所有地の徴税・小作関係」（一橋大学研究年報『経済学研究』6）。

九　結語

最後に本論文の内容を要約しながら、太平天国後から清朝の崩壊に至るまでの農村社会の動向といくつかの問題点を指摘したい。

私は本章において、道光期昭文県東部農村では事実上の定額金納地代が一時的に確立されており、アヘン戦争前から始まった銀貴銭賤という条件をテコに一部の佃農経営に一定の余剰蓄積を可能にしたこと、そして道光二六年の抗租暴動はこの萌芽的利潤をめぐる戦いであったことを述べた。私は一応、中国の前近代社会に於ける小農民経営の一定程度の経済的上昇を明らかにし得たと考えている。さて太平天国前夜に於てある程度の民富を自己の手中に形成することができた小農民は、太平天国以後いかなる展望を持ったのであろうか。

既に道光二六年当時、昭文県東部農村で小作保証金一畝五六百文が二三千文に急増されたことは述べた。このように農民が地主と新たに小作契約を結ぶ際、一定の保証金を支払うという慣行の成立が当該地帯で道光末期にみられたことは特に注目に値する。押租慣行がかなり一般化しているような地帯としては、湖南・四川・安徽・浙江などの諸省が知られているが[1]、長江下流デルタ地帯に限ってみると先の『一斑録』の記録等は珍しいものの一つである。この道光二六年頃にはまだ、「各業戸、新たに田産を買い我等を召して租札を立写するに、畝ごとに五六百文を索む」と書いて、「押租」「進圧礼銀」「頂手銭」といった用語を使用してはいない。このことから当時はまだ、小作保証金＝押租がそう古い起源をもつ強固な慣行として成立していなかったと推察されよう。当時保証金一畝五六百文という極めて低額であったことからもうなずける。しかし、この初歩的な保証金制度が、昭文県の当該地帯では道光二六年段階には一畝二三千文という高額になったのである。また昭文県ではないが、太平天国直後、先進地帯の蘇州府城近辺の業佃関係を分析した陶煦は、佃戸が頂手銭を納入して「頂去田面」という田面権を獲得していることを紹介している。(2) これらの事実から考察して、長江下流デルタ地帯での押租制のかなり広範囲にわたる成立は、道光以後から太平天国前後にかけての間ではなかったかと思う。

ところで押租＝小作保証金制度の成立は、まさに保証金である故に抗租風潮の激化を前提にし、貨幣納である故に貨幣経済が農村を完全に巻き込むこと、つまり直接生産者による商品生産が高度に発展したことを前提とし、更にいうならば多額の貨幣を一時に納入する故に、小農民経営における一定の余剰蓄積＝民富の形成を前提とするものでなければならなかったと思う。従って、この押租制は極めて重要で、新しい業佃関係の展開と小農民経営発展の一局面を示すものである。

しかしながら、押租制の成立は、清末という段階での小農民経営のある程度の発展を前提とし且つ示すだけであって、これ自身の役割は、中国農業における資本制生産への展望を阻止し、摘み取るものなのである。なぜなら、それは、小農民経営に若干みられ始めた余剰蓄積を収奪せんとした地主によって新たに設置されたものだからである。しかし、業・佃両者の力関係の如何によっては、押租および佃租の増額がイコール全余剰の収奪とはならない。従って当時の小農生産は、佃戸が押租・佃租に代表される地主の収奪を拒否するか、或はそれを一定額に固定できたとするならば、封建地主的土地所有制を解体させ、資本主義的生産を指向する可能性を持つものであったとも云えよう。それは可能性の問題であるが、中国の前近代社会にも「可能性」があったことに注目すべきだと言いたいのである。久保田文次によって分析されている清末四川の「大佃農」の例等、まさに清末という段階に固有な発展度と固有な限界や矛盾をもつ象徴的な具体例であろう。

経済思想の方面でも、前期的資本や封建地主的土地所有を攻撃するブルジョア的思想の存在は萌芽的にしか確認できぬとはいえ、若干の新しい思想の展開はあった。例えば、郷村地主で清末農業問題に異常な関心をもっていた陶煦は、地主制の危機を克服するため地主層の苛酷な収奪を強く非難したのであるが、その際佃農経営の内容にふれて、鈴木智夫が既に明らかにしているように、佃農に一定の余剰労働部分を確保せしめ商品経済を前提とする小農民のもとに於ける民富の蓄積を主張したのである。これは地主制の存続を目的にするという地主側の論理であるが、具体的な新しい改良プランを提出したのであって、地主からこのような経済思想が生まれつつあったこと、これは大きな意義をもつものであった。

終りに当たって、一九世紀後半以降への若干の展望を述べておきたい。昭文県東部一帯の農村社会に展開した注目すべき事態は、先進地帯たる揚子江下流デルタ地帯の、小農経営の到達した段階、状況を典型的に示していると考える。小農経営における著しい商品生産の発展に照応して、清朝中期の地丁併徴制の実施もなされたであろうし、一田両主制、押租慣行（小作保証金）の先進地帯での一般的成立も、このような農民経営の推移を前提としていたものと推測されるのである。

ところで、小農経営における萌芽的利潤発生の可能性が生まれたということは、小農経営の全面的な、一律的な上昇を意味するものではない。現実の一九世紀後半以降の農民経営は、以前の単なる封建的分解＝貧窮分解とは異なったブルジョア的分解、或はアヘン戦争以後の半植民地的分解として、多数の小農経営を解体し破壊せしめる方向を歴史的には辿るのである。

本章の意図したところは、半封建、半植民地社会に転落する前夜までに到達した中国農村の経済段階が、封建社会の解体期にあって、単なる王朝末期の混乱・窮乏・動乱をもたらすものではなかったことを、小農経営の歴史的段階を確定することによって、また農民闘争の性格規定をなす中で実証的に果たそうとしたところにあると思っている。これは階級闘争のメカニズムの分析にとどまらない、階級闘争の歴史的段階・構造分析のための必要なステップであると思う。

ところで、農民層のブルジョア的分解がなければ中国には近代的進歩がなかった、というようなことを云おうとしているのではない。ブルジョア的発展の萌芽とその後の純粋培養的な成長・発展の歴史にのみ歴史の進歩を探す試みは、中国に「近代」を見つけることの不可能性を論証する結果に終るであろう。ここでは、資本のための隷農に形成される中で、反帝反封建闘争に立ち上がり新しい展望を切り開いてゆく中国人民が、抽象的な人民概念で総括される前に、中国史に於てこのような段階にいた具体的な農民であったことを確認したまでである。

註

（1）『中国近代農業史資料』（一）頁七五、白石博男「清末湖南の農村——社会押租慣行と抗租傾向——」（『中国近代化の社会構造』所収）。

（2）陶煦『租覈』。

本稿は、昭和三八年修士論文として東京教育大学東洋史教室に提出したものを、翌三九年夏改稿し、以後いくらか訂正を行ってきたものである。その間、共同研究グループの久保田文次・小島淑男両氏をはじめ、東京教育大学東洋史の大学院生に多大の御援助を頂いた。一九六七年記

〈本論文中の誤りの訂正及び補論〉「太平天国前夜の農民闘争」に対する批判について

この論文にたいする批判は、第四節「定額銭納地代の成立」、第五節「小農民経営に於ける萌芽的利潤の形成」に集中している。伊原弘介氏の『書評』（『史学研究』一〇五号）、それに小島晋治氏の書評（『社会経済史学』三四巻五号）、同氏の「太平天国革命」（岩波講座・世界史二一・近代八）の中に、次のような批判がある。伊原氏は「小農民経営、佃戸における萌芽的利潤の獲得の可能性を、清末『貨幣地代』段階に到達した封建的土地所有の段階に求めることの妥当性の有無」こそ問題であり、「小林氏が萌芽的利潤獲得の可能性を、生産物地代の段階でなくして、敢えて貨幣地代の成立を必須の条件として設定して立証されたのは如何なる理由によるのであろうか」、「小林氏が封建地代の形態転化を、封建社会の構造変化を論証する基準としたのはどのような理論的な根拠によるのであろうか」と問うた。また、本章頁一六の（Ⅱ）の史料の解釈は、定額銭納地代の成立とは解釈できず、「現物定額折納」ではないかとした。

この史料については小島晋治氏が本格的な批判を加えているので次に紹介する。「自後生歯日蕃、故種綿多於豆、乾隆三十年（後）①秋租折価、各業書数於壁、豆皆不照墅価約剖歳収以定租数②、而各佃立写租札、則仍依旧規、三麦七豆、亦有二五麦、六五豆及二麦六豆」（傍線は小島氏）。小島氏の批判は、小林のこの史料の読みは、①の「後」を読みぬかしていること、つぎに傍線②の部分を「豆は皆な墅価に照して約剖」、「歳収もって租数を定めず」と小林は読んでいるが、これは間違った読み方であり、「豆は皆な墅価（市価）に照さず。歳収を約剖（二分する）して租数を定む」と読むべきで、これは銭納定額地代では全くなく、明白に「現物地代の単なる形態転化としての貨幣地代」に他ならないとした。

この伊原・小島両氏の史料の解釈は正しく、この史料を定額銭納地代の成立を証明するものとした部分は撤回したい。しかしながら本論文で展開した定額銭納地代の成立（部分的、一時的かもしれないが）、あるいはそれへの志向を目指す段階にあったという主旨は、全面的に否定されるものではない。

豆作、麦作についてみれば、現物地代の単なる貨幣への形態転化であった。しかし、旧規の「麦三斗豆七斗、麦二斗五升豆六斗五升、麦二斗豆六斗」なる慣行は、一八四六年段階でまだ有効性を失ってはいない。小農民経営の中で重大な比重をもつにいたった綿作については、乾隆三〇年後のいつかの時点で「秋租の折価は、各業が貨幣換算額を壁に書いた」とあるから現物地代の貨幣形態への転化があり、一八四六年段階になると、「秋きたり花租、畝ごとに一千文なるもの、何ぞ一千二百文に到るを得んや」という抗租宣言中の文言に明らかなように、「綿田は一畝当たり銭一千文」と事実上の定額銭納地代（あるいは一時的な現象か）になっているのである。

これを裏づける史料として、『光緒常昭合志稿』巻一七の「義荘」の項をみると、義荘が所有する稲田、麦豆田の租額は、ほとんどすべて現物額で記載されているのに、顧氏義荘・花田五〇〇畝―額租銭七〇万文（光緒一二年）、何氏余慶義荘、花田三四〇畝―銭五四万文（光緒一九年）、董氏義荘、花田七五〇畝、銭一六万文（道光一八年）等、綿花田地の租額だけは一定の貨幣額で書いてあるのである。これからみても、すぐれて商品作物たる綿花は、現物の折価額がこの段階では事実上の定額貨幣地代となっていたのではないかと考えられるのである。参考までに租額の判明する義荘の所有地数と租額数の表（頁六三の表を参照）をかかげておこう。この表中の黄金壹、黄承霈、王氏義荘の各田地は租額が八五万文、四〇万文、七〇万文とあるところから綿田であったとも考えられる（この表は当時の租額数を知る上で重要であろう）。

また伊原氏が批判するように地代形態だけで、発展段階を規定することは短絡した考えであったと考えている。

項目 義莊名	創立年代	土地種類	田畑面積（畝）	租額数量	一畝当租額	備考
臨海屈義莊	嘉15	常邑田	490	400石	0.816石	400石
		昭邑田	460	420石	0.913石	6万銭＝20石
		花田	350	290石	98000文	豆麦
歸景泖	嘉15	田	1000	980石	0.980石	
董廷楝	道18	稲田	250	225石	0.900石	
		花田	750	160000文	(2130文)	
龐裕後	道21	田	509	423石十3	0.836	423石と9900文
周誥	道24	田	514	479	0.931	
龐榕	道25	田	728	546	0.750	
黄金壹	咸1	田	500	850000文	(1700文)	
黄承霈	咸1	田	250	400000文	(1600文)	
衛家塘	咸6	田	1000	880	0.880	
胡氏廷鋆義莊	咸11	田	500	430	0.860	
瞿氏義莊	咸11	田	500	530	1.060	
席氏義莊	同6	田	574	400	0.697	
張氏孝友義莊	同10	田	2670	2630	0.985	
毛氏義莊	光1	田	500	500	1.000	
錢氏承志義莊	光4	田	500	490	0.980	
周氏鶴記義莊	光6	田	500	490	0.980	
王氏義莊	光10	田	510	730000文	(1431文)	
沈氏承志義莊	光11	田	500	500	1.000	
陳氏韞輝義莊	光13	田	540	500	0.925	
顧氏義莊	光12	花田	500	700000文	(1400文)	
陸氏義莊	光16	田	600	禾200石		
				荳110		
				麦24		
				銭230000文		
何氏余慶義莊	光19	稲田	300	300	1.000	
		花田	340	540000文	(1588文)	
范氏義莊		田	500	400	0.800	

この論文については、今堀誠二「アジア史研究会『近代中国農村社会史研究』」（『史潮』第一〇二号、一九六八年）なる書評があり、氏はこの中で、「まず、抗租については、道光二二年、二六年の農民闘争から、太平天国を経て、辛亥革命に到るまで、いろいろな運動が展開された事を明らかにし、その歴史的役割をのべて、剰余労働の蓄積による民富の形成が、近代中国のポイントであることを明らかにしている」と評しているように、この論文を書いた当時の私の主要な関心の一つは、生産力の発展を論証することにあった。

マルクス主義における生産諸力の発展という歴史の発展の基本概念を、これまで学界は単に生産物という物質の量の問題に矮小化する傾向があったと思う。このことから地代形態、農業生産力のみに問題意識が集中していったのだと考えている。定額銭納地代の確固たる実現の段階にならなくとも、地主、資本家、帝国主義との闘いは可能であるし、帝国主義という世界史的段階の国際的な矛盾のあり方と文化・交通のあり方の特質とによって、かかる半封建的農民の勝利も可能となる地平が開かれることもあり得るからである。

といって、生産力の発展を追求することが時代錯誤の試みとかナンセンスな仕事だというのではない。問題は、この生産諸力なる概念を、「革命の条件としての生産諸力を、生産諸力の構造、国際的な構造という面と、精神的・道徳的な生産諸力の状態をも含めた立体的な構造においてとらえねばならない」（花崎皋平「唯物史観の公式について」『マルクス・コンメンタール』（Ⅳ）所収、現代の理論社、一九七二年）ということである。このような方向を目指す最初の試みとして「抗租、抗糧闘争の彼方——下層生活者の想いと政治的・宗教的自立の途」（岩波『思想』一九七三年二月号）を書いた。参照されたい。

この論文は、太平天国前夜（一八四〇年代）の昭文県の社会的、経済的状況を検討したのであるが、太平天国が南京に建国し、この地帯にも大きな影響をもつに至った時、いかなる政治的な階級闘争がこの地帯で展開されたか。この点についてはいまだ本格的な検討をしていないが、『近代史資料』（一九六三年第一期、中華書局出版）所収の姚済「苟全近録」「己酉被水紀聞」、湯氏輯「鰍聞日記」、『中国近代史資料叢刊』（『太平天国』Ⅴ）所収の顧汝鈺「海虞賊乱志」、それに柯悟遅「漏網喁魚集」（彭沢益「鴉片戦争後十年間銀貴銭賤波動下的中国経済与階級関係」歴史研究、一九六一年六期に書名が見える）等に多くの重要な、未見の史料があることだけを紹介しておく。

最後に二、三気づいた点を指摘しておきたい。頁六三の「義荘設立数と義荘田地総計」表を作成する際に、義荘所有田は設立時以後に若干増加（追加寄増による）しているものもあったが、それをすべて義荘設置時の所有田数に加算したため、「義荘田地総計数」は必ずしも正確なものではない。しかし、一般的傾向はこれにて明らかである。また、今堀氏は前掲書評の中で、『一斑録』等の重要史料を発掘、紹介したことを重要な功績だとされているが、この鄭光祖の『一斑録』の重要性は、久保田文次氏が東洋文庫で閲覧中に気づかれ、筆者に研究するよう紹介してくれたものである。（一九七三年一月一八日。今回再録に当たって語句を若干改めた。）

附記（二〇〇七年一〇月記）

この第一章のこの論文は、地主・佃戸制をもって封建領主・農奴関係とみなして、旧中国社会を封建的生産関係の社会と考え、それにマルクスが『資本論』で提起した封建社会の地代の三形態論を重ね合わせ、中国の一九世紀の長江下流デルタ地帯の農村に、金納貨幣地代が一時的であれ成立していたことを証明しようという目的をもって書いた論文である。中国はアジア的停滞社会であるという理論を否定する目的で書いたものである。したがって、論証目的が先に立ち、実証が後を追うという過程を辿った。再録に当たって加筆訂正を行ったが、いまだ理論と実証に大いに問題がある論文である。が、当時の農村社会と農民運動の状況が詳しく分かる論文であり、また私にとっては情熱がむやみやたらにほとばしった記念碑的な処女論文であるので、ここに再録した。

また、この農民暴動に関しては、浜島敦俊氏が、『総管信仰』（研文出版、二〇〇一年）に於て言及しており、私が見逃していた民間信仰に関する重要な事実を明らかにした。私の本論文では昭文県東部農村の民間信仰については全く言及しなかったが、浜島氏は、この農民運動の参加者は、「総管・周神・猛将・李王」の四種の神々を深く信仰しており、これら神々の御宣託によって暴動を占ってもらい行動していたことを明らかにした。なお、浜島氏の上記の著書は、上記の神々とそれに対する農民の信仰の歴史を史料を博捜して研究した優れた業績である。

第二章　一九世紀における中国農民闘争の諸段階

一　序

戦後日本に於ける明清社会経済史研究の進展は極めて著しいものがあり、多くの学徒を惹きつけた。戦後の中国前近代史の研究は、特に商品生産、農業生産力、階級闘争の分野を研究し、中国社会における内在的発展の過程を証明し、中国史に於けるアジア的停滞論を克服しようとした。そして唯物史観に立って中国史に革命に至る社会構成体の継起的発展段階を論証すること、それこそが中国史研究の目的である、という意識によって支えられていた。

この課題に真正面から立ち向かう姿勢は、日本の民主主義革命が現実の可能性を持つものとして、人々の胸中に澎湃として存在していた時期に一致し、また真の民主主義を獲得したヨーロッパにおける近代的人間類型の誕生を、イギリスにおける封建制から資本制への移行の中に、理念・模範として抽出せんとした大塚理論の圧倒的影響下に人々があった時期と一致する。大塚久雄はマルクスとヴェーバーを共に学ぶことの大切さを説いた。

さて、上記のような明清史研究は、西嶋定生の一連の綿業研究から始まり、一九五〇年代末に発表された小山正明の「明末清初の大土地所有――とくに江南デルタ地帯を中心として――」（『史学雑誌』六六巻一二号）にほぼ終るが、以後も長く学界に影響を与え続けた。明清社会経済史研究の昂揚期の研究結果の、その多くが当該段階の商品生産・農業経営に対して、封建制から資本制への移行期であるとする段階規定を与えることに否定的であったとしても、その否定的結論をも含めて、「世界史の基本法則」＝比較史的方法の中にあったといえる。

しかし、安保条約の締結、独占資本主義の復活という一九六〇年前後を境にして、社会構成体の継起的発展の論証――「封建制から資本制への移行」の証明という、段階論的問題意識は急速に色あせたかにみえる。少なくとも、明清社会経済史研究の中心が制度史的研究へ移行したことは、そのことを表している。このようにして、日本の中国史家は、帝国主義と国内反動勢力により中国が半封建・半植民地社会に転落し、帝国主義との闘争を根本的課題とした中国近代史の本質が明らかになればなるほど、「内在的発展を追求する」という積極的な問題意識を前近代史の中に設定できなくなっていったのである。

確かに、中国近現代史を「内在的な資本主義の発展」の視角で考察することはできない。アヘン戦争以後、半封建・半植民地社会に転落し、帝国主義からの解放を民族的課題とした中国史の問題を、一国史における基本法則の貫徹の視点からのみ解明することは不可能であろう。そこには世界史的把握の視点が必要であり、「前近代中国と断絶とさえみえる歴史的展開を理解することこそが、中国の内在的発展を保障する」[1]ものと考えられるからである。

しかし、前近代中国との断絶を全き前提とし、「帝国主義の侵入」→「農工の分離」→「封建的性格を払拭しないままの資本のための隷農化」→「貧農・プロレタリアートの反帝・反封建闘争」という図式には問題がある。つまりはその弱さ・低さによって帝国主義の従属的市場に編成されながらも、それと対抗し、その現実を打破する主体の内在的な力の形成過程として、明末清初以来の「商品生産＝農村工業の発展」、「農民的土地所有への志向・農民闘争（抗租・抗糧）」の前進を位置づけ、歴史的な規定づけを行う必要がある。

最近、次のような反省が聞こえる。戦後における科学的歴史学の躍進期に、中国史研究者の方法論を深く規定した大塚史学の方法は、その無媒介の中国史への適用者によって、結果として理想たるべき「西欧の発展の型」との距離を測る基準となり、「中国の農村工業の停滞・挫折の歴史、産業資本に成長しえなかった歴史[2]」をさぐる武器でしかなかったという批判である。

しかしそうした試みが、西欧的基準の「全き無意味」を意味しているであろうか。大塚史学の全面的破産を意味しているであろうか。「前期的資本の範疇転化」に関する部分や現代に於ける「確立されるべき近代市民社会」という意識は、もはや徹底的に批判されねばならぬとしても、その「基本法則」＝比較史的方法は、帝国主義段階のアジア・アフリカ等植民地・反植民地の解放の理論ではなく、本来資本主義の古典的発展に関する理論であって、その限りに於て今もって有効性を失わないのである。

明清社会経済史研究の最近の停滞と中国近代史研究に於ける前近代の発展不必要論的情況の原因は、「西欧的基準」、「比較史的方法」それ自身の欠陥によるばかりでなく、むしろ中国史研究者の態度、その無媒介的な、かつ超歴史的な適用とその有効性への誤解、それ自身にあったとされねばなるまい。

明清社会に於ていかに資本主義的な近代的生産力の誕生の論証が困難であろうと、その追求の姿勢に何ら問題はない。資本主義の外圧に対抗するものは、階級闘争の中で、また資本主義の中で高められ、解放されてくる生産力と民族の結集力である。たとえそれらの低さによって、外国資本主義の従属的市場に編成され、半植民地・半封建社会に転落せねばならなかったとしても、人民の闘争は一九世紀以降、絶え間なく続き、ついにはその現実を逆転せしめて中国革命にまで上り詰めたのである。かかる反帝・反封建闘争の力の源泉と形成過程は、主体に与えられた所与の条件と段階、さらにはその外国資本主義との対抗の中での変化発展に於て追求されねばならない。外国資本主義に対する中国の抵抗は、明末清初以来の農民の反封建闘争の激化及び農村工業の発展を基軸にして中国近代史の反帝・反封建闘争へと展開したのであり、それを内的連続性において考察しようとするのが、本章の目的である。

註

(1) 佐伯有一「中国近代史研究についての若干の問題」(『歴史学研究』三二一号)。
(2) 「中国史の世界史的把握はどう進んだか」東京教育大学大学院「中国社会経済史研究会」(『歴史評論』一八六号)。

二　一九世紀反封建闘争の前提

一九一一年の辛亥革命における清朝打倒によって、中国における二千年にわたる専制体制は遂に崩壊した。この専制体制を終焉せしめたものは、中国人民の闘争であることは当然であるとしても、階級闘争一般は古代から大規模に間断なく続いてきたものであり、辛亥革命期の人民闘争に専制体制を無限に再生産せしめない、社会経済的な変質が内容として存在しなければならないであろう。それはあくまで、専制体制を維持せしめる孤立した閉鎖的な村落共同体に対する、資本主義的生産諸関係の破壊的作用を除外しては考えられない。

しかし、これまでの明末清初以来の商品生産の中に中国に於ける資本主義発生の起点を検出しようという試みは、概ね否定的結論しか導けず、「商品生産の著しい拡大を認めながらも、その内容の理解についてはかなり混迷した状況」(1)を抜け出ることはできなかった。

また農業部門においても、片岡芝子が「明末清初の華北における農家経営」(2)に於て、「綿業の普及と共に富農経営が成立することを説いたのは、農業部門に於ける資本主義化の方向を積極的に肯定するかにみえる殆ど唯一の主張[3]であったとされているのである。したがって清代に全国各地に著しく発展する商品生産――例えば「産業を治し紡績に勤め利を逐いて上気す」、「機利を仰ぎて食す」、「桑麻魚蛤の利あり[4]」等々という手工業の発展も、更にまた「不完全な統計によれば、清初から阿片戦争に至るまで新たに増大した大小市鎮は一五〇余に達した。その中で康熙以前に増大したもの三七、乾隆年間に生まれたもの一一四である。明代と清初に形成した集市は乾隆年間に至る間にほとんど鎮に昇格した。……清代新興の市鎮は大部分がみな綿布生産の発展と密接な関係がある[5]」という新興農村市鎮の清代に於ける急激な抬頭も、いまだ資本主義化の起点ではないという否定的評価を与えられただけで、その発展のもたらす社会経済の構造的変化の考察は今のところ放棄されているかにみえる。

単純商品生産としての性格を克服する契機がその内部に発生し難いという諸々の条件の考察には、専制体制下に於ける収奪体系の分析を必要とするであろう。今のところ中国前近代社会のトータルな把握は不可能であり、商品生産それ自身の構造的分析から内的発展の論理を究明するのではなく、商品生産の発展（その歴史的規定づけは今のところ問わない）が及ぼす土地問題の変化から考察したい。

まず宋代以降主要な生産関係として発展してきた地主・佃戸制における現象的変化を考察し、本論展開の糸口としたい（以下、佃戸は佃農とも記す。共に日本の小作人とほぼ同じ存在である）。

中国の小農民は、宋代以降、地主・佃戸制といわれる生産関係の中に包摂され、佃戸（でんこ）と呼ばれてきた。勿論、華北とか江南でも山間部などの経済的後進地帯には自作農の占める割合は大きく、小作人的存在たる佃戸と存在形態を異にしていた。しかし彼らとて国家権力によって必要労働部分にまでくいこむ収奪を受ける貧農であり、その存在形態からしても封建農奴的範疇に属すると言い得る。中国封建制は、本質的にはこうした農奴制の上に存立していたが、農民の土地緊縛・人身的隷属が「法体制」として確立されなかったところに特徴がある。[6] そうした中国封建制の特質はいわゆる専制体制と密接な関係を有していると推測されるが、未だ十分に解明されていない。

地主・佃戸制が最も発展した地域は、国家財政を支える中心的地帯――華中・華南であり、中でも揚子江下流デルタ地帯では、地主から土地を借りて耕作する佃農が「十の八・九」(顧炎武)もの割合であったという。この佃農比率の最も高い揚子江下流デルタ地帯は、同時に農村工業(織布)、商品作物栽培の中心的地域であった。

農村における階級対立も先鋭化しており、華北方面のような規模の大きな、また流動的な農民反乱はなく、明確な地主・佃戸の対立意識に基づく「抗租闘争」と、国家収奪の要である銭糧徴収に抵抗する「抗糧闘争」が中核的な反封建闘争であった。この二つの形態の農民闘争が、極めて意識的な形で引きおこされてきていた。明末清初に於ける商品生産の発展、抗租闘争の激化に応じて、佃農の地主に対する関係も、全人格的な隷属から徐々に契約的な関係に移行し、佃農の法律上あるいは実質的な地位上昇も指摘されている。[7] 中国の歴史研究者も同じような指摘をしており、宋代以降「傭佃(傭工と佃戸)なるもの主家の手足なり」(実政録)とか、「軍法をもって佃客を勒す」(永泰県志)等という全人格的な隷属関係も存在していたが、しかしこのような関係は徐々に解体して、「厳格な隷属関係から単純な納租関係へ」という発展が進行してきていた。[8]

ところで、こうした地主・佃戸関係の現象的変化の基礎には、土地所有権及び小作契約をめぐる注目すべき事態が進行していた。一つは「一田両主制」の発展であり、もう一つは「押租慣行」の一般化である。

一田両主制とは一片の田地に対して「田面権と田底権」という二つの権利が発生し、所有権から耕作権(田面権)が分離し独立して売買の対象となる、そうした田地に関する制度をいうのである。古くは元代に始まり、明代では福建省によくみられた。清代に入ると、中期頃からかなり広範囲に確認される。雍正・乾隆期には江西省の楽平・建昌・

寧都、江蘇省の無錫・嘉定、道光頃には江蘇省の元和・通州・海門・松江・江寧、および浙江省の各地へと広がっている。そして太平天国前後になると新たに安徽省の南部、湖北へと拡大してゆく[9]。

またその発生の過程も、開墾費用、圩田工本として佃農が費やした開発資本への反対給付として与えられたもの、あるいは自作農民が耕作権を残して土地所有権だけを投献・質入れするという原因よりも、清中期以降になると「永佃制・押租（小作保証金）慣行」との密接な関係の中から生まれてくるものの方が多いと思う。少なくとも、蘇州府のような生産力が全国一高く、古来から地主・佃戸制の最も発展した地帯として有名なところに、一九世紀後半、一田両主制が全面的に展開していた[10]。

さて、一田両主制の評価については、田中正俊が「耕作権の確保・保有権の確保という方向は示しているが、こうした耕作権を更に耕作権と用益権（収租権）に分化し、その収租権を譲渡して佃戸が更に高利貸的地主から金を借りるという形で出てくる[11]」と述べている。氏が佃農経営から独立自営農民経営へといった直線的見方に厳しい留保をつけておられるように、一田両主制がただちに農民的土地所有の成立とか、果ては、ブルジョア的発展を保障する封建的土地所有の解体というように評価することはできない。

一田両主制から一田三主制へという場合は、確かに直接耕作者に寄生する二人の搾取者の出現を意味し、従って耕作権の確立は次の段階で自らを破産せしめる可能性を含んでいるともいえる。しかし一田三主制は福建省漳州府にほぼ限られ、しかも明代にかなり盛行していながらも遂に清代に入っても全国化することはなかったのである。この局地的な特質のよってきたる原因追求は重要ではあるが、それが中国農村の全体的な方向では決してなかったこと、また収租権ですら譲渡されるならば、一田三主制は一片の土地に対する諸権利が商品化することを意味するのであり、逆に地主をして地主たらしめている経済外的強制の弱体化を、その代償として支払っているものであることを指摘するにとどめておきたい。

一田両主制発展に関する評価で最も重要な視点は、現実に田面権の所有が佃農の闘いの場でどのような機能（＝役割）を演じ始めているかということである。まずその点に関して考察しておく。たとえば江寧府では太平天国鎮圧後、田面権がない田地では農民が小作契約を結ばず、さればといって田面権を与えると「田土悉く佃戸により把持せられて「有田の家、深く此の累を受けざるはなし」[12]という事態をもたらした。同時期（光緒初期）の松江府では、「一田両主は、既に佃戸に開くに抗租の門をもってする」[13]と、一田両主制は地主の収租に対する大きな障害となり慨嘆すべきものとして地主によって記録されているのである。

ところが、太平天国鎮圧後の蘇州府には、これとは逆に、地主が田面権だけを集め、そのため地主の圧迫や搾取がいかに強化されても佃戸は田面権があるので逃亡もできない[14]、といった事例がある。これは田面権の獲得が、実は佃農にとって不利だという内容のようであるが、決してそうではない。太平天国鎮圧後という地主反動期に、田面権をもつ佃農がそれ故に逃亡しないのは、まさに田面権が自己の所有権として実現されていたからである。例えば寧郡（江寧府）の田面権をもつ佃農の場合はこうである。一八七三年、寧郡の東南郷は虫害・旱害を受け大凶作におちいり、佃農は佃租（こさくりょう）の減免を願った。しかし城中の業主は「枕を高くし餐（くいもの）に飽き」、「体恤（なさけ）を知ら」なかったばかりでなく、城内の秦姓という濫紳（悪辣な郷紳）のごときは、佃農が持参した稲を受け取らず「直ちに郷にくだりて租を収めるに、ただ全租を硬要（強要）」し、納租できぬものは官憲によって追及した。「佃戸の退田して別種（他の土地を耕作しようと）するを願うものあるも、おおよそ城内（の地主）均しく大業（＝田底権）を管し、小業（＝田面権）は郷人の種戸（耕作者農民）の管する所なれば、（地主は佃戸が）自ら招きて別種するを肯んぜず。よりて（地主は）佃戸より収租し、もし収穀たらざれば（収租額が不足すると）、小業（＝田面権）をして賠貼（充当）

せしむ)」[15]と。つまり悪辣な城内の濫紳地主の圧迫によって、佃農が仮りに退佃を心では願っていても、田面権を有する以上、現実には退佃できないのである。それは田面権が自己のものであるからであり、それが佃農にとって有利なものであるからこそ、地主は佃租が不足すると佃農から小業（田面権）を代償として取り上げようとしたのである。両者の力関係によって田面権の役割は逆転したのだ。

耕されている土地が自己の所有に属するという佃農の権利意識は、長期の努力と不断の闘争によって培われてきたものであり、更にまた一九世紀中国農民闘争に新たな展望を切り開くものとして発展してきていた。一九世紀中国農民の闘争は、封建地主的土地所有の廃絶をすでにその歴史的な日程にのせていたということができる。

さてもう一つの押租慣行であるが、押租とは別名「進庄礼銀」ともいわれるように、初め小作契約の際の礼金という意味があったらしい[16]。しかし本質的には小作料保証金の意味を持つ。佃農の抗租闘争の激化と小農民経営のもとに於ける一定の貨幣蓄積を前提として、地主が欠租を予防するという自衛手段であると同時に、佃戸が抵抗を強化するという二面性をもつものであった。

こうした小作保証金制の成立は、まさに小作保証金であったが故に抗租風潮の激化を前提とし、貨幣納であったが故に直接生産者たる小農民経営に於ける商品生産の発展と余剰部分の蓄積を前提にしていた。しかしこの佃農の力の上昇が新たな押租という地主の搾取を呼び起こしたところに、中国農民にのしかかる未だ深い封建制度の重圧を見るのであるが、これは明らかに封建的な地主・佃戸関係に新しい時期を画すものである。例えば押租制下にあっては、押租重ければ佃租軽しという一般的法則が貫徹している[17]のであって、それは多数の小農民の没落の中に一部の富農を生み出すという歴史的役割を担っていた。久保田文次の研究によって明らかにされた、四川最初の近代的製糸業をうちたてた清末の大佃戸陳開沚は、押租慣行を利用してかなりの桑畑を集積し、遂にブルジョア的発展をとげているのである。[18] 彼の場合押租だけからは説明できぬとしても、それは押租制全盛段階の中国農民の到達した段階を示している。

以上みてきた一田両主制の発展と押租制の盛行はほぼ地域を同じくしており、密接な関係を有していたと思われるが、[19] 多額の押租の納入が佃農による事実上の耕作権を発生せしめるのではないかと推測されるという指摘にとどめ、両者の関係は今後の課題にしておく。

ところで、この田面権の発生・押租の慣行化という事実は、特定の地域に集中している。江蘇・浙江・広東という先進地帯と揚子江の中・上流域、つまり湖南・江西・安徽南部・四川・福建等の諸省に集中している。これらの地域は抗租・抗糧暴動の支配的地帯であるが、華北などの後進地帯は田面権や押租慣行の発生もほとんどなく、[20] 更に抗租暴動などごく少ないのである。

このような地域的差違を反映して、華北と華中では佃農の地主に対する隷属関係も甚だしい差違を有していた。一七三八年河南から湖南に転任した岳州府同知の陳九言は、河南では「田主は主人の如く佃戸は奴僕の如し。事あれば服従して敢て労を辞せず。惟、田主の意に当たらざるを恐るる」ありさまであったが、湖南では「独り原主の如き佃（佃戸）あり、風土を熟悉する者にあらずんば、清理（うまく処理）する能わず。益々人情変幻し、愈（いよいよ）いで愈奇なり。竟には佃戸にして仍ち自ら称して田主となすものあり」と述べ、「楚南（湖南南部）に到任し、駭異（驚き）に勝えず」[21]と、湖南南部の佃農の力の強さに驚き呆れている。

また『清国事情』[22]によると、後進的な山東省では、小作契約は「単ニ口頭契約ニヨルモノニシテ書面ヲ用ユルモノハ極メテ稀レ」であり、「小作人ハ自己ノ権利ヲ譲渡シ売買スルコトヲ得ザル規定」である。現物納か貨幣納かについては「契約当時ノ約定如何ニ係ラズ一ニ地主ノ欲スル所ニ従ハサル可ラスシテ従来何等ノ之ニ関スル争議アリシヲ聞カス」という。

華北の直隷省宝抵県では、およそ次のような状況であった。「小民で已れの田を耕作するもの、固より多し。しかして大戸の田を承佃（小作）するもの、また少なからず。毎年の収租、並（けつ）して定額なし。……豊年ならば畝を計りて糧（穀物）を収し、凶作で糧をとること可成らざるも、また必ず糧数を恣意に決め、無理やり納めしむ。民力及ばざれば、拖欠（未納）となし官におくり手錠をかけ牢屋に入れる」[23]という。

これに対して揚子江下流デルタの蘇州府では「地主ト小作人トノ関係ハ単純ニシテ毎年小作料ヲ納ムルノ外何等ノ関係ナク相互累代連続セル間柄ニテモ冠婚葬祭ノ応酬等ヲナスコトモナク情義頗ル冷淡ナリ而シテ小作人ハ子子孫孫当然小作権ヲ継承[24]」していたのである。

このような地主・佃戸関係の差違はまた地域差、農民闘争の差としても現れている。後進地帯では飢餓的暴動から始まる巨大な流賊的暴動といった性格が強いのに対して、揚子江下流デルタの闘争は明らかにこれと異なっている。このデルタは松江府を中心とする綿織業、蘇州府を中心とする絹織業で有名であり、農村でも商品作物が小農経営をおおっていた。商品作物といっても明末清初以来急速に発展したのは棉花栽培である。

例えば鄭光祖の『一斑録』（道光朝刊）に、「吾郷（昭文県）の地、海濱に処す。壌（土壌）は皆沙土（砂地である）、広く棉花を種す。（常熟・昭文より南のかた太倉・嘉定・上海・南滙・金山に至り、直ちに差浦に至るまで其の地は略ね同じ）」とあり、同書にまた「余の郷（昭文県東部一帯）海あり堈身に至るまで二千余里、東高郷と称す。遡りて雍正（一七二三～三五）以前は郷農の種する所は豆、棉より多し。……時に種棉十の僅かに四・五なり。蓋し黄霉（梅雨）の削草、必ず人に資（か）りる事多きに、曩（こ）の時人較（やや）少なきなり。自後生歯（人口）日に蕃（さか）んにして、故に種棉漸（ようや）く豆より多し[25]」とあるように、デルタ地帯の棉作の普及は特に著しかった。しかもこの極めて商品性の高い棉花生産は、佃租を早くから実質的な定額金納地代に変えていったようである。

小麦でも既に順治四年（一六四七）「余の郷の業戸（地主）、旧時の租簿有り。順治四年麦収は歉薄なり。租価麦一石を大銭に折するに一千六百文より二千文に至る」[26]（注、大銭とは穴あき銭で、小銭の十倍の価値があった）とあり、この場合は現物納の単なる形態転化ではあるが、貨幣納となっている。ところがこの昭文県東高郷では、棉作が多くなるにしたがい、「故に一種棉は豆より多し。乾隆三〇年（一七六五）後、秋租（棉田の佃租）の折価（貨幣換算額）、各業（各地主）は数を壁に書す」[27]とある。この場合も棉花という現物地代の形態転化である可能性もあるが、それから数十年後の道光期の棉田佃租は定額銭納地代に近いものとなっているのである。

「陸市・小呉市等のところ（の屯田）は蘇州衛に属し、租に増ありて減なし。一畝、銭一千六・七百文に至るは猶お当地の佃租と相埒（ひとし）し」[28]（この場合、六・七百文は春小麦の佃租だから棉田佃租は一千文ということになる）とあり、また「秋来り、花租は毎畝一千文なる者……」[29]とも書かれ、事実上、一部が定額銭納地代となっていた可能性がある。しかしこれも法的成果としてあるのではなく、地主と佃農の力関係のいかんによってはたちまち崩壊する危険性をもってはいたが。

当時の『常昭合志稿』（義荘）に記載されている義荘所属の棉田佃租も皆銭文単位で記入されており、一般に道光末年から始まる一九世紀中葉の革命情勢期以前の比較的平穏な時代に、事実上定額金納地代が棉田には一般化していたと考えられる。[30] こうした地域であればこそ、一八四六年、次にみるような特徴ある抗租闘争が起こるのである。

「麦租の折価、各業（地主）、石ごとに銭二千をとるもの、何ぞ二千四百に至るを得んや。秋来たり花租畝（畝は一ムー）ごとに一千文なるもの何ぞ一千二百文に至るを得んや。一期限（締切り）を過ぎれば銭千ごとに各業、銭三十文を加うる者、何ぞ騒（にわか）に銭一百文を加うるを得んや。而して且つ各業、新たに田産を買い、我らを召して租礼を立写するに（小作契約を結ぶこと）畝ごとに銭五・六百文を索（もと）むるは、乃ち我等意中の事なり。千に及ぶも猶お努力支持すべし……」（傍線は引用者）と、地主達の集団的一斉増租が突如としてなされ、それに対する佃農達のこの反対宣言が出された。傍線のような佃農の大幅な譲歩（「一畝五・六百文の小作保証金は我等意中のことである、千文でも我等猶お努力支持する」という佃農の宣言の一節は、当該棉作地帯の小農経営の一定程度の萌芽的利潤の蓄積を前提としている）にもかかわらず、地主達の無視にあうや佃農は蜂起し、三六軒の地主家屋・綿布商店を焼きはらった。

　これは飢餓暴動ではなく、生産力の増大と農民闘争によって蓄積されつつあった一定の小農経営における萌芽的利潤を守る闘いであった。このような商品生産の発展によって富農出現の可能性すら予想せしめるに至る揚子江下流デルタ地帯には、多数の日常闘争に支えられた抗租暴動は続発するが、太平天国・捻軍のような巨大な流動性をもつ闘争は絶対に起こり得ない。なぜなら商品生産の発展と生産力の増大が農民層を様々に分解せしめ、その中から一部の佃農の力の高まりによる富農経営への展望さえ垣間見られるに至り、かくして各地の格差と各農民の格差を増大し、農民の要求や置かれている状態を異なったものにするからである。流賊的な過程を通して拡大するような連帯性（飢餓においてするような連帯性でさえも含めて）はここでは既に崩壊しているのである。

註

（1）小山正明「明清社会経済史研究の回顧」（『社会経済史学』、第三一巻第一号～五号）。

（2）『社会経済史学』（二五巻―二・三号）。

（3）註（1）に同じ。

（4）『常昭合志稿』（雍正九年、巻三「市鎮」）。
（5）杜黎「鴉片戦争前蘇松地区綿紡織業生産中商品経済的発展」（『学術日刊』、一九六三年三月号）。
（6）仁井田陞『中国法制史』（岩波全書、頁一六五、一九五二年）を参照。
（7）仁井田の註（6）の著書に同じ。
（8）魏金玉「明清時代佃農的農奴地位」（『歴史研究』、一九六三―五号）。その他、中国の多くの歴史学者は、明清時代に資本主義の萌芽の発生を主張している。
（9）仁井田陞「明清時代の一田両主慣習とその成立」（『中国法制史研究―土地法・取引法』）。
（10）陶煦『租覈』に「呉農の人の田を佃する者、十の八九は皆所謂租田なり。然れども、古の所謂租及び他処の所謂租の若きには非ざるなり。俗に田底・田面の称あり、……」。
（11）一九五三年、歴史学研究会大会での発言（『世界史におけるアジア』岩波書店）。
（12）『申報』光緒五年一二月二二日「田主苦累」。
（13）『申報』光緒五年一二月二七日「場官偏見」。註（12）の史料と共に小島淑男の提供によった。
（14）陶煦『租覈』に「惟、其田面を以て恒産の在る所となし、故に其の租額を厚くし、其の折価を高くし、其の限日を迫り、其の折辱・敲吸の端を酷烈にすると雖も、一身の事畜する所、子孫の倚頼する所にして、捨て他に之（行）くあたわず。甚だしき者は、有田之家、或は佃者の田面を強奪して以て其の租に抵（あ）つ」とある。ここに於ても、田面権が耕作農民に有利な権利であったからこそ、地主は田面権を強奪し、佃租の代償にする価値が生まれるのである。
（15）『申報』同治一二年九月一六日「述甯郡田主収租挟控佃戸情事」。
（16）白石博男「清末湖南の農村社会―押租慣行と抗租傾向―」（『中国近代化の社会構造』東京教育大学アジア史研究会、教育書籍、一九六〇年）。
（17）『湖南湘潭県志（嘉慶）』に「押租銭、其数は歳租の多寡を視て率となす」とあり、押租は佃租の額によって決まるのが一般的であったであろうが、次第に、押租の額によって小作料額が決まるようになったと思われる。「押重租軽」の原則についての詳細は、久保田文次「清末四川の農村社会」をみられたい。民国に入ってのことであるが、押租がある土地は佃租が低いという記録は『民国経済年鑑』(二四年)「租佃制度」を参照のこと。

(18) 久保田文次「清末四川の農村社会」(後に『近代中国農村社会史研究』に収録。汲古書院、一九七六年)。

(19) はっきりした史料は未発見である。推測の域をでないが、この両者は社会経済的背景を同じくし、しかも地域的に重なっていることから、密接な関係があるといえよう。

(20) 直隷省では、「中・南支に於ける如き分割地所有観念の発達をみるにいたらず」(天海謙三郎『中国土地文書の研究』「解題」、勁草書房、昭和四一年)とある。

(21) 『湖南省例成案』巻一、「江津河防」。

(22) 『清国事情』第一輯(外務省通商局、明治三八年)。

(23) 『申報』、「京報全録」光緒一二年(一八七三)二月一四日。

(24) 『清国事情』第二輯(外務省通商局、明治三九年)。

(25) 鄭光祖『一斑録』、雑述六「銀貴銭賤」。

(26)(27) 前掲書、雑述二「大有年」。

(28)(29) 前掲書、雑述六「焼搶拒案」。

(30) 拙稿「太平天国前夜における農民闘争」(後に『近代中国農村社会史研究』に収録。汲古書院、一九六七年)。

三　太平天国期における各地域の農民闘争

これまで見てきたような各地域間の社会的・経済的構造の差違に応じて、農民闘争にも大きな差違が存在していた。各地域は生産諸力の発展に照応して、「抗租・抗糧暴動地帯」「抗糧暴動地帯」「流動的広域暴動地帯」の三つに分類できると思われる。

これまで紹介され、また私が閲覧した史料によれば、抗租風潮・抗租暴動は、江蘇・浙江・湖南に集中しているようである。江蘇省では、個々ばらばらの日常化した抗租風潮の激化形態としての抗租暴動は、一八四〇年代から急激に発生し始める。湖南省では、日常的な抗租風潮は徐々に一般化しつつあったが、激化形態としての暴動にまで高まったものはほとんどない。湖南省で主要なものは中小地主・生監層クラスによる抗糧暴動であるが、純粋に抗糧闘争として終始したものはあまり多くない。浙江省でも、南部（福建省寄り）では抗糧暴動が主で、生監層クラスの指導によって官憲に対抗して闘うものが多かった。

また抗租闘争の目標でも、揚子江下流デルタ地帯では、明代の佃農の目標であった「副租の廃止、佃租運搬の拒否、差役の免除、佃租を量る枡目の不同・不統一の是正・統一」[1]といったものは太平天国前夜にはほとんど実現されていた。勿論いくつかの例外はある。例えば『江蘇省明清以来碑刻資料選集』（江蘇省博物館編、三聯出版社、一九五九年）に「元和県永禁私用大斛収租佃租」（元和県、永く大斛を私用して佃租を収租するを禁ず、光緒六年）とあることによっても知られる。太平天国期の抗租闘争の目標が揚子江デルタで「増租反対」「納租拒否」に統一されているといっても、それは漸次高まる闘争の強化によって現実の場で力によって保障されているのであって、力関係如何によっては、一部であるいは一時期後退することも当然予想される。

これに対して後進地帯でたまに起こる抗租闘争は、まだ明代の段階の目標にとどまっていた。広西省永淳県では「元年の秋、永淳の客民・佃戸あい仇殺す。佃賊の李可経等、免輸（小作料の運搬費用の免除）を倡議し、連村結会して数千人を嘯集（招集）す」[2]とあることによっても知られる。

一般的に地主・佃戸制の発展は、地主の加重搾取にもかかわらず、小農経営の単純再生産が可能な生産諸力の発展と余剰の蓄積を最低の条件とするものであって、この最低条件の満たされない辺境・山間部では地主層の発展＝階層分化さえ進行しないのである。従って太平天国前夜、一定の余剰部分をめぐって、業・佃（地主・小作人）両者の闘争にまで達していた揚子江下流域では、村落内部の階級対立が直接的な矛盾となり、小作料をめぐる死闘が一般化していた。そのため、在村の指導層たる生監層の指導は弱まり、彼らが中心になってする抗糧闘争は起こりにくい状況があった。少なくとも抗糧暴動においては、生監層の指導的役割を認める農民全体の連帯と支持がなければならないが、それが弱まっていた。それに比べ抗租闘争の激化は、かかる理由によって最先進地帯の農民的土地所有＝独立自営農への上昇を志向する経済段階の闘争であるといえよう。

さて抗租・抗糧地帯に対して、後進地帯である太平天国の故郷の広西省や捻軍・白蓮教徒軍の反乱の中心的舞台となった安徽省東北部、それに山東省西部・河南省東部などの貧窮地帯の農民闘争はどうであったか。これらの地域には見るべき手工業・商品生産もなく、更に生産力も極めて低いため、小農経営はかろうじて維持されているに過ぎない。比較的生産力の高い平地や商品流通路などに地主制が発展していたが、業・佃関係は極めて古い人身支配的な関係にあり、地主・自作農・佃農を含めた全農民の絶対的窮乏化が、一九世紀になると特に顕著となるように思われる。後進地帯は、江南・広東に於ける商品生産が発展するに従い、緩慢ながら徐々にその市場となり、また原料供給地に変わっていったのではないかと思われる。

国家による田賦（土地税）の銀納による収奪が進み、それとともに華北など後進地帯の貧農は益々貨幣経済に巻き込まれ、高利貸商人などの前期的資本によって餌食とされるようになった。かくして後進地帯の全般的窮乏が、一村落あるいは一地域で始まった階級対立をたちまち大規模な広域闘争に燃え上がらせることとなった。

太平天国が起こった広西省東部は、清朝中期から広東市場圏に包摂されて貨幣経済の急激な浸透があり、農民の貧窮化が進んだ。一万畝以上の土地を集積した巨大地主の対極には無数の飢餓農民が存在していた。アヘン・茶・生糸等を中心とする広東からの商品流通路に沿って多数の労働者や流民が集まり、広東から広西東部・湖南の間を往来した。広東や湖南の遊民や広西土着の無頼が頭目となり、広西省の貧民を吸収し、一八五〇年頃から無数の掠奪・暴動を起こしている。頭目はしばしば「米飯主」（めしの親分）と言われたように、貧農は一時的な親分をつくり、奪ったものを「館」に入れ、共同で使用し共同で食い着るという形態の闘争をくりかえしている。(3)

捻軍については、小野信爾「捻子と捻軍」（『東洋史研究』二〇―一、一九六一年）等の論稿、江地著『捻軍史初探』（後に『捻軍史論叢』人民出版社、一九八一年に収録）及び若干の史料によって見てみると、全体的な貧窮化、後進的宗族遺制の残存、塩の密売や運搬従事者の増大等が指摘されている。

捻軍の首領および主要構成員は、安徽省北部つまり淮河上流の渦陽県出身者である。ここでも太平天国の故郷と同様に絶対的窮乏化現象がみられ、首領の一人張洛行の出身村では大半の農民が一片の土地さえ持てなかったという。張洛行は大族の出であり、成員は皆張姓であった。紅旗首領の侯士維は一族数千人を集め、その他白旗・黒旗などの軍もそれぞれ同族武装集団であったといわれる。そして塩の密売・運搬から生活の資を得る者が多かったとされている。このような社会的・経済的条件によって、貧農の要求はストレートに提起あるいは貫徹し得ず、貧農のエネルギーは、土豪層によって「替天行道」（天に替って道を行う）、「殺富済民」（富人を殺し、民を済う）という古典的スローガンに吸収された。しかし、揚子江下流デルタなどの抗租闘争地帯では、宗族遺制などは闘争の紐帯にはなり得ず、あっても極めて微弱であるか、あるいは佃農の抗租闘争に対抗する親族地主の私的結合になってしまっている。

さて、後進的な辺境に起こった数ある農民暴動の中で、太平天国軍だけが他の無数の暴動に比して傑出して発展し得た秘密は「拝上帝教」の中に探るべきであろうが、太平天国の思想成立の前提と組織の原点は、広西省の農民・貧民の現実と彼らの生きるための行動の中にあったというべきであろう。「田あれば同（と）もに耕やし、飯あれば同もに食し、衣あれば同もに穿き、銭あれば同もに使い……」という天朝田畝制度の思想は、飢餓に追いつめられた絶体絶命の状況に於て、それをバネとして逆に総ての私有制を否定しすべてのものを天帝のものとすることによって、まさに一八〇〇度の思想的転換をなし得た。太平天国は私有制を否定する限りにおいて、まさに革命的であった。

太平天国の理念は、天朝田畝制度に端的に表れているが、理念は必ずしも現実と一致しない。一部の指導層がどのような世界観、天国論を構想していようとも、運動の実態と段階は圧倒的多数の参加者の現実の利害関係に制約される。従って、天国建設を夢みる無所有の広西飢餓農民である限りで、太平天国の理念は現実と一致しよう。だが一八四六年の蘇州府下の抗租闘争でみたように、一定の余剰部分の確保のための闘争、耕作権を所有権にという目標で闘いつつある農民にとっては、天朝田畝制度的社会論は容認できまい。しかも、理念論だけで具体的な国家組織論を欠いていた太平天国は、南京で国家建設に着手するやいなや、その現実との矛盾の前に崩壊せざるを得ないのである。

つまり、農民の食の問題から出発し、「天上の人々は私物を持たず、物みな上主に帰す」幻想を抱きながら、現実の生活では飢餓に迫られ人肉を食うという、これが広西省農民の現実であった。こうした中で「起死回生」の思想的転換をなし、土地所有を否定した限りに於ては、清朝権力とその基盤たる封建地主的秩序に大きな打撃を与えることができた。しかし、それは広大な貧農層のエネルギーを吸収する限りで発展するが、国家建設と同時に理念と現実は決定的な矛盾に陥って崩壊していく。

太平天国は後進地域の飢餓農民によって始まったにもかかわらず、揚子江下流地帯に進出したことによって、飢餓暴動を再生産することによって「アジア的・停滞的」社会を更に拡大再生産するといった段階を越えていった。それを保証するものは太平天国の指導者ではなく、当該段階での最高度の要求を提起していた先進地帯の農民闘争とそのイデオロギーであったであろう。

換言すれば、最も先進的な農民の闘いの段階が、後進地帯をも含めた全面的な農民闘争の性格・要求を規定するに至るのではないかということである。理念は現実を指導するが、闘争の中で、その理念は弁証法的に否定され克服される。太平天国構想は必然的に破産するが、農民闘争は以後より鋭く矛盾をとらえ、地方主義、宗族遺制を急速に撃ち破っていく。

太平天国軍が出発した後の広西省潯州府では、太平天国が真正面から提起できなかった、「耕やす者はその地を有す」というスローガンを提出しているのである。同地でつくられた「大成国」がそれであるが、その首領の一人黄鼎鳳は、「田地は農を務むるのもとにして、天下の早畬（焼畑）、水田は均しくわが農の辟く所なり。田主（地主）の歴代収租するは、実に天の怒るところ、これより後、仍お旧制に照らして田主、故に借りて収租するを得ず[4]」と布告した。この布告に対して、小島晋治は「ここでは、平等思想はたんに富豪の一時的収奪や、収奪物の均分という形式をこえて、まさに土地革命の要求として定着しつつあった[5]」と述べている。このことは、太平天国の全国化とともに革命思想の流入や要求の伝播・継承が、地域差を包みこんで一般化することをよくあらわしている。かかる意味で、農村工業の発展など極めて微弱である後進性の故に、物資の流通路に集中し、運輸労働に従事するより仕方がなかった貧農・無産者の果たした役割は大きかった。全国化した彼ら特有の機動性や流動性及び人的交流は、後進的な地方の宗族主義と地域主義を破壊し、闘争の目標を高め、農民闘争を一段と高い段階に引き上げるであろう。

註

（1）　田中正俊「抗租・奴変、民変」（筑摩書房『世界の歴史』一一巻）。

（2）『平桂紀略』巻一。
（3）謝興光『太平天国前後広西的反清運動』（三联書房、一九五〇年）、小島晋治「太平天国と農民」（『史潮』九六号）。
（4）劉大年『中国近代史諸問題』（人民出版社、一九六五年、頁五九）。黄鼎鳳の布告全文は、『光明日報』一九五五年九月二九日付の「〈約法十二章〉告諭質疑」に掲載。
（5）小島晋治前掲論文。

四　洋務運動と農民問題

洋務運動の総帥李鴻章の登場は、太平天国を始めとする農民暴動を徹底的に鎮圧した功績によるものである。後進地帯の土豪層を組織し、揚子江下流デルタ一帯の官紳・商人・買弁の資力と結合して抬頭したこの一派は、権力からいえば全く反人民的なものたらざるを得ない。

太平天国鎮圧の一八六五年から、日清戦争の敗北の一八九四年に至る間は、この李鴻章、張之洞、劉坤一、張樹声、盛宣懐などによって所謂「洋務運動」が推進された時期であった。[1]洋務運動の基本的性格をまず確認しておきたい。洋務派は、広東、江蘇、浙江、湖南などの地域の経済力を支配し、北方の土豪的勢力にその武力基盤を依存していた。したがって、彼らは経済的先進地帯に対して、ただ単に収奪者として関係したに過ぎない。

彼らが行ったものは、主として軍事工業、輸送会社、電信会社等に限られている。例えば、李鴻章による江南製造総局・金陵機器局（一八六七）、天津機器局（一八六七）、福州船政局（一八六六）、輪船招商局（一八七二）、開平鉱務局（一八七七）、天津電報総局（一八八〇）等である。そして一八八二年になって、上海機器織布局という紡織会社が設立される。ところがこの工場が実際に操業に入ったのは、一八九〇年であった。しかもこれは李鴻章など大官僚に連なる一派の独占的企業であり、民間人はこれと利を争うことはできなかった。排他的独占権をもっていたのである。一〇年専利のほかに厘金・関税の免除等々の特別待遇を受けて、民間企業の弾圧を図っているのは、洋務派官僚経営の上海機器織布局、湖北織布局などの大企業であった。そして又洋務派は、ごく小さな民間企業の反対への動きさえ封じているのである。中国最初の近代的製糸工場の閉鎖事件（一八八一）さえ起こした。一八七二年の『申報』に「西字日報に掲載された山東省のことを論ず」という記事がある。(2) 西字日報は、一八七二年、山東省に起こった砂金採取禁示事件と炭礦開発禁止事件を報じているのであるが、前者は「紛争の生ずることを」恐れ禁止した事件であり、後者は官に対する報告がなかったため禁止した事件である。「官大いに震怒し、上官に通稟し、ほとんど大獄を興さんとする。廠主（工場主）は連座せられ……礦山は封禁され再開を許されず」とある。民間人による礦山開発事業は徹底的に弾圧されたのである。

この事件を報じた『申報』の記者は次のように論評している。「この経過の細部は完全には知ることはできぬが、中国開礦の困難を見ることはできる。上海に広方言館を設け、西洋の書物を翻訳してより、炭礦開発の書物も既に訳出されている。この書が訳出された以上、必ず其の書の法を用いるべきだ。その書は無目的に訳されたのではない。今はただ李伯相（李鴻章）一人が、直隷省で数礦を開採しているだけで、その他の省は等しく挙行してはいない。また既に開採を始めて、禁止されたものもある。今の山東の事は、ことに人をして解せしめぬものである。」と述べ、最後に「中国、利を興し、弊害を除く方法において毫も捜索することがない。今ただ李伯相だけが世務に心を留めているだけである。しかし、（官は民間に産業を）奨励しても、（民間と）和することはない。一人ではなにもできないのである。これは天がいまだ中国を西欧よりは隆盛ならしめまいとしているのであろうか。そうでないなら何を以て中国の知識人は多いのに、事に任ずる者が僅かに李鴻章のみであろうか。どうして深く慨嘆せずにおれようか」と言っている。

これを見れば、洋務運動は初発から、民間産業育成の試み等なかったことが分かる。そればかりではなく、洋務派は軍事力の増強に性急で、外国の旧式な兵器市場拡大に大いに寄与しているのである。それは、一八七三年一二月三日の『申報』に「中国の購ずる所の鎗（銃）は、泰西・東洋（ヨーロッパと日本）の使用停止、不用のものなることを論ず(3)」という記事に詳しい。しかし、洋務期後期になると徐々に民間産業は発展してきた。しかしこれとて、洋務派の育成によるものではなく、ただ洋務運動の時期に、世界資本主義の論理が中国にも貫徹しつつあったことの証明である。政策からみる限り、洋務派と明治政府は根本的にその歴史的性格と段階を異にしていた。

以上のことをまず確認した上で、洋務運動期に於ける農村の姿の変化を検討してみよう。洋務期の体制的危機は、単なる反動的な弾圧強化で回避できる性格のものではなかった。世界資本主義の侵入、その従属的市場化に応じて生じてくる社会経済構造の変質に対して、地主・商人・官僚は自己の存立の基礎と性格を、それに照応したものに変えてゆかねばならない。同時に国内では、農民闘争の進展と商品生産の発展に対しても、新たな対応策が必要であった。このような内外からの絶対的な有無を言わさぬ課題が与えられてくる中で、地主・商人・官僚は、自己の本質や利害と矛盾あるいは抵触しない限りにおいて、地主的改良と一定程度のブルジョア的改良策をうち出さねばならなくなってきていた。

この場合、次のことをまず確認しておかねばならない。つまりそのブルジョア化へのイニシアチブは、自己経営に於ける生産力の高まりによる必然的な道として生まれてきたのではないこと、あくまで受身の姿勢における一定程度のブルジョア化である。これは、農民層の分解→賃労働の析出、あるいは国内市場の形成が、下からの積極的な資本主義化という内的成熟の結果として提起されていない以上、更にまた上からの資本主義化の道も清朝が政策的にうち出せない以上、当然のことといわねばならない。地主的・前期的資本が主導的に一定程度のブルジョア化を推進したかにみえて、実際は帝国主義の要求のもとに当時の生産力の水準に見合った従属物としてつくられてゆくのである。従ってブルジョア化における地主コースは、ブルジョア革命の完全な勝利、資本主義国家への発展の展望を保証するものではない。なぜなら、それは帝国主義段階の外圧と、それを受けとめる主体の成熟度という二者間の対抗関係によって確定されるからである。

かかる意味で、洋務運動期における農業経済の変化と地主的なブルジョア化の内容と本質を追求することは、重大な意味をもつと思う。

中国に於ける農業経済の変化は、世界市場で有利な商品である茶と生糸によって基軸的にひき起こされた。「糸と茶の二つは、中国輸出諸物価の大宗（中心となる商品）であり、また輸出諸物価の冠首（第一位）である[4]」といわれるように、糸・茶生産こそ外国資本主義に対抗しうる最も有望な産品であった。そして洋務期の前後を通じて、これらの物産が輸出諸物資の中心であり、かつ筆頭である位置には変わりがなかった。この茶と生糸の生産はどのような層によってなされてきたかといえば、小農民による零細な経営内部に於てである。

最初、それが商品として極めて有望であることが分かるや、積極的な勧業政策がうち出され始めた。しかし単なる勧業は古来いつの時代でも官僚や地主によってなされている。乾隆一一年（一七四六）にも陝西巡撫陳宏謀は、「近く地方官をして、率先倡導して広く桑の木を植え、人を雇って養蚕し、省域において織機を製造し、職人を覓（もと）めて織布せしめん[5]」と上奏しているし、道光二〇年（一八四〇）には貴州巡撫賀長齢が、「試みに桑を植え、亦棉花を栽培して民に紡織を教えた[6]」という。こうした古来からの勧業政策は、中国が世界資本主義に包摂される以前から行われており、一般的な小農民経営の維持という意味以上のものではなかった。

しかし、一九世紀後半になると、洋務期の地方官や地方有力者による養蚕・製糸等の奨励は、輸出による利益の追求を目指すものとなっていった。外国貿易の影響をもっとも深く受けた上海近傍における養蚕の発展は、「鎮江一帯にて沈公蚕桑を教育し、已に成効あり(7)」といわれ、沈観察（観察の沈秉成）が上海道台として着任して以来、積極的に促進したものであった。養蚕業の奨励に積極的な沈観察が、『蚕桑輯要』なる一書を広く配布し「力を竭して勧弁し、以て民の穫利を期す」ことを明らかにするや、それに応じたものは、侯選訓導の唐錫栄、紳董の竹鷗五、各善堂（同仁・輔元等）の董事といったクラスのものであり、彼らは沈観察に次のように要請した。「上海地方は元明より以来、向きに綿布を習いて生をなし、蚕桑は並（けっ）して顧みず。……先に公款を籌撥し、嘉・湖一帯に行きて桑秧（桑の苗）を購買し、公地に就きて試種し、再び通査をなし、各郷農民中に種田百畝ある者は十畝、或は五畝を撥出せしめて桑秧を栽種せしむ。蓋し種桑は必ず三年を須（まち）て方（はじめ）て成る。僅かに薄田幾畝を有する者は守るあたわざるなり。桑を植えた後一年にして設局し、熟悉の人を招雇して修翦を教導せしむ。再び一年を隔して然る後訓（おし）うるに養蚕の方をもってす(8)」と。沈観察はこれに応じてただちに布告を出し、同仁・輔元・果育・普育等の善堂から公款一串千を出させ、専門家を招き修翦・養蚕を教えるよう命じた。

この勧業政策の事例のなかで注目すべきことは、「如（も）し農民中、自ら人を僱いて教習を願うものは、亦其の便を聴（ゆる）す。惟（ただ）公局に在りて桑秧を領種するは、田（畑）一歩に一株を栽す可し。尚（もし）一年後少しく缺きて荒蕪なる者は、須らく補種を責成せしむること数の如く然らしむ(9)。」とある点である。農民の桑栽培や養蚕を奨励する官僚・地方有力者は、自らはなんらの積極的な経営を行わず、しかも、「僅かに薄田幾畝なる者は守るあたわざるなり」とあるように、圧倒的多数の一〇畝以下の耕作農民を切り捨て、一〇〇畝といったごく少数の最上層農民か、あるいは手作り地主層しか初めから対象にしないのである。しかもこれとて、官と地方有力者の設立した公局の桑を種するものは、もし枯らした場合全額弁償を要求されるのである。桑栽培自立の保障は全くないのである。これは沈観察の次のような方策に明瞭によみとることができる。「沈公、煩労を憚らず諄諄として勧諭し、並びに示論を刊発し、各郷に遍貼せしむ。桑秧（桑の苗）は乃ち局より買給し、切に須らく愛惜し、将来なおすべからく点験すべし。もし枯損あらば議に照らし罰賠せしむ。此れ上憲の一片の苦心なり」と。[10]

このように、その政策がいかに反人民的なものであろうと、しかし半封建・半植民地化に於けるブルジョア化の道が徐々に進展していった。中土地所有者の富農経営への発展の可能性はごく一部に生まれてくる。

例えば、中国で最も早く近代的養蚕製糸業が発展した広東省南海県では、一八七二年に一人の長工と一人の短工を雇傭し、桑栽培に従事する農家の例をみることができる。[11] こうした事例は、決して多くはないが、泡沫のごとく先進地帯には散在的に現れては消え、消えては現れたであろう。しかし零細な経営でしかない小農民は圧倒的多数が没落し、かりに一部の上層農民が富農化しても、更にブルジョア的な発展の道を進むことは極めて不可能であった。これは中国の各地方で行われ始めた官僚的改良方策が、封建的な本質を脱し得ないところからくるものである。封建勢力の農民搾取の強化と表裏するものであったからである。

広西省の植桑・養蚕の例から検討してみる。広西省は、養蚕・製糸業に於て古来からその発展がみられぬ後進地域であったが、アヘン戦争以来、世界市場に中国が包摂されるに従い、こうした産業が人々の関心を引き始めた。

洋務運動中期ごろから、「光緒元年、二年（一八七五、六年）、蚕に務める者遂に漸やく加増す。一一、二年に至り更に踊擢勧功し、蒸蒸として日に上（のぼ）る。毎年邑中共に蚕糸銀約万余両を得る。上半年の時亢旱す。農田収を失うも、此に借りて稍困窮に資す。而して人人亦此に因りていよいよ育蚕の有益なるを知り、争いて相勧勉す。一三年の冬、各家は粤東（広東省東部）に赴いて、桑の苗数百万株を買い、時に及んで分株す。……坊里（村落）に就いて論ずれば、種桑するもの百家に近し、多ければ則ち万余株、少なければ則ち千百株」[12]とあるように桑栽培と養蚕が盛んになり始める。

官による積極的な奨励は一八八一年頃からのようである。「農桑は天下の大利なり。桑の利は尤も農に倍す。広西地方は、蚕織の功、概ね置いて問わず。現、陝西・甘粛・貴州等は、均しく経弁し、成效あり。広西の桂林・梧州も亦時に種桑と飼蚕のことあり。但し民は習いて恒業となさず。須らく官、総理をなし、局を設けて匠を招くべし」[13]というように、およそ八〇年代から官と紳による積極的な種桑と養蚕が始まった。

その結果、光緒一七年（一八九一）、広西巡撫馬丕瑤が、「蚕桑の創業は已に成效いちじるし。まさに桂林・梧州・慶遠・柳州の四府は出力し、官紳が先ず酌保を行い、以て激勧に資すべきことを請う」[14]と述べているように、かなりの勧農政策が一部では見られた。また「現に各処の稟報によれば桑株を領種すること約共に二万七千六百余万株あり。また広く葚子（桑の実）を購い給種して、以て桑秧の不足を補う。民間桑事大いに起こる。商は蚕種を販し、価値倍昂す。情形を体察するに、已に漸推漸広の勢あり」[15]とあることによっても推察される。

広西省における種桑と養蚕は、地方官僚、郷紳の主導によって推進された。広西省思恩府の場合、積極的な推進者は、広西巡撫馬丕瑤、思恩府知府周芭堂、後任の黄仁済及び各地の土司、増生張日暹、監生関培宣、司獄王恵琛、挙人陽廷瓛の人々であった。これは主に次に紹介する『湖南善化黄氏歴事記』の記事によって具体的内容を見ることができる。

彼ら官と紳とは、一八八九年から九一年にかけて思恩府において「蚕桑局」・「機坊」・「資生局」などを創設し、かなり大規模な種桑・養蚕・織布業の発展に取り組んだ。これらは地方の公款や土司・郷紳の寄附金により経営された。

しかし彼らが資本主義的な工業経営者になるのではない。これらの局務は、桑苗の購入と農民への給付、種桑・養蚕業の奨励、養蚕・製糸・織布器具の製作や購入、また技術の導入と資本の貸し付け、製品の独占的買い上げ等々を主要な内容としている。このような市場目当ての勧業政策であっても、官と紳による完全な統制下で上からなされるため、小農経営の発展をもたらすことはできない。局は、小農に桑の苗を配布する場合、栽培状態まで指示し、もし枯損せしめたものに対しては、仕事振りを調査して処罰を行うよう決定している。上海における勧業政策と同じである。これら後進地帯では、時期が一〇年から二〇年間、遅れたに過ぎない。資金の貸与条件の方はどうか。資金を借用できるのは、当時の支配秩序の完全な励行者に限られ、賭博を好む者、游蕩なる者、耕牛を密殺した者、煙草を吸う者、僧籍にある者、家屋なき者、保証人のない者及び船戸・兵勇などは借用の資格はないのである。しかも借用金額は一戸千文から五千文までという小銭であり、更にまた一〇日毎に借用金の一割を返還し、一〇〇日間で完済しなければならない。

ここでは、資本主義的な生産関係は全く生まれてはいない。マニュファクチュア段階にある工場さえない。技術の伝達を兼ねる小さな官営の工場も、本格的な工場にはなっていない。しかし、流通機構・購買市場面に関しては、買弁的・地主的なブルジョア化は進行するのである。例えば生産構造面では、織機などの器具が小農経営にもちこまれるが、賃貸料を取られる物としての役割しか果たせないのである。生産関係は以前にも増して地主的支配の度を強め、巧妙な搾取が展開されるに至る。小農経営の発展どころか、彼らの商品生産をも地主が編成し、封建的な支配を再編成する。かかる様相を呈して、中国における地主ブルジョア化のコースは進行する。

以上みてきたような洋務期における勧業政策は、製糸・絹布という特産品輸出に於ても、世界市場を制覇できない。それは洋務運動の地主的改良のコースが、小農民経営に於ける生産力の解放ではなく、逆にその再編強化をもたらすものという反動的なものであったからである。農民闘争の激化とそれに照応する地主層の反動化は、帝国主義の侵入の下に、上からのブルジョア化のコースすら貫徹できぬものとしてしまった。

養蚕製糸業は遅々として進展せず、遂に日本製糸業抬頭の前に屈し、世界市場から駆逐されるに至るのである。輸出生糸は、一八九九年から一九〇四年に至る間に、日本が五万九〇六九担から九万六五六九担へと六割三分の増加を示したのに対し、中国は一〇万九二七九担から逆に八万一五一一担へと二割六分の減少をきたし、この五カ年間に首位の座を日本に譲らざるをえなかった(17)。

洋務派の勧業政策は専制的な強権によって行われたものであり、そこには完全な官僚統制が貫徹していた。桑の栽培のためには、まず小農経営における主穀生産、自給穀物の確保、（小作地の）佃租の支払い、資金の欠乏、経営地の零細性等々の問題をどう解決するかが最初に必要なことである。しかるに洋務派官僚の中でもっとも有能な者が行った積極的な勧業政策すら、このような小農民の直面する困難を何ら解決することなく、国家権力・地主権力によって強制的に遂行されたため、小農民はそれを受け入れる条件を作り出せなかった。勧業政策に踊るものは、村落上層部分（桑の栽培には最低三年間の無収入に耐えられるだけの資金が必要である）等かなり富裕な層だけで、圧倒的多数の農民は破産してしまう恐れが強かった。小農民にとって、桑の植種は一種の賭博的なものとして与えられているに過ぎない。

ところが、洋務期の上からの強制的な植桑と養蚕を受け入れる資力のある村落上層の富裕層は、こうした冒険に乗り出す必要は必ずしもあるわけでない。なぜなら高率小作料にもかかわらず、土地の佃作を願う無数の農民が存在している以上、確実な佃租（小作料負担）以上に桑の栽培と養蚕が有利でなければならないからである。従って若干の上・中規模の土地所有者のブルジョア化の可能性は、その中で必然的に生まれてくるであろうが、地主はむしろそうした民間の商品生産を利用し吸収して寄生者的側面を強化するに至る。

例えば、洋務末期になると上海などの最先進地帯には、極めて畸形的なブルジョア化が進行してきた。一九〇八年刊の『支那経済全書』の「絹織物」の項に「今支那ニ於ケル製糸場賃貸借ニ関スル状況ヲ調査スルニ前陳ノ如ク支那各地製糸事業ハ却テ不利不振ノ有様ナレバ其工場主ニ於テモ数バ損害ヲ被ムレル結果トシテ自ラ製糸ヲ継続スルノ勇気ナク此ニ相応ノ賃借主ヲ覓（モト）メテ之ヲ貸シ付ケ賃貸料ヲ収ムルヲ以テ安全ニシテ且ツ利益アル方法トナス」とあり、同書にはまた「近来支那製糸事業ガ年々衰頽ノ有様ヲ呈シ数年ニ亘リ能ク其事業ヲ持続スルモノナク其製糸家ハ概子（オオムネ）年ニヨリ時ニヨリ人ノ工場ヲ租賃スルノ風ヲ生ジテ以来ハ……[18]」とあるように、商人・地主等々といったものの前期的資本の一部が、「製糸工場の経営者へ」というブルジョア化を志向しながらも、生産力の低位性と外国資本主義（この場合は日本の製糸業の飛躍的発展）の圧倒的優位性の前に、ついに順調な発展の道を辿れなかった。それらは、創設した工場を賃貸して、問屋的あるいは高利貸的なものに後退したり、逆に脆弱な工場設備を一時的に賃借して投機的に工場経営を行い、偶然的な利益に期待したりしたのである。

このような中国民族産業の脆弱性は、帝国主義の植民地的支配によるものばかりでなく、そのような状況をもたらした洋務運動の反人民的・反民族的な政策によって確定された。

八〇年代末の洋務派大官に対する公然たる地主層による批判も、脆弱な地主のブルジョア改良派を生みだすに過ぎなかった。こうしてみると、中国の半封建・半植民地化は、洋務期の三〇年間に決定されたと云えるのではないだろうか。最も有望な養蚕・製糸業に於てさえ、やっと八〇年代に入って民間産業育成の努力が始まったにすぎず、しかもこれとて不充分ながら根付いたときには、日本との競争に敗れてしまう運命であった。

基本的に封建的な地主・佃戸制という生産関係を維持しながら、資本主義市場への生産物の投入を目指す農場・農業会社ともいうべきものの急速な設置の動きは、やっと一九〇〇年代に入って始まった。官僚・実業家・商人・地主等が全国的に遂行した「墾牧公司」、「蚕桑公司」、「畜牧公司」等がそれである。これらは中国に於ける資本主義のあり方を最もよく示している。確かに、目指すところは資本主義的生産であるが、直接生産者は佃農（小作人）であって、賃労働者ではない。農場の経営者は、多数の佃農に土地を分割し、彼らから佃租（小作料）を取る地主的存在であった。小農経営に於ける商品生産の高まり、民富の蓄積に対応して、収奪形態だけを近代化するというエセのブルジョア的社会構造の進展をみてとることができる。

先進地帯では、棉花・養蚕・種桑といった資本主義市場で極めて有利な商品を目指す農業会社が一般的であったのに対して、広西省など後進的な地方では、桐・松の植林といった造林会社が主で、農産物の商品化を目指すものは少ない。それは官の放出した荒蕪地・公有地を囲い込み、山林・公有地を地主・商人が私有化する性格のものであった。耕地を集中して創設した農墾公司も、小農に分割貸与して佃作せしめるのが普通であった。こうした極めて封建的な関係によって規制されているが故に、資本主義的生産を目指してはいても、結局清末から民国初期に至る一〇年ほどの間、そうした風潮がみられただけで、急速に退潮し遂に発展することはできなかった。

例えば、広西省では清代末年に設立した官主導の公司は二五家、民国元年から五年までに三五家、六年から一〇年までに八家という状況である。これは会社組織のものであるが、私人企業も同じである。私人企業は清末に三戸、民国元年から五年までに二九家、六年から一〇年までに四家、一〇年から一六年まではただの一家であった。両者を合計すると、清末に設立されたもの二六％、民国元年から五年までのもの五八％、民国五年以後のもの一六％となり、広西省では民国五年以後新たに組織された農業会社はほとんどないのである。(19) このように、地主の主導による農業における資本主義化の試みも民国初期で破産を宣せられたということができる。

これまで中国農村社会の変化の構造と過程を、主に農業政策を中心にみてきた。ここでみた一定の地主によるブルジョア的社会編成の方向は、帝国主義の侵入＝中国の従属的市場化とどう関連していたのであろうか。小農経営に於ける商品生産の発展を前提として、それを利用し収奪する形態を新たにつくり農民を再編成するのが、一九世紀後半の地主的ブルジョア化の本質であったが、それが結局勝利をおさめず、資本主義国への発展もできなかったのは、彼らの本質が封建地主以外の何ものでもなく、地主のブルジョア化コースは帝国主義支配下の産物であったからである。地主・官僚・前期的資本は、客観的にはブルジョア的性格を附与されながらも、生産それ自体から完全に分離していた寄生層である。従って彼らのブルジョア化は、帝国主義による中国の従属的市場化を前提としなければ不可能であったといえよう。かくして、中国の清末における地主・官僚・商人は、封建的な反人民性と同時に、帝国主義に従属する限りでブルジョアジーになり得たのであり、ブルジョア的な反人民性をも一身に兼ね備えるに至った。

中国に於ける洋務期の外国資本主義侵入に対する抵抗は、結局それに破壊され多量の無産者にならざるを得なかったとはいえ、中国における在来の商品生産の高まりと、それを自己の生産力水準で持続し発展せしめようとした小農民の闘争によって、基本的には担われたといえる。

註

（1）鈴木智夫「清末・民初における民族資本の展開過程」（『中国近代化の社会構造』所収、教育書籍、一九六〇年）。

（2）『申報』同治一二年一〇月一〇日「論西字日報所載山東書」。

（3）『申報』同治一二年一二月三日「今泰西人尽廃前開門之鎗砲於不用、而東洋人（日本人）亦知而效之。遂廃先所用西法之前開門之鎗砲、尽改用後開門者、惟中国現雖購後開門砲而用之、且聞已效其法而自制矣、但後開門之鎗、尚未購買、仍為旧式之鍹、不亦深可惜乎、夫以後開門鍹、一可当五、……」。
(4)『申報』同治一二年一二月二七日「論今年各糸業」。
(5)『高宗実録』(乾隆一一年) 巻二六五。
(6)『宣宗実録』(道光二二年) 巻三三一。
(7)(8)(9)『申報』同治一二年正月二七日「論道憲勧諭上海習種蚕桑之事」、『申報』同治一二年四月一三日「論上海挙弁蚕桑已種」。
(10)(11)『申報』同治一一年一一月二六日「桑下得金」。
(12) 何見揚『省心堂雑著』巻上、頁一六(広西省容県『中国近代農業史資料』(1)、頁四三二)。
(13)『徳宗実録』巻一二八、頁七。
(14)『徳宗実録』巻二九八、頁五。
(15) 馬丕瑤『馬中丞遺集』巻三、頁九(『中国近代農業史資料』I、頁四三二)。
(16) 本書は、「機坊資生局通稟」「推広機坊章程四条」「機坊合同」「資生局示」「局章八条」などの項目に分かれており、内容はこれによった。
(17)(18)『支那経済全書』一二輯頁三(東亜同文会発行)。
(19) 広西省立師範専科学校「広西農村経済調査報告」、頁五五(『中国近代農業史資料』(1)、頁三五四)。

五　半封建・半植民地化過程における農民闘争——一九世紀後半——

耕作権の獲得、商品生産の発展、抗租・抗糧闘争の展開などによって、封建地主体制の基礎を掘り崩しつつあった農民の力は、アヘン戦争の敗北と外国商品の流入といった外圧によって動揺した体制に、巨大な打撃をあたえた。一八五〇年から一〇数年間、太平天国・捻軍・少数民族を中心に全国的に起こった暴動の続発は、まさに革命情勢というにふさわしいものであった。

曾国藩と李鴻章を中心とした反革命集団は、農民闘争を徹底的に鎮圧して権力を掌握したのであるが、伝統的な体制の回復ではもはや体制維持はできない。また地主的体制の再編強化も、内外の諸条件によって変質しつつあった。どうしてかといえば、アヘン戦争の敗北によって、中国は世界市場に包含され従属的市場たることを強要されつつあり、この外国資本主義の圧力の前に何らかの態度決定をなさねばならなかったからである。

また外国から軍事的敗北を受けると同時に、内部から続発する農民闘争の攻撃を受け、しかもこの内乱状態にもかかわらず既にみてきたように、先進地帯では、客観的にはブルジョア的な農民の道をも切り開かんとする、新たな段階に到達していた。そのため、矛盾が単なる飢餓の消滅では解消されなくなっているという状況であったため、これまでの方法とは質的に異なる地主支配が必要とされてくる。洋務派は、太平天国期の農民闘争により銭糧(土地税)の収奪体制が破壊され、もはや回復は不可能となるや、同治二年に「減賦」を行って、動揺分子たる中小土地所有者と貧農(佃農・雇農など)の間に楔を打ち込み、農民闘争の切り崩しを図った。だが、国家財政の基盤は揺らいでおり、不足部分を流通過程に求め始める。これは、買弁的な国内市場の形成過程での商品流通と村落内部の階級対立の激化を前提とする政策であった。

当時は、太平天国期の農民闘争に対する徹底的鎮圧という地主反動期にもかかわらず、農民闘争はますます発展した。一九世紀後半の一つの特徴は、抗租・抗糧闘争が、先進地帯にとどまらず後進地帯にも緩慢に全国化する傾向があったことである。直隷広平府鶏沢県では光緒初年(一八七五年以降)、「地瘠せ民貧し、軍興(太平天国の興起)の後、戸口数を彫(へら)し、抗糧風を成す」[1]とあり、また直隷永年県では咸豊より光緒の間、「北郷・腰彰等数村は咸豊より以来、差（官の手下）に抗し粮を欠し、胥役に讐をなす[2]」とある。

一八七三年、僻遠の地のウルムチでも「衆を聚（あつめ）て抗糧す」と報ぜられている。[3]その他の省、例えば、江西・湖北・河南・陝西・山東・貴州・広西・福建にも抗糧闘争が続発している。後進地帯の華北では、横山英の太平天国期の山東省の抗糧暴動の研究[4]にもみられるように、抗糧闘争が多く抗租闘争はあまり大事件になっていない。私が見た限りの史料では、山西省では太谷県で、監生の牛照宸から土地を借りている武生の張得厚（稲田一八〇余畝、小作料三七万五千文）と、牛達観から土地を借りている白順（稲田五四畝小作料二二万文）による「佃戸の呑産（土地横領）・賄串（贈賄）・斃命（殺人）」事件の記録があるだけである。[5]

これに対して揚子江下流デルタ地帯では、いうまでもなく抗租闘争が多く抗糧闘争はあまり多くない。佃租（小作料）で注目されるのは、蘇州府などで、名目租石数と実租石数とが、地主の帳簿上ではっきり区別されていることである。蘇州近傍の租桟を研究した村松祐次はそれを指摘し、「いつどのようにして起こったのか。それをもたらした事情の変化は何であったのか[6]」という疑問を出している。

包世臣は一八四六年、「民間の額租は（名目は）毎畝一石なるも、実は八成（八割）を収す[7]」と述べている。曾国藩は一八五一年、「（地主の小作収入は）一畝当たり八斗以上に出でず。……佃戸抗欠の数が一畝当たり約二斗なり[8]」と述べている。さらに太平天国後の光緒年間、陶煦は、「私租は竟に一石五斗の額あり。然れども此れは猶お虚額なり。八折（八割）を以て算するを例とする[9]」と述べている。

こうしてみると佃租の虚額と実額の大きな差は既に太平天国以前に始まっていることは確かであり、しかもその原因は、曾国藩によれば抗欠（小作人の抵抗や不払い）のためであると解釈されている。おそらく一九世紀に入って激化する佃農の闘争による実質上の抗欠が、太平天国期の農民闘争の続発と生産諸力の崩落の際、蘇州府地方で慣行的なものとして成立したのではないだろうか。少なくとも地主の慈悲的な譲歩だとは考えられない。業佃両者の対立抗争は、太平天国鎮圧後ますます盛んになるからである。若干の史料によってみても、抗租闘争の日常化、地主の武力的弾圧、地方官憲の介入といった動きが累層化され、体制的危機の様相を呈してくる。

この三者の動きは決してバラバラに孤立して発生したのではなく、それぞれが必然的な関係をもって、ひとつの統一した動き、新たな段階を画するものとして登場してくる。江蘇省だけを例にして、若干の史料を年代順に羅列してみると次のようになる。

①一八二七年「山陽県、悪佃の架命拾詐し、覇田抗租するを厳禁する碑」（江蘇省博物館編『江蘇省明清以来碑刻資料選集』頁四三四～四三六、一九五九年。引用は日本の大安書店の復刻版による。以下同じ）

②一八三四年　蘇州府新陽県正堂による「頑佃の結党・抗租を厳禁する告示」（民国二四年『巴渓志』「雑記」）

③一八三七年「崑山県、奉憲して永く頑佃の積弊を禁ずる碑」（『江蘇省明清以来碑刻資料選集』頁四三七～四三九）

④一八六八年「佃（佃戸）を批（罰）するに、満杖（むち刑）・木籠の濫用するを准（ゆる）さず」（迭名撰『江蘇省例』「初編」同治八年）

⑤一八七一年「妄（みだ）りに佃戸を枷し、収禁（拘禁）するを准さず」（迭名撰『江蘇省例』「続編」同治八年）

⑥一八七二年「邑尊、稟に抝りて各佃に令して赶緊（緊急に）納租せしむるの告示」（『申報』、同治一一年一一月六日、上海県の事例）

⑦一八七二年「前上海県陳憲の銭粮の截串（納入）を赶緊せしむるの告示」（『申報』、同治一一年七月一〇日）

⑧一八七二年「糧道憲の通行《あまねく》、糧・佃（銭糧と佃租）を赶完せしむるの告示」（『申報』、同治一一年一〇月二七日）

⑨一八七二年「邑尊、諭して呉会書院の佃糧を完（納め）しむるの告示」（『申報』、同治一一年一〇月二七日）
⑩一八七五年「呉江県金炉青大令の『民に租を還（おさ）むるを勧むる歌』」作詩。（『申報』、光緒元年正月二七日）
⑪一八八〇年「元和県、永く大斛を私用して佃租を収取し、由単（小作料請求書）の役費を散給するを永く禁ずる碑」
（『江蘇省明清以来碑刻資料選集』頁二六二）

以上の史料について、簡単な解説をしておきたい。これらの史料をみると、知県など地方権力がいかに佃農の抗租に手を焼いていたかが分かる。また地主階級が銭糧納入の不成績に苦慮し、小作人に暴力を振るって弾圧している状況も分かる。⑥の官憲によって出された、佃農に対する小作料納入命令は、「疲頑（怠けてデタラメな）の佃戸あり、毎届秋成ごとに遷延観望し、来春に至るまで挨（ひき）のばして、任意拖欠す。屢、摧追に向かうも、蚊の石を負うごとし。……今歳禾棉は尚お豊稔を称するも、特（ただ）玩佃の錮習已に深きを恐るるのみ。旧に仍（よ）り刁抗環をなす。……如し玩佃錮抗あらば、生等、随時送案押追し以て刁頑を禁ず」という、小作人の欠租に苦しむ地主の訴えによって出されたものである。

知県の納租命令の根拠は、⑧の史料に続けて、「照らし得たり。賦は田より出で、糧は租従（よ）り弁ず。業戸の応（まさ）に完（おさ）むべき漕米は、即ち応（まさ）に還（おさ）むべき租粒の中にあり。該佃戸は一たび秋成の収穫を候ち、即に当に首先して租粒を将（も）って清完（完納）すべし」と説明されているように、地主が国家に納める土地税、つまり田糧は佃戸（小作人）が地主に収める佃租（小作料）から出るのであり、つまり小作料が納められねば地主が税を納めることができず、国家財政が立ちゆかないという論理である。知県は、こうした国家を担う地方官僚としての職責から、佃戸に小作料を督促するのである。地主はまた単に、官憲の介入を求めたばかりではない。彼らのむきだしの暴力化の傾向は、抗租の進展とともに度を加えていった。④⑤の史料は、はっきりとそれを示している。

このように、一九世紀の初め頃から、封建地主体制は重大な危機にみまわれ、業・佃両者間の矛盾は佃農の力の高まりによる抗租暴動として発現し、ついに地方官までその闘争の中に巻きこまれてゆくのである。こうした様相は揚子江下流デルタばかりではない。ここと並んで中国最先進地帯の一つである広東省に於ても、道光期より反封建闘争は激発している。

一八七三年、両江総督瑞麟と広東巡撫張兆棟は次のように述べている。「潮州は嶺東の大郡なり。山を負い海に跨がり、形勢もっとも扼要たり。而して民情の獷悍・匪類の兇横は尋常見聞の外にあり。遡りて道光年間（一八二一～一八五〇）より風気日に壊れ、其の始めは大族の小姓を侵暴し、強宗は弱房を凌虐するに過ぎず。馴れて抗糧、拒捕、弑官、囲城など、いたらざる所なきに至る。数十年来、積案の多きこと幾んど千も究詰すべからず、……」[10]、「此れ教化の講ぜざるべからざるもの三あり。一は曰く、賦税をととのえ以て経費を裕にする。潮属（潮州府属）九県の銭糧は、歳額二十余万、関係度支甚だ巨なり。向来、佃戸の欠租・業戸の抗糧は竟に習慣となる」[11]（傍線は引用者が付ける）、と。

広東省にあっては、道光期より社会不安は増大し始め、その初めは械闘的な同族部落間の闘争であったが、闘争の過程で、土地所有者と佃農の争い、国家と土地所有農民の闘いというふうに、基本的な矛盾をめぐる階級闘争に高まっていったことが分かる。それはまた、一八七七年の広東省陸豊県大宮郷の抗糧闘争によっても分かる。知県はこう述べている。「査するに、卑県の銭糧は、紅・黒旂会郷の械闘より以来、民間均しく抗糧を以て積習となる。……大宮郷の鄭姓一村は、……本年卑職、挨次清粮（順次完納）せしむるに、……乃ち該郷の匪首の鄭租榜の一味、刁抗（反抗）

す。胆敢（おもいきって）該族匪徒を喝令し、站書・図差（県の下働き）を派去せしむるも、一に并せて殴打重傷せらる」[12]と。

以上によって見た如く、洋務期における農民の反封建闘争は、太平天国以前にもまして深刻化しているのであって、「同治中興」も一般に言われるような平穏無事な時期ではなかった。確かに一九世紀中期のような巨大な流動的な広域闘争はなかったが、専制権力を支えている地主的土地所有は大きな危機に直面していたのである。

こうした状況下で、体制的危機を救わんとする改良案が、良心的な一部の地方指導層の中から生まれてきつつあった。危機の認識をいやでも鋭く感ぜざるを得ない地方指導層・郷村在住の読書人地主層から、それが出されるのは当然のことである。しかもその上からの体制再建案は、揚子江下流デルタに特徴的なものであった。再建案は「減賦」（土地税の減額）論・「減租」（小作料の減額）論の登場によって始まる。減賦の思想は古来儒教的な支配倫理観にあるものであって、清朝では雍正・乾隆両皇帝も大凶作・大災害の際に救済策の一つとして減賦を行っており、「同治二年（一八六三）の減賦」議論も、その延長線上に行われていた。

しかし、減租論を真向うから提起した思想は、国家権力と一定の矛盾を持つ更に下の階層から出されているのが特徴である。一部の悪劣な地主による佃農搾取が地主の階層的危機を招くとして、法外な小作料を収奪する者を強く非難する姿勢は、道光期に郷村名望家及び在村地主として活躍した昭文県東部農村の鄭光祖に既にみられるところである（『一斑録』）。

それが明確な減租論として発表された事例は一八七九年の浙江省にみられる。更に最も危機の完成した形で提出されたものは、一八八六年に書きあげられた『租覈』の著者陶煦の「減租論」である。陶煦は鈴木智夫によって、「地主的土地所有を否定するブルジョア思想ではなかったが、小農民のもとにおける民富の蓄積を主張し、彼らの自立的発展を支持する方向に、自己のおかれた歴史的位置を推転せしめんとした」と評価されている。ここで重要なのは、陶煦にあっては「飢餓的農民」に対する地主の慈悲としての「減租論」ではなく、清末にかなりの程度にまで達していた商品生産の発展と富農＝ブルジョアの萌芽的存在の可能性を前提にして、新たな地主制の再展開をはかり、体制的危機を回避しようとしたことである。陶煦の『減租論』が一八九五年に刊行され、多くの地方読書人の共感をよび、また息子の陶惟抵が父の『減租論』を刊行し、農政通として地方政界で清末から民国期に活躍していったことの中に、地主層の農政に対する改良主義的分子の進歩の在り方を明らかにみてとることができる。[13]

しかし、このような改良思想の発生と同時に、地主層は「義荘・善堂」の設立、それへの所有地の帰属という方法をもって、慈善的且つ公的な姿をとって官憲と結合を強めつつ、その収奪体制を保持しようと試みる。例えば、一九世紀中に常熟・昭文両県の義荘に所属せしめられた田地は次のごとくである。一八一〇年代二三〇〇畝、二〇年代一一〇〇畝、三〇年代三八〇〇畝、四〇年代二八九四畝、五〇年代六七二九畝、六〇年代二九五四畝、七〇年代一八九二四畝、八〇年代一一四二〇畝、九〇年代九四六〇畝となっている。[14]

義荘設立は太平天国の動乱中の五〇年代は激増し、六〇年代は少なくなるが、七〇年代以降は再び爆発的に増え、所属地の増大をみてとることができる。しかもそれは地主の名望は高めたが、義荘の土地を借りる佃農にとっては何ら優利な点はなかった。むしろ国家によって善挙とされる義荘に対する反抗という名目で、欠租佃農に対する直接的な官の弾圧がふりかかってくるであろう。

農民の力の高まりが、先進地帯での一九世紀中国農民闘争の基礎にあった。しかしこの道は、一九世紀後半の植民地的な経済構造化の中で阻止され、中国の自立的な資本主義発展の可能性は洋務期にほぼ消滅したといってよい。明末清初以来の商品生産の発展は、その到達した段階が単純商品生産から拡大再生産への展望をみせ始めた時期に、外国資本主義の打撃を受けたために、地主・商人・官僚による買弁的な資本主義の下に統括され、その従属物にされてしまうのである。

しかし、外国製品に対する反撃は、在来の蓄積されてきた小農民の生産力段階でするよりほかない。彼らの農民的土地所有に向けての闘争の高みと民衆全体による反帝闘争が、完全な植民地化を阻止し、完全な原料供給者ではなく、一部の外国半製品の購買者たる限りでの従属的市場化という段階におしとどめる役割を果たしたのである。洋務期末に始まる綿布ではなく綿紗の急激な中国への流入は、綿布という完成品を購入するという完全植民地化を阻止し、綿紗という半製品を外国に求める限りに於て外国に従属するという、中国農民の抵抗の段階と特質を示している。

そして大多数の農民は、洋務期末に帝国主義の従属的市場の中に包括され、貨幣収奪によって、小農経営の単純再生産に必要な補完物たる意味以上には出ない商品生産に従事することを余儀なくされるのである。「資本のための隷農」（狭間直樹の提出した概念）たるためには、それが帝国主義の従属市場であろうと、地主コースによる一定程度の、そして一定程度以上には出ないブルジョア化を前提している。そのため、閉鎖的な村落共同体の中で主穀生産に従事しつつある時点での農民の共通的基盤と連帯は失われ、富農への上昇を幻想する部分と破産の中で半プロレタリアートに変質する圧倒的多数の無産者へと、農民層は分解される。

かくして、封建社会にあった農民の共通の要求、共通の連帯、共通の信仰は破壊され、新たなより高いものの中に生まれ変わってゆくのである。ブルジョア化は、各地点で農民の古い連帯を解体し、より高度なものに編成する基礎過程となる。

農民の闘いの組織や意識からいえば、義和団運動は一つの画期となるものであった。それ以後中国には、このような封建社会における農民闘争の（組織・連帯からのみいえば）延長上にある、流動的にして広範囲な闘争は起こり得ない。それは、すでに先進地帯にあっては太平天国後急速に農民は資本のために従属されつつ変質していったのに、後進地帯に於ては洋務期三、四〇年にかけて農民は完全に帝国主義に編成されていったという、二つの地域の差を示している。そして江南と華北の農民闘争の違いは、南北の地域差を表現しているばかりでなく、農村社会の変質や帝国主義の侵入の構造と度合いをもそれは示しているのである。太平天国は主に封建体制と闘ったのに、義和団は帝国主義に対して闘いを挑んだのは、この間に、中国のかかえている根本矛盾が転換したからであった。

註

（1）夏孫桐『観所尚斎文存』巻七、頁一二、（『中国近代農業史資料』（1）、頁九五六）。
（2）前註に同じ。
（3）『申報』同治一二閏六月初二日、「論旧金山事」。
（4）横山英「咸豊期、山東の抗糧風潮と民団」（『歴史教育』一二巻九号）。
（5）『申報』同治一二年一〇月一四日に転載された「京報全録」の報告。
（6）「二〇世紀初頭における蘇州近傍の一租桟とその小作制度」（『近代中国研究』第五輯）。
（7）『安呉四種』の「復桂蘇州第二書」（道光二〇年六月）。
（8）『曾文正公奏議』巻一、「備陳民間疾苦疏」。
（9）陶煦『租覈』、「重租論」。
（10）（11）『申報』同治一二年一〇月一九日、『申報』同治一二年一〇月二〇日に転載の「京報全録」。
（12）徐賡陛『不慊斎漫存』巻五（『中国近代農業史資料』（1）頁九五五）。
（13）鈴木智夫「清末江南の土地問題と階級関係」（『歴史教育』一三巻一号、一九六五年一月）。
（14）詳細は拙稿「太平天国前夜の農民闘争」（本書、上巻第一章）。

六　結　語

封建社会下で佃農に有利だった田面権は、民国以後近代的所有権の確立という名のもとに地主に奪い返されようとし、また一九世紀に佃農の激烈な抗租闘争に支えられている限りで一定の上昇のテコになり得た押租慣行も、単なる収奪の恰好の名目にされ社会的機能を逆転せしめられてゆくのである。このような帝国主義の支配下に形づくられてゆく功妙なエセのブルジョア的社会の中で、農民は窮乏化し、絶望的な状況に押し込められてしまうのである。彼らが再び立ちあがるのは、闘争の中で、絶望的状況を「絶望」と認識する理論と解放の指導者を得た時であり、自らをもそうした変革主体に形成していく中に於てである。

附記（二〇〇七年九月一〇日記）

本論文は一九六五年度、大塚史学会大会報告の「中国における一九世紀後半の社会情勢」なる発表を、大塚歴史学会『東アジア近代史の研究』（御茶の水書房、一九六七年）に収めた時、「一九世紀における中国農民闘争の諸段階」と改題して発表したものである。今日、この論文集に再録するにあたって、過度に情緒的な表現を改めた。この発表には、当時の学生運動昂揚期の気分が蔓延しており、また一九世紀の中国政治を担った洋務派を全面的に否定しようとする気分が横溢している。今回あまりに過度にわたる情緒的な文章や誤字脱字は削除したり訂正したりした。しかし、まだ、当時の中国史学界の状況や日本の学生運動の気分が行間に溢れている。

この論文を書いた一九六〇年代の中期は、東京教育大学大学院博士課程に在学中であり、歴史に於ける発展段階論に基づく「封建制から資本制への移行」の証明とか、中国農民革命の偉大さと中国革命の必然性を歴史的に証明することに歴史研究の意義がある等と考えていた。中国近代の農村社会や経済の研究は始まったばかりであり、近代社会経済史研究の水準もこの程度のものであった。当時は、階級闘争史観が圧倒的な威力をもっており、我々を支配していた。当時、私は不遜にも「史料は後から付いてくればよい」等と考えることもあった。一九世紀の中国におけるブルジョア的な社会経済的未成熟も、生産力段階と階級闘争で乗り越えられることを主張したかった。

当時は、どのように研究するのか、未来はまったく混沌としており、情念ばかりが過剰になり先走っていた。史料蒐集は、当時一緒に勉強していた久保田文次、小島淑男、鈴木智夫の諸兄の成果に大きな恩恵を受けていた。彼ら諸兄は以後、長江下流デルタ地帯の農村に関する社会経済史研究を続け、多くの専門的研究成果を世に問うた。鈴木智夫氏は、『近代中国の地主制』（汲古書院、一九七七年）を、小島淑男氏は、『近代中国の農村経済と地主制』（汲古書院、二〇〇五年）を上梓した。また、森正夫氏が『森正夫明清史論集』（汲古書院、二〇〇六年）の第二巻「民衆運動」で、農民運動を長期的にとらえた詳しい研究成果を発表している。

私は、二〇歳代後半に、本論文と相前後して「太平天国前夜の農民闘争」（本書上巻第一章）、「中国半植民地化の経済過程と民衆の闘い」を書いたが、以後、長江下流デルタ地帯などの経済史には関心が遠のき、「抗租抗糧闘争の彼方」（岩波書店『思想』一九七三年）を発表してからは、農民反乱、宗教反乱、義和団運動、中国国家史・社会史論、社会主義革命等の研究に関心が移ってしまった。

第三章　中国半植民地化の経済過程と民衆の闘い

——厘金（釐金）をめぐって、一九世紀後半——

一　序

私は本章に於て、一九世紀後半の中国民衆がおかれた客観的な現実（経済的なものを中心とした）とそれを克服しようとする民衆の運動を、厘金（旧漢字は「釐金」。以下、中国の新体字「厘」を使用する）体制に視点を置いて考察しようと思う。数年前中国近代史の分野では、一九世紀後半の中国農民が「資本のための隷農」であるという規定を受けたが、この言葉は未だ具体的な実態概念にまで高められず、抽象的な規定以上に出るものではなかった。こうした段階で、当時の中国農民が「資本のための隷農」であったのか、なかったのかを論じても無意味に近い。

私は数年前、太平天国前夜に小商品生産による萌芽的利潤の実現可能性を主張した。それが太平天国の反乱以後どうなったのかという関心の延長線上から、一九世紀後半の中国農民をみるならば、次のことを検討しなければならない。

太平天国以後の農民は、それより遙か昔から悪戦苦闘の中で実現しつつあったところの小商品生産による利益を、西洋資本主義に包囲・攻撃された清朝権力者、なかんずく洋務派から収奪されたのではないかという問題である。太平天国、捻軍、黒旗軍という全国的な輝かしい大農民反乱により、追いつめられ窮地に立たされた清朝権力者は、厘金という新たな、しかし支配者としてそれを正当化する理念もまた財政政策転換の基礎的準備も欠くところの、この厘金制度によって延命をはかったのであった。

しかし厘金との関係を欠落して、当該段階の中国農民の生活が考えられないにもかかわらず、わが国に、厘金研究は全くなかった。中国では民国二五年刊の羅玉東著『中国厘金史』と陸景琪「試論清代厘金制度」（『文史哲』一九五七年二期）がある。前者は、その統計表の精緻さ、制度的側面の研究は抜群であるにもかかわらず、その歴史的評価、位置づけ、人民闘争との関わり方に関しては無きに等しい。また後者は、民衆の厘金に反対する闘争には触れているが、極めて大雑把なもので全体的把握がない。日本人の研究についていえば、例えば「卡厘つまり厘金はいうまでもなく、清朝の太平天国鎮圧の財源のために新たに設けられた国内関税であり、民間商工業の発展の障害となっていた」（中村義「洋務運動と改良主義」岩波『世界史講座』、近代（九）所収）とか、「イギリスを先頭とする外国資本主義の直接的侵略、買弁階級を介しての間接的侵略、洋務派の買弁官僚大ブルジョア的な新しい搾取体系（たとえば農民の小商品生産や中小商人層に対する新しい国家権力支配を象徴する厘金体制一つを見てもその本質が理解される）云云」（里井彦七郎「義和団運動」岩波『世界史講座』、近代）とか、その重要性は断片的に言及されてきただけである。私はこの問題を取り上げ、自説である明清以降の商品生産の展開にもとづく萌芽的利潤の行方を、一九世紀後半の中国にさぐってみようと思う。

最初に厘金制の内容を必要な限り簡単に概観しておきたい。

厘金制は、咸豊三年太常寺卿雷以誠が太平天国軍鎮圧の軍費捻出のため揚州の仙女鎮において、林則徐の「一文愿の法」に着想を得て施行した国内流通品に課せられる国内関税である。税率は各商品価格（原価）の百分の一以下。清朝は徐々にこれを全国化し、商品流通の要たる水陸要衝の地に、厘卡《リソウ》（厘金徴収所）を置いて実現した。厘金実施をめぐっては、厘卡管理の役人は道員、知府、知県、同知、通判、知州等の実職に任命されるのを待つ官僚予備軍を当てるのが普通であったが、湖南省では終始紳士を任用した。その他の地方でも紳士が請け負った例は多くある。彼らとその手先きである司事や巡丁による不当な中間搾取や貨物の遅滞等々、最初から大問題として論じられてきたが、太平天国後の荒廃の復興という権力者にとっての至上命令があるため、廃止することはできなかった。

厘金の種類には行厘（行商ノ貨物ニ対シテ課スル厘金ニシテ局卡ヲ通貨スルニ当リテ之ヲ徴収ス）と坐厘（坐商ノ貨物ニ対シテ課スル厘金ニシテ店舗ニ就キテ之ヲ徴収ス）（『清国行政法』第六巻、頁八九）の二つがあった。また税率も「単ニ百分ノ五、六ニ止マラス徴収法ニヨリテハ二倍、三倍若シクハ数倍ノ多キニ達スルコトアリ」（『清国行政法』第六巻、頁九七）といわれるように、雷以諴が施行した百分の一以下をはるかに越えていた。

また、厘金関係の役職が太平天国後の支配階級〈官僚〉にとってどれほど魅力的であったかといえば、給事中劉曾の上奏の中に、「近日の各省の官職は厘局をもって最優となす。官界の中には『一年間州県官のポストにつくよりは、一年間厘局の職員になったほうがよい（署一年州県、不如当一年厘局差）』という語」（『湖南厘務彙纂』巻首、頁一六、光緒五年一二月一六日）があることによって判る。

こうした官界のポストをめぐる魅力ばかりではなく、財政上における厘金収入の圧倒的な比重もここに明確にしておきたい。例えば浙江省の一八八〇年の財政をみれば「財政部は一年間に地丁銀一七三万余両、支出は二二七万九千余両で、銀五四万九千余両の赤字である。厘金局の生糸、茶、百貨の各厘金の収入は二〇〇万余両で、支出は二二七万余両であるから、二七万余両の赤字である」（『譚文勤公奏稿』、光緒七年の記録）とあり、浙江省では厘金収入が第二位の地丁銀をはるかに引きはなして第一位の二〇〇万余両にのぼっていたのである。厘金の清末財政に占める重大な位置が推測されるであろう。ところで、この厘金の額及び本章で用いる統計上の額数は、正式に公機関にのぼった数

〔第一表〕　単位万両

年代	江蘇	浙江	福建	広東	A（合計）	B（全国合計）	A／B×100
1870-74	1395	1038	1003	528	3965	8444	48
75-79	1091	973	1154	481	3701	6508	57
80-84	1091	1032	871	494	3490	7180	49
85-89	1150	955	992	677	3786	6752	56
90-94	1221	956	941	758	3877	6738	58
95-99	1295	1122	910	816	4146	7251	57
1900-04	1810	1066	538	730	4136	7719	53
05-09	1488	886	344	795	3514	6670	52

（『中国厘金史』、附録一、統計表第二表より抽出作成、但し千両以下切り捨て）

字であり、この他に官僚、下級職員の私腹に入り闇に消える莫大な厘金額があったことを最初に指摘しておく。例えば、広西省では六、七〇万両の正式な厘金額が報告されているが（一八八六年当時）、それは全徴収額の一〜二割で、実際は四〜五百万両が徴収され、その大部分が官吏・小役人・劣紳の私腹に入ると、当時の両広総督張之洞、巡撫代理李秉衡は上奏している（『益聞録』「京報全録」一八八六年七月二二日）のである。

以上の諸点を、ひとまず厘金問題の概況として紹介しておきたい。

二　厘金＝経済的先進地帯からの徹底的収奪

厘金の徴収は、全国的に実施されたものであったが、最も高額であったのは、東南数省である。中でも江蘇・浙江・広東・江西・湖北・福建などが筆頭であった。いま、中国商品生産及び流通が最も発展していた長江下流デルタから珠江デルタのある広東まで、東南沿海四省をとって全国総額に対する割合をみると第一表の通りである（統計数字は、羅玉東『中国厘金史』附録統計表が最も詳しく実数に一番近いと思われるので以下数字は同書による）。

この第一表を一見すれば明らかなように、江蘇・浙江・福建・広東の四省であげる厘金総額は、全国総厘金収入中の約五割に達し、これに江西・湖南・湖北を加えれば実に全国の約八割に達するものと思われる。このことは何を意味しているかといえば、厘金課税の対象は東南数省に圧倒的であり、従ってこのことから、厘金はこれら省数を極めて重点的に収奪する税制度であったことを知り得るのである。しかも、これら数省の内部においても均質的、均等的に課せられるものではなかった。

このことを、中国で最も経済的に発展していた江蘇省についてみておく。

「呉元炳の上奏にいう。地方兵燹の後には民の元気を培養することが肝要であります。臣、江蘇各州県を察看しますに江蘇の凋弊はもっとも甚だしく、戸数は鮮く、盖蔵（貯蓄）は粛清（少し）となっています。その原因をたずねてみますと、まことに厘金の重いこと他省に比べて第一であることによります。かくして物価は翔貴しないものはなく、民衆の生活はこれによって日ごとに艱しくなっています。但し、籌餉抽厘の事は已を得ないことです。目前の財政の必要性が繁なれば、どうしてにわかに変更することができましょうか……」[1]とあり、「江蘇の厘金の重きことは他省に甲たる」状態であったという。またこれに類した史料は数多く、例えば「現在江蘇の厘金の重きことは他省に甲たると雖も……」[2]とか、「江蘇厘卡（厘金徴収所）の多きは天下に甲たり」[3]等といわれていた。これは、数字上でも第一表から読みとれることである。

こうした全国第一の厘金重税の江蘇省でも、特に税率が高く、また集中的に搾取が行われたのは、上海・蘇州・呉淞を結ぶ一帯の商品生産が盛んな長江下流のデルタ一帯であった。上海は開港以来、外国商人の中国侵略及び商取引きの中心的拠点であり、アヘン戦争後に急速に発展したところであった。「上海の厘金の課税徴収率は最も重い。次第により低率となり、広東ではその十分の一にも及ばない。（上海と）比較して論ずることはできない」[4]と言われるほどであった。また光緒元年に上海商人は、「商民が交も苦しんでおりますため、謹んで御上が恩を施し民の困しみを卹（すく）われんことを嘆願します」[5]という申請を行った。その中で上海の商人たちは、次のように言う。

「考えますに上海は商船が航行し、貨物が集中する土地です。上海の各商人は江蘇・浙江の各水客（原産地から仕入れる大商人）に分售して微少な利を得ています。軍興（太平天国、捻軍）以来様々な課税が重なりましたが、わたくしたち商人は力を竭して国のために頑張りました。しかし官が物価をみて厘金を抽取することにし、遂次厘卡を設けられましたので商人の畏れるところとなりました。上海だけが独り落地捐が多く、厘金もまた他処より偏って重いためです」と、上海の厘金が極度に重いことを述べている。

上海へ入る油、豆、豆粕は江蘇省での産額はほとんどなかったので、今の東北（旧満州）一帯、山東省一帯から上海〜蘇州経由で江蘇省に入ってきていた[6]。上海から蘇州への輸送経路には、「蘇州・上海間の往来に就いて言えば、尚お閔行・蘆墟・平望の三卡局がそれぞれに厘金を抽取します。商人の蘇州・上海間を通過するものが、つねに〝不均の嘆〟を有する所以であります[7]」いう状態であった。やっと蘇州にきても、「蘇州の厘金の重きこと天下に甲たり[8]」という状況であった。

この厘金の重さの影響についていえば、「私は江・浙（江蘇・浙江）の間、厘金が最も盛んな地に生長し、商民が富者から貧者へ、貧者から赤貧に至ったのを目撃しましたが、これらは皆厘金によって累を受けたためでした[9]」とあり、多くの商人、運送業者が倒産したという[10]。厘金税率に関しては、『申報』（光緒元年一〇月一二日「告白」）に、咸豊四年に上海に落地厘金（捐）という税が始まってから、この光緒元年に至る間に、油、豆粕の落地厘金は一〇余倍、豆は三〇余倍の高率を示したといわれている[11]。

ところで、厘金は、浙江を中心とする先進地帯では、一般的には一〇％から二〇％程度に達していたようである。江蘇省の厘金税率は一厘卡で課するのは「最初は物価の二％、のち五％に改められた[12]」といわれ、「一般の貨物が通過する厘卡数が平均三カ所あるいは四カ所とすれば、厘金の全体的負担の合計は、一五％から二〇％になる[13]」のが普通であった。また「厘金創辦のはじめの原議では、大宗の貨物は原価に照して百分の二、三を抽し、少量の貨物は概ね厘金の免除を行うというものであったが、十分の二に達したものもあり、遂に百物の値段は昂貴し、民間の生活は艱難なり[14]」という戸部の発言もある。厘金税率が二〇％に達する貨物も出てきたことが分かるのである。勿論これよりも極めて高率の地域もある。「上海の厘金は多きは尚、十分の三を抽し、少なきもまた十分の二を抽す。ここにおいて抽厘の原意よりは已に加わること数十倍の多きに至る[15]」という記録もあり、実に一八七八年の上海では二〇％から三〇％程度に達した。

また浙江省でも、東部一帯は商工業や貿易港市の発達において特に著しいものがあり、湖州府、嘉興府、紹興府、杭州府、寧波府が含まれるこの一帯は、経済的な最先進地帯であって、この地域の厘金税率は省内の他の地域に比較して一段と高く、原則的には「浙東の貨厘税率は一〇％（正厘九％、附款一％）で、浙西は五・五％（正厘四・五％、附款一％）である。これは一般の百貨厘金の税率であって、外国商品及び生糸厘金、茶厘金の税率はこれとやや異なっている[16]」という指摘があり、これを見ても先進地帯がいかに過重な厘金収奪をこうむっていたか明らかである。

註

（1）『申報』光緒元年五月初四日（光緒元年四月一九日付の「京報全録」）。
（2）『申報』光緒元年四月二〇日、「閲申報論呉中丞請減厘捐事書後」。
（3）『申報』光緒八年六月二七日「来信照登」。
（4）『郭侍郎奏疏』巻五「各省抽厘済餉歴著成効謹就管見所及備溯測流熟籌利弊疏」。
（5）『申報』光緒元年一〇月一二日「告白」。
（6）註（1）に同じ。

（7）註（5）に同じ。
（8）註（5）に同じ。
（9）張廷驤『不遠復斉見聞雑志』巻六、頁一〇、陶公三疏。『中国近代農業史資料』（1）頁三七六。
（10）註（5）に同じ。
（11）食料としての油、豆の価格増大による民生の困難さは言うまでもないが、特に注目すべきは豆粕で、これは長江下流デルタ一帯に広まった綿花栽培のために必要な肥料であり、かかる生産力水準を保障する肥料に対する厘金の増徴が、いかに生産力を破壊するものであるかは、ここにあえて述べるまでもないことである。
（12）『中国厘金史』上冊、頁一三六。
（13）註（12）に同じ。
（14）但湘良『湖南厘務彙纂』巻五、「裁節」頁四。
（15）（16）『申報』同治一二年一二月二四日「書上海商賈同懇道憲請減釐金公稟後」。

三　小商品生産、流通過程と経済的先進地帯からの徹底的収奪

厘金は長江下流域で特に重率であることを見てきたが、どのような商品に対する収奪であり、またどのように小商品生産を抑圧したかを検討しておきたい。

「楊昌濬の上奏にいう。浙江省の餉銀（税金の総体）は、厘金を以て大宗（最大）となします。そして厘金はまた絲捐（生糸に課す税金）を以て最（最大）となします。近来、この近辺の省の産絲は漸く廃れまして、商人は四方に逃れました。それゆえ、厘金の徴収額は年一年と低下しました。なんらかの方法をとって、つとめて整頓いたしましたが、

いまだ効果の様子はございません……[1]」という楊昌濬の上奏があり、これによると浙江省の厘金は生糸より徴収するものが最も大きな割合を占めていたという。

では浙江厘金収入のどのくらいの割合を生糸厘金が占めていたかといえば、

「伏して調査しましたところ、浙江省の捐款は生糸を大宗となします。毎年厘捐は洋銀百数十万をくだりません[2]」とあり、またその翌年の一八七七年には、「浙江省全体の収入は、おおよそ百貨厘金、地丁銀をもって経常の額としています。……（地丁銀以外の）各項目は、生糸厘金、塩税を中心としています。浙江省で毎年他省に送っている資金（協款）は、京餉、陝甘軍餉、天津白糧餉、雲南協餉、更に福建省への協餉（他省への協助金）といったもので、合計してみますと毎年銀一百八十余万を送らなければなりません。浙江省で使うべき各資金と海塘工事資金についても巨額であります。浙江の財政収入を計りますに、中心となっている生糸厘金をもっていえば、湖州府だけで絲捐総額は一百三、四十万両になっています。今年は繭の出来が悪く、厘金額は例年に較べますと、竟に八十余万両も少なくなっています[3]」とある。

ところで羅玉東の『中国厘金史』の附録一、統計表三二表「浙江省歴年厘金収入各項総数」から抽出作成したものを表（第二表）に掲げてみるに、だいたい生糸厘金は四〇万両から六〇万両の間にあり、同治一三年から光緒二年までが最も多額で、七〇万両前後となっている。事実上の全徴収額はこれより遙かに大きかったのである。なぜなら、中間搾取分はこの数字に含まれないからである。

さて、この生糸厘捐に茶厘捐を加えた合計の額が、浙江省の全厘金収入の何割を占めていたかを第二表によってみると、光緒二年頃まで約四〇％前後、それ以後は光緒八年の四八％という例外もあるが、一般的には低下し二五％から三五％の間にあったことが分かる。

第二表「浙江省歴年厘金収入各項総数」(単位千両、千未満は切り捨て)

年代	絲捐(A)	茶厘捐(B)	(A+B)	全厘金総数(C)	(A+B)/C
同治3－11	3978	781	4759	17827	0.27
12	—	—	—	—	—
13	743	108	851	2123	0.40
光緒　1	655	93	748	2048	0.37
2	746	95	841	2195	0.38
3	469	96	565	1756	0.33
4	512	78	590	1735	0.34
5	—	—	—	—	—
6	720	98	818	2272	0.36
7	544	100	644	2032	0.32
8	484	749	1233	2587	0.48
9	290	82	372	1598	0.23
10	513	95	608	1831	0.33
11	476	95	571	1908	0.30
12	485	90	575	1893	0.30
13	494	108	602	1871	0.32
14	448	95	543	1730	0.31
15	423	93	516	1251	0.41
16	260	74	334	1737	0.19
17	334	108	442	2059	0.21
18	235	70	305	1921	0.16
19	478	121	599	1868	0.32
20	492	85	577	1987	0.29
21	547	116	663	2361	0.28
22	528	100	628	2093	0.30
23	536	144	680	2203	0.31
24	604	97	701	2250	0.31
25	583	99	682	2311	0.30
26	382	78	460	2046	0.22
27	512	87	599	2160	0.28
28	473	115	588	2107	0.28
29	—	—	—	—	—
30	507	113	620	2195	0.28
31	463	117	580	2191	0.26
32	480	124	604	2175	0.27
33	476	122	598	2247	0.27

中国が外国商品の侵入に対抗して、半植民地化の危機を乗り切るためには、中国の特産品たる生糸、茶などの輸出を強力に振興せねばならず、またそのためには、生産者や商人を経済的に保障する殖産興業政策をとらねばならない。ところが上にみたように、生糸に対する厘金課税はまったくその逆をゆくものであった。この問題の重大さは識者により、早くから強く指摘されているところであった。

「それ生糸と茶はまことに中国最大の産物であり、亦最も重要な輸出品である。しかしながら歴年の情形はこの如く悪く今年は前よりも亦甚だしい。今年の生糸の如き低い価格は従来いまだかってなかったところである。どうして貿易における非常の大難でないことがあろうか。生糸がなおこのようであれば、其の余の各貨物の滞銷（商品の滞貨）、虧折（元値を割る損害）は更に知るべきである。……今年は上海の各商店は紛紛として倒産、閉店している。蘇州布政使が直轄している四府と浙江省西部の三府と計七府の土地は蚕桑の利が農業に数倍しているが、七府の銭漕の重税なることは天下に甲たる有様で、承平の世でも民力は既に支えることはできない。頼るところの生糸の生産が豊作になり獲利やや厚ければ、ようやく弥補することができる。向来七府の産出する生糸は誠に四海五洲に甲たるものであるが、今西洋に産絲の数国があり、生糸の質も七府の産するところと劣らないと聞く。故に中国の生糸はことごとく滞銷しており、（生糸が）値上がりするようでは、将来もし転機がなければ、七府の民力は将に堪えられないであろう。これは天下の大局に関することであり、どうしてただ七府の諸人の不幸だけであろうか。生糸よ。生糸よ。私は生糸の危うきをおもう(4)」。

江蘇の四府、浙江の三府とは常州府、鎮江府、松江府、蘇州府、嘉興府、杭州府、紹興府などが所属する長江下流デルタ一帯であり、この地域が製糸業や織絹業の中心地であった。しかし前述したように、厘金などの課税のためであろうが、「（生糸、茶の）近年の両項貿易は均しく減少あり。而して今年の生糸の損失は更に茶よりも甚だしい(5)」という状況が現れ、輸出の減退と価格の低落を招いてゆくのである。生糸ばかりでなく、繭に対する厘金も大幅に増加した例もある。

「これまでの例では、紹興の繭で寧波に運往されたものは、蛾の発生した繭は落地捐毎斤六文であったが、現在では毎斤一〇文である。乾燥済みの繭は向きに一担一二元であった。考えてみるに紹興の人が繭を売るのは、彼らの生活の最も重要な道である。紹興の人は自ら綢緞を織らず、ただ繭を他所に売ってそこの人が製糸、織布をするのにまかせているだけである。ところが落地捐（取引税の一種）がこのように増大し、そして沿途の各厘卡にまた厘金を納めなければならない。全合計の課税捐額は巨大である。こうなれば誰が繭を運販するものがあるであろうか。近く聞くところによると、上海の各製糸会社は早くも人を紹興に派遣し、繭も沢山買いつけたそうであるが、落地捐が増加したことによって敢て搬出しないそうである……。竊かに思うに、（中国の官が）繭捐（繭税）を増加したのは上海商人が製糸会社を開設したためであろうが、しかし紹興の繭は必ずしも尽く西洋商人に売るものではない。今もし、（落地捐・厘金を）急に高くすると、凡そ内地人の運送もまた必ず阻害され、紹興府の養蚕は孤立してしまわないであろうか[6]」。これでは中国の製糸業と生糸輸出が、日本のそれによく対抗できなかったのは当然といわなくてはならない[7]。

綿花に関しても同じことが云えるのである。長江下流北岸一帯は綿花栽培、綿布業の盛んなところであり、この一帯の厘金税はこれらの綿業より大きな収益をあげていた。

「通州、海門、崇明の諸県は素より綿花を産し、在地の商民は仲買人の仕事で生計を立てております。綿花の捐厘はただ通州、海門では毎包銭一千文を捐し、崇明県では毎包五百文です。距離はごく近いのに苦楽は等しくありません[8]」とあり、また「通州の花布は厘金の大きな課税品目です。厘金を開弁してより以来、行商はみな基準率に照して釐金を報納しないものはありません」[9]との記録があり、いかに釐金なるものが、中国の最重要商品である生糸、茶、綿花、綿布に寄生し、商品生産の発展を致命的に抑圧したものであったかを知ることができる。

註

（1）『申報』光緒二年八月一八日（光緒二年七月一八日付「京報全録」）。
（2）『申報』光緒二年三月一二日「浙省絲捐搭収本洋苛派商民論」。
（3）『申報』光緒三年一一月一三日「浙省財空」。
（4）『申報』同治一二年一二月二七日「論今年各絲業」。
（5）註（4）に同じ。
（6）『申報』光緒九年五月一一日「加収繭厘」。なお、繭を繭行から積み出す時、牙厘局の繭捐委員によりて課せられる場合（浙江）と、繭業公所にて一括定額厘金を支払う場合（江蘇）とがあったという（『支那経済全書』一二輯、頁八三）。
（7）事実日本人は清国に厘金税があれば日本は極めて有利であり、厘金がなくなれば日本の生糸輸出に恐慌を与えることも知っていた。
「（荷造運賃及厘金税は）該品（生糸）ノ輸出上実ニ一大沮碍ヲ与フル者ナレドモ若シ他日之ガ改正ヲ見ルノ暁ハ又均シク本邦製絲ニ対シテ重大ナル影響ヲ及ボスベキナリ」（外務省『清国事情』第五巻第二編、無錫第六章「商業及市場」の「荷造運賃及厘金税」）。
（8）『申報』光緒元年九月一六日「猾吏害民」闔県商民公啓。
（9）『申報』光緒三年六月二二日「会審厘卡滋事」。

四　厘金による中国市場の半植民地化

厘金は中国商品市場にいかなる変化をもたらしたのか、若干の検討を加えておきたい。商品の価格は、その商品生産者の自己労働力の再生産に必要な費用と利潤によって決定される。かりに厘金が課せられれば、その商品の交換価値は、使用価値が前と全く同等であるにもかかわらず、自から低下せざるを得ない。当時既に、「厘税重ければ成本（コスト）多く、成本多ければ価値貴し[1]」と問題の本質が明らかにされていた。

商品が綿織物のように完成品になるまでに、綿花（原料商品）→綿紗（半製品商品）→綿布（完成品）と三段階の分業工程を経るような商品の場合には、特に厘金率が増加する場合が多かった。商品流通市場に綿花、綿紗、綿布が登場する際に、その度毎に厘金課税が行われる可能性がある。絹織物の場合は、繭→生糸→絹布という三次の工程ごとの商品化を経るのであるが、これに対して、食料品（きのこ、きくらげ）や薬草の場合は、ただ一度の厘金課税しかないのである。この事実から次のことがわかる。地域間の分業、生産工程の分業化が進めば進むほど厘金の害は比例的に増大する傾向があること。言いかえるならば、分業化が進んでいる商品ほど、中国が外国製品に対抗するための生産力水準の高さを持つか、あるいは持つと期待されている商品（生糸、絹、綿花、綿布）であるにもかかわらず、こうした商品こそ厘金課税から高率の打撃を受ける結果になっていることである。厘金は、中国の生産力水準〈分業体制〉を阻害した。外国工業生産品に対抗したり、あるいは外国製品の購入によって失った銀を再び中国に奪回したりすることは、厘金によって大きな困難に遭遇したということができよう。厘金は以上の如く、一般に販売ルートを閉ざしたので、中国の半植民地化の重要な契機となった。結果として、洋務期の財政政策によって、外国商品の優遇が売国的になされたと評することができる。

一八五六年アロー号事件の敗北の結果、清朝は天津条約を締結し、ここで子口半税を外国商品に課することを約訂した。この子口半税の課税権とひきかえに、清朝はその他の総ての経済的防衛権を喪失した。かくして外国は、輸出入関税五％プラス子口半税二・五％、合計七・五％の課税のみにて、その商品の清国各地への自由な運送権を獲得したのであった(2)。

こうした不利な立場に立たされた中国商人にとって、対抗可能な途は次の四つである。第一は、厘卡をうまく回避して厘金を支払わないか、あるいは貨物の数をごまかして厘金を少額にくいとめること。第二は、外国商人の特権を利用するために彼らの庇護のもとに入ること。第三は、直接生産者に出来る限り厘金部分を転嫁すること、第四は、同業商人が団結して公司をつくり、厘金額を一括して支払い、輸送途中の中間搾取を免れること等である。以下それぞれの場合をより詳細に論じておきたい。

第一の途は、もっとも頻繁で最後まで消滅することのない厘金回避の方法であったが、また危険極まりない方法でもあった。「偸漏」、「逃税」を商人が実際に行うか、あるいは行ったと厘卡の委員、司事、巡丁に断定された場合（それは日常茶飯事のことであったが）、貨物没収の上処罰されるのが通常のことであったからである。

第二の途は、外国勢力と結び、彼らを自国に引き入れる売国的な途であった。これは甚だしい弊害をもたらすものとして識者からも指弾されていた。

「長江輪船が盛んに行われるようになってから、（福建、広東の）奸商は漏厘（厘金を逃れること）を意図して……洋商の牌号（商標、つまりマーク）を偽って掲げ、各地方から上海に来た綿花を買い集め、輪船につみこんで漢口、厦門などの処で売りさばく。そうすると上海の南市、北市の各商人も紛紛として効尤《まね》し、租界を以て逃げ場所となした。こうしたことは、日に増し月に盛んとなり（彼らは）ほしいままにやって忌むことも憚ることもなくなった[3]」。まれには、こうした行為によって逮捕される者もあった。「上年（一八八二）、洋商（外国商人）と冒充《いつわり》（偽り）たる綿花商人の丁益大、鄭仁裕を逮捕しそれぞれ処罰した[4]」という例が、そうしたものであった。

清朝がアヘン戦争以後、外国にもろくも膝を屈し、外国商人が中国の官憲さえ全く手も足も出ないような特権と力をもっているからには、中国の商人が外国勢力に頼って苛斂誅求から逃れるか、あるいは特別大きな利益をあげようとするのは当然のことである。このことは既に厘金制の開始とともに問題になっていた。咸豊一一年二月に戸部が発表した「全国厘金業務のために酌擬する章程八条[5]」の中に、「もし華商の洋貨（外国製品）を内地に興販せんとするに、あるいは名を洋商貨物に仮り、他人の名義によりて偸漏（脱税）し、あるいは洋商に夾帯、包庇（隠し持ってもらう）を嘱託して奪税を図るものは、貨物を運んで市鎮に至ると関卡を経過するとに論なく、応に華商の関税を隠匿するの例に照して加等治罪し、以て厘金業務を粛正する」と述べており、悪弊として早くから問題になっていたことが分かろう。こうした例は枚挙にいとまのないほどである。

「広東では商人ら往々外国人を恃んで主な後援者となし、輪船（蒸気船）を利用することを早みちとなしている。自分に不利益なことがあると外国人に依存して、面倒を引きおこし情実と法を極め尽すのである。甚だしいものは事実を捏造し、事実を誇張し、新聞にのせて外国人の議論をかきたて又世論を炫惑するのである[6]」と、北京の高官は慨嘆している。『申報』にも「これより奸商は詭計を潜生し、名目を外国人に託し、租界を隠れ場としている。（これを有利として）紛紛として皆効尤（まね）すること、日に盛んに月に新たとなっている。取り調べを行っても、外国人の符（印）を恃んで横行するのである[7]」という記事もある。『支那経済全書』にも「前ニモ述ル如ク乾繭ノ運出ハ外商名義ノ下ニ通関スルヲ最モ利便トスルガ故ニ外国商人ハ勿論支那商人ト雖モ外人ノ名ヲ藉リ其外商属籍ノ国旗ヲ用イテ厘局ヲ通過ス」[8]とあることから分かるように、中国商人が外人名義で貨物を輸送することは、ただ中国商人に厘金回避という利便をもたらすだけでなく、外国人が購入した中国各地の貨物を国外へ持ち出したり、あるいは上海などの外国商人経営の工場へ輸送する場合にも極めて有利な方法であった、ということができる。

ところで、この方法は中国商人すべてにとって可能なものとは考えられない。ごく一部の大商人とか大商人集団しか、外国人とこのような共同謀議、共同行為はとれないであろう。恐らく名義を貸与することによって、ひそかに巨額のリベートが外国商人によって取りたてられたであろうし、そもそも中小商人にはこのような行為は思いつきもされなかったろう。大多数の中小商人層は厘金回避の途として、この第二の方法を選択する場にはいなかったのである。

次の第三の途こそ、中国の生産力水準を維持する直接生産者＝小農民経営を破壊し、中国の経済的独立の可能性を根底からつみとる、まさに厘金体制の本質なのであった。厘金は商人を苦しめるものだといわれる。けれども究極的には、民衆、とりわけ小農民の工業部分を収奪するという本質は、この第三の途によってこそ実現されているのである。例えば、「それ厘金なるものは、官は商より出だすも、商は民より出だすものなり」[9]といわれ、また、「商を卹（たすけ）ることは即ち農を卹ることである」[10]ともいわれた。

こうした厘金の本質にかかわる指摘は、厘金制の始まる頃から一部識者には分かっていたことである。同治三年に劉鎮鐍は「厘金制の創立は、名目上は商人を苦しめるものであるけれども、実際上は民（農民）を苦しめるものである。富民を苦しめることはなお少なくして、窮民を苦しめることの方が独り多いのである」[11]と言っているが、全く同じことを『申報』紙の指摘の中にも見い出すことができる。

「太平天国の乱がはげしく、東南の数省は淪落し、大部分の税糧・関税は歳ごとに徴するところがなかった……。軍需（軍事費）は不足し岌岌として二日間さえも支えられなかった。そこで倡《とな》えて厘金制をつくった。……（厘金は）

名は商より出ずるも、実は民に取るものである。これは已むを得ざる挙であった[12]」と、書いている。上記の史料によって、厘金というものは商人を通して農民を収奪するものであり、また富民よりも貧民を収奪するものであったことが分かる。

第四の途は、有力商人集団がギルド的結社をつくり、自己の利益を守るために厘金を一括して一時に納入し、運搬行路の途中でおこる厘卡役人の中間搾取や、運送時間の遅延などの不便を除去してもらう方法であった。しかし、この方法も小さな大多数の各中小商人にはたいして効果がなかった。

以上によって、我々は厘金制度というものは、①大商人層と中小商人層の分裂と格差の増大　②商人層と直接生産者農民の分裂と矛盾の増大　③商人と消費者大衆との分裂と矛盾の増大　④一部巨大商人と外国勢力との結託など、様々の分裂や対立を中国社会の中に生起せしめるに至ったことをみてきた。あらゆる階層の内部に、異なった経済的利害状況を複雑なかたちで持ち込み、被搾取大衆の連帯と共通感情を巧妙な形で破壊し、つまり洋務期の権力と一般民衆の基本的な矛盾のあり方を隠蔽しながら、直接生産者の工業部分を流通過程で徹底的に収奪して中国資本主義の萌芽を上から完全につみとり、売国的な半植民地化の路線をこの厘金を先頭にしながらおし進めてゆく、これが洋務運動期の経済過程の本質であったのである。

註

（1）劉嶽雲『農曹案彙』「布棉税厘」頁三一～三一（『中国近代農業史資料』（1）頁五四五）。

（2）黄月波等「中外条約彙編」頁六～八、「中英通商章程善後条約十款」。
この影響について若干補っておきたい。「清末に洋布、洋紗は盛んにおこり、幾んど人の洋布を着ないものはなく、家の洋紗を購入しないものはない」（呂濬堃等『民国陸川県志』巻四、頁二三）とあるように、外国商品の一九世紀後半期の中国への流入は激しくなった。いま外国綿製品を例にして、厘金の影響をみてみると次のようになる。仮りにいま各原料を完全に国内の各市場で供給するとした場合、厘金は、〔綿花価格×（〇・一～〇・二）〕＋〔綿糸価格×（〇・一～〇・二）〕＋〔綿布価格×（〇・一～〇・二）〕という具合に増大するが、洋製品の場合は〔洋糸価格×〇・〇五の関税〕＋〔洋糸価格×（〇・〇二五の子半口税）＋綿布価格×（〇・一～〇・二）〕にとどまるのである。外国の製品を原料（この場合洋紗）にするほうが極めて有利である。生糸、絹の場合もそうである。生糸の生産地で直接に外国商人に売りわたした方が、国内で絹織物原料として売り出すよりも生産者にとって有利である。それ以上に外国商人にとって最も利益となることはいうまでもない（厘金率を一～二割と考えた場合）。

ところで、原料品を外国市場の供給に頼り、また製品販売を外国市場に頼るということは、外国商人や資本家に、中国農民の全生活をまかせるということであり、その結果、外国人に中国人の死命が制せられるということになるのである。外国勢力はかくして①市場価格の自由な操作、②外国商人の意にそわない中国人に対する倒産、閉鎖を余儀なくさせる報復手段の獲得、③中国国内市場で完結していた生産工程分業、地域間分業の破壊と外国市場を通して中国市場構造の再編成を実現していくのである。

（3）『申報』光緒九年八月一日「設立岸卞示」。
（4）註（3）に同じ。
（5）『中国厘金史』、第二章。
（6）毛鴻浜『毛尚書奏稿』巻一一「瀝陳広東厘務情形折」（『中国近代農業史資料（1）』頁五四七）。
（7）『申報』光緒九年七月一七日「籌餉貨捐総局示」。
（8）『支那経済全書』、一二輯、頁八二。　註の（3）から（8）にみたような第二の方途に関する史料は、その他に卞宝第『卞制軍奏議』巻六頁三、巻九頁一〇六、巻一〇頁四六、巻一二頁三九。但湘良「湖南厘務彙纂」巻七「弁理章程」等に見られる。

（9）『申報』光緒四年一一月初三日「厘卡弊端述聞」。
（10）『申報』光緒元年一〇月一二日「告白」。
（11）劉鎮璠「上会滁生相国議善后条陳」（同治三年）、『民国南陵県志』巻四一頁九七（『中国近代農業史資料（1）』頁三七五）。
（12）『申報』光緒四年八月七日「厘局滋事探□説」。
（補）工業が進み分業が進めば進むほど、一つの製品に何回もの厘金が課せられるため、殖産興業をはからんとしてもうまく進まず、またその結果、洋貨が市場に溢れる、という指摘が張謇の『張季氏九録』政聞録、巻三にある。

五　厘金財源の支出項目―軍事資金から外国借款返済資金へ―

厘金は太平天国の反乱討伐のための資金確保に始まり、ついでその後国家財政や省財政の再建のために使用されていたといわれるが、どのような部門にいくら投ぜられたかを調査し、その果たした歴史的役割を明らかにしておきたい。

厘金支出項目に関する詳細な数字的統計は、羅玉東『中国厘金史』「附録統計表」にみえ、それに基づいて考察を進めたい。

第三表は、各省の厘金収入の中から本省軍事費に支出された額が、その省の全厘金支出総額の何％を占めるかを示した表である。

これを見ると、江蘇、浙江、安徽、江西、湖南の諸省においては、同治一三年（一八七四）までには厘金収入の約五〇％以上がその省の軍事費に費やされており、安徽、江西、湖南では七〇％～九〇％もの率が省の軍費にまわされ

第三表　本省軍事費の全厘金支出額に占める割合（％）

年	江蘇	浙江	安徽	江西	福建	湖南
同治　7				58		
8	49		80	72	39	
9	52		89	82	38	
10	49		87	79	22	
11	47		89	79	33	
12	53		87	77	27	80
13	53	37	88	74	61	80
光緒(1875) 1	52	40	69	71	54	81
2	—	40	65	62	—	—
3	45	35	64	63	43	75
4	35	30	79	68	42	65
5	42	—	66	61	42	71
6	—	39	—	61	49	68
7	—	35	41	67	50	55
8	38	36	41	64	46	
9	44	51	35	57	45	54
10	42	81	32	68	61	56
11	43	78	35	70	52	57
12	35	70	37	69	59	64
13	27	55	—	49	—	67
14	—	51	39	53	52	62
15	—	51	33	48	60	63
16	30	47	30	86	55	60
17	33	42	25	85	61	58
18	31	45	25	83	57	58
19	28	44	28	83	53	56
20	23	39	27	82	65	58
21	24	46	30	82	71	51
22	24	43	—	78	—	46
23	28	42	24	74	55	47
24	25	47	27	74	55	51
25	45	43	26	74	50	49
(1900) 26	19	39	—	69	—	52
27	13	37	26	74	55	49
28	9	40	27	77	47	—
29	10	—	27	81	19	50
30	15	43	26	80		50
31	10	46	26	76		49
32	15	42	29	73		50
33	11	37	29	79		50
34	9		24			45

（『中国厘金史』附録統計表の各省の図表より抽出作成）

ていたことが分かる。また軍事費にまわされる比率は、江西省では光緒二年（一八七六）から一五年（一八八九）までの間は、四八％～七〇％の間を上下していたが、それ以後光緒一六年（一八九〇）から三三年（一九〇七）までの間は六〇％～八〇％台という割合を占めている。また各省とも時代が下るに従い本省軍事費の占める割合は低下しているのに反し、福建省では清仏戦争後に逆に上昇して五〇％～七〇％の間を占めるに至っている。

　厘金収入が最大の江蘇、浙江はどうかというと、江蘇省では同治年間に五〇％前後を占めていたものが、漸次減少の一途をたどり、光緒一二年～一八年は三〇％台、それ以後は二〇％台から一〇％台へ、更に光緒二八年・三四年には一〇％以下にまで低下してしまったのである。浙江省では光緒一〇年～一二年には七〇～八〇％前後、それ以後は三七％から五五％の間を上下するという状況であった。

以上の考察によって、本省軍事費の厘金の支出総額に占める割合は極めて高く、厘金は第一に軍事資金としての性格をもっていたということができる。しかし江西・福建のように、その割合が低下しない所もあったが、全体的には本省軍事費の占める割合は次第に低下していったこと、全国第一の厘金額を出す江蘇省では本省軍事費としての厘金の性格は光緒末年に至ってはほとんど零に近づいていたこと等が確認できた。ところで本省軍事費の総額は、湖北、江西、江蘇、福建、浙江の省では毎年百万両前後、湖南で六〇～七〇万両前後あった。この本省軍事費の内訳は具体的に知る手がかりはないが、各省の軍餉として人件費にまわされるものが主で、兵器製造や軍事建設費に投下されるものはほとんどなかったであろうと、羅玉東は述べている[1]。

だいたい厘金税額の支出項目の中で国用款（国家経費）としては、解戸部款、国家行政費、皇室用費、鉄路経費、帰還外債、賠款、各省協款、海防経費、水師軍費、各省軍費があり、各省用款としては各省行政費その他の用途不詳の款という具合に極めて多くの支出用途があったのである[2]。この中で各省軍事費が第一の用途であったことは既にみたところであるが、ついで重要なものとして各省協款、帰還外債の二つを検討しておかねばならない。

協款とは戸部の指示によって厘金収入の多い省から省財政が不足している省へまわす資金を指しており、他省へ送る省と（　）内の受け取る省とは以下の如くである。江蘇（→甘粛・貴州・雲南・東三省）、浙江（→甘粛、貴州、雲南）、福建（→甘粛、貴州）、広東（→陝甘、貴州、広西、塔爾巴哈台）等々と移譲するのであり[3]、このことは、先進地帯の商品生産者農民や中小商人から収奪した厘金が、後進地帯の破産した省財政を保障しているということを意味していた。

協款として送られている額は莫大なもので、漸次減少してはいたが、浙江省の場合、光緒六年以前は一、二年の例外はあるが毎年五〇万両～七〇万両であったが、それは光緒二一年で消失している。江蘇省では光緒一一年以前は毎年三〇万両～六五万両、それ以後は一〇万～二〇万両という額であり、光緒中頃まで本省軍費につぐ重要な支出部門であったのである。しかし、この協款部分は急速に減少し、江蘇省でも光緒一一年以後は、全支出額の三％強を占めるのみとなった。それは、「帰還外債」（外国からの借款の返済）のための支出が大幅に拡大したためである。

一八九〇年代は、中国再分割競争が日本を先頭に、それに西欧列強が加わって激化した年代であった。一八九四年の日清戦争こその決定的転換点に立つ年であり、この敗北によって清朝は軍事費の増大と賠償金の要求に苦しみ、巨額の外債を借りることを余儀なくされた。第四表がその詳細である。これら巨額の外債を漸次返還してゆかなければならない清朝は、厘金収入の多くをこれにつぎこまざるを得なくなった。これが「帰還外債」の項目である。第五表は、各省の厘金のうち内外債に支出された金額の全厘金支出総額に対する割合を示したものである。

厘金収入の最も多い江蘇、浙江の大部分の厘金は、「内外債返還」（但し内債は云うに足りない額である）のために費やされるに至った。江蘇省の如きは、光緒二〇年（一八九四）に始まり以後急増し、一九〇〇年以後になると実に六〇～六八％近い割合をこの項目だけで占めるようになった。浙江省でも、光緒二五年（一八九九）以後ほぼ四〇％台の割合となり、ついで広東省では一九〇二年から二〇％台、江西省では一八九八年以降一九％～二七％、湖南省でも一八九六年以降一〇％台に達した。

江蘇省の場合総額では統計表をみるに、一九〇〇年以降は二二〇万両～二四〇万両の間、浙江省でも光緒二五年以降には一一二万両～一二〇万両の間に達しているのである。(3) これは膨大な数字であり、厘金体制が本質的な変化を遂げていることを明らかにしている。太平天国鎮圧とそれ以後の農民の反乱予防のための資金源として始まった厘金収入は、一八九四年の日清戦争の敗北後、外国帝国主義の金融資本の運動の一環を形成するものに変わったのであった。

第四表　清国の借款年表

1	西征洋款	1867年	120万両
		1867年	200万両
		1877年	500万両
		1878年	175万両
		1881年	400万両　　合計1、395万両
2	台湾事変借款	1874年	200万両（匯豊銀行より、償期10年）
3	匯豊鎊款	1894年	300万ポンド（償期20年）
4	克薩鎊款	1894年	100万ポンド（麦加利銀行償期20年）
5	瑞記洋款	1894年	100万ポンド（上に同じ）
6	俄法借款	1895年	4億フラン（露仏銀行）
7	英独借款	1896年	1600英ポンド（36年償還）
8	英独続款	1898年	1600万英ポンド（45年償還）

第五表（%）　厘金総収入額の内外債の返還に支出される比率

年	江蘇	浙江	江西	湖南	広東
光緒(1894) 20	2.15				
21	9.93				
22	24.24	6.39	3.93	11.76	
23	18.56	4.09	8.33	14.41	1.16
24	36.47	33.87	19.17	13.22	—
25	11.92	44.56	22.27	13.77	—
(1900) 26	65.48	46.56	27.73	12.68	1.72
27	67.78	49.58	21.04	13.77	16.30
28	65.57	48.50	21.74	—	24.65
29	65.37	—	17.07	13.40	23.94
30	62.76	45.29	16.92	14.33	24.36
31	66.99	43.97	21.96	14.22	20.93
32	60.60	46.50	22.97	14.11	30.05
33	66.84	47.93	18.70	14.04	—
34	64.36	—		13.12	48.39

『中国厘金史』、附録統計表（28、41、58、74、96の各表より作成）

ところで、ただ厘金の果たす役割が変化したというだけではない。全国厘金収入もこの時期を境にして大幅な増加をみせたのである。同治一二年（一八七三）まで全国（一一省）厘金額は一四〇〇万両台であったものが、同治一三年〜光緒二〇年（一八七四〜一八九四）の間かなり減少し、一二〇〇万両台〜一三〇〇万両台に、一八九五年以降は突然

第六表　江蘇暦年帰還内外債分析　単位千両

年次	外債					内債	
	洋行商款	瑞記洋行借款	英露独仏借款	匯豊鎊款	解税務司還英独続款	息借商款	総計
光緒(1894)20						60	60
21	20	90				170	280
22	140	256	155			282	834
23	210		210			162	582
24	120		117		576		813
25	60		60				120
(1900)26	120	120	75		1932		2247
27	120	120	75	8	2000		2323
28	120	120	75	8	2045		2368
29	120	120	75	8	2055		2378
30	120	120	75	8	2000		2323
31	120	120	75	8	2000		2323
32	120	120	75	8	2000		2323
33	140	120	75	8	2000		2343
34	120	120	95	8	2000		2343

『中国厘金史』附録、統計表（但し千未満切すて）

急上昇して一四〇〇万両台へ、続いて数年のうちに一五〇〇万両台から一六〇〇万両台、一七〇〇万両台へと達したのである。[4]

この厘金額の変動は三段階に区分することができる。第一期は一八五三〜一八七三年。第二期は一八七四〜一八九四年。第三期は一八九五年以後。第一期は太平天国、捻軍などの反乱が全国的に終熄するまでの時期。第二期はそうした民衆の反乱や少数民族の反乱が一応しずまり比較的平穏だった時期。[5] 第三期は帝国主義確立期以降の中国が再分割されてゆく時期である。洋務運動の破産が、この第三期の特徴を形成した基本的な要因であったということができる。

註

（1）『中国厘金史』上冊、頁二一一。

（2）『中国厘金史』上冊、頁二〇九、第四一表「支付厘金協款及受款省分表」。

（3）『中国厘金史』下冊、附録統計表第三三表。

（4）『中国厘金史』下冊、附録統計表第二表。
（5）第二期に厘金の絶対額が減少した原因に関して羅玉東は、各省督撫などの「子口税単の盛行」により厘金が減少したという説、中央の御史などの「中飽の弊害」によって減少したとする説を紹介し、「中飽説」に軍配をあげている。

六　治安維持機関としての厘金徴収所（厘卡《りそう》）

これまで厘金それ自体の性格や役割を検討してきたが、厘金徴収所としての厘卡が、洋務期の治安維持機関（権力の武装機関）そのものであったことを明確にしておきたい。

後に詳細に論ずるように太平天国の反乱以後、民衆の武装も質的な高まりを見せ、洋式鉄砲（＝洋鎗）で武装するような状況も屢々みられるにいたった。厘金徴収を正当化する理念を全く持っていなかった支配階級は、武力をもって徴収する以外にその政策を実現することはできなかった。また太平天国を中心とする中国民衆の総反乱の真っ只中に、制度化のための準備も全くないままに強行せざるを得なかったことや、その後の厘金闘争も激烈であったが故に、遂に厘卡を武力機関としての側面をもつものとしたのである。

さて厘金徴収所たる厘卡の防衛、攻撃設備はどのようなものであったかというと、二つの面で武力装置としての機能を強化したということができる。一つは厘金徴収所の小型要塞化であり、もう一つは機動力をもつ武装船の所有であった。

「盗匪」が広東省香山県の小引口にある厘卡を襲撃した時（一八八六年）、「洋鎗（洋式鉄砲）をみればこれを奪い、砲眼をみればこれを毀し、船の櫓をみればこれを断ちて、人の追跡するを防いだ」[1]。また一八七七年広東省清遠県香爐峡地方で郷民が「厘卡の役人と争ったとき、厘卡では逆に鉄砲を発射し多くの郷民を撃ち殺したので、郷民は憤然として衆をあつめておしよせ、厘卡の巡丁と交戦した。大敵に臨むようであった、云云[2]」という状況もあった。また浙江省仙居県東郷大戦砦人播小狗は、村の大族で素より洋式鉄砲をもち搶劫して生活していた。罪に対する追及を恐れて哥老会に入り民衆を組織し、「天台烏漏厘卡を攻め、この器械（武器）を得て勢い甚だ振るった[3]」という事件も起こっている。以上の例から分かるように、厘卡には襲撃にそなえる武器、兵員、巡丁が常駐、常設されていたのである。

さてこのような厘卡の武装の外に、各厘卡は巡視船と武装船とを備えており、また正式の軍隊の護衛もつけていたのである。浙江省紹興府局卡は七つの厘卡を統括していたが、それぞれに所属している砲船を合計すれば一五隻にのぼったというし、また江西省湖口厘金局卡は砲船九隻と巡視船七隻を所有していた[4]。そしてこれらの砲船は下記のような活動をしていた。「積徳橋は鎮の南郷にあって厘卡一所を設けている。護卡砲船一艘には、哨官を除くの外、水勇十余名がいた[5]」。そしてこれら水勇を乗せた巡船は、「近くは又巡船数艘あり。各処小港にありて巡行す[6]」という具合に、正式な清朝海軍（哨官は旧日本軍の尉官クラス）によって指揮されていたのであった。

このように巡視船や砲船をもってしても、厘卡は絶えず民衆の襲撃を受けていた。ある厘卡では襲撃を受けた時、委員、司事（厘卡の役人）は「皆あえて声をたてず。守卡の炮船あるといえども、盗賊を畏れること他に異なることなし[7]」という状態であった。また閔行鎮の厘卡が襲われた時、厘卡の役人は甚だ無能で一人の賊も捕らえることができなかった。それで、「乃ち巡船と護卡砲船とは竟に一匪をも追獲することができなかったとは、亦奇なることである[8]」と評されることもあった。こうした例は他に多くあり、例えば松江府佘来廟地方では、扛抬砲を積んだ船が厘卡を無視して通過。それが数十艘にも上ったので、鄭某という委員は争いの起こるのを恐れ、「関所をひらいて放去」

第七表

	江蘇（蘇州・松滬）	江西	湖南	山東
委員	70	78	71	17
司事等	555	611	654	73
巡丁差役	941	1,248	1,706	118
合計	1,566	1,937	2,431	208

『中国厘金史』上冊　第21表（光緒末年から宣統年間）

せしめた。これを聞いた滕茂亭軍門は大いに怒り、「該委員及び炮船哨官の頂戴（官位の印）を奪い取り、云云」[9]ということもあった。

しかしこうした例は、扛抬砲とか洋鎗をもった専門の「盗匪」といわれる集団に襲撃された場合であり、基本的には武器のない農民や中小商人の反抗・反乱を未然に防止するという本来的役割を維持、保障していたということができる。この役割をより徹底的に遂行するものに、例えば「軍火器械の私蔵私販」を厳禁し、それを厘卡の紳士、勇丁に行わせた湖南省の例がある。そこでは兵器ばかりでなく鉄の商販装運も、厘卡に命じて厳しく取締らせていた（但湘良『湖南厘務彙纂』巻一三「禁令」）。このような厘卡の果たす治安維持としての役割は、ただ厘卡をなんらかの方法で避けて通過し、あるいは貨物の量や価格のごまかし、兵器や鉄の私運、厘卡襲撃等々に対抗するにとどまらず、一般的な刑事犯の捜索、逮捕の段階にも及んでいた。例えば、「さきに聞くところによると、当塗県の慈湖鎮で包姓の銭鋪が掠奪されることがあった。襲撃した匪徒は貨物を奪った後金陵へ行ったが、大河口地方の厘卡で仲間全員がみつかり捕縛された」[10]というように。宣統二年一二月には、厘局委員が勇隊を率いて県署に侵入した一七〇〇人に達する民衆を弾圧したこともあった。[11]

こうした治安維持の役割をも担う厘局・厘卡の数についていえば、光緒末年頃全国の卡局数二三、主要正分局卡数七九〇、附属分局卡数一四四六、総局をのぞいた卡局の総数二二三六に達していた。[12]また羅玉東の推定では、同治初年には全国局卡総数三〇〇〇前後あったという。[13]人員に関しては第七表の如くである。

第七表は一九〇〇年代に入ってからのものであり、それ以前のものに関しては明確な統計はない。しかし、断片的ではあるがその尨大な数を示す史料がある。厘局、厘卡の数は、江西省では「多きこと七〇余処にいたる」[14]とか、また同省に関して「江西省は卡局の多きこと一百三十余処にいたり、各省にいまだ有らざるところなり」[15]という記録がある。江蘇省では、「近ごろ聞く、江蘇大憲は後に設けた新設の厘卡四八処を一律に裁撤した」という。[16]湖北に関しては、同治七年に局卡八六カ所を留め置いて他の五四カ所の分局、分卡を裁撤すべきだとする郭柏蔭・何璟の上奏がある。[17]雲南省では、光緒一〇年の巡撫唐烱の上奏に、「同省では厘局数十局がある外に、私設の小卡が二、三〇〇を下らない」という状況だったと述べられている。[18]

正確なところは分からないが、上記の断片的記録からも尨大な厘卡と人員が全国に置かれて、軍事費の補塡のための資金調達と治安維持のために日夜活動していたことが分かろう。

註

（1）『益聞録』「盗劫厘廠」一八八六年八月一一日。
（2）『申報』「広東厘廠滋事」一八七七年六月二五日。
（3）『光緒仙居志』巻二四、雑誌災変一七、光緒一一年四月。
（4）『中国厘金史』上冊、頁七〇。
（5）『益聞録』「真如摭要」一八八七年九月七日。
（6）『益聞録』「税揖厳密」一八八六年一二月一五日。
（7）『益聞録』「盗劫厘卡」一八八六年一〇月二三日。
（8）『申報』「閔行盗劫」一八七八年一月三一日。

（9）『益聞録』「軍門勒政」一八八六年九月一日。
（10）『益聞録』「強梁梟首」一八八六年一月二〇日。
（11）『東方雑誌』七年四期、中国大事記、頁五五、『中国近代農業史資料』（1）、頁九六〇。
（12）『中国厘金史』上冊、頁八二。
（13）註（12）に同じ。
（14）『光緒朝東華録』、光緒二〇年六月御史鄭思賀の上奏。
（15）「再論江西楽平之乱事」、『閣抄彙編』、光緒三〇年、華北訳著、巻三三、頁二〇、（『中国近代農業史資料』（1）頁三七六）。
（16）『益聞録』「時事彙摘」一八八七年二月一六日。
（17）但湘良『湖南厘務彙纂』巻首、頁一六。
（18）同上、巻五、裁節、光緒一〇年一二月。

七　反厘金闘争の展開とその特質

清朝は、アヘン戦争の敗北以来、南京条約、天津条約、北京条約と、立て続けに不平等条約を締結したため、外国機械製品は中国に雪崩れのように流入して手工業品市場を席捲しつつあった。洋紗、洋布などの侵入により失業する手工業者、副業を奪われた貧窮農民が続出した。国際市場価格の変動と外国商人の揺さぶり等々によって倒産する中小商人、製造業者などが続出し、半植民地的経済構造への急旋回の中で、多数の半プロレタリアートとも称すべき無産大衆が大量に析出されていった。このような趨勢に拍車をかけるものとして、国内支配階級により厘金制が強行されたので、江南、広東等に於て商品生産、商品農産物生産が実現せんとしていた小農経営の利潤が徹底的に収奪され、小経営は破壊されるに至った。

では、これに対し一九世紀後半、中国の民衆は如何なる闘いを展開したか。

①〔広東省など南方〕

太平天国鎮圧のための財源確保という至上命令に始まる厘金の徴収は、初期においては、後に厘金徴収の中心となる浙江以外の省に於て甚だしかった。例えば、「近く聞く。直隷、山西、湖北では（厘金徴収の）方法悪く幾んど巨案（大事件）を醸成せんとす」[1]等とあり、一八六〇年頃には、直隷、山東、山西、湖北など華北方面全域に反厘金の動きがあったようである。その他、後にみるように、六〇年代に貴州、湖北、四川などの地にもかなりの波及性をもつ大規模な闘争が起こっているが、後には激減したためか、史料的にあまり確認できなくなる。これに対して、私が見た六〇件近い反厘金事件の大部分は広東、江蘇、浙江に集中している[2]。一八六〇年代前半には、太平天国は長江下流の経済的先進地帯に侵入し、ここを主戦場にして最後の抵抗を試みていたため、厘金は初期にはその周辺と後進地帯に限って徴収されていた。このことに、上記のごとき地域差や時期差の原因があったのであろう。

広東省についてみれば、咸豊期から反厘金事件は続発していた。「厘金税を開設してより、事件は一処にとどまらず、また一次にとどまらず、また厘金税を始めてから、いまだ一回もよく処理したとも、一人として処罰したとも聞かない。何らかの方法によって握りつぶし、また曖昧に事を終らせてしまわないものはない。民情はこれによって益々傲慢さを生じ、ややもすれば把持する」[3]という状況にあった。こうした中で、一八五九年に仏山、石竜、蘆包の厘局に反厘金事件が起こった[4]。一八六三年には高州府の紳士が廉州府城で「勧捐抽厘」したところ、弁理の仕方が悪かったため殴打される事件が起こった[5]。同年の黄賛湯の上奏によれば、厘金問題で潮、廉、瓊の三府に於て「殴官罷市」の綢行による「聚衆歇工」事件が起こっている[6]。

一八六六年には広東省城、仏山、順徳、三水等の処の絹織業をいとなむ機戸は、糾衆して督撫の役所を包囲し厘金を減免させようとした。[7]一八七六年には広東の博羅、帰善の両県で万余人を動員した反厘金事件が起こった。[8]一八七四年には従化県で、私腹を肥やす目的で厘卡を開いた劣紳が怨みをもった「民人」に襲われて、劣紳三名が殴殺され委員は負傷した。[9]一八七七年には、商賈往来の要衝である清遠県香炉峡の厘卡の役人が、厘金納入拒否の郷民を鉄砲で撃殺したため、郷民は衆を擁して夜襲して多くの兵員を殺した。[10]

また広東省の高州府、雷州府では厘金制度開設より、しばしば「厘卡の滋事」（厘金徴収の関所を襲撃する事件）が起こり、「商民の鼓噪（反対の騒ぎ）を被りて撤去」したが、一八七二年海防厘捐を課したので、商民による委員殴打事件が起こって厘金徴収を中止した。一八七七年に三度「開廠」を行おうとしたが、この時も前回と同じように「謡言籍籍として殊に慮るべき」状態となったので、官憲は水手、営兵四〇名弱、廠勇四名、水東招雇新勇一六名、潮勇三〇名を動員して厘廠（卡）を防衛した。ところが「匪徒は敢て全て焼毀を行う」と記されているような商民の先制攻撃を受けた。[11]一八八六年には澳門で「抽厘」が原因で商人の罷市事件が起こり、[12]同年香山県小引口において「盗匪」数人による厘卡襲撃事件が起こって、銀物、洋式鉄砲が掠奪された。[13]また一八七二年、広州近郊の石門厘廠で強制的な厘金勒抽に対して「罷市」が起こった。[14]

註

（1）咸豊一〇年六月二八日、「殊批陝西道監察御史高士廉摺」（『中国厘金史』上冊、頁二九）。

（2）六〇件余の反厘金闘争の史料は、『申報』（上海、申報館発行）による。

（3）郭崇寿『郭侍郎奏疏』巻一、頁二五、光緒一八年刊。

(4) 邸紗『皇清政典類纂』巻九八、葉一二、同治三年七月、副都御史全慶「軍務初定、請酌減各省分設厘局」。
(5) 註(4)に同じ、また『清穆宗実録』巻六八に同じ記載あり。
(6) 王先謙『東華続録』同治二年七月二二日、『清穆宗実録』巻七四(『中国近代農業史資料』(1)頁五九一)。
(7) 徐賡階「学堂郷滋事情形第一」(『不自慊斎漫存』)。
(8) 『申報』光緒二年四月一六日(『中国近代農業史資料』(1)頁九六五)。
(9) 『申報』同治一三年一一月六日「厘卡閙事」。
(10) 『申報』一八七七年六月二五日「広東厘廠滋事」。
(11) 徐広階『不自慊斉漫存』巻三、頁二一～二五。
(12) 『益聞録』「時事彙誌」一八八六年七月一四日。
(13) 『益聞録』「盗劫厘廠」一八八六年八月一一日。
(14) 『申報』「罷市訛伝」同治一二年二月一七日。

② 〔江蘇省〕江蘇省も反厘金の民衆運動が最も盛んな地域の一つであった。

通州では花布に対する厘金が課せられている。一八七七年地痞（地元のゴロツキ）の朱蓉邨は厘金局の職員となり、「厘捐の名目に借りて半ば私嚢を飽かす（懐を肥やす）」という不正行為を行った。同年一月一五日に李期なる人物が紗を負い厘卡を通過しかけたところ、朱により逮捕罰捐を受けた。これを聞いて怒った人々は、厘卡の卡屋、什物、聯票等を尽く焚毀した。[1] 蘇州府においては新絲が市場に出回る頃になると、絲捐局と各処厘卡は、例年二名の差役を派遣して農村を巡回させた。村民は差役の横暴に怒っていたが、一八七八年、こうした状況の中で轎班数人による両差役への殴打事件が起こった。[2] 一八七九年、南郷閔行鎮の厘卡は安徽省の訛のある数十名の盗匪に襲撃された。鉄砲を使って押し入り二千余金を掠奪した[3]。如皐県では一八八四年に、兵勇による移出移入貨物千文毎に数百文を取るという落地厘金の増加命令を知った郷民は、四、五千人集まり、兵勇の掲げた伝単を焼き町をあげて閉店した[4]。一八八四年南匯県大団鎮に厘捐分局が新設されたので、郷民はそれを不便となして四、五千人の人員を集めてその房屋や什物を尽く打毀した。局員及び司事人は均しく逃亡した[5]。宛陸北郷湾沚鎮の鋪戸（商人）は秋に農村をまわり、貸金のかわりに穀物を徴収して鎮に帰っていた。ところが一八八六年、この鎮に厘卡が設立され、その商人の運送している穀物に厘金が課せられたので、商人は「紛々として罷市」した[6]。また、一八八六年に靖江県八港地方に厘卡が一カ所設けられた。一〇月七日夜に「巨匪」一〇数名が、洋式鉄砲を持ってここを襲い数百金の金を奪い去った[7]。一八八七年閔行鎮の厘卡では、塩数包を積んだ大船が拘留され取調べを受けた。夜半「塩匪」（塩の密売人）数十名が襲撃、打毀した[8]。一八八七年浦東高橋鎮では、厘卡撤去を要求する匿名ビラが全市街にはられた。それに云う、「本日一五日、該卡もし再び撤せずんば、吾が四郷の諸人、各々田器（農具）を持し、該卡をもって搗毀（打ち毀し）せん」と[9]。さらに一八九五年、厘局が機戸に課税したため彼らに殴打されるという事件も起こっている[10]。

註

（1）『申報』「会審厘滋事」一八七七年八月一日。
（2）『申報』「蘇垣瑣事」一八七八年七月一八日。
（3）『申報』「閔行盗劫」一八七九年一月三〇日。
（4）『申報』一八八四年六月二七日（『中国近代農業史資料』（1）頁九六二）。
（5）『申報』一八八四年八月二〇日（『中国近代農業史資料』（1）頁九六二）。
（6）『益聞録』「湾沚罷市」一八八六年一〇月九日。

（7）『益聞録』「盗劫厘卡」一八八六年一〇月二三日。
（8）『益聞録』「時事彙摘」一八八七年五月二五日。
（9）『益聞録』「時事彙摘」一八八七年四月九日。
（10）『清徳宗実録』巻三〇一、陸景琪「試論清代厘金制度」（『文史哲』一九五七年二期、山東大学報之一）より引用。

③〔浙江省〕一八七八年夏、浙江省東部一帯に農民、商工業者等による連鎖反応的な反厘金闘争の高揚があった。七月奉化県の郷民数千人は土産の土薬や食品に対する課税に怒り、濠河厘局と河口厘局を襲撃破壊し、西鄔の航船二隻を焼燬。ついで県城に侵入し「求免」を要求して各所を打毀した。(1) 慈谿県山北の郷民はこの奉化郷民の動きに刺戟され、「綿花厘捐を免ずる」ことを要求して「来郡折局」し、また余姚県竹山港の厘局も「捐によりて争鬧す」という理由で襲撃された。(2) 奉化郷民の反厘金闘争は、更に大きな波紋をよびおこした。奉化、象山、定海の酒戸の酒瓶に対する捐税が奉化県の民衆の闘争の中で免除されたことを聞いた鄞県、慈谿県、鎮海県の酒戸は、自分達も一律に裁撤されるべきだと要求した。(3) また寧海県裏山の人々も、奉化県民の「免厘運動」に鼓舞されて蜂起し、西塾厘局（本局七カ所、分局六カ所）を尽く焼燬した。これら連鎖反応的に起こった民衆の厘金反対の大闘争は、清朝正規軍数千の出動を以てやっと鎮圧された。(4)

一八八一年には、前出の台州府寧海の西塾厘局が、「土匪」の著名な頭目であった王金満一党に襲撃と掠奪をこうむり、職員の史秉誠は負傷した。(5) 台州府は土匪や郷民の反官、反税闘争が続発し官の最も治め難い地域とされていた。その原因に関して給事中楼誉普は、「台州盗匪の四起する」原因の一つは「捐厘の重徴に由り」、もう一つは、「税契の苛索に由る」と指摘している。(6) 一八八二年、寧波府厘局委員楊叔懌は慈谿県淹浦地方で分局を開設したため、商民は騒然となり、幾んど事件を激成せんとするに至った。給事中楼誉普は、その騒擾の原因を、楊叔懌が淹浦の牙行に毎年揖銭一千串を納めさせる定則をつくったためだ、と説明している。[7]

一八八五年、仙居県東郷大戦嶴の大姓潘小狗は、洋式鉄砲を持ち搶劫して生をなしていた。そのため彼は罪を畏れて哥老会に入会し、民衆を煽惑し、天台烏漏厘卡を襲い武器を掠奪し、ついで県城を包囲せんとした。[8]

一八八六年、天台県積豆市では厘捐局（委員、司事、巡丁等計一二名）が土匪三〇余人に襲われ、司事、巡丁は殺害され局中の銀物は掠奪された。[9]

一八九九年、象山県西郷は土産アヘン栽培の盛んなところであったため、候補知県王某は捐局を設立した。彼は土産アヘンに厘金を課すほか、佃戸の小作地にも課税しようとしたので、農民数千人は各々の農具をとって厘卡を襲い、県城にせまり県署を打毀した。[10]

一九〇七年、粛山県の龕山鎮方に於ては「育蚕収絲」が行われ、これが各農民の農業資金になっていた。以前絲捐は毎両七文であったが、最近五文を増課した。これに反対した農民は、「デマ」をとばして反対した。この地の厘局は、発見した場合に全貨物を没収し、その五割を官に残りの五割を報酬として発見逮捕した者に与えてよいという権限を与えられていたので、調査・捜索は極めて厳重で、甚だしい場合には郷民の所持する生糸を「私糸」であると断定し没収した。衆は切歯扼腕して、この事件を発端に厘卡を打毀した。[11]

註

（1）『申報』「奉化鬧捐」一八七八年八月一六日。
（2）『申報』「再述奉化案」一八七八年八月二九日。

（3）『申報』「寧波乱事余聞、附飭納酒掲告示」一八七八年八月三〇日。
（4）『申報』「寧海鬧捐近信」一八七八年九月一一日。
（5）潭鍾麟『譚文勤公奏稿』の「台属展漏網盗匪拏弁情形摺」。
（6）『光緒台州府志』大事略五、巻三五。
（7）『光緒朝東華録』光緒八年八月、また『東華続録』巻四九。
（8）『光緒仙居志』巻二四、「雑誌災変」一七、光緒一一年四月。
（9）『益聞録』「台匪更熾」一八八六年七月一四日。
（10）『民国象山県志』巻九大事記、光緒一五年一月。卞宝第『卞制軍奏議』巻一一、頁三一。
（11）『時報』光緒三三年五月七日（『中国近代農業史資料』（1）、頁九六三）。

④〔福建省、江西省、その他の諸省〕

福建省に関して。卞宝第は「福建省の民情は剽悍で、商を刧し厘卡を搶することは常にあるところなり……」（『卞制軍奏議』巻一二、頁五六）と指摘している。一八六二年、福建では役人が様々な口実を設けて厘金を課したので「商民」や「小民」は苦しみ、ついに福州・興化・泉州の各卡局を襲い、「関を閙し、卡を毀す」反厘金闘争を起こした。[1]一八八三年、福建省興化府では、郷民数百人が東南門の厘金局を搶毀し、聯票、銀銭、行李を掠奪した。[2]一八八六年、同省同安県の武童某が、厘員に誤って殴打された。怒った仲間が卡房、卡局を打毀した。[3]

一八八六年、安徽省懐寧県石牌地方で厘局が襲われた事件があった。[4]江西省では次のような闘争が起こっている。一八八一年、臨江府樟樹鎮地方では候補知府が厘局委員となり、丁役などに命じて炭厘を不法に課した。また丁役が車夫を撃殺する事件が起こったので、ついに「商民」は罷市を行い、ほとんど激変せんとした。[5]一九〇五〜〇六年には、反厘金闘争が二件起こっている。一九〇五年、楽平県には統捐局と厘金局があり、出産品の中心であった靛は両者によって二重に課税の対象とされた。更にまた靛捐を課すに至ったので、民衆の暴動が起こった。[6]一九〇六年には瑞昌県において統税厘局が襲われ、票簿、銀銭、鈐記（官員の印）などが搶劫され、委員の妻婢妾が凌辱を受けた。更に司事、巡丁各一名が負傷した。この原因は米価の急騰に苦しんだ飢民が、怒りを税収の苛重に転嫁したためである。[7]

広西省では、一八八六年に宣化県三江口厘局が厘金委員の横暴を原因として襲われ、一物も遺さず掠奪され、その上委員の子は鉄砲で射殺された。かかる商民の積怨を背景にして突然「匪人」が襲撃に及んだ。[8]

貴州省では、清鎮県において一八六一年、六二年と連続して反厘金闘争が起こった。六一年には厘局委員が「百姓」に苛酷な処罰を行ったため虐殺され、また厘卡も搶毀された。六二年にはまたまた数万人の「百姓」が動員され、彼らによって厘局委員が殺害された。[9]

湖北省では、一八六一年に荊州沙市鎮で厘金が大幅に増徴されたため、商人が「求免」し「歇業罷市」を行った。[10]翌年にも雑貨商組合の中心人物（行頭）楊元が、「匪徒三百人」をひきつれ山局に赴いて「滋鬧」（事件を起こす）す、という事件が起こった。[11]

四川省では、一八六四年に藍、李という二人の逆賊が「抗厘聚衆滋鬧」する事件が起こり、遂に数省に蔓延する勢いであった。[12]

河南省では、一八七一年に唐県袁潭鎮で「衆を聚めて厘局を滋鬧」する事件。[13]一八八六年に新野県で「菸葉（タバコの葉）加価」を原因として、「刁民」が衆を集めて恫喝し「局を打毀する」ことを声明する事件。一九〇三年には、同県で厘局委員が百貨厘金をすると発表したところ、刁民は又々衆を集め阻撓し撤去せしめた。この時には、「衆、閙衙、閙局をもって得意とす。官は民を制するあたわず。民かえって官を欺く」という状況が現出した。一九〇四年には、同県の厘局が地痞（地元のゴロツキ）によって打毀され、続いて郷民も立ち上がり放火殺人を行い、一〇万人を集めて鄭州城に迫った。一九〇六年には会匪が刁匪と結托し厘局を打毀した[14]。

以上が一九世紀後半の中国民衆によって闘われた反厘金闘争の具体的状況を示す事例である。

註

（1）『清穆宗実録』巻五〇。
（2）『申報』「閩中雑誌」一八八三年九月一〇日。
（3）『益聞録』「時事彙摘」一八八六年七月三日。
（4）『益聞録』「皖江近録」一八八六年六月三〇日。
（5）『清徳宗実録』巻一三三。
（6）『閣抄彙編』光緒三〇年、附華北訳著、巻三三、頁一九、「再論江西楽平之乱事」（『中国近代農業史資料』（1）、頁九六三）。
（7）『時報』光緒三二年五月二日、五月一六日「瑞昌統税口被飢民滋擾詳志」（『中国近代農業史資料』（1）、頁九六四）。
（8）『益聞録』「時事彙摘」一八八六年一〇月三〇日。
（9）『同治朝東華続録』巻一二。
（10）胡霖翼『胡文忠公遺集奏疏』巻一二。
（11）『同治朝東華続録』巻一二。
（12）『清徳宗実録』巻一三四。
（13）『清徳宗実録』巻三〇一。
（14）潘守廉『作新続議』下冊、頁二六〜二九、（『中国近代農業史資料』（1）、頁九六七〜九六八）。

附記、二〇世紀辛亥革命期には民衆運動（抗租、抗糧、民変）の昂揚とともに反厘金闘争も爆発的な盛り上がりをみせるが、ここでは詳しい紹介は省略する。

八　反厘金闘争の性格とその歴史的位置

以上反厘金闘争の概況を瞥見し、反厘金闘争の中心が江蘇、浙江、広東にあり、続いて福建、江西、湖北、安徽などに比較的多く、一八六〇年代には四川、貴州、湖北にも続発していたことを明らかにした。

闘争規模について云えば、参加人員「数万人」「万余人」「数千人」「四、五千人」「盗匪数人」「轎班（かごかき）数人」「巨匪（巨悪）十数人」「梟匪（塩の密売などを行う悪人）数十人」という具体的数字があるもののほか、人員数の記載のない場合が甚だ多い。多くの場合、「郷民」「商民」「鋪戸商人」「百姓」という語があるだけである。「十万人」というのは一九〇四年の新野県の例ただ一件であり、これは例外である。

上記の数字から推測するに、小商品生産者たる農民を主体としたものが一番多く、数百人から数千人、例外的には数万に達する場合もある。商人を中心とした罷市の場合は、「鎮」規模の地方商業都市に起こる例が一番多い。体制からはじきだされたアウトロー（無法者）である土匪、梟匪、巨匪、盗匪などといわれる集団による厘卡襲撃は、数人から数十人規模であったと考えてそう間違いはあるまい。

厘金反対の闘争件数からいえば、郷民を中心とした形態のものが一番多く、ついで盗匪、巨匪などと呼ばれる無法者を中心としたもの、それとならんで商人を中心としたものが続く。村の顔役（武童、大姓）などの一時的、個人的なものは二、三件で極めて少ない。

それでは運動形態（徹底性、波及性をも含む）について検討してみると、純粋に商人層だけで闘われたものは一八六一年の湖北省沙市鎮で「歇業罷市」（商人のストライキ）、一八七三年の広東省南海県の綱行による「聚衆歇工」（職工のストライキ）、一八八一年の江西省臨江府樟樹鎮での商民による「罷市」、一八八六年江蘇省宛陵県北郷湾沚鎮の鋪戸による「罷市」、一八七八年浙江省鄞県、慈谿県、鎮海県の瓶に対する厘金課税反対要求、一八七三年羊城県比郷の「罷市」、一八八六年の厦門の「罷市」というような例がある。これらの形態をみるに、多くは厘局（卡）への襲撃や打毀、委員や司事など役人の殺傷にとどまり、県城への侵入や県署の打ち壊しにまで高まったものはほとんどない。大多数は殴官、請願あるいは消極的抵抗（＝罷市）にとどまるものであった。商人が中心となって抵抗運動を起こし終始指導権をとりながら農民やアウトロー等も結集し、全階層的に闘った例は発見できない。

しかしながら、事実上の商人、商店と農民との連帯的闘争の萌芽的形態を予想せしめるものも中には存在した。例えば広東省では、一八五〇年代の末から六〇年代、七〇年代へと商民、郷民による激烈な反厘金闘争（紳士や委員の殺傷、殴官事件、罷市、巡撫の役所の包囲、兵士との衝突、厘卡の破壊など）が連続的に起こっており、商人と農民を同時的に立ち上がらせた大闘争がみられる。ここでは、手工業者や商人的な性格を兼ねる農民が、商品生産の発展の故に商人と共に闘う条件があったように推測されるのである。また一八七八年の浙東一帯に起こった厘金反対の大闘争にも商人と農民の事実上の共同闘争が起こったのであるが、これは奉化県農民の先鋭な闘争に刺激を受けて、諸地域の諸階層がばらばらに蜂起や減免請願に立ち上がったものであり、意識的な連帯とその組織化とみることはできないが、しかし、「事実上の」共同闘争の萌芽をみることができる。この点も重視しておかなければならない。

ところで、先に紹介した数十件に及ぶ闘争には、全体的に商人と農民の間にかなり大きな距離があったと言わざるを得ない。

これらの商人・商店を主体にするものに比較して、最も徹底的に闘われるのは農民を中心としたもので、これは個々の厘卡や委員などに対する打毀や殺傷にとどまらず、一八七八年の奉化県郷民の闘争、一八八九年の象山県の郷民の闘争、一八七八年の寧海県郷民の闘争の例に象徴されるように、県署、府署の襲撃、破壊にまで発展したものが多い。農民こそ、反厘金闘争を最も激烈に且つ徹底的に闘ったものということができる。そして、この農民がもっとも徹底的に闘った場合にのみ、小商人、都市民衆の連帯（事実上の）が結果的にみられるのである。一八七八年浙江省東部一帯（奉化県、鄞県、慈谿県、寧海県に波及）の極めて広い範囲且つ広い階層にわたった厘金反対の大闘争は、奉化県の一部の農民が県城を襲撃するという先鋭的な闘争を徹底的に遂行する中で切り開かれたものであり、この闘争に於ける小商人、都市貧民、船戸、酒造業者の役割はあくまで副次的なものであった。

農民と中小商人の共同闘争が、何故にもう一歩前進しないのか。その原因は一八八六年の宛陵県北郷湾沚鎮の例が典型的に示している。商人は農村へ下り、貸金返済の代わりに収穫直後の穀物を農民から取り上げ鎮へ帰ってくる。その途中、商人に厘金が課せられるのは不当であるとして、彼らは紛々として「罷市」する。こうした関係に両者は基本的にはあるのであって、農民はかかる商人の反厘金闘争に同情を示すどころか、むしろ厘金を課せられることに「快哉」を叫んだことであろう。本来、厘金の本質は形は商を苦しめるといわれながら、本稿でみたように、実は農民収奪以外の何ものでもなく、商人は厘金部分を全面的に直接生産者たる農民に転嫁するかあるいは転嫁しようと作謀するのであるから、農民は簡単に商人に連帯し得よう筈はなかった。

商人層の感情の中には厘金部分を農民に転嫁できるという予想があり（しかし客観的には中小商人の没落は厘金体制下で必然的であったのであるが）、上にみたように反厘金闘争を徹底して闘うとか、農民層にまで手をさしのべて彼らを抱き込んだ闘いを組もうというような動きをとることは不可能に近かった。

このことは、厘金体制下の巧妙な権力者の苛斂誅求から必然的におこる厘金の無規律性という収奪形態からも規定されているのであるが、しかしこれ以外にもう一つ忘れてはならない条件があった。それは、都市の大商人層が決定的に反厘金闘争を日和ったということである。彼ら大商人層こそ厘金税額の極めて大きな部分を負担したにもかかわらず、終始一貫厘金体制への攻撃を行わなかった。この事実から、大都市の商人や製造業者が、厘金部分を上まわる収奪者として搾取制度の頂点に位置していたことが分かる。

大商人層の厘金に対する姿勢というものは、例えば次のような蘇州の事例に象徴的である。

「当地ニ於ケル厘金局収入ノ主ナルモノハ織物拉ニ生糸ニ対スル厘金ニシテ従テ生糸商人ノ一顰一笑ハ其収入上ニ少ナカラサル影響ヲ及ボスモノニシテ之ヲ知レル生糸商人ハ飽迄モ強硬主義ヲ執リ廃業スルモ厭ハサルノ決心ヲ以テ熱心ニ運動ヲ為シタルヲ以テ釐金局モ遂ニ之ニ抗スル能ハスシテ右ノ結果（厘金局の蘇州糸業公司に対する落地厘金要求額年二万三千両を、糸業公司が値切り、一万三千両に、更に一万両に減額させたこと）ヲ見タルニ至リタリトイウ」（外務省『清国事情』第五巻、第一編蘇州第六章）というように、大都市の大商人層はギルド的集団組織を結成し官憲の弱点を利用しつつ、適当な妥協や取引を行い、厘金体制をただ単なる金額の多少の問題としてみていたのである。大商人は役人に賄賂をやって脱税したり、厘金部分を中小商工業者、農民に転化することができた。商人で抵抗（罷市、減免要求）をするものは、これら大商人層ではなく、地方の中小規模の商業都市〈鎮〉に住む中小商人、商店であった。彼らの反厘金の直接行動は、大都市の大商人層の支援を期待することはできず、孤立無援の位置に置かれていた。しかしこのような限界状況にあるにもかかわらず、中小商人や商店の罷市が続発するということは、半植民地的な市場構造の編成による倒産・没落という急展開の中で、かかる状況をうち破ろうとして、中小商人や商店主層が歴史変革の舞台に登場しつつあったこと、そうした歴史的状況が到来したことを意味していた。

さて、それではアウトローとしての「盗匪」、「匪徒」、「巨匪」といわれる人々の闘いは、いかなる位置と意味をもつのか。それらは先に指摘したように、ごく小人数のグループが大多数で、ほとんど厘卡襲撃に限られていたが、委員、司事などの役人の殺傷と同時に、鉄砲、金銭、財物などの掠奪などを行っている。それは一時的、気まぐれ的ではあるが、反革命武装集団たる洋務派権力に対する民衆の武装化の問題を提起しているように思われる。

洋務派権力は治安維持と経済基盤の確立のために、厘卡・厘局体制を新たに構築する中で全国の主要河川、主要陸路、主要都市、市鎮を完全に掌握したのであるから、かかる洋務派権力の武力（卡勇、砲船、巡視船、鉄砲）とその重点的掌握地域をうち破る民衆の闘争は、太平天国までの村ぐるみの抗租・抗糧闘争とか商人や都市民の「罷市」などの形態、組織、武器ではもはや闘うことができない。どうしても村と村、鎮と鎮、県と県の境域をつきぬけて、機動性をもち且つ新たな人的結合に基づく闘争組織と武装形態が必要であった。それを担うという歴史的課題を与えられて登場しながらも、いまだ充分にそれを担うことが出来ず、孤立分散的、一揆的に闘ったのがこの「盗匪」、「巨匪」等であったのである。

一九世紀の後半に会党といわれる秘密結社が急速に且つ重要な位置と役割を担って登場してくる必要性および必然性はまさにここにあったということができる。しかし「前衛」たる会党は、いまだ大衆（農民）と結合するまでには至らなかったが、その萌芽的闘争をみることはできる。前出の一八八五年の仙居県に起こった闘争からみてみよう。仙居県東郷大戦嶴の大姓潘小狗は、洋式鉄砲を持ち搶劫して生活していた。そのため罪の追及されるを畏れ、哥老会に入会し、ついで民衆を煽動して天台烏漏厘局を襲い、武器を掠奪し、更に県城を包囲せんとした、これは、その典型的な事例である。盗匪、武器調達、哥老会との結合、郷民の期待する厘局の襲撃、また武器を調達して県城へと攻撃目標を高めるという潘小狗の動きの中に、一九世紀後半の民衆の新たな闘争の質を我々は垣間みることができるのである。

九　結　語

太平天国以降の、反厘金闘争として闘われる中国人民の課題は、太平天国以前とは決定的な質的差異をもつものである。太平天国以前の国家権力は、封建的土地所有にその財政的、政治的基盤をもっており、海関税や流通税等に依存する割合は極めて微々たるものであった。太平天国、捻軍、少数民族等の反乱という、同時的にして全国的大反乱を経る中で、清朝権力は独自な軍事権力機関を創設して、臨時的に対処する以外になかった。そのための財源確保が要請され、かかるものとして厘金制が始まったのである。こうした現実の要請から臨時的に始まったため、厘金は全く課せられない地域と課せられる地域、厘金が課せられる地域の中でも極めて重い地域と軽い地域、厘卡を設置したり撤去したりする恣意性などによって、中国人民を様々な形で分断、分裂させるという全国的状況を生み出した。その中で、厘金体制は、第一に直接生産者農民から実質的にはその工業部分を収奪する、第二に大中小商人の没落、商業の衰退もやむを得ないとする、そうした役割と本質をもつものであった。「蘇郡は近年来、市場景気が散閑としている。その原因は実に銀銭の欠乏と厘卡林立して貿易にたずさわる人々が、ただ利益もあげられないばかりか、ややもすれば元金まで損する、ということにある。こうして連年商店の赤字を出して倒産するものは数えきれない」（『申報』「蘇垣年景」一八八〇年二月七日）。こうした例は数多くある。

これは清朝の財政政策の大転換であるばかりか、伝統的財政理念の大崩壊を意味したのである。かかる恣意的、無原則的な財政政策に、昔日の権力者の高邁な伝統的価値観を見ることはできない。

厘金を論ずる者は誰でも、上は皇帝から下は地方官僚、読書人に至るまで、すべてまず弁解から始まり、厘金は「一時権宜の計」、「已を得ざるの挙」と言わない者はいない。「諭す。厘を抽し餉を助けるは、朝廷已を得ざるの挙なり」（『光緒朝東華録』光緒一二年七月）、「鄭思賀上奏す。局を設け厘捐を抽収するは、原より一時権宜の計なり」（同上、光緒二〇年六月）「……まさに論者が云う如く、厘金を抽収するのは乃ち已むを得ざるの挙なり」（『申報』一八七八年一一月一一日）と。こうした例は無数にある。このような皇帝、大官僚から末端の地方官まで異口同音にいう弁解、自信の喪失、正当理念の欠落はいったい何によって起こったのであろうか。彼ら支配者にとっても、清朝あるいは今清朝が代表している秩序、整合的な中華世界の序列、階級配置が、それにふさわしからぬ手段＝厘金によって、かろうじて保持されているに過ぎないのだ、という理念と現実の全き乖離が自覚されていたと考えざるを得ない。そう考えることなしに〈不得已之挙〉なる語の頻出を理解することはできない。

彼らをかくも屈辱的な世界におとしいれたものは、アヘン戦争でもアロー号事件でも一八六〇年の外国軍による北京占領でもなかった。それは一八五一年から七四年まで続いた太平天国、捻軍、少数民族などの大反乱であったのである。われわれが「戦後」というように、中国支配階級にとっては、太平天国以後はまさに「兵燹より以来……年」の時期であった。「諭す……。江西省は兵燹より以来、元気いまだ復さず」（『光緒朝東華録』光緒九年二月）という具合に。これは「已不得之挙」なる厘金に言及する際必ず出てくる一つの常套用語であるばかりか、国内矛盾を言う時に絶えず彼らの口から出てくる自信喪失の言葉でもあった。「兵燹より以来」という時代認識は実に一八九〇年代まで続き、階級的危機に基づくかかる支配者の恐怖心、時代観こそが、厘金体制を「悪」と知りつつ推し進めた原因であったということができる。もう専制帝国崩壊と軍閥割拠の二〇世紀が目前に迫っていた。

第四章　抗租・抗糧闘争の彼方
――下層生活者の想いと政治的・宗教的自立の途――

一　問題意識

日本における「抗租・抗糧」闘争（前者は小作料に反対し、後者は土地所有税に反対する、中国前近代の主要な民衆運動）に関する研究は、戦後中国史研究が新たに切り開いた分野であり、中国史研究における輝しい一ページを画するものであった。多くの歴史研究者は、中国社会の本質にかんする理論的規定を、地主・佃戸制（官は佃農を佃戸と呼んでいた。現象的には日本の地主小作制に類似）とみなし、これを中国前近代後期の主要な経済制度と位置づけることによって、発展段階論的問題意識（中国史にも世界史の段階的発展という基本法則が貫徹している、とする意識）に満足を与え、さらにこの問題意識を、史実をもって証明せんとする情熱を獲得することができた。さらに又、中国共産党の革命路線は、この佃農層の土地獲得への欲求と小土地所有農民の土地税反対の要求を汲み尽くす中で成功したのだとすれば、中国社会主義革命の必然性を解明したいという問題意識にも満足をあたえることができた。かくして、抗租・抗糧闘争の事例の発掘、その歴史的意義づけは、多くの研究者の心をとらえ、歴史学者としての学問的矜持を証するものとして、この分野へ莫大なエネルギーの投下を可能にしたのであった。

しかしながら、抗租・抗糧という二つの形態の闘争を経済的利害状況のレベルで云々しても、これらの闘争が当時の政治的・宗教的反乱との係わりの中でいかなる意味をもつのか、更にまた、抗租・抗糧の各々の思想・論理の独自的位相・構造はなにか、経済的闘争から政治的・宗教的反乱への越境の契機はなにか、政治的・宗教的反乱と経済的闘争の間の矛盾、この矛盾の止揚の契機はなにか、等々の課題を問いつづけてゆく問題意識は希薄であったといえるであろう。

こうした「問いかけ、問いつづけ」をここで改めて行うのは、中国の文化大革命や世界的規模で起こった大学闘争の中で象徴的に提起された個と党、家族主義の論理と政治的自立、生産力の発展と精神的解放、政治的仮象と市民社会の現実、民族（主義）と世界（主義）、等々という二元的分裂や緊張と、その止揚の課題という、今日の政治状況と結びついた実践的な問題意識から発するのである。したがって、これまでの、かかる問題意識を欠如したままの資本主義萌芽論争に象徴的に表れた生産力論的問題意識からする研究は、ついに抗租・抗糧闘争をして、中国前近代後期の宗教的・政治的反乱と実践的に関係せしめ得ず、逆にまた研究主体を政治的自立者に自己形成せしめる、緊迫した劇性と主体的契機の問題をほとんど内包させ得なかったのである。

これまでは、宋代以降の国家は地主・佃戸制が基本的ウクラード（経済制度）であり、国家はこの上にある封建地主集団の階級的利害を代表していたのであるから、この基本的なウクラードを直接破壊せんとする抗租闘争の激化は、抗糧闘争を経て、その延長線上の彼方で国家権力を射程に入れざるを得ないものなのだ、といった論理を暗黙の前提としてきた。

階級闘争に於て、経済的・社会的次元の闘争と政治的・宗教的次元の闘争とは、無媒介に直結することがあるであろうか。経済的・社会的闘争の単なる量的延長線上に政治的・宗教的反乱や、あるいは政治革命の勝利が自動的に誕生するとは考えられないのである。政治的・宗教的反乱は、日常的利害状況を政治・宗教という虚構の幻想の世界に転位浄化し、その精神的転倒の中で結ばれる共同の世界の質と組織及びその物質的力によって、初めて個別的・感性的・直接的なあり方に於ける「市民社会の生活」（マルクス、具像的現実社会を指す）を越えて開かれてゆくのである。経済的・社会的世界を踏まえながら、共同の幻想性の上に聳える政治国家の中枢を現実の掌中にとらえきることは現在の緊急の問題であると同時に、これまでの古今東西の歴史の中で人々の心を共に悩ませた難関でもあった。経済的生活者たる人間が営々として築きあげてきた物質的生産の発展段階に基づく「自然的必要、欲望と私利、所有と利己的一身との保全」のための闘いと、「真の人間」をめざす闘いというこの二元的志向の間の矛盾と緊張をいかに止揚するか、この問題こそ人間が絶えず挑戦し、絶えず敗北してきた難関《アポリア》であった。本稿は、一九世紀前半の中国の民衆が、この難題にいかに固有の歴史的条件と普遍的発展段階のもとに肉迫していったかを追究するものである。

二　抗租の思想

これまで多くの研究者によって発掘・紹介された抗租闘争の大部分は、地主の佃租（小作料）徴収の際における枡目の不統一（大きな升で量る）、副租の徴収（生産物で取る他に様々な副次的な税を課す）、佃租輸送料の佃農層への押し付け（小作料を地主の屋敷まで輸送させる）、恣意的増租や苛酷な収奪や待遇等々に対する抗議・反抗等々を示すものであり[1]、こうした抗租闘争の清代における終着点を、森正夫は「量器の容量の是正を媒介とする地代削減の闘争、減租要求の抗租（四六均分）闘争、田面権（耕作権）を主張し、易田に反対する闘争、小作保証金廃止を要求する闘争[2]」とまとめている。

これまでに紹介された個々の抗租闘争をみるかぎり、地主・佃戸（佃農）関係を国家構成の公理・原理に悖《もと》る不公正として弾劾する思想はほとんどない。佃農による「抗租」正当化の論理構築の契機は、あくまで農業労働への徹底的没入・沈潜の中から、つまり徹底的な日常の労働（土地の耕作）への下降の中から問い返されるものであった。論理的前提・思惟する頭から始まるのではなく、ある意味ではきわめて保守的なまでの生活手段・資材への所有欲望、生への執着から始まるのであった。死を間近にひかえた我が家の老人に無理強いして自殺させ、地主への抗議の手段とするような――老人の中にはそうして残された家族のために自から我が命を絶つものも多かったであろうが――かかる現実者の冷厳な世界に佃農は立ちながら、自作農への上昇転化という限りない欲望とそのための営為の果てに、永佃権（永小作権）・田面権（小作人によって自由に売買・譲渡できる耕作権）を獲得したのである。

こうした限定付の権利の獲得、権利意識の獲得は、開墾の際の資材・労力の投下、多大な金銭での買取り、親子代々の労働による耕作権者たる意識の成長、そうした佃農の土地への滅私的労苦と家族への想いの果てに、かろうじて生起した自己主張の物質化されたものであったのであろう。そこでは、耕作地への滅私的で屈辱的な労苦という日常的労働の長い時間的経過の代償として永佃権・田面権を獲得したが故に、土地への盲目的なまでの執着心を生みだし、このことが地主の佃農に対する収奪の激化をもまた逆に可能ならしめるという、新たな攻防戦場裡を生起せしめたのであった。佃農の労苦が生みだした永佃権・田面権という権利獲得が、逆にまた自己を内面から縛るものに転化してゆく契機は、長年月にわたる地主のための労働を「よくもまあ持続し得たものだ」とする自己憐愍の気持ちと、一定程度の権利の獲得という微小な安堵感と、しかしそれさえも一瞬にして吹き飛ばす苛酷な生活不安の現実にあったことは間違いない。

「人が物を得る時には、必ず自分一人だけの物にしようとして、二人で共有することを嫌うのは、これは人間の恒情である。さて、当地の田地についてみれば、都市《まち》（県城）の金持は上地権《うわじけん》（田面権）と底地権《そこじけん》（田底権）という両権が発生していない田地は嫌って買おうとしない。彼らは、とりわけ田底権だけを取得して、田面権は佃農が自分ものとして所有することを許すのである。……佃農はただこの田面権だけを唯一の財産の所在とするのである。だから、地主が小作料を高くし、小作料の銭納換算率をあげ、納租期限内に小作料の納入を迫り、佃農をいじめ激しく搾り取っても、佃農はこの田面権だけを一身の生活の糧とし、子孫の依存する所としているために、その耕作地を棄てて他処《よそ》にゆくことはできない。甚だしい場合には、地主は佃農のものである田面権を強奪して、小作料未納分に当て、次いで、他の人に転売してしまう。こうした時には佃農はどうすることもできないけれども、田面権に心ひかれてどうしてもその土地を去ることができないのである」――太平天国直後、蘇州府下[3]。

このように、清代の佃農が長江下流デルタ地帯などで広範囲にわたって獲得した田面権さえもが、彼が「自己・妻子・子孫・家」愛という私的な日常生活の状況に収斂すればするほど、逆にまた地主の佃農に対する収奪の契機となり佃農が地主に奉仕する軛に変わるのであった。しかし、下層の小生産者たる佃農は、かかる私的生活者の状況にどこまでも下降し、その下降の果てに反逆の世界に向かうものなのである。しかし、あくまで耕作農民という生産者の論理をもって。田面権をテコとする地主の新たな収奪の強化に対しては、同じく田面権獲得の地平に立っての反撃が始まるのである。「一田両主制の誕生は、佃農に抗租の門を開いた[4]」、「田面権の発生により、田土は悉く佃農に乗っ取られ、……地主はこの害を受けないものはない[5]」という抗租闘争の激化状況の中に、生産者の強靭な土地への執着の強さと到達した生産力水準を守りぬく気魄をみることができる。

ところで、佃農の抗租闘争の論理は、生産者に固有の「分量」の基盤に立ち、その分量の論理で終始貫徹するゆえに、農民的な素朴さ、律義さ、正直さと想いのたけの総てを余す所なく示している。

「麦畑の小作料の銭換算率は、これまで小麦一石につき銅銭二千文であった。どうしてそれを急に二千四百文にするのか。秋の綿畑の小作料は、これまで一畝につき一千文であった。どうして一千二百文にすることができるか。これまで納租期限までに小作料納入が間に合わなければ、納入すべき小作料千文毎に三十文を加算してきたのに、どうして驟《にわか》に一百文を加算することができるというのか。そしてまた、各地主は新たに田地を買い、我々小作人を招き小作契約書を作成するに際し、これまで一畝当たり五・六百文を索《もと》めてきた。これは我等意中の事であり、一畝千文に及んでもなお努力支持するつもりである。だが、一畝当たり銭二・三千文を要求するとは。これでは我らは衣類を質入れし高利を借り泣き叫ぶだけなのだ。誰がこんな恐しい時の到来を予想できたであろうか」――一八四六年、昭文県下(6)。

小作契約料が毎畝五・六百文に増加したとしても「乃ち我等意中のことである」といい、千文に値上げされても「なお努力支持するつもりである」という抗租蜂起の伝単《ビラ》中の言葉に、小生産農民の素朴な正直さと、それ以上は一歩も引けないとする生活者としての、反抗への「出発」の契機をみることができる。

さて、大多数の佃農の窮極的な望み（土地所有）実現の一つの契機である田面権さえもが、前記の如き地主の逆襲の武器にもなりかねないのであるから、まさにここで精神的・物質的・組織的な新しい大飛躍が要求されていたであろう。それなしには、農民は目標に向かって一歩も前進することはできない地点に立っていた。つまり彼らは社会諸矛盾をラディカルに発現せしめる決定的時期の到来を要求していたのである。

抗租闘争の思想的飛躍を示す史料は決して多くはないが、太平天国革命期と辛亥革命期に集中している。では、抗租思想の飛躍の内容と、それを現実化させる契機を問わねばならない。

太平天国革命から辛亥革命へというこの時期は、清朝という政治国家が現実的にも共同の幻想性としても解体した、あるいは解体せんとした時期であった。では、彼らはこの時期に、抗租の思想の質の量的延長線上に政治国家を射程に入れ得たのであろうか。

個々の抗租闘争は、その闘争の過程で、いかに地主を殺傷し、官憲を襲撃し、地主宅や県署を打燬（壊したり焼いたり）しようとも、政治的・宗教的な虚構の政治国家を射る世界観の創出と、その世界観実現のための実践者のレベルで結集したゼクテ（党派）、行動集団の闘いへと成長しない限り、それを政治的・宗教的反乱とすることはできない。民衆が政治的・宗教的反乱の世界に自己を飛翔せしめる契機は、思想的には政治国家の自己に与える政治的仮象の欺瞞性の追求という径路をとるか、あるいは政治国家に対峙して民衆自身が創出した宗教的世界観に基づいて行うのが普通である。その例の典型が、白蓮教や拝上帝教を中心的世界観とする「真命天子誕生・弥勒仏下生・明王出世・エホバの世の到来」の理念の獲得か、自ら明王室の後裔・漢室の後裔であると宣言することであった。

しかしながら、抗糧闘争の思想は、後に詳述するように、既成王朝の理念の現実化された政治制度上の矛盾を衝くところにその本性を有するだけであり、既成国家の共同の幻想性を問うことはできなかった。「公」が「私」を行い「救民せず」とか、「官」が良民に不平等な課税を行い「法」を守らず、それ故に抗糧するのだという抗糧闘争の思想は、王朝の政治制度に向けて批判的に上昇するが、「公・法・官」という天下国家理念の絶対化の中で自己解体を遂げてしまうのである。

そうなるのは、税糧は天下の「正供」（国家に供する正当なる税）であり、自分たちこそ天下の「正供」によって国家を支えており、無産佃農とは格が違う土地所有者であるとする優越意識にあったのであろう。一条鞭法から清代中期の地丁併徴制へという税制改革の中で、土地所有者だけが国家の現実的支柱となり、理念としての「良民・臣民・赤子」規定は、無産佃農・無産大衆にとってはその存在の政治的意味付けを全く失ったのである。地主・佃戸制下におかれた無産佃農は、政治的世界の何物にもなり得ず、私的な利害情況の中に放置されて、地主の全き恣意的収奪に任されるだけであった。かかる世俗社会の生活者以外の何物でもない佃農からみれば、あるAという自己の主人（地主）の恣意的感性（たとえば強欲とか慈悲）にその総てが懸けられており、また他の佃農からみれば、Bという主人の心に総てが任されているように見える――現実にその通りであったのであるが。

佃農が政治的仮象の上で、つまり政治的規定上は「無」であるということは、地主・佃戸制がまた法的な何らの規定性を持たないということでもあった。専制権力が政治的身分規定から佃農を自由にしてやるということは、彼らを地主の私的な収奪にすべて任せるということであり、専制主義の野蛮さの現実的基盤を形成することでもあった。政治国家「清」は、佃農に対して、「州県官は民の父母である。地主・小作人は均しく天子の赤子に属すものである」[7]という抽象的な政治的仮象をあたえてはいたが、この二千年来の国家の常套語は何らの現実的内容を持たないばかりか、地主と無産佃農の収奪と被収奪の構造（地主・佃戸制）を、共に「赤子」だという政治理念で隠蔽し去っていたのである。残されているのは佃農が地主に租を納めなければ、国家の「正供」が滞るという現実だけであった。従って、政治国家にとっての佃農は、徴税という純行政的レベルのものでしかあり得ない。

「欠租してはならぬ。欠租してはならぬ。欠租する人は呉江県には多い。……土地税（税糧）は小作料（租）より出ることは人の知るとおりである。小作料が地主に納入されなければ、土地所有者たる地主の国家に納める税糧も滞納になるのだ[8]」。

「土地税は、地主に納められた小作料より出るものであり、小作料は佃農から地主へ納入されるものである。だから地主と佃農は仲良くし、長く争い合ってはならぬ[9]」。

「土地税は、国家の財政に関わるものである。まことに絲毫《すこし》も拖欠《たいのう》することは許されない。しかしながら、地主は、小作料が入らないので、努力して納入しようとしても、いまだ全額すべてを納め切ることができないのだ」(10)。

政治的規定、法的身分とは無縁な地点に放置されていた佃農が、権力から問題にされるのは、彼らが地主に小作料を納入しないがために、土地税という国家財政の財源の確保ができなくなった時だけである。国家権力は、徴税の論理――「糧は租より出で、租は佃農より交せらる」――のみをふりかざして、佃農に向かうことしかできない。「感性的・個別的・直接的なあり方における」(マルクス)人間でしかありえない佃農は、皇帝の自己に対する政治的仮象と現実在との乖離を糸口――例えば抗糧者のような公正と不公正、平等と不平等、公と私、法と不法という二元的矛盾を糸口として、政治的虚構の世界に越境することはできないのだ。

少なくとも、その越境は、抗糧闘争に比較して極めて困難であったと言わざるを得ないだろう。無産者たる佃農の政治的・宗教的反乱者への自己変革の途は、抗糧闘争のような思想的に「安手」な地点から始めることはできない。彼ら無産佃農は、現実の苦界へますます沈潜していって、無産流亡農民として各地を放浪するに至った限りで、幻想のなかで祖先墳墓の地や父母のいる故郷を奪回するミロクの世、太平の世を待望し、権力が敷設した政治制度上の論理を遡及するのではなくして、政治国家の共同利害の幻想を衝く宗教的世界観に吸引されてゆくだけである。しかしここで確認しておかなければならないのは、佃農層をもっとも多く析出していった経済的最先進地帯――長江下流デルタ一帯では、無産佃農であっても、永耕作権を獲得できたばかりか、その耕作権を売買・譲渡することも可能といった生産力水準を実現していたために、経済闘争としての抗租闘争に没入してはいったが、ついに生産地点―故郷をたち切って、政治的・宗教的世界の反逆者としての長征に出発することはできなかったということである。

註

（1）田中正俊「起ちあがる農民たち」（民主主義科学者協会歴史部会著『世界歴史講座』（2）所収、三一書房、一九五四年）。「民変・抗租奴変」（『世界の歴史』11、〈ゆらぐ中華帝国〉所収、筑摩書房、一九六一年）。
（2）森正夫「明清時代の土地制度」（岩波講座『世界歴史』12、中世6）。
（3）陶煦『租覈』「別異」（『中国近代農村社会史研究』所収、大安、一九六七年）。
（4）『申報』光緒五年一二月二二日付「田主苦累」。
（5）『申報』光緒五年一二月二七日付「場官偏見」、（4）（5）の史料とも小島淑男氏の教示によった。
（6）鄭光祖『一斑録』雑述七「郷民不法」、道光二六年の抗租闘争の宣言。
（7）『江蘇省例』、「巡撫布告」。
（8）呉江県令金炉青「勧民還租歌」（『申報』光緒二年正月二八日）。
（9）新陽県令沈の布告（『巴渓志』雑記、道光一四年）。
（10）『申報』光緒五年七月九日付「欠糧褫衿」。

三　抗糧の思想

抗糧闘争は、抗租闘争と並んで中国封建国家にたいする基軸的な民衆運動と考えられ、これまで中国史研究者は「抗租・抗糧」と一つの成句のように語ってきたものである。

抗糧闘争は、反官・反権力的に闘われ、直接生産者（自作農・自小作農・手作中小地主）の階級的利害を代表していた。だが、この抗糧闘争は反官・反権力的に闘われたとしても、抗糧闘争の主流的思想は王朝理念の純粋化の方向を志向してゆくものであって、王朝理念の否定を目指すことはほとんどなかったといってよい(1)。

抗糧闘争が抗租闘争と並んで、中国民衆運動の主軸の一つを形成していたにもかかわらず、そして「抗租・抗糧」と並称されるほど必然的な関連を持つもののごとくに見えながら、抗租闘争と抗糧闘争は決定的に隔絶していたと言わざるを得ない。というのは、宋代以降の中国封建社会そのものを突き崩す、基本的な且つ持続的な民衆闘争としての抗租・抗糧は、両者の全き共闘としての統一戦線的な自覚的――必ずしも自覚的でなくてもよいのであるが――結合を通して闘われたことは、ほとんどなかったということである(2)。

これは、地主・佃戸制が広汎に展開している先進地帯と比較的自作農経営が多い中進・後進地帯、山間部などとの差異という外在的条件の差に基づいているだけではない。つまり抗租地帯と抗糧地帯という経済地理的ズレだけに原因があるのではないのである。ここには、日常的な労働と生活という私的な個別的な地点に下降してゆく――そうした方向を徹底してゆく中でしか闘いの契機を見出せない抗租闘争に対して、抗糧闘争は、現実の王朝の行政には反対するが結局は王朝理念の純化に帰結し、まさにその故にこそ政治国家の幻想の共向性の欺瞞を根底から否定することはできない。こうした抗租と抗糧の思想のベクトルの乖離が、抗租・抗糧をして一つの統一した政治的反乱にまで高め得ない内在的なデッド・ロックとなっていたのである。

抗糧闘争の理論的指導者は、多くの場合、中級・下級の在地地主・在地名望家・郷村指導者などであり、かかるクラスの人々こそ抗糧闘争の明確な正当化論者であり、抗糧闘争に思惟する頭脳を提供したイデオローグであった(4)。では一人のイデオローグの弁を聞こう。

「私は初め捻匪（捻軍）に参加した。……しかし捻匪は大いにほしいままに民衆を害したので、それ故にこれを捕え官兵に投じ剿賊に尽力した。官は必ず法を守り、田賦（土地税）を軽減すると考えたためである。しかし、予想に反し兵禍は弭《や》んだにもかかわらず、官は更にその私を行い税を増徴した。民の生計はどうしてこの苦しみに耐えられようか。この故に『救民』の旗をたてた。凡そ義旗のもとに投じて協心して歴困を扶救するを期待するのである」[5]。

この浙江省天台県抗糧闘争（一八七四年）の指導者武生某（この土地の人物であったか疑わしいところもあるが、当該段階では、武生として在地の人々に一定の権威をもっていたであろう）に於ける抗糧正当化の思想とその論理基軸は、「公と私」「義と不義」「義による救民」「法と私法」「官と民」である。彼の憤激は、公である官が私を行い、救民の立場にあるべき官＝公が民を害する、というところに存在する。つまり、専制王朝の理念の純粋結晶が自己の頭脳のなかに絶対基準としてあり、その自己の基準と相違することを行政担当官が行っている。この矛盾した現実に対する怒りが生まれ、それを是正して純粋王朝理念を復権せんとしているのである。抗糧闘争の大部分は、知県の恣意的増徴・胥吏の不正・土地税の階層別不平等という行政上の「悪」に集中してゆくのである。

彼ら抗糧闘争の指導的イデオローグの思想と論理は、政治制度と王朝理念の調和を目指して上昇し、決して無産大衆（佃農もふくむ）の利益と、無産大衆の中から生起してくる論理＝絶対平均主義と思想＝絶対平等主義（太平の世、弥勒の世、大同の世といった共同幻想の基盤）の世界に実践的に下降することはあり得ない[6]。なぜならば、彼らの発想は土地所有を――封建体制下の土地私有者（持てる者）たることを前提としており、この現実の優位性を当然とする地点から始まっているからである。

彼ら抗糧指導層の思想が、たとえ伝統的な王朝の政治制度と理念の純化の方向に向かうとしても、現実に彼らのとる行動は、王朝への反逆であり既成秩序の破壊である。彼らの闘いによって国家権力は打撃をうけ、秩序の維持は破壊される。現実に国家権力は弱体化し後退する。その限りで、抗糧闘争は佃農の闘いにとって少なくともマイナスではない。むしろ抗租佃農の蜂起にとって、時間的余裕と空間的自由を与えるであろう。だが、武生某に象徴される抗糧指導層と無産佃農の抗租との連帯は、ここを政治的に突破しなければ一歩も発展することはできないのである。

人民の闘争は、初発の蜂起からその一揆主義を越えて革命的前進を勝ちとるためには、自らの政治的・宗教的世界観と人民的武装権力を創出しなければならない。いや少なくとも、そうした世界観と権力創出の構想を提出しなければ一歩も進めないのである。しかしながら、抗糧思想は、未だかかるラディカルな質を持ち得なかったし、抗租思想も私利・欲望と利己的一身の水準を超える課題を解決することはできなかった。

抗租闘争の思想は、発展すればするほど王朝理念やその公理の対極に離脱し、耕作農民の私的日常的生活を深化する。それに反し、抗糧闘争は発展すればするほど、村落上層・読書人や官界への夢やぶれた生員層（在地権威者）なども運動の中にとり込みはするが、そのことによって逆に王朝の官許理念、政治制度に吸引される。一八六三年の減賦政策にからめとられてゆく弱さを内包している。

このように抗租闘争と抗糧闘争は、かかる悲劇的な乖離のなかで引き裂かれてはいたが、しかし両闘争の動力である大多数の人々が中・下層大衆、例えば自作・自小作・小作・雇農などの貧しい農民であったが故に、おなじ想いを抱き「真の良民」を保障する政治的・宗教的な世界への越境、つまり第三の反逆者の途を切り開く、変革主体の登場と革命的情勢の到来を熱望していたのであった。経済的最先進地帯の下層大衆、佃農層は、永耕作権・田面権を実現するという歴史的発展の到達した段階の刻印を、周辺からおこる宗教的・政治的反乱に打たんとして待ち構えていたのである。

註

（1）横山英「十九世紀中葉の抗糧風潮」（『中国近代化の経済構造』亜紀書房、一九七二年）でも、「抗糧闘争の本質は農民の生活擁護を目的とするいわゆる経済闘争であって、この闘争自体が反清または反封建という政治的要求を意識的に提起したものではない」としている。

（2）『清朝実録』咸豊元年正月亥丑の条に「抗租抗糧」スローガンの闘争が一カ所紹介されているだけで、抗租・抗糧がともに闘われた闘争はほとんど確認することはできない。

（3）小島晋治「太平天国と農民」（上）、（中）の一・二、『史潮』九三年、九六号・九七号—一九六五年、一九六六年。

（4）横山英前掲論文、小島晋治前掲論文、佐々木正哉「咸豊二年鄞県の抗糧暴動」（『近代中国研究』第五輯）、藤岡次郎「一八五三年『嘉定農民起義』とその歴史的背景」（『北海道学芸大学紀要』（11））、坂野良吉「上海小刀会の叛乱」（『歴史学研究』一九六九年一〇月、三五三号）。

（5）『申報』同治一三年一一月二〇日（浙江省天台県、抗糧闘争指導者武生某の宣言）。

（6）嘉善県の銭糧浮収（土地税の不正徴収）を告訴していた童生某は、按察使段光清の「汝は銭糧納入する義務があるのにどうして反対するのか」という詰問にたいして、「県官らは不正な課税をしている。だから納めないのだ。もしかかる不正をやめれば、どうして『天家の正供』に反対することがあろうか」と答えたという（段光清『鏡湖自撰年譜』中華書局、近代史料筆記叢刊、頁一五三）。この中の抗糧闘争の童生某の「天家の正供」なる言い方の中に、抗糧運動指導者、イデオローグ一般のもつ思想的な限界は典型的にあらわれている。また、咸豊二年鄞県抗糧暴動（指導者監生周祥千）は、該県知県がおこなった糧価の不公平を是正する暴動であったが、「郷民の要求は投獄中の周等六名の釈放と糧価の不公平を是正することにあり、併せて糧価を強制しようとした庫書、糧差等を膺徴して公正な課税を実現させることであって、決して田賦の納入そのものを否定するのではなく、況んや革命的な意図などは些かも感じられない」（佐々木前掲論文、頁一九二）のである。氏がかかる評価を与えたのも、その思想の故であった。抗糧の中心人物らは、「このように悪辣な知県の手下（胥吏）が民を害するのは、実に王法の赦さないところなのだ。いかんとする方法もないので村の民衆を合してこの公憤を発するのである」（同上）と言い、あくまでも王法の絶対至上性に基づいて、悪官吏、胥吏の現実のやり方を攻撃するのである。ここには専制主義の王法理念そのものを否定する思想的質は全くない。王朝理念の純化の志向のもとにおこす反官・反胥吏闘争は、決して天子の正当性を問うことはできない。ここにも現存の国家理念を擁護して、問題のすべてを政策の悪、役人の悪に収斂してゆく抗糧思想の隘路が窺える。

四　抗租・抗糧と政治的宗教的反乱

抗租農民と抗糧農民が詳述したごとき固有の限界を越えて、まさに政治的・宗教的反乱者として起ちあがってゆく例は、太平天国革命・辛亥革命などの革命情勢下にみられるのであるが、しかもその場合も、会党・太平天国・白蓮教といった宗教的・政治的教派や党派が外部から世界観と組織と綱領を持ちこみ、抗租農民や抗糧農民を領導した場合にのみ、まさに革命運動へと質的発展を遂げ得たのである。

太平天国期に広西省潯州府一帯に会党によって樹立された大成国に於て、初めて在地の横淳県・貴県に於ける永年の抗租闘争は、「田地は、農業の本であって、天下の畑・焼畑・水田は均しく我が農民が拓いたものである。地主が代々収租するのは、誠に天の怒るところである。これよりのち旧制のごとくに地主が収租することは許されない[1]」という革命的な政治的理念を獲得したのである。

一八五六年、湖南省の澧州、湖北省松滋・石門両県の一州二県にまたがって起こった「減租・減息」暴動は、白蓮教に加入していた松滋の彭正科、澧州西部の拳師陳正傑、白蓮教の組織者たる鄧正雷らの指導によって、初めて数千人の農民を結集し、太平天国に呼応する「革命」暴動に発展し得たのだとされている[2]。

また、次の太平天国期の王士鐸と抗租農民の話も興味深い。「官吏が貪欲なのか、法をまげるのか」「知らない」、

「なぜ恨むのか」「税糧を取りたてるからだ」、「長毛（太平天国軍）は税を取らないとでもいうのかね」「わしは長毛には税を納めるが、地主の小作料はもう納めないんだ」、「お前の田畑は地主のものではないか。どうして小作料を納めないのか」「納めたら、わしが足りなくなるからだ」[3]。この佃農の納租拒否の論理は、小生産者に特有な素直で素朴なものであるが、しかし、清朝の正当性を否定する太平天国という政治国家が、自分たちの国家（公権力）として存在していることを明確に示している。

抗租農民が、耕作地の私有という農民的土地革命を主張するに至る、もう一つの時期は辛亥革命期であった。常熟・無錫・江陰等の県の下層農民＝佃農で結成していた千人会は、「皇帝はすでにいなくなった。だから租米を納めなくてもよくなったのだ」[4]と宣言した。また石門県の佃農は、「民国誕生によって税糧が免除されたのだから、佃租（小作料）も免除されるべきだ」と要求したが、佃租の徴収は例年通り強行されたという[5]。さらにまた、呉江県同里鎮では、「近頃各地の抗租の風潮は激烈になった。同鎮に属する七十二圩の佃農は、連合盟約し反抗して佃租を地主に納めない。これと同時に、強行手段をもって地主から小作契約書を奪いかえそうとし、『国家はすでに変わったのだ。だからこの田地もまた地主のものではない』と言った」[6]という。

抗糧闘争に於ても、それが社会的・経済的闘争の範囲を越えて、革命権力を目指す政治反乱に突入したのは、革命情勢期であり、しかも白蓮教や会党の領導によって発展した場合だけである。小島晋治は、かかる農民闘争の二つの例を紹介している。「一八四二年、湖北省崇陽県を中心に、通城・通山・嘉魚など隣接諸県一帯に起った抗糧暴動ならびに五三年江蘇省松江府青浦県のそれは、会党の指導によって革命闘争に発展し、後者は上海小刀会の反乱に合流していった」[7]。抗糧闘争から県の牢獄襲撃につきすすみ、遂に白蓮教五大旗の政治反乱へ、更に宋景詩の黒旗軍（黒旗軍は五大旗の一方面軍であった）の大反乱へと発展していった一八六〇年に始まる闘いは、太平天国と捻軍の反乱に呼応したものである。この反乱では、白蓮教徒とその組織・世界構想が決定的な役割を演じていた[8]。この場合、白蓮教徒とその組織及び民間武術鍛練の集団なしに、抗糧闘争が政治的・宗教的大反乱にまで発展することはなかったであろう。

以上のように、抗租・抗糧のような本質的には経済的な闘争が、政治的・宗教的な反乱の世界に転進して、既成国家の正当性を否定するに至るには、白蓮教・会党・太平天国・辛亥革命等の宗教的な或は政治的な教派・党派の領導や革命情勢を待たねばならなかったことが分かろう。かかる政治的・宗教的世界観とそれを担う独自の党派の領導を、抗租・抗糧の主体である土着の小生産者農民が受け入れた時初めて、小地片の耕作地・私有地への執着を幻想の中でうち破り、自己を束縛する私的情況（家・家族・故郷）を、より高い政治的・宗教的な虚構の共同体の中に揚棄して、宗教的・政治的な世界へ向かうのであった。しかし、抗租・抗糧の主体となっていた在地小農民は、自己の耕作地・私有地を棄てて国家権力の中枢を目指し、彼らだけの革命行動集団としての長征に出発することは絶望的なまでに困難であった。長江下流デルタなどの経済闘争地帯の農民にとっては特にそうである。

さて、上記の若干の例から推測したところの宗教的・政治的党派の決定的なまでの重大なる役割とその成立の契機を考察するために、一八〇〇年代前半の白蓮教系諸反乱、その他の「邪教」反乱を検討することにしたい。

註

（1）小島晋治、前掲『史潮』論文。
（2）同上。
（3）汪士鐸「乙丙日記」の記事（小島晋治「太平天国」筑摩書房『世界の歴史』11、〈ゆらぐ中華帝国〉所収の小島訳による）。

（4）祁竜威「千人会起義調査記」（揚州師範学院歴史系編『辛亥革命江蘇地区史料』江蘇人民出版社、頁二〇一、一九六三年、大安）。
（5）小島淑男「清末民国初期・江南の農民運動」（『歴史教育』昭和四三年一・二月合併号、石門県の事件）。
（6）同上（「呉江県同里鎮志」）。
（7）小島晋治前掲『岩波講座』論文。
（8）陳白塵撰述『宋景詩歴史調査記』（人民出版社、一九五七年、北京）。

五　宗教的政治的反乱者の世界

宗教的・政治的反乱の中核となるゼクテ（党派）形成の契機は何であろうか。

彼らのみでは遂にかかる共同の幻想性の世界を目指す反乱者にはなり得なかった、自作農・自小作農・佃農（小作農）――抗租・抗糧闘争の主体は、経済的社会的生活・位置などは種々様々であり、ある場合には対立・抗争を続けることもあったが、共に共通することがある。それは自己とその家族が生存する固定した土地、つまり生活の依存する耕作地・私有地の所在する、特定の村落・県のレベルで完結する世界にあったということである。(1) さらにいえば、この局地的な生活――生産の世界が、経済的社会的な運動に於ける態度決定の原点であって、その固定した局地的な世界＝土着点を断ち切った宗教的・政治的な虚構たる異次元の世界に、思考の錨を降ろすことができなかったということである。抗租闘争は、佃農の耕作地への徹底的な執着に発していたのであり、そうした耕作地への執着が未だ生活の糧として現実性を持ち得る次元の闘いであった限り、それは自己の私有地の保持を当然のこととするのであり、それを前提として始まる抗糧闘争とは、ほぼ同一の舞台にあったといい得るであろう。だから、中国封建社会の最先進地帯の小生産者農民は、かかる経済的・社会的闘争の世界を越境する宗教的・政治的反乱に、独自に且つ主体の総てをかけて飛翔することはできなかったのである。

これに対して、宗教的・政治的反乱の中心人物やカリスマは、半プロレタリア的知識人や生まれた村落から流亡して流れ歩く半プロレタリア的貧民、それに権力機構の最末端に連なり権力の内幕を垣間見た人々――例えば、県役・県学生員・民間医師・県吏・儒生・陰陽生・拳棒教授・行商人・臨時傭い・星占い・亡卒・客家等々である。[2] 彼らにはまさに白蓮教の世界観である神の王国「真空家郷・無父無君・無生父母」のイディが、精神的贖罪として作用すると共に、天上の幻想の共同性の中に「真の人間」としての自己を幻視する以外に途のない人々であった。そして、彼らは白蓮教的世界観に共鳴音を発しながら、さらにまた、その世界観を拡大してゆく中で、流亡者・他国者・権力からの脱落者・高等知識人ルンペンであるが故に、抗租・抗糧型農民には見えない異質の世界を獲得していったとしても少しも不思議ではない。それに対して貧しき佃農であっても、未だ彼らは祖先墳墓の地にとどまり、無産者であるにもかかわらず小作地にしがみついて生きてゆける――それを可能にしたのは、一九世紀という歴史的段階にふさわしい生産力の実現・永小作制・田面権の実現に典型的に表現される生産力の発展であるが――経済的最先進地帯にふさわしい生活者であった。しかし、かかる佃農者としてさえ故郷にとどまり得ない中・後進地帯の無産大衆こそが、宗教的・政治的反乱の中核的大衆となり、絶対平均主義と絶対平等主義の幻想の楽園を目指して、仁義と盟約によって結ぶ実践集団を形成し得たのである。

生活難に苦しみ、且つかかる政治国家の腐敗した現実を垣間見る状況に位置し、権力とは対峙する民衆社会の威力者が、宗教的・政治的な虚構の世界の中で野望の実現と人間復活の夢を宿して、カリスマとなりアジテーターとなったのである。宗教的・政治的反乱の土壌と客観条件を用意した絶望的な無産流亡者の大群は、乾隆末期から大量に析出された。彼らは祖先墳墓の地を心ならずも放棄して四川・湖北・陝西などの地に流れ込むか、或は河北・山東・河南・安徽・江蘇の五省交界の地、雲南・広西等の南方辺境地帯等々を目指し、各地を転々としながら移動して行ったのである。(3)かかる流民・他国者《よそもの》は、伝来の土着の住民と争い「課税問題をめぐって土着民と新民との間の闘争は絶えず、その為に殺人事件も多数発生した」、「湖広より入るものは四川の土着民と争い、土着民の反感を招くことも少なくなかったのである。又湖南方面からの移住者の中には、犯罪者や税の滞納者等もあって、移住先で紛擾を醸すことも少なくなかった(4)」という。かかる客民や流亡者と土着民との間には、いかなる人格的・人間的な差別と抗争が起こるのであろうか。流亡者が流れ込めば、彼らは云うまでもなく土着民の私有地・耕作者、自然を奪う経済的な敵であり、祖先墳墓のわが故郷を荒す伝統的共同体社会の敵であり、ついで言葉《はつおん》を異《こと》にする異邦人であることは、ことさらに実証を待つまでもなく明白なことである。かくして、彼ら流入者は、「客民対土着民」なる新たな人間関係の矛盾及び共同体の原理・原則に係わる根元的な難関＝壁に直面させられたのである。かかる新たな人間関係、社会経済関係の矛盾の集中地帯——革命的「辺境」——こそが、宗教的・政治的教派・党派の誕生と出発の舞台であった。

宗教的・政治的教派・党派の組織は、経済的にも社会的にも全く現状に不満な人々、先に指摘したように権力機構と下層大衆の中間点に立って、政治国家に対峙する民衆世界の権威者であり、且つ閉鎖的な村落共同体という小宇宙を越えて医術・陰陽道・武術などの途に「自立」の世界を変えて流浪していった人々の精神の飛躍に始まるのであった。清朝専制権力の人民収奪から起こる経済的矛盾の集中に加うるに、かかる人間群像を生みだす地域が、単なる経済地理学上の地域を越えさせるのである。

では、いかなる具体的人間群衆がかかる躍動した舞台を生み出したのであろうか。

一八一三年、天理教徒の反乱における最高指導者の一人李文成は、土木の傭保（労働者を雇う人）という生活者でありながら、「算術・占星術」のまさに呪術者であったし[5]、一八二三年の一炷香教の孫大鳳は、「領香治病」によって民衆の尊敬を一身に受ける占い医師であり[6]、一八二七年の一炷香天爺教の尹祥・李士貴は、「習教治病」という前者と同一の型の人間であり[7]、その他に、遠く甘粛省隆徳県の流刑先の教主を訪ね待望の伝教を受けた劉之協[8]、新疆省のやはり流刑中の教主を訪ね伝教を受けて宗教的な知識者・権威者としてたち現れた劉照魁[9]などの人々、かかる一般庶民の未知の世界を見た希有な人々こそが、宗教的・政治的な教派・党派の形成者として、清朝の政治的虚構性と同一のレベルでこれと初めて対峙し得たのであった。彼らの中に、自己の私的利害で行動をせずに、自己の精神的な絶対価値に基づいて禁欲主義的な、救道者的な姿勢を一般的傾向として見ることはたやすいことであろう。例えば、前記の劉之協の場合――嘉慶白蓮教の中心人物の一人で安徽省太和県の人、彼は一七七五年の混元教事件で甘粛省隆徳県に流刑中の劉松を尋ね旧教の復活をはかる。帰郷ののち反乱を画策し、また流刑中の師のもとに二千両の金を送っている[10]。かかる経歴の中に、特異な人劉之協の硬質な個性と壮大な想いの位相をみることができる。劉照魁の場合――一七九一年、山東省を出発して新疆省に行き、さらにクチャ（庫車）、アクス（阿克蘇）、ヤルカンド（葉爾羌）、カシュガル（喀什葛爾）と大旅行（冒険）を行った。そして遂にイスラム教徒の奴隷にされていた流刑中の震卦教の教主王子童に拝謁して、教派の真髄を伝授されて「東震至行閣路真人」に封ぜられ、帰郷して反乱活動中に逮捕された[11]。張効元の場合――安徽省の人、彼は「父張全の命により一八〇〇年に中央アジアのカシュガルの同教の王発生の許に銀両を届けんと出発[12]」したが途中で脱落した事件。さらにこれらの事件より以前、乾隆初年に江蘇省常州府江陰県の人夏天佑らは西来教を信じ、教主張保太のいる雲南大理府を尋ね経巻を受けた[13]といわれている。また一八六〇年、山東省に始まる白蓮教五大旗の大反乱の指導者張善継・従世欽の両父親（張万選と従政）は、嘉慶年間に白蓮教徒の故に新疆省に流刑になったが、一八二六年に赦されて帰郷した。従政は一八六〇年の大反乱時にも生存しており、白蓮教の老教主としてまだ大きな影響力をもっていたという（宋景詩歴史調査記、後出）。

絶対的窮乏下に呻吟する者や流亡の他国者《よそ》は、かかる民衆世界の威力者・知識者・禁欲的求道者の教えと救いの約束を求め、流亡的情況（華北の貧農は、あらゆる商売を転々としながら各地を渡り歩いており、出稼ぎもせずに生まれた村で生活することは不可能であった）にふさわしい幻想の共同体実現を熱望していた。かかる貧民大衆の心に触れ、彼らを幻想のユートピアへ駆り立てる指導的な人々は、「『既存の社会的位階秩序の外にあるか底辺に立っている層』であるから、ある程度『その社会の諸慣習にたいしてアルキメデスの点に立っている』、つまり、その社会の外的秩序と慣習的世論とからある程度はみだしているのである。それゆえ、彼らは、その慣習に拘束されずに世界の意味に関するオリジナルな立場決定を下すことが出来るし、物質的利害への顧慮に妨げられない強烈な倫理的・宗教的パトスを発展させることが出来る」(14)人々であった。そして彼らの多くは、しばしば故郷をはなれた他国で、その影響力を及ぼし活動の舞台を獲得することができた。次に乾隆期から道光期に至る宗教的反乱者名、邪教集団の中心人物の原籍と活動地、反乱時期等を次頁に一覧表として紹介しておこう。

貧窮のために家郷を失い父母も捨てざるを得なかった、彼ら宗教反乱の指導者と反乱参加者の心の中にはいかなる想いが宿っていたのであろうか。父は白蓮教弾圧の中で流刑にあい、そのため故郷を母とともに流離していった当時のある人物が、白蓮教の中核的教えによっていかなる世界を覗き白蓮教徒になっていったのか。次の白蓮教徒の乱は、そうした当時の人々の精神的世界を典型的に示している。

一八二二年一二月、白蓮教徒の廉方成は、同教の盧照常らとともに河南省虞常県で旗幟・武器を準備し、河南・湖北で教徒を糾合しながら、一一月二三日に挙兵せんと計画した。官憲はこの動きを探知し、官兵をもって弾圧。廉方

人名	乱名（教匪）	年代	原籍	活動地（逃亡先・流刑地も含む）	注
劉照魁	八卦教	一七九一年	山東渭南県	山東―中央アジア―山東（大旅行）	①
沈　訓	嘉慶白蓮教大反乱	嘉慶初年（一七九六～一八〇五年）	湖南臨湘県	河南	
竜通智	〃		湖南衡山県	安徽太平県	
唐明万	〃		湖北	陝西西郷県	
劉　松	〃		河南鹿邑県	甘粛隆徳県（流刑）	
劉之協	〃		安徽太和県	→甘粛→四川・陝西・湖北	
陳金玉・陳光玉	〃		湖北監利県	湖北竹谿県で佃作→河南で反乱	
劉起栄	〃		安徽太和県	襄陽→甘粛	
王廷詔	〃		河南西華県	河南鹿邑→襄陽	
楊明遠	邪教	一八二三年	河北密雲県	山東安県へ、ついで武清県で反乱計画	②
廉在有（父）	白蓮教	乾隆年間	山東単県	→広東→黒竜江→帰国（流刑）	
廉方成（子）	〃	一八二二年	〃	河南虞城県	③
盧照常	〃	〃	山東	河南虞城県	
朱麻子	〃	〃	河南新蔡県	新蔡で蜂起→安徽へ	
馬万良	乾卦教	一八二三年	山東臨清県	河北天津	④
周添明	大乗教匪	〃	山東平原県	山東臨清県（同志は盧竜県・献県・清河県にもいたという）	⑤
王二大嘴	四宮四卦教	〃	河南東明府	山東鉅野の人路宗染を師とする	⑥
李士明	習教（反乱せず）	一八二六年	山東武城県	河北承徳府	⑦
朱文祥	習教（反乱せず）	一八二七年	河南鹿邑県	安徽阜陽県	⑧
哀志謙	青蓮教	一八二八年	貴州竜里県	陝西・四川→湖北へ逃亡	⑨
陽守一	〃	一八二八年	四川新都県（？）	部下に命令　一隊は成都・湖北・河南→北京、一隊は嘉定→余彪→北京	

〔表注〕①佐野学「清朝社会史研究」（第三部第一輯）、鈴木中正「清朝中期史研究」、安野省三「清代の農民反乱」より作成。②清朝実録、道光三年十月。③清朝実録、道光二年十二月、三年正月、二月。④清朝実録、道光三年十二月。⑤清朝実録、道光三年八月。⑥清朝実録、道光三年八月。⑦清朝実録、道光六年四月。⑧清朝実録、道光七年五月。⑨清朝実録、道光八年六月。

成・盧照常の二名は抵抗して戦死した。この反乱計画には、廉氏の一族が多く参画していた。廉方成の叔父廉三、廉三の妹婿兄弟三人及び方成の父方のいとこ廉趕生らを数えることができる。ところで、この廉方成の父の廉在有は、乾隆年間（一七三六〜一七九五年）に邪教（白蓮教）を習教したため広東、次いで黒竜江へと流刑にあい、後釈放され山東の原籍単県へと帰郷したが、この一八二二年の反乱時にはすでに生存していなかった。父の流刑中に母は恐らく生活できなかったためであろう、一八一四年に息子の廉方成をつれて河南省虞城県に移住した。廉方成らの反逆精神・計画はこの父の志を受け継いだということができる。この事件等について直隷総督顔検は上奏して、「近来河南・山東で、このところ続いて邪教匪を捕らえたが、これらのものは「真空家郷、無生父母」の教えを信仰していた」と報告しており、廉方成などが白蓮教の世界観を抱いていたことが分かる。父の僻遠の地への流刑、一家の河南省虞城県への流出という悲劇の中で成長した廉方成がいだく「真空家郷・無生父母」の思想は、いかなる地平を彼の心の中に開いたのであろうか。真空家郷は、失った故郷山東省単県をより高い天上世界で奪還すること――そればかりではない、現実的にも彼は山東省の故郷の一族を総ぐるみで白蓮教反乱に引き入れた――であり、無生父母の思想は、流刑という宗教弾圧の中で妻子に何一つしてやれなかった父廉在有の遺恨と、母の孤独をより普遍的世界で浄化、つまり実践的に継承したものであったということができる。「真空家郷・無生父母」の世界観は、まさに廉方成を私的遺恨の次元から、宗教的・政治的普遍界＝虚構の共同の幻想性の世界へ突出せしめる重要な精神的契機であったと想像される。[15]なお、白蓮教の中核的世界観は真空家郷・無生父母に、「無主無君」が加わる反権力のイディをもつものだと思われた。[16]

さて、宗教的・政治的反乱は、軍事問題を解決しなければならず、そのためには、武装した行動集団を創出しなければならない。では、軍事力はいかなるところから来たのであろうか。結論からいうならば、それは民間の武術鍛練の伝統的組織から来ていたのである。

一八二一年、河南省中牟県地方の劉順義は、「拳棒を教習し謡言を編造して反乱を煽動する首犯であり」[17]、彼は多くの仲間を集めていた。一八二四年、河南省夏邑県の反清集団（中心人物の県役朱効和が「重明大王」と呼ばれていたことから反清的性格が伺われる）では、彼らは「道教の廟に集まりて酒盛りを行う。夜集まって朝に散ずるのである。彼らは常に夜明けに北に向かって朱効孟と共に最敬礼する。大刀・長槍・鳥槍等の武器で武装訓練を行うが、こうした武器は数百箇もある」[18]と、武装集団として自己を鍛練していた。一八二七年の「習教伝徒」の事件（反乱計画はなかったが、邪教集団とみなされ弾圧される）に於て、朱文祥は教主王会隴の家に在って「拳棒を教授」していた[19]。一八二七年のある事件で逮捕状が出され追及されている人々の中に、「拳棒を学習して、一緒になって蜂起した那五・全格・王七・王八・宴大・来四」がいた[20]。これらより数十年以前の一七六五年、湖北荊門州の何佩玉・孫大有等の反清事件では、孫大有は僧侶で各地を遊蕩しつつ拳棒を学習し、自らは「異人に武芸の伝授を受けた。同時に天書・神鞭（神の経典と神器）をも授けられた」と宣伝しつつ、また自分は前明の後裔であるとも言い、拳棒の教授をしつつ仲間を集めていた[21]。一七七四年の山東王倫の反乱では、指導者王倫は「山東省寿張県の人であったが、同省の陽穀県に居住し、〝運気治病〟を行い、拳棒と半月食に飢えるも死せざる練気の術を教えていた」[22]。鈴木中正の嘓匪や嘉慶白蓮教反乱の研究の中にも、民間で武術鍛練が盛んに行われていたことが紹介されている[23]。

こうした武術の伝統は華北に特に顕著であったが、しかし華中・華南でも見られ全中国的な現象であったようである。たとえば、一七〇二年の台湾の劉却の反乱では、「劉却は官吏となったが、技撃にも精通しており、武力をもって一郷に雄たるものであった」[24]。一七二九年の江蘇・浙江の甘鳳池の反清復明事件では、拳術者であった張雲如・甘鳳池・周崑来・于蓮・范竜友らが「俠士豪傑」として有名であった[25]。一七五三年の福建省邵武県の鉄尺会では、「奸民杜奇は拳術にすぐれ」ていたという[26]。華中・華南でもこれ以外に、こうした武術鍛練の伝統を示す史料は多くあるが省略する。

武術鍛練の民間伝統を反乱の土壌として恐れた国家権力は、一七二七年の皇帝の勅諭で、「各省の総督・巡撫は、地方官に命令して、拳棒を厳しく禁止させよ。もしこれまでのように拳棒教授と号したり、あるいは拳棒教授の下に投じて練習する者については調査逮捕せよ[27]」と禁止した。一八二六年にも、江蘇省の徐・淮・海の三属一帯で盛んに「兇器刀械を身におびる」風潮があったので、これを危険とみなした官憲は禁止令と厳重な罰則を規定している[28]。

さて、武術鍛練の伝統は、必ずしも革命的行動や人民の武装蜂起と結びつくものではない。ある場合には次の例のように反人民的な無頼的行為ともたやすく結びついたのであった。安徽省の阜陽県に於て、「同県の若い奴らはおおむね拳棒を学習し素行は無頼である。常に県の差役（無頼職員）となれ親しんでいる。差役は常に彼らを招き、倡妓のいる家に行き酒を飲んだり泊ったりして悪だくみを計画し、勝手に監獄を私設して多くの人々をここに投げこみ騒擾行為は甚だしいものである[29]」。かかる情況に典型的に示されているごとく、拳棒演習の伝統は、反人民的な無頼的行為ともたやすく結びついたし、反革命の地主武装集団の中にも多くの民間武術の英雄が吸収されていく場合があった[30]。

ところで、問題は武術鍛練者が反逆者の陣営に加担する場合が多かったか、それとも反革命の側につく場合が多かったかどうかというような点には存在しない。武術鍛練の思想的な意味こそ重要である。つまり、小生産者・生活者の現実的要求をあくまで踏まえた上で、彼らが新しい世界観とともに武力を我がものとした時、初めて生まれたところの小宇宙＝村落を越えて、政治的・宗教的な「真の人間」をめざす「長征」に出発することができた、ということである。彼らは武術鍛練の無我の没入の彼方に、行動集団としての共同の幻想性と現状突撃への熱狂主義（刀槍もわが身を傷つけることはできないとする狂信的確信）を獲得して、精神的な一大解放を遂げつつ前進した。武力獲得は民衆の解放感という琴線に触れた。武術鍛練の伝統は、宗教集団の武装党派への質的転化の現実的基盤となった。真命天子・明王あるいは明室の後裔を称する宗教的・政治的指導者やカリスマと武術鍛練の行動主義が結びついたとき——実際白蓮教には文門と武門とがあり、武装の問題でも革命的前進を示していたようである[31]——彼らは生き生きと「真の人間」の幻像を目の当たりにして、それへ向けての現実の実践的路線を敷設していったのである。

註

（1）抗糧闘争を経済的闘争と評価する横山英は、「経済闘争を政治的闘争に発展させ、反官闘争を反清闘争に転化させるためには、村落共同体の原理を克服して結集した他の勢力の出現をまたねばならなかった」（横山前掲書）と述べている。

（2）明代白蓮教反乱の研究者相田洋氏の紹介された史料からも教示を得た。明清両代の宗教反乱の指導者はほぼ同一のかかる階層であったと云えるだろう。「客家」について、小島晋治氏は、社会的・人格的差別をうけた客家《よそもの》が、太平天国という共同の幻想のもとに土着者の世界を越えていく途を特に問題にして、「酷烈な『寒苦』に加うるに、客家農民の被差別的地位・状態こそが、現存秩序のトータルな否定の志向を内包する上帝会を、とりわけてかれらが受けいれた条件であった」（前掲岩波講座論文）と重要な指摘を行っている。

（3）鈴木中正『清朝中期史研究』（愛知大学国際問題研究所、一九五二年）。安野省三「清代の農民反乱」（岩波講座『世界歴史』12、中世6）。

（4）鈴木前掲書。

（5）佐野学「農民暴動」（『清朝社会史』第三部第二輯「海寇・捻・拳匪」昭和二二年）。

（6）佐野前掲書、第三部第一輯。

（7）同上。

（8）佐野・鈴木・安野各氏の前掲論文。
（9）佐野前掲書。
（10）鈴木前掲書。
（11）佐野前掲書。
（12）（13）鈴木前掲書。
（14）折原浩『危機に於ける人間と学問』（頁一九二）。
（15）『清朝実録』道光二年一二月、三年正月、三年二月（山東省単県と河南省虞城県を結ぶ白蓮教徒の反乱計画）。
（16）安野省三氏は、この白蓮教の思想について、「周知のごとく、白蓮教は『真空家郷・無生父母』の八字を真言とした。……無生父母の思想は、輩行を重んじる家長が采配を振るう、そうした伝統的な宗族の縦の秩序を否定したところで成り立つはずである。それが進んで真空家郷・無父無君ともなれば、ひとしく儒教倫理によって支えられた共同体的な地縁社会や専制君主政の補完物のごとき中央集権国家と、真向から対決する厳しさをもってくる」（前掲論文）と論じている。「無主無君」と明記した「教巻」はまだ発見されていない。
（17）『清朝実録』道光元年一～二月。
（18）『清朝実録』道光四年二月。
（19）『清朝実録』道光七年五月。
（20）『清朝実録』道光七年三月。
（21）佐々木正哉『清末の秘密結社―前編』（巌南堂、一九七〇年）。
（22）佐野前掲書。
（23）鈴木前掲書。
（24）（25）（26）佐々木前掲書。
（27）鈴木前掲書。

（28）『清朝実録』道光六年三月。
（29）『清朝実録』道光八年一二月。
（30）陳白塵撰述の前掲書。
（31）白蓮教では、往々「文＝教」と「武＝力」とが統一されており、極めて実践的な反国家権力集団に成長していたようである。乾隆三九年（一七七四）、山東清州の白蓮教の一派清水教を奉ずる王倫の反乱では、「王倫は寿張の人で陽穀県に居住しており、運気治病を主としておこない、拳棒と半月飢えるも死せざる（これは山東省の当該地帯の経済的生活の必要からきたのであろうが――小林）練気の術というのを教え、練気の弟子を文弟子、拳棒のそれを武弟子といい、随従者が次第にふえ叛乱の志を抱くにいたった」（佐野学「清朝社会史」第三部第一輯、頁五〇）。宗教的・政治的反乱集団の中枢部には、一人のカリスマと拳棒教師が加わっている例が多い（同一人物がそれを兼ねることもある）。また、一八六〇年代の山東省西北部におこった白蓮教五大旗（宋景詩の黒旗軍は、その一旗であった）の反乱に流れこんでゆく集団には、白蓮教の老教門に率いられる武装集団と、宋景詩のように教徒ではないが民間武術の英雄とがあった。かかる文と武の統一がなければ、この大反乱は不可能であったであろう。一九五二年の北京の学者による宋景詩歴史調査団に対して、かつて白蓮教徒であった農民李泰平は、「白蓮教は文場と武場に分かれ、文場が武場を領導する。文場は門里徒弟（一人）で、武場は門外徒弟（人数に制限なし）となした」と自己の経験を話している（陳白塵、前掲書）。

六　結　語

先に紹介した白蓮教や同系統の邪教の反乱（あるいは計画）の例で明白なように、宗教結社を中心とした反乱は、その宗教的幻想の故に、あるいはまた政治権力内部の序列づけという組織カリスマ性の本来的純化＝自然成長性の故に、指導者は虚構の世界にますます飛翔して、「ミニ皇帝」化という伝統的専制主義に急速に自己退化するという隘路にとらえられてゆくのである。

これら指導部の流動性・半プロレタリア性・上昇志向性は、生産者・生活者大衆の要求（抗租・抗糧に示される生産・生活地点に根づいた要求）から次第に遊離して、生産者的意識を失い、ある県から他県へ、さらにある省から隣省へと転々と所を変えて流出、あるいは進出していったのである。彼らの組織は、宗教的・政治的な戦士の共同体・実践行動集団に純化し抜かなければ、武闘の途を歩くことができなかったことが分かる。そしてそれを目的意識的に遂行したがために、組織に於ける同志的結合の強化と、経済的次元の限界突破という新地平を切り開く可能性を捨てて、次第に生産者・生活者としての「生活者として生きる社会の現実」から遠ざかっていったのである。彼らは一揆主義の中に転落し、伝統的権力の亜流に近づいてゆく。この政治権力者と権力集団のもつ固有の隘路をいかに断ち切るか、こうした根源的な課題をかかえて、中国民衆は太平天国革命の前夜に立ったのである。中国民衆は、白蓮教系諸教派にみられたような曖昧な教義・価値観の多様性を克服した一元的な世界解釈及びその純化と、強烈な倫理的・宗教的パトスを持った指導者の登場と、その絶対的価値観に貫かれた党派が、全国の無産貧民と生産者としては最先端にあった長江下流デルタ一帯の下層農民の現実的要求を汲み尽くすことによって、その反乱に一九世紀という中国史の発展段階にふさわしい刻印を打つことを切望していた。

我々は、かかる太平天国前夜に提起されていた民衆運動の持つ根源的な課題が、太平天国革命でいかに解決されようとしたかを問わなければならない。我々は小島晋治の太平天国革命研究などに於て、すでにこの革命運動すら、かかるこの二元的対立・矛盾のなかで敗北していったことは知っている。にもかかわらず、この一九世紀中期の一五年間にわたって農民的政治権力を樹立し持続していったことの中に、この課題解決への努力と知慧と精神的営為の軌跡を発見し、それに光を与えなければならない。それができた時、「敗北した太平天国革命」は、緊迫した歴史像と劇的性格とをもって、現代の我々に向かいあうであろう。

※白蓮教の部分に関しては、中国民衆運動の研究者である相田洋氏の諸報告（近く発表）から多くのことを教えられた。記して感謝したい。

附記（二〇〇八年二月記）

この論文は、『思想』（№五八四、一九七三年三月号、岩波書店）に発表したものである。一九六〇年代後半から七〇年代初期に及ぶ「物情騒然」たる時代に、東京の佼成学園高校での七年間に及ぶ解雇撤回闘争と高校世界史教科書批判運動の精神的高揚（？）の中でアカデミズムの世界から脱出せんとして書いたものである。これ以後、文化大革命の無惨な敗北、全共闘運動や新左翼諸党派の退潮や「内ゲバ」事件の続発の中で、次第に地主小作制、農業生産力、農民一揆、商品生産などの研究から、宗教的・政治的な民衆運動や国家・権力・社会などへと研究対象が変わった。この論文について、後に森正夫氏が「民衆反乱史研究の現状と課題―小林一美の所論によせて」なる学術的論評を行った（『森正夫明清史論集』第二巻所収。汲古書院、二〇〇六年、を参照されたい）。

第五章　（一）　嘉慶白蓮教反乱の性格

一　嘉慶白蓮教反乱の研究史批判

これまで清朝中期の嘉慶白蓮教反乱（一七九六〜一八〇五）は、太平天国や義和団運動に比べてあまり人々の興味と関心を引かなかった。土地革命に向かう契機もなければ、政治権力の樹立をも志向せず、又民族主義的スローガンも掲げなかったから、本国の中国の歴史家はもちろん、日本の歴史家も積極的評価をなし得なかったのである。

例えば、一九三〇年代に野原四郎は、「元末以来、一層目立ってきた白蓮教の運動は、支那封建制の抑圧の下に屢々反抗して、時には一王朝の顚覆を齎し、然し結局は逆用されて根本的には同質な他の王朝の再現に終った、古い農民一揆の宗教的な運動であった」、「教徒は例の弥勒仏の転生を唱え、又それに滅清復明の標語を結びつけていたが、凡そその活動は無統制で相互に何らの連絡もなく、県城を陥れても長くそれに拠ることもせず、地主の保寨の攻撃なども避け、一定の中心的人物をも欠き全く「流賊的」であり、往来掠食するに過ぎなかった」(1)とほぼ全面的に否定的評価をくだした。

佐野学は、この反乱は「清の衰退期に入ったことを示す最初の狼火」であり、「官僚及び軍隊の腐敗ならびに民心の離反を一挙に白日のもとに暴露し」、「農民の生活がいかに堪え難くなっていたかの告白」であり、「宗教的秘密結社が主体的役割を演ずる大規模の叛乱の最後のもの」であったとした。ついで、佐野は（イ）政治意識が低く綱領や要求が明確な形式で与えられず、（ロ）「僭号拠城」(帝号を名乗り、城を占拠する)の挙もなく、（ハ）闘争形式も伝統的なままであり、又綜合計画も存しなかったと評している。[2]

鈴木中正は、『清朝中期史研究』[3]を発表し、嘉慶白蓮教反乱は、「呪卜的迷信の要素」が濃く、「個人的利益の信仰が中心」であり、「劫思想」に強く拘束されていたとし、更に「合理的計画性と行動の主体性の欠如、前代の子孫をかつぎだす守旧主義、専制主義を根底的に批判せず目前の貪官汚吏に対する利那的な憎悪に終始、民主的な組織の欠如、反社会分子の混入」等々を指摘して、否定的評価を列挙している。

この三氏に対して、安野省三は、抗租闘争というすぐれて歴史的段階を示す経済闘争の延長線上にこの白蓮教反乱を位置づけ、「民衆の英雄的な人民的な反官・反封建の壮挙」であるとした。氏は、清朝官軍のきわめて反人民的な行動(掠奪や虐殺など)に比較して、嘉慶白蓮教の反乱が、規律性と道徳性と革命性に於てはるかに人民的であり優れていたことを主張した。[4]人民中国の研究者も、反官・反封建の人民の偉大な英雄的な反乱であるとし、教軍の勇敢さと人民性を強調している。[5]

このように白蓮教反乱に対する評価は、否定的に見るものと英雄的な人民の壮挙とするものとに二分されている。しかし、後者の人々も前者の人々が指摘する「欠陥」「限界」を否定するものではない。両者の相違は、これら歴史家をとりまく歴史的条件の相違にある。鈴木は清朝将兵の活躍の中に勇敢さを見る点に於て、階級意識欠如の史観であるから一応別のところに置いておく。野原・佐野は、中国革命の成功など予想しなかった戦前の評価であり、克服すべき欠陥・限界及び諸条件を見つけ出す方向に流れ、安野と人民中国の歴史家たちは、中国革命の成功を前提として、それを説明することが歴史学研究の使命になっていたから、その方向に流れた。

表層の歴史、表層の事実しか見ない限り、両者の言い分はどちらもその限りにおいて正しい。流賊的に往来掠食し、政治目標もなく山野を流れ歩く姿も事実であれば、勇敢に人民的に戦う姿もまた事実だったからである。どちらも真実の一面を示している。

歴史家は、歴史の進化論的な前進や進歩の基準を立てる。そして、歴史を絶えざる統一化・集権化・政治化・意識化・主体化の過程とみなし、その歴史の証人たることをもって歴史研究の目的とする。この基準と目的に合わないものは、無意味の生を生きたということにされてしまう。いや、それよりも歴史の進歩に何一つ寄与しなかったとして、断罪されるか無視されてしまうかもしれない。

人民史観の立場に立つと自負している人は、英雄的行動を一方的に美化してこと足れりとするのである。しかし、人間はそれぞれの人生に於て、一定の理想と目的を持って生き活動したのである。そして、たとえ無意味・無目的に運動した如く見えようとも、又様々な限界を有していたとしても、全体としては、固有の意味と目的を持って運動を展開し、それ自体で完結した世界を構成しているのである。超歴史的存在に化身することによって歴史的存在になる場合もあれば、脱政治化することによって政治的存在を実現する場合もあるのであって、すぐれて近代という歴史段階内の基準で、中国前近代の民衆運動を断罪し或は讃美しても、自己満足の域を出ないのである。近代に連続する前史を発見するというよりも、我々の近代が知らない、いや滅ぼしてしまった別の世界のこととして、まず白蓮教とその世界観や運動を見ることから始めたいと思う。

二　王権の象徴的世界

白蓮教反乱は、しばしば「皇帝（真龍天子）・王・弥勒仏・仏母・無生老母」といった王権の領域に根差し、またその領域を目指した。嘉慶白蓮教反乱も、特にその前史は王権志向の典型的な段階であった。

（1）乾隆三八年（一七七三）、河南省西華県の人王老四は訪ねてきた王廷詔に対して「王発生は明の皇室の末裔である」と言った。

（2）乾隆四〇年（一七七五）、河南省鹿邑県の人樊明徳の陰謀事件が発覚し、「混元点化書」、「大小問道書」が発見された。この中には「乾坤《うちゆう》を換《か》えん。世界を換えん。反乱の年、未結の年」と書かれていた。この時、連座した九三人のうちの一人である劉松は甘粛省に流されている。劉松は乾隆四五年（一七八〇）、流刑先の甘粛省隆徳県で息子の劉喜児（文献によっては劉四児）が弥勒仏の転世であると言った。

（3）乾隆五三年（一七八八）、劉松の弟子で安徽省太和県の人劉之協は師を流刑先に訪ね、師の混元教を三陽教と改め復興することを相談して了承をえた。劉之協は劉喜児を弥勒仏の転世として河南・湖北につれ帰り布教活動を行った。

（4）劉松と劉之協は、王雙喜や王発生を牛八（明室の朱姓を暗示する。朱を牛と八に分解したもの）に仕立て、弥勒仏の劉喜児がそれを補佐する、という話をつくり信徒を誘った。

（5）宋之清は、師劉之協から分離独立し、独自に西天大乗教を創始し、「南陽県の李三瞎子《めくらのりさん》を弥勒仏となし、李三の子の卯金刀が貴人になる」と宣伝した。

（6）四川省大寧県の陳金玉・謝添秀らは河南省の無影山に「弥勒仏」が誕生していると信じていたが、乾隆五七年（一七九二）に捕らえられた。彼らは八大功祖と称する張・高・薛など八姓が教を掌り、龍華三会と称する宗派があると言った。[6]

これら一連の動きを見ると、嘉慶白蓮教反乱の前史に於ては、反乱を準備した「劉松―劉之協―宋之清」等が、様々な手段を用いて、弥勒仏転生と牛八（新皇帝）誕生という王権樹立の構想をめぐらしていたかが分かる。嘉慶白蓮教大反乱の前段階蜂起ともいうべき王倫の清水教の反乱（一七七四）では、王倫は紫微星（皇帝の暗喩）を名乗り、烏三娘という無生神母の神託に多く頼ったという。[7]また、嘉慶白蓮教の大反乱が終焉した直後の一八一三年の林清・李文成による天理教の反乱では、「天皇―地皇―人皇」、或は「文聖人―人皇―武聖人」、或は「聖人―人皇―元帥」といった複雑な王権樹立への構想が行われていた。[8]また、一八六一年の山東省西北部に起こった白蓮教反乱に於ては、張善継、楊泰、従政という三人がそれぞれ皇帝を名乗ったという。[9]

以上の事例を詳しく見ると、これら王権志向の内実は、皆ある〝あやうさ〟につきまとわれている。どの場合も、唯一者を宣する伝統的な専制皇帝を連想するような「宮殿・玉座・宝剣・王冠・皇衣・貴種」といったイメージとは、かけ離れている。現実の世界には存在しない、演劇的な世界にしかない「劇場王」のイメージである。

嘉慶大反乱前夜に弥勒仏とされた劉喜児は教主と称されたとはいえ、流刑中の雑貨屋に過ぎない劉松の子であった。彼は劉之協に連れられて河南・湖北方面に来たが、「牛八」（明の皇室の末裔）がいないと怨みごとを言うような、ほんの子供にすぎなかった。また、「牛八」と称された王発生や王雙喜にいたっては、いかなる人物なのか、いかなることを為したのか断片だに記されていない。これらの者は皆幼童であって、何らの権威もなかった。いや、何も知らない幼童であったからこそ、神秘性を持つ象徴にされたのだと云い直すべきであろうか。宋之清が奉った盲目の李三の息子も、ただ「将来は貴人になる」と宋之清に予言された存在以外の何ものでもない。判っていることは片目が悪かったことくらいのものである。

王倫の反乱（一七七二）では、最高指導者で皇帝を名乗った――実際は帝を暗喩する「紫微星」を称したにすぎなかったのだが――王倫は、神女（「無生老母」を称した）の烏三娘の宣託に依拠して権威を保持する存在であったらしい。[10] 林清・李文成の天理教の反乱（一八一四）では、両者は「天皇・人皇」を称したのであるが、李文成は「大明天順李真主」と称するにすぎず、林清も「天皇」を称したが政治的権力者にはなれなかった。[11] 李文成は孤児で、罪人やごろつきと往来していた人物であり、林清は貧しくてしがない薬屋の徒弟となり、ついで官署の臨時傭いにしかなれなかった人物である。

一八六一年の山東白蓮教徒の反乱（山東五大旗の反乱）の際に皇帝を称した張善継・楊泰・従政の三人について見ると、張善継の父は嘉慶年間に邪教徒として中央アジアに流刑になっている。この罪人の子である張善継は、「販牛」（馬喰のごとき職）を生業としていたが、後に人々に推されて「黄天聖主」となり、「興漢滅胡」（漢民族を興し、胡の満州人を滅ぼす）の印綬を持ち、「君帥聖主」の旗をつくった。[12] 楊泰は「竹籠」（肥料として馬牛の糞を拾い入れる竹籠）の行商で生計を立てていた極貧の無産者であり、蜂起の際に「掃清滅胡」の印を押した布告を出している。[13] 従政は過去に中央アジアに流刑となった邪教徒でもあり、赦されて故郷に帰り、この反乱に参加し、教徒を率いて蜂起した。

こうした彼ら白蓮教の親分が、薄汚ない黄色のガウンを身にまとい、ちゃちな家屋を宮殿と称し、馴れない仕種で皇帝を気どる様を思う時、我々は彼ら「皇帝、聖主」の姿の背後に、演劇的な舞台装置や道化的役割や敗北した時の生け贄（人身御供）を想像するのである。我々は、彼ら「皇帝・聖主・弥勒仏・無生老母」等を称した人々の記録を読む時、リアルな権力欲・権力臭をほとんど感じることができないのであるが、その理由は彼らの内の誰一人として現実に玉座に登り得ず悲劇的に死んでいったことを、既に我々が知っているためばかりではない。彼らの多くは史料上の原義では「真主」「真命天子」「牛八（明室後裔の暗喩）」「弥勒仏」「天王」「天皇」「人皇」「地皇」「聖人」「無生老母」「神母」「総教師」「黄天聖主」等と記されているだけであって、直接に既成権力であった「皇帝・王」の位を宣言するといったものとは異なっていた。政治権力としての王権というよりは、宗教的権威としての聖権といった性格が強く感じられる。

清代の白蓮教は、「真空家郷、無生老母」「返本還源」といった非現実、反権威の世界を希求する感性を持っていた幻想の世界の人々であった。白蓮教徒は差別なき又支配なき幻想の世に回帰せんとしていたのであった。白蓮教系諸宗教に於ては、他の男中心の民衆運動とは異なって、例外的に女性たちが活躍し、「仏母、神女、無生老母」として登場し、反乱の際にも重大な象徴的な役割を担ったところに特徴がある。白蓮教の象徴的な世界は、女性的なるものの要素をも重要な構成要素にしていたことが分かる。

三　嘉慶白蓮教徒の反乱

この反乱は、その初発は反乱ではなく、弥勒仏下生、牛八掌教（或は牛八誕生）の世の到来を期待するだけであったが、一七九二年の乾隆帝末年の大弾圧を被って、一挙に蜂起へと向かったのであった。清朝では、一七七四年の王倫の反乱以後、「邪教徒」に対する警戒と捜索が極端に強化されつつあったが、ついに乾隆五七年（一七九二）から大弾圧が始まった。この年、後の襄陽教軍の中心人物となった高均徳の父親が刑死した。ついで劉松・宋之清・樊学明・斉林・韓竜・謝添秀らが処刑され、その他の白蓮教徒二百名ほどが河南・湖北・陝西・四川等で逮捕された。劉之清・劉起栄らは逮捕された後に脱出し行方をくらました。この他に五・六百名に捕縛令が出ていたという[14]。しかし、当時、全国で白蓮教と無関係なものも含めて数千・数万の人々が何らかの弾圧を被ったものと思われる。

劉之協・劉起栄・王廷詔ら何人かの師傅は難を逃れはしたが、この大弾圧は多くの教徒に「劫運まさに到らん」とする終末の日の到来と共に救済の約束が切迫感をもって迫ってきたことであろう。劉之協は「入教するものは、刀兵水火の諸劫を免れうる[15]」と語り、王三槐は師孫賜鳳の言として「近く大災難に遭うであろう。天地は暗黒になり、日と月は光を失うぞ。人々は戦いと水火の難を被るか、あるいは奇病にかかり、妻と娘は淫掠され、世界は必ず一大変するであろう。ただ、我が教に入るものだけが免れることができる[16]」と語った。徐添徳は教徒を結集させて、「今や天下は既に乱れ、上帝は某月某日大いに天災を降そうとしている。人民は必ずことごとく死ぬであろう。ただ我が教徒のみ免れることができる。互いに一家すべてをひきつれて来れ。我が師（孫賜鳳であろう）に請うて経を読んでいただき救われるように祈ってもらおう[17]」と言った。教徒は老若男女を含む一家全員をひきつれて集まり蜂起した。「劫運まさに到り」「万も生路なき」絶望の淵から救いに向けてひたすら飛ぶことになった。

この反乱には、統一的な政治的スローガンのようなものはほとんど見えないのだが、しいて理念、幻想を示すと思われる例を列挙してみる。

(1)「弥勒仏誕生、牛八掌教[18]」——劉松・劉之協の宣伝。
(2)「劫運まさに至らん[19]」——劉之協・王三槐・徐添徳の宣伝・予言。

(3)「弓を開き箭（矢）を射れば長安に至らん」[20]——宋之清の「西天大乗教」関係文書。
(4)「官逼（せま）りて民反す」[21]——王三槐の自供。この言葉は多くの教徒によって語られた。
(5)「漢を興し、胡（満州人）を滅ぼす」[22]——羅其清が投降を勧めに来た羅思挙に語る。
(6)「天にかわって道を行う」[23]——孫賜鳳（孫老五）が投降を勧めにきた羅思挙に語る。
(7)「夫にかわって仇を報ず」[24]——斉林の寡婦斉王氏、陳得奉の妻郭氏のスローガン。

管見の限りでは、以上の如き予言やスローガンめいたもの以外には何も発見できない。この地上にどのような社会と国をつくるのか、そのためどのような政治的な戦略と戦術をとるのか、全く分からない。いくつかの戦いの際に教軍がおし立てた大旗に書かれていた文句も「大帥旗」「頭領冉其寿」「高家営」「馬元帥営」「威鎮九州総兵」「奉仏師命督総帥」「新営総鎮某」「副帥先行某」[25]といった軍事的なものだけで、政治的なスローガンめいたものはない。

四川教軍は、経文の一部を暗唱しそれを仲間確認の合図にしていたが、その経文の一部は、「祖父の紀講は五倫、仁義礼智信なり。これ、天地の倫なり。骨を剔《けず》りて父に還《かえ》し、肉は母に還《かえ》して両親に報いる。山を劈《ひら》きて母を救い、忠孝にしてはじめて人なり」[26]というものであった。「骨を剔りて父に還し、肉は母に還して両親に報いる」、「山を劈いて母を救う」という一節が注目される。父母という血の始源性に回帰し、或は自己を解消して「あまねく光は仏尊に向かう」（同上）のである。こうして初めて人間の存在理由が発現するのである。血と信仰を紐帯にする運命共同体が、父と母と夫と子とを失うという危機にさらされた時、彼ら教徒は天母が象徴する「無生老母」の世界に還らんとした。

四川省安康県の教徒たちは「無生老母」信仰を持ち[27]、又多くの教軍兵士は「死をもって過劫となし、来生必ず好処

〈幸運〉あり」(28)とし、現世の否定こそが「来世」の約束となるとする思想を生みだし、また「〈処刑された〉夫にかわって仇を報ず」のだという、復讐の鬼と化したのである。こうした嘉慶白蓮教徒の宗教思想は、この反乱に前後する他の白蓮教反乱に見られた「真空家郷、無生父母」「斬決昇天」「無首真人」「無主無君」の思想と同じ構造をもっていたことが分かる。それは「われわれの命運はすでに尽きた。遅かれ早かれ死だけである(29)」という諦観と紙一重の世界ではあった。

四　反乱諸軍の運動と組織

清代の白蓮教系諸反乱には、王権の象徴的世界を現実化しようという垂直にたてられる縦の運動と、我々は「劫運の日」には、上下左右の区別なく横並びで死に行く運命共同体の一員になるとする横の運動とがあった。白蓮教徒独特の組織・運動の特徴を見ておく。

清代山東単県の人劉佐臣は、八卦教を始め、八卦の各卦ごとに支部長に相当するものを置き世界を白蓮教徒で満たそうとした。

以後八卦教の各教主たちはそれぞれ自立する方向をたどり、「南方離卦宮頭郜老爺」とか「北方元上坎宮孔老爺」などと尊称されて、それぞれが独立した一派として発展した。林清・李文成の反乱に於て教徒たちが崇拝していたのは「東方震宮王老爺」であった。

八卦教は世界を「坎・乾・兌・坤・離・巽・震・艮」の八つに分割し、中心から四方八方の空間に波及していくのである(30)。こうして白蓮教には方位の思想が強化された。乾隆五六年(一七九一)に陝西で捕らえられた劉照魁は、それ以前にカシュガルに流刑中の師王子重（王中の子）を訪ねた際、師から「東震至行開路真人」の称号を賜った。ほかに白蓮教系の一派には西来教[31]とか西天大乗教[32]といった西天を強調するものがある。

こう見てくると、白蓮教には王権の樹立に向かうベクトルとは逆に東西南北の方向に増殖し、ついには中心を失って各組織が分散化し自立化してしまう組織の在り方があったように思われる。白蓮教系諸軍が、しばしば色号を持つ独立した集団＝軍に分裂、或は分立して現れるのはそのためであろう。嘉慶一八年（一八一三）の林清・李文成に呼応した陝西の万五の反乱には、「青号・黄号・緑号・藍号・紅号」の各軍があり[33]、咸豊一一年（一八六一）の山東五大旗の反乱は、「黄旗・紅旗・白旗・緑旗・黒旗」の各軍がそれぞれ自立して存在し、又この嘉慶白蓮教反乱も襄陽教軍が「黄号・白号・藍号」に、四川教軍が「青号・白号・緑号・黄号・藍号」と分立した。このように各地方ごとに教軍が自立して統一化の方向に向かわないのは、もちろん閉鎖的な村落の在り方、市場の未成熟、自給的な地域経済構造の存在、人々の経済的・社会的な孤立分散性によって規定されているのだが、なお且つその上に前述した如き白蓮教の運動の特質があったためと想像される。

そして、この組織が分裂してゆく、或は分立してしまう特質を大きく規定しているいま一つの要素は、白蓮教に於ける師弟原理の絶対性ともいうべき強固さにあったと考えられる。

白蓮教諸派は、ユダヤ教、キリスト教、イスラム教の如き一神教とは異なり、教義の体系を整然たる観念大系として作り上げることがなかったので、教徒は教義の体系とか教門に絶対的帰依をすることはできず、特定の教師・師傅なる人物に帰依して徒弟となる、といってよい。嘉慶白蓮教反乱の人々を例示してみると、ほとんどが自分の師を持っており、その師には強く臣従の意を示していた。

白蓮教は、教義、宗派、教門を絶対視する絶対的一神教ではない。であれば、師弟の関係が最も重大な位置を占めることになる。〈湖北の人孫老五に拝従して師となす〉〈廖士学を拝して師となす〉〈申維会を拝して師となす〉〈趙起才を拝して師となす〉〈劉経佩を拝して師となす〉〈王廷詔を拝して師となす〉〈冉添元を拝して父となす〉〈(私は)徐添徳の義子の譙三才である〉〈王世貴は羅其清の徒弟である〉〈陳兆倍は王廷詔の徒弟であり、鄧栄茂は姚之富の徒弟である〉〈張漢潮の徒弟の周栄乃である〉〈胡忠信の老師は父傑人樊である〉(34)。

このようにして師と弟子、父と義子といった二人を結ぶ絶対的な関係の無限の連鎖によって白蓮教の組織は作られており、しばしば有能な宗教的威力のある教主が現れると、多くの徒弟をかかえて分裂し自立してしまうのであった。白蓮教の組織が各地方、各集団ごとに独立化してゆく原因は、以上のような師弟関係の特徴にもあったのである。

師弟関係原理について、その強固さを示す例をあげるならば、弟子が流刑先の師をたずね数千里の旅をいとわなかった例、この遠方の師のもとに莫大な金を届けた例、或は師に法統を継ぐことを願いに行った例がそれを証している。嘉慶白蓮教反乱に於ても、劉之協が甘粛省に流刑となっていた師劉松を訪ね、以後も三回にわたって二千両の金を送っており、又この反乱の最中の嘉慶五年（一八〇〇）三月、安徽の人張效元は父の命により中央アジアのカシュガルに流刑中の王発生を訪ねて行ったが、嘉峪関の関を通れずに帰る途中で王廷詔の教軍に身を投じたのであった。

このような教徒をつなぐ師弟原理は、それぞれの師弟関係が一分節をなしているので、この無限の連鎖だけでは、数百数千の教軍を指揮する軍事的指揮命令系統は生まれない。戦闘は一瞬にして集団全員の生死を分かつ非日常の世界が舞台である。従って一端蜂起するやいなや軍事に固有の組織原理が必要になる。嘉慶二年夏には、湖北・四川の両教徒とも、「元帥―副元帥―総兵―先鋒―探馬頭―矛手」という軍事的階級制度を完成している。

師弟原理と軍事的階級原理という、互いに相反するベクトルを持つ二つの背反的原理の複合によって、教軍―教徒集団は形成されていく。各軍団の長は「大師傅」とか「掌櫃」とか呼ばれるだけであり、教祖と軍事指揮官の二つの折衷的位相を抜け出ることができない。従って、ここからは全教徒・全教軍を指揮命令下におく絶対者、唯一者は誕生しないのである。各教軍―集団は、この内部矛盾を克服するために運命を共にする戦時共同体として東奔西走しつつ、救済の時をひたすら待つ「待機主義」の虜となってゆくのである。(35)

五　反乱者の規律と情念

一七九六年からおよそ一〇年間にわたって、教軍は河南・湖北・陝西・四川・甘粛の山岳地帯を主なる舞台として、清朝官軍や地主自警軍（郷勇）と死闘を交えた。教軍は数百から数千人を単位とする多くの集団に分かれ、多くの家族を連れながらゲリラ戦をくり返した。彼らは生産を行わない戦闘共同体であったから、官軍や地主の食糧を奪い、官軍の追撃を許さぬ猛スピードで東へ西へと流動し、その間に待ち伏せ攻撃と奇襲をくり返した。その生活は、無限に続く飢え、戦死、負傷、捕虜、拷問、処刑、病気、逃走、寒気、風雨の苦しみだけであったと云える。だが、教軍は一面で、清朝官軍の暴虐に比較して、きわめて人民的規律を保持し続けてもいた。

(1) 賊が来る時には十人・百人と群をなしている。彼らはあるいは東へあるいは西へと駆けまわる。焚焼・劫掠は彼らが得意とするところだが、頗る礼儀は正しい。聞くところによると、彼ら教軍が通過しようとする時、沢山の米飯を用意し味噌《みそ》をならべて待っていると彼らは皆大いに喜んで飽食し、お礼を述べて去る。全く掠奪することはない。しかし、彼らを怒らせ、あるいは門を閉じて逃げ隠れすれば暴虐をほしいままにする。(36)

(2) 途中、寨《とりで》にたてこもって避難していた人々に訊ねたところ、例の教匪はおよそ二、三百人で夜昼なく狂ったように逃げて行った、彼らは途中ではただ食物を搶掠しただけで、決して人々を殺すことはなかった。(37)

(3)陳見文は自供して云った。彼ら教匪はともに四〇余人で、途中の飯食はみな銭を払って買ったのであり、決して掠奪や凶行には及ばなかった。[38]

(4)(五年正月、冉添元を総大将とする教徒の連合軍は嘉陵江を西に渡河し)四方に出て焚掠したので、火光は二百華里にわたって続いた。彼らは十余万の人々を脅かし従わせたが、渡河の際には人々を虜にしても殺しはしなかった。人々は皆脅されて賊となった。賊が七間房地方に到った時、人々は皆逃げてしまったので、また賊は毎日殺人放火するようになった。[39]

(5)(八年)九月、達州の飢民黄貴と趙思煥は、貧しい人々を集め、富戸を掠奪した。[40]

(6)賊が民間の寨を通る時には、必ず呼びかけて云った。お前達と事を構えるつもりはない。我々はお前達民間人の寨《とりで》を破らなくてもよいのだ。決して官兵を助けることはするな、と。寨民もまた無事なことを喜んだ。(しかし、郷勇は違う。教徒を殺して官から賞を得ようとしたからである)。郷勇と賊とは、不倶戴天の敵となった。郷勇となった者は賊が一日生きのびれば、身と家は一日と保てないと思っていた。[41]

以上の例を見れば、白蓮教軍がきわめて強い民衆的規律を保持していたことが分かる。しかし、文武生監層(科挙の下級タイトル保持者層)、つまり在地の有力者である郷紳層には徹底的に対抗した。両者ともみじんも相手に同情心を持たなかった。「ただ挙貢の文武生監は、往々智を尽くし力を尽くして賊と対抗した。決して一人として賊に屈した者はいない[42]」というように。おそらく教軍は郷紳層を捉えれば必ず殺したからであろう。

しかし、家族をつれ飢餓にさいなまれつつも、峻厳で寒冷な秦嶺山脈などの山岳地帯を全速力で逃亡し戦う教軍は、いつも清軍や郷勇や郷紳のみを選り分けて殺すというわけにはいかなかった。救いと世界転倒の時がやって来ず、この厳しい非日常が日常化すると共に政治的戦略なき戦いは、次第に教軍兵士をいらだたせ殺戮も次第に無差別にならざるを得なかったであろう。

ある元教軍兵士だった人物は後に昔を述懐して、「（私は以前賊に従っていたが）奴等は以前から放火殺人をしていたので、やむなく私も賊に従って共にやるようになった。久しくするうちに習慣となり劫殺を楽しみとするようになった。…男や女を掠奪し、また銀物も無数に奪った」と述べた。(43)「賊党が殺しを趣味にするのは本性であるが、ただ么鼓槌の輩だけはもっとも殺人を好んだ。么鼓槌というのは賊中の一四、五歳の陰間（男色用の少年）の呼称である。この輩は人間ではなく、……刀矛を持って賊に従って行動し、老人・子供・婦人に会うと戯れに刀をつきさして面白がった(44)」。

これらは地主側の人々の記録であるが、直接には教軍に参加しなかった教主劉之協も、嘉慶五年閏四月に子の劉貴を連れて陝西省にいた戴家営（襄陽教軍の首領の一人戴世傑一族の軍営）に来て、「もはや事は失敗した。どうして理由もなく人々を殺すのか。河南に来て徒党を解散し、それぞれ家業につくがよい」と勧告（勧告は失敗）したことがあった。(45)

いかに多くの犠牲を払って戦っても、世界転倒の日は全く来ず、教徒は次第に虚無感にとらわれていったことであろう。倫理と規律の風化は、生活と生産という二つの方向への自己権力の樹立を志向しえない以上避けられないことであったが、この弱点を克服し、絶望的状況の中で一〇年近く死闘を持続しえた力は、同志愛と共同体員としての精神の絆であったろう。師傅の死体を戦場に取り返しに行って戦死してしまった二人の元帥、教主の死に殉じて次々と崖から身を投じる部下や女性たち、仲間の行方を言えと拷問する清朝兵士の訊問に自供を拒否して死んでゆく教軍兵士たちの例は驚くほど多い。

(1)　生け捕った賊一三名を訊問したところ、「殺された頭目は劉起華・韓小老の二人である。劉起華は劉起栄の弟である。頭目の劉起栄・李大樹は先に逃亡して現在どこにいるか本当に知らない」と言い、その他のことについては自供しようとしなかった。皆処刑した[46]。

(2)　捕らえた一二〇名と王家寨の人々が送ってきた陳有才ら二一名は、訊問したが自供しようとしなかった。共に処刑した[47]。

(3)　二回にわたって捕らえた賊の余詳栄らを皆訊問したが、自供しなかったので直ちに処刑梟首した[48]。

(4)　賊匪の唐之英ら八〇余名を捕らえ訊問したが、自供しなかったので直ちに処刑した[49]。

(5)　劉順を訊問したところ、「私の部下はもと四、五〇〇人いた。自分は小旗（小隊）の指揮者で姚之富の徒弟である。姚之富らは現在どの集団にいるか知らない」と答えただけであった。そこで厳しい拷問にかけたが一語も発しなかったので処刑した[50]。

(6)　(姚之富の徒弟の朱為成は)「姚之富は今どこにいるのか」と訊問したが「知らない」と言うだけだった。再三厳しく取り調べたが、目を閉じて語らない。徹底的に拷問したが遂に一語も発しなかった。この凶悪な態度は憎みてあまりあり直ちに処刑した[51]。

(7)　王得昌を訊問し、姚之富・劉起華・李槐・張富国らの行方を質したが、この集団にいると答えたり、すでに応山に行ったと述べたりで出鱈目であった。そこで厳しく拷問にかけて追及したが、皆目を閉じて語らなかった。誠に残念ではあったが直ちに処刑のうえ梟首した[52]。

(8)　(教徒)一三名を生け捕って訊問したが自供しなかった。李有富らと共に梟首した[53]。

(9)　(賊二人を)訊問したところ、この賊徒は「これまで一七、八〇人はいた。しばらくの間山中で命を永らえてい

た」と述べただけで、他は自供しようとしなかった。そこで共に処刑した。(54)
(10) 賈加師・賈加孔・張洪海・譚連志ら一〇六人を生け捕って訊問したが自供しなかった。共に処刑した。(55)
(11) 賊の劉起雲らを訊問したところ、「この集団の頭目は張元帥である。かれは河南の人であるが姓名は知らない」と答えた。その他のことは自供しようとしなかった。直ちに処刑した。(56)
(12) 夏達誓らを訊問したが自供しなかった。直ちに処刑した。(57)
(13) 賊三八人を殺し、一六人を生け捕った。訊問したが自供しなかった。直ちに処刑した。(58)
(14) 張汪氏は襄陽の人で張士竜の妻である。軍営の人々は彼女を二掌柜（二番目の親方）と呼んだ。彼女を訊問したところ初めはごまかしていたが、多くの人々から張汪氏その人であると指摘され、抗することができず名を白状した。賊の軍営の様子を質したが遂に一語も発せず、ただ「すみやかに殺せ」と求めるだけであった。直ちに夏朝武と共に処刑した。(59)

もちろん、生け捕られて拷問に負け自供した人々は最高幹部にも多くおり、投降した王三槐はその代表格である。又、家族を捨てて逃走した者、生きるために仲間を裏切る者も多数いたのであるが、中堅幹部や一般兵士には驚くほど強固な意志の持ち主が多かった。この反乱の動機が栄達や富貴を目指すものではなく、彼らが世界転倒の時の必然的到来を信じる信念の徒であったためであろう。更にまた多くの教軍兵士が戦闘の中で師弟や家族を失っており復讐の狂気にとらわれるか、或は現世への未練を断ち切っていたためであろうと思う。清朝軍の最高司令官の一人は、「残念にも真正の賊匪は死を畏れない。戦闘のたびに銃・矢を一斉に発射し、また矛を持って頭をさげ突撃してくる。彼らは死を過劫（劫運を通り抜ける意）となし、死ねば来世に好処《よきところ》（幸運）ありとしている。撃ち敗れた賊は、他のどの集団にでもまぎれこむ。又、官兵や難民を装うものもあり識別しがたい。彼ら賊徒は剿滅しようとしても畏れず、手なずけて降服させようとしても来ず、決して悔心がない。これらが賊匪の憎むべきところであると共に簡単に始末できない実情である」と嘆いている。(60)

終末の日に生き残り救われるという信念が、戦闘の連続の中で逆に死の恐怖を感じなくなったのか。白蓮教徒は、すべて白装束で身を固めたが、〝白蓮〟が象徴する白色は、中国人の世界観にあっては「西、秋、金、(八卦の)震又は巽、喪」の象徴であった。紅(赤)が喜びの色であるのに対し白は喪(死)の色である。教徒は身を白布に包み、連行した人々の額に白蓮の刺青を入れたり彼らの弁髪を切ったりした、という。

六　負性の反乱の歴史的意義

白蓮教反乱には多くの女性の活躍が見られたが、嘉慶白蓮教反乱も例外ではなかった。

(1)　襄陽教徒は、蜂起するや処刑された師斉林の妻斉王氏(本姓王聡児、教主の一人王廷詔の一族の出、幼少には雑技の芸人であった)を〝総教師〟と奉った。彼女は元年から戦死する嘉慶三年三月まで襄陽教軍の主力軍を率いる大帥であった。彼女の周りにも多くの女性兵士がおり、又勇敢に戦った下婢も仕えていた。(61)

(2)　周滕氏という女性には神がのりうつり、彼女は多くの賊(教軍兵士)を率いて戦った。(62)

(3)　(清朝兵は)牛に乗って戦いを指揮する賊婦(高廷輿の妻)一人を殺した。(63)

(4)　(三年正月、高均徳の軍には)騎馬の女賊数百人が従っていた。(64)

（5）張汪氏は襄陽の人で張士竜の妻である。営中の人々は（彼女を）二掌櫃とよんだ。（清兵が）賊営の状況について質したが、一語も発せず処刑された[65]。

（6）（四川安康県で）賊の砦を破った時、数千人の賊が一人の婦人を護衛していた。彼女は〝無生老母〟を称していた[66]。

（7）陳得俸の妻は、白衣をまとい、〝夫にかわって仇を報ず〟と大書した旗を立てていた[67]。

（8）（徐添徳の軍は）今日また官兵に蹴散らされ、家畜はその大半を棄ててしまった。そして多くの人々が死んだ。徐添徳は恐れて、女の大部隊にまぎれ込んで逃亡した[68]。

（9）（生け捕られた）徐添徳の妻李氏と樊人傑の妻張氏の二人は、（白蓮教の）経文を習って伝教し、卜占や星占い等のことも行った。賊営では（この二人を）二掌櫃（副頭領）と呼んだ。彼女らは実に妖言をなして衆を惑わし、賊営で多くの難民を殺した[69]。

これらの例を見ると女性がしばしば宗教上の最高の権威を持ち、戦闘での活躍ばかりでなく、卜占を行い神通力を発揮していたことが分かる。この白蓮教の反乱は太平天国の反乱と並んで、家族総ぐるみで参加して戦う形態をとり、老人や子供や病人や負傷者を抱えて急行軍（一日に百七・八〇華里という速度の例も記録されている）を続けたので、女性の力に頼り女性の発言力も増大したのであるが、基本的にはこの白蓮教反乱がきわめて女性的表象にみちあふれていたためでもある。

女性は、社会の劣者あるいは負者として不具、沈黙・犠牲・復讐・殉死・闇を表象しており、白蓮教はまさにこうした精神の世界に根を持っていたように思う。斉林の妻で寡婦となった斉王氏は、〝総教師〟という地位（総教師という名称は白蓮教首脳部で彼女だけの呼称）に就き、襄陽教軍の主力を率いて姚之富とあたかも愛人の如く行動を共にし、最後は崖から一緒に身を投じて死んだ。

白蓮教の反乱は元末から清末に至るまで数十、数百回の事例を数えるほど多かったが、成功率はほとんど零に近かった。それにもかかわらず連綿とたえまなく生起したことは、単に世俗的栄達や富貴を求めたためではなく、又利害や打算に基づいて蜂起したのでもなかったであろう。儒教という体制的ないわば政治権力と家父長制支配に向かう男性的価値観に圧殺されていた「不具・沈黙・犠牲・殉死・忍従・怨念・エロス」等に象徴される「構造的負」なるものが、歴史の中に露呈したのではないか。白蓮教反乱にそうした世界を見るのである。

註

（1）「太平天国の反乱」（松井等編『世界歴史大系・東洋近世史』第二篇所収、一九三四年）。

（2）『清朝社会史』第三部、農民暴動、第一輯、頁七五～七六、昭和二三年。

（3）この書は一九五二年に出版されたが、基本的論稿は昭和一九年に出来あがっていた。燎原書房より出版。嘉慶白蓮教反乱に関する最も本格的な研究書である。

（4）「清代の農民反乱」（『岩波講座・世界歴史』中世六）。

（5）夏家駿『清代中葉的白蓮教起義』（一九七四年）、王竹楼「一七九六―一八〇五年的白蓮教大起義」（『農民起義論集』一九五八年、所収）、董蔡時「試論川楚白蓮教農民大起義」（『文史哲』月刊、一九五八年第七期）、石立「八路兵馬総指揮王聡児」（『歴史研究』一九七五年第四期）、馮佐哲「王聡児是八路兵馬総指揮嗎?」（「歴史研究」一九七八年一期）。

（6）以上（1）から（6）までの事例は、『清朝実録』『欽定剿平三省邪匪方略』『戯靖教匪述篇』等に紹介されている。日本では鈴木中正氏の前掲書に詳しく記されている。

(7) 中国方略叢書『欽定剿捕臨清逆匪紀略』、佐藤公彦「乾隆三九年王倫清水教叛乱小論」(『一橋論叢』第八一巻第三号)。
(8) 『欽定平定教匪紀略』(中国方略叢書一、第二輯)。
(9) 陳白塵撰述『宋景詩歴史調査記』(人民出版社、一九五七年刊)。
(10) 註(2)の史料。
(11) 註(3)の史料。
(12) 前掲『宋景詩歴史調査記』頁五一。
(13) 同上書、頁五四～五六。
(14) 『清朝実録』乾隆五九年八月～一〇月の条。
(15) 『(同治)襄陽県志』巻四、武事、兵事六。
(16) 『戡靖教匪述編』(石香農撰)巻一一、王三槐の条。
(17) 『戡靖教匪述編』巻一一、徐添徳の条。
(18) 同上書、巻九。
(19) 註(2)、(3)、(4)に同じ。
(20) 『清朝実録』乾隆五九年八月の条。
(21) 王三槐の自供。馮佐哲、孟祥才「王三槐《供単》和投降派的哲学」(『文物』一九六七年第三期)に全文掲載されている。
(22) 羅思挙『羅壮勇公年譜』上。
(23) 同上。
(24) 斉王氏に関し、『(同治)襄陽県志』巻四兵事に「以報仇為名」とある。又、陳得俸の妻郭氏に関しては『欽定剿平三省邪匪方略』(嘉慶五年三月二二日、徳楞泰の上奏)に「身穿白衣、旗上大書〝替夫報仇〟」とある。
(25) 以上の事例は『欽定剿平三省邪匪方略』から拾ったものである。
(26) 註(9)に同じ。

(27) 「邪匪方略」嘉慶二年二月一〇日の秦承恩の上奏。
(28) 『邪匪方略』嘉慶五年一月一八日の額勒登保の上奏。
(29) 『邪匪方略』嘉慶六年一二月一四日の徳楞泰の上奏に紹介されている元帥（苟文明・張之竜）の言葉。
(30) 佐藤公彦前掲論文。
(31) 乾隆初め常州江陰県の人夏天佑はこの西来教を奉じ、乾隆三年に師を雲南省大理府に訪ねた。
(32) 劉之協から別れた宋之清がたてた一派。
(33) 張一純「関于天理教起義二三事」（『歴史教学』一九六二年第一期）。
(34) 『邪匪方略』より列挙。
(35) 拙稿「構造的負性の反乱」「嘉慶白蓮教反乱における人脈・組織・軍」（『歴史学の再建に向けて』第四号、一九七九年）。
(36) 安野省三前掲論文に紹介されている莫与儔『貞定先生遺集』巻三の記事。
(37) 「邪匪方略」嘉慶八年一〇月四日の額勒登保の上奏文。
(38) 同上書、嘉慶八年一〇月一五日の勒保の上奏文。
(39) 『戡靖教匪述編』巻五蜀述。
(40) 同上書、巻八蜀述。
(41) 同上書、巻一一襍述。
(42) 同上書、巻一一襍述。
(43) 同上書、巻一一襍述。
(44) 同上書、巻一一襍述。
(45) 『邪匪方略』嘉慶五年閏四月二一日の台布の上奏。
(46) 同上書、嘉慶元年七月一五日の永保の上奏。
(47) 同上書、嘉慶二年四月二九日の宜綿・明亮・台布の上奏。

(48) 同上書、嘉慶二年五月九日の宜綿・明亮・徳楞泰の上奏。
(49) 同上書、嘉慶二年七月六日の宜綿らの上奏。
(50) 同上書、嘉慶二年三月二五日の恵齢の上奏。
(51) 同上。
(52) 同上。
(53) 同上書、嘉慶三年正月二三日の汪新の上奏。
(54) 同上書、嘉慶三年正月二三日の汪新の上奏。
(55) 同上書、嘉慶三年正月二四日の額勒登保、汪新の上奏。
(56) 同上書、嘉慶三年二月一二日の秦承恩の上奏。
(57) 同上書、嘉慶四年正月三日の恵齢の上奏。
(58) 同上書、嘉慶五年一一月二日の額勒登保の上奏。
(59) 同上書、嘉慶六年八月一二日の徳楞泰の上奏。
(60) 同上書、嘉慶五年正月一九日の額勒登保の上奏。
(61) 『戡靖教匪述編』、巻一一斉王氏の条。石立「八路兵馬総指揮王聡児」(『歴史研究』一九七五年第四期)、この論文に斉王氏の本名は王聡児といい、旅芸人出身だったことが出ているが、出典は明示されていない。
(62) 『邪匪方略』、嘉慶元年六月一八日の孫士毅、福寧の上奏。
(63) 同上書、嘉慶二年八月一八日の汪新の上奏。
(64) 同上書、嘉慶三年正月一四日の景安の上奏。
(65) 同上書、嘉慶六年八月一三日の徳楞泰の上奏。
(66) 同上書、嘉慶二年二月一〇日の宜綿らの上奏。
(67) 同上書、嘉慶五年三月二二日の徳楞泰の上奏。

(68)　同上書、嘉慶五年八月十四日の明亮の上奏。
(69)　同上書、嘉慶六年六月八日の徳楞泰の上奏。

附記　この論文脱稿ののち、王鋌欣「清代中葉白蓮教起義軍的階級分析」(『中国農民戦争史論叢』山西人民出版社、一九七八年)と周凱『内自訟斎文鈔』中の「紀邪匪斉二寡婦之乱」(『康雍乾時期城郷人民反抗闘争資料』下巻、中華書局、一九七九年)を読むことができた。これらには、注目すべき新史料(たとえば斉王氏は反乱の中で、処刑された夫の斎林(白蓮教の教祖の一人)の高弟姚之富と「通じ夫婦と呼ばれていた」)こと等が紹介されている。

第五章　（二）　嘉慶白蓮教反乱の軌跡――斉王氏の反乱――

一　序

この寡婦は容姿はきわめて艶冶で、髪に挿した羽飾りはこまやかに美しかった。狼や猪どもと群れ、野に走り山に眠って、その名は諸賊の頭目らに冠たるものがあった。まことに妖しい人であった（『戡靖教匪述編』巻一一、斉王氏）。斉王氏の本名は王聡児。斉王氏とは、斉林の妻で王姓であること、氏とは既婚者であることを示す。

私は、嘉慶白蓮教反乱を戦った襄陽教軍の女総教師となった斉王氏の生涯を追いながら、この反乱の「斉王氏が象徴する世界」を歴史の深層から掘り出し、それに光を与えたいと思う。それは歴史の表層の、ずっと奥深くに隠されていて、教徒自身も明確に自覚し得なかった混沌の世界であって、今のところ「斉王氏が象徴する世界」としか名づけようもないが、本稿の展開の中で次第にその姿を鮮明に現してくるであろうと思う。

斉王氏は嘉慶白蓮教反乱（一七九六～一八〇五）に襄陽教軍の主力を率いた総教師である。彼女は一六歳で白蓮教の幹部の一人斉林と結婚したが、一八歳の時に夫の斉林は処刑され、嘉慶元年二月二日に襄陽県城郊外の黄竜壋で蜂起した。その時二〇歳であった。以後、湖北・河南・陝西・四川を転戦した後、嘉慶三年三月六日に湖北省鄖西の山中で敗北し、崖から身を投じて自決した。二二歳であった。

斉王氏の生涯を追跡する作業は、当然にも襄陽教軍主力（斉王氏、姚之富の一党）の蜂起に至る過程、教徒の心情、彼らが受けた弾圧の実態、蜂起以後の教軍の戦略と戦術、彼らの目的、理想、宗教等、その総体を明らかにする作業と切り離すことはできない。出来るだけその全貌を明らかにしつつ、本稿の目的に迫りたい。

〔註記〕

（一）本論文の官軍指揮官で満州人、蒙古人出身の著名なものは（　）内の原音で示した。明亮（ミンリャン）、徳楞泰（ドレンタイ）、景安（チンアン）、額勒登保（エルデンボー）、勒保（レボー）等。

（二）本論文中に登場する地方高官、官軍将校、白蓮教首領等についての詳しい紹介は、「嘉慶白蓮教の叛乱」（『戡靖教匪述編』の私の抄訳、平凡社『東洋文庫』四〇八、『中国民衆叛乱史（3）』）にある。

（三）本稿は私がかねてから主張してきた「構造的負の文化価値」、「社会的浮遊層」等の概念の歴史的規定、歴史における役割、位置等についても、明確化しようとする目的を持っている。

二　少女（斉王氏、本名は王聡児）の頃

斉王氏の出自と少女時代についての記録はごく少なく、断片的なものが一、二あるにすぎない。臨安の胡七因なる人が書いた「斉二寡婦行」という文章の中に、「斉王氏、襄陽城内の人、名は聡児なり。若くして孤児となり、母に従いて大道で武芸を見世物にして生活し、襄陽と樊城の間を往来していた。彼女らが府役（府の役署の下働き）の斉林の家に泊ったところ、斉林は王聡児をこのましく想い、妻にした(1)」とある。彼女の本名を記した資料は、ただこれ一

つであり、今のところこの文章を信ずる以外にない。彼女が少女の頃、大道武芸を見世物にしていたという話は、『清稗類鈔』の「義侠類」にも書かれている。「嘉慶の時、斉二の寡婦で王氏というものがいた。美しく且つ勇気があり、幻術をよくし、また武術に巧みであった。夫に従って各地で武芸をひさぎ、弓や太鼓を身につけて馬上に立つこともでき、馬を乗りまわす様は飛ぶがごとくであった。白蓮教匪が乱を起こすと、戦場を荒々しく突撃し剽悍無敵であった」(2)と。数千、数万にのぼる襄陽白蓮教徒を率いて、五省にまたがって三年間も清朝官軍や各地の地主勢力と英雄的に戦い抜いた斉王氏が、世間一般の普通の家庭に育った人とは思われない。社会の表裏や人情にも通じ、多くの人々を引きつける宗教的威力を持ち、武術にも長けていなければ、あれほどの活躍は無理だとするのが常識であろう。

この嘉慶白蓮教反乱のおよそ二〇年前の乾隆三九年（一七七四）に山東に起こった王倫の清水教の乱（白蓮教の一派）に、この斉王氏とよく似た役割を演じた烏三娘という若き寡婦がいた。烏三娘の事跡は、斉王氏を理解する上で大いに参考になると思われるので、しばらく烏三娘について書いておきたい。清水教の反乱に無生神母（白蓮教の女神）を称した烏三娘は、「今歳、四五日にわたる大虐殺の劫難がある」(3)と予言して人々を集め、戦闘の際には双刀をふるった。彼女は「王倫が頼りにした人で、きわめて邪術にたけていた。……よく刀を使い馬に乗った」(4)という。烏三娘はどこでこのような威力を身につけたのであろうか。ある記録によると、「烏三娘は山東省の兗州の出身で、年齢は二〇ほどであった。艶やかで姿がよく、膂力があって、技撃に巧みであった。その夫は格闘技が上手で、俗に〝走馬売械〟（大道武芸で人を集め武具を売るもの）と称せられる人であった。かつて妻の烏三娘と湖北、河南の間を往来し武芸を見世物にして口に糊《のり》していたが、三娘の技は実に夫を凌いでいた。かつて腫れものを患ったが、王倫がたまたま治療し病は癒えた。王倫は代金を受け取らないばかりか、逆に金銭を与え援助した。三娘はその恩に感じ、願って王倫の義理の娘となった。夫が死ぬと三娘はついに王倫の家に寓居した。王倫が寿張県などの県城を破った時、三娘はいつも王倫に従っていた。そして、これまで共に大道芸で武具を売っていた仲間十余人を招いた。……清朝皇帝の軍が王倫のいる汪氏の邸宅を包囲すると、三娘は招いた女性たちを率いて戦った。刀や槍を振るって白兵戦となり、女性たちは次々に死んだ。三娘は独り双刀をふるい、白刃と矢を防ぎ、たちまち馬から屋上に飛び上がり、さらに楼上に登った」[4]。彼女は最後に官軍の砲撃で死ぬのであるが、その出自は斉王氏ときわめて似ている。

白蓮教系の宗教反乱や義和団運動などには、きわめて多くの女性が宗教的威力を振るったり、あるいは武器を手にして戦ったりしているが、大道芸人や武術系秘密結社員の娘が多かったのではないかと想像される[5]。こうした女性たちは、多くの人を集め、大音声で講釈を述べ、人の心の動きを適確に把握し、各地の地理、気候、風俗、習慣、人情、社会経済にも通じていなければならず、そうして初めて、男以上の働きが可能になるのである。こうした能力は、財産家や一般の農家や商家に育った娘たちには期待することは無理であろう。少なくとも被差別階層の出身で、各地を転々と流浪し、民衆の裏の世界を経験することが必要であったものと思われる。

こう考えてくると、斉王氏が少女時代に武術を見世物にしながら武具を売る、大道芸人の生活をして各地を渡り歩いていたという記録は、きわめて信憑性が高いものと云わねばならない。先に紹介した二つの記事は、一方は母に連れられて大道芸を売り各地を転々としたと云い、一方は夫の斉林について歩いたと云い、両者の記述に若干の相違はあるが、こうした少女時代を送ったものと考えられるのである。では、旧時代の中国で大道芸人とはどのような身分とみなされていたのであろうか。中国の歴史家石立は、「封建社会では労働婦女が受けていた搾取と圧迫は、きわめて深く重かったが、とりわけ女の雑技の芸人はそうであった。なぜなら、雑技の芸人は、封建社会では古来〝娼優〟（役者、俳優）なる賤民の類に属し、社会的地位は極端に低かったからである。つまり女雑技の芸人などは、封建支配階級から〝下賤〟の人と見なされ、封建的な法権力が維持している社会的身分制下では、搾取され圧迫される地下数万丈の底辺にいたのである」と指摘している。[6] 社会の底辺に位置づけられ、伝統的価値から差別され否定されていた女の大道芸人などは、その存在そのものの中に、封建体制への怒りと差別否定の契機を秘めていたということができる。封建的秩序から排除されているということは、ここには封建的道徳律や倫理観が及ばないということであり、ある意味では何物にも捉われない「自由」な空間があったということもできよう。白蓮教は、そうした空間、磁場に根を持っていた。たとえば、白蓮教は「男女七歳にして席を同じゅうせず」という儒教道徳とは無縁な、「九宮教（白蓮教の一派）に入るもの男女を論ぜず」、「教匪の愚民を蠱惑《こわく》すること由来すでに久しい。民の教匪に騙されるものは婦女が多く、たいてい入教するものは男女を分かたない[7]」というように、男女を差別しない世界を用意していたのである。白蓮教の最高神は、「無生老母」とか「神母」といわれる女性神であり、しばしば反乱の際には特定の女性がそれを名乗っていた。このようなわけで、白蓮教系の「邪教」反乱には、女性がしばしば男も及ばない勇敢さと宗教的威力を振るうことができたのである。斉王氏、烏三娘は、白蓮教が根ざす世界の典型的な住人であった。

さて、彼女は父を早くに失い大道芸人になったと云うが、父はどのような経歴の人であろうか。ただ一つ「紀邪匪斉二寡婦之乱[8]」という記録に、「分巡湖北安襄鄖荊道衙内茶役の王某之女」とあるだけである。つまり、湖北省の安陸府、襄陽府、鄖陽府、荊州府を管括する道台の役所で茶の専売税務に従事する衙役（下働き）の娘ということである。衙役には、民間の無頼、游手好閑之徒、反社会分子などが多く入りこんでおり、一般的には権力の走狗《いぬ》であるが、彼らとて臨時雇いのような者で生活は不安定であり、反権力の陣営に加わるものも極めて多かった。この記録を信ずるならば、父の仕事の関係で、斉王氏は幼い時から同じ襄陽府城内で働く衙役の斉林とは顔見知りであったものと思われる。

※論文中、特に頻出する史料の出典は次のように略記する。
『輯録』＝『川湖陝白蓮教起義資料輯録』（蔣維明編　四川人民出版社、一九八〇年）。

『人民反抗』＝『康雍乾時期城郷人民反抗闘争資料』（上、下冊、中国人民大学清史研究所、檔案系中国政治制度史教研室合編、中華書局、一九七九年）。

『五省白蓮教』＝『清中期五省白蓮教起義資料』（第一―第五冊、中国社会科学院歴史研究所清史室、資料室、江蘇人民出版社、一九八一年）。

『方略』＝『欽定剿平三省邪匪方略』（中国方略叢書、第二輯、成文出版社、嘉慶一五年刊本）。

『清実録』＝『大清歴朝実録』（台湾、華文書局）。

『述編』＝『戡靖教匪述編』（石香農編、道光六年）。

註

（1）『骨薫瑣記』巻六（『輯録』頁六九、所収）。「府役の斉林の家に泊った」の原文は「主府役斉林家」であるが、「主」は誤字と思われる。文脈から一応「泊った」としておく。
（2）『清稗類鈔』「義侠類」（『輯録』頁六三）。
（3）中国方略叢書『欽定剿捕臨清逆匪紀略』（一巻、頁八四）。
（4）同上（二巻、頁四〇七）。
（5）兪蛟『臨清寇略』（『人民反抗』下冊、頁七四九～七五〇）。
（6）『歴史研究』（一九七五年、第四期）。
（7）中国方略叢書『欽定平定教匪紀略』（第六冊、頁二一〇六、頁二一六三）。

（8）周凱『内自訟斎文集』、「紀邪匪斉二寡婦之乱」（『人民反抗』下冊、頁八三〇）。

三　白蓮教主の夫斉林のこと

王聡児が一六歳の若さで嫁した斉林はいかなる人物であったか。「斉林は襄陽府の総役であった[1]」というのが定説である。総役とはこの場合、襄陽府署で働く下級職員である衙役の元締であり、襄陽県城に住んでいたものと思われる。王聡児は一六歳でこの斉林に嫁した「妻」であるというのがほとんど総ての史料に共通であるが、ただ一つ前出の「紀邪匪斉二寡婦之乱」だけは「四番目の妾」と書いている。この文章は襄陽蜂起時に関してはきわめて詳しい記録であり、「妾」説もいちがいに否定し去ることはできない。斉林処刑当時、王聡児は事実上の妻であったことは間違いないが、斉林の側からみればあるいは四番目の「妻」になるのかもしれない。斉林には他に三人の女性がいたのか、あるいは王聡児といわゆる正式の結婚をしていなかったのか、そうした可能性も残しておきたい。

ただ明確なのは、襄陽の多くの白蓮教徒が斉林の妻として斉王氏を認めていたということである。それは、後に官軍に捕らえられた多くの教徒の証言に、「妻」としてしか出てこないことから明らかである。宋応伏は「斉王氏は斉林の妻子《つま》」と、李栄献は「斉二寡婦」と、王添万は「斉林女人《つま》王氏[2]」というように呼んでいる。以上のことから、王聡児は、少なくとも斉林が処刑されるまでの二年間は「妻」として自他共に認める存在だった、ということになろう。

斉王氏は蜂起時に、処刑された夫斉林のために「仇を報ず」をスローガンにしたのであるが[3]、以後三年間、終始斉林の高弟姚之富と行動を共にしたので、「夫婦」の噂もたった[4]。その最後も、共に崖から身を投げて心中の如く自決したことを思うと[5]、実は斉王氏は斉林の四番目の妾であったという記事が、何か真実味を帯びてくるのである。妾説の可能性も棄て難いのではあるが、以後は「妻」説に立って話を進めたいと思う。

斉林は宋之清の弟子であった。宋之清は混元教の劉松・劉之協の系譜の人ではなく、収元教の流れをひく有力な教首の一人であった。後に、劉之協に説教されて混元教に転向し、その弟子となった人である。[6] 宋之清は襄陽で大勢力を持つようになると、劉之協から分離独立して一派をたてた。恐らく斉林は宋之清の弟子として、行動を共にしたに相違ない。この師と弟子は襄陽を中心に湖北一帯へ、更に陝西方面へと布教を行った。しかし、乾隆五九年（一七九四）の白蓮教大弾圧で捕らえられて殺された。

この年の八月中旬、湖広総督の畢沅は、西天大乗教の教首宋之清、斉林、樊学鳴、伍公美ら一〇〇余人を逮捕し、同時に全国的な捜索、捕縛を行って大弾圧を行った。宋之清、王応琥、劉松は凌遅梟首。斉林、宋相、樊学鳴、伍公美、肖貴、謝添綉、韓隴、劉四児ら数十人は斬決に処せられた。[7]

しかしながら、斉林の逮捕、処刑を、嘉慶元年正月三日とする史料がただ一つある。これも前出の「紀邪匪斉二寡婦之乱」であるが、この記録によると、嘉慶元年正月三日、襄陽知県代理の張翺は、白蓮教徒の反乱計画を知り、回教徒の武装勢力三〇〇人を召集し、城門を閉じて城内の大捜索を行った。この時斉林の徒党の多くは城外におり、城内には斉林ら数百人しかいなかった。知県は斉林ら一〇〇余人を捕らえ、県署の西に並べて処刑し、斉林の首を小北門にさらした、[8] というのである。斉林処刑についてこれほど詳細かつ生々しく描写した記録は他にないのであるが、この事件を嘉慶元年正月三日としている点は誤りと考えられる。勒保は上奏文（乾隆五九年一〇月一三日）の中で「臣は連日厳しく劉松を取り調べたが、彼の自供に出てくる宋之清、斉林、蕭泳題、伍公美らは皆各省で取り調べ逮捕した重要犯人であった[9]」と述べている。

この事件で逃亡したのは劉之協ただ一人であり、他のものはすべて処刑されたと考えるのが妥当である。白蓮教軍の高名貴は、捕らえられた後「斉琳（林）は乾隆五九年に襄陽で処刑された[10]」と自供し、同じく教軍の王添万も「乾隆五九年に斉林を拝して師とした。……乾隆五九年に斉林らが処刑された時に私は逃亡した[11]」と自供している。『四川通志』に列挙されている白蓮教首領の逮捕者、処刑者一覧表にも、斉林は乾隆五九年の部分に掲載されている[12]。その他、傍証として次の点を指摘しておきたい。嘉慶元年三月一〇日の全国一斉蜂起を計画し決定したのは、劉之協であるが、この決定は次に述べるように乾隆六〇年のことであり、もし仮に斉林がこの時期に生きていたとするならば彼が計画に参加しない筈がない。

「嘉慶元年三月一〇日の一斉蜂起」の決定が、乾隆六〇年に決定したことは、嘉慶元年六月に捕らえられて自供した陳徳本が、「昨年、本県（東湖県）に白蓮教の捜索があった時、私の師の何顕明が次のように云った。襄陽の老教頭の姚姓が手紙をよこし、来年三月一〇日は辰年辰月辰日に当たる。この日、人々は縁を結ばなければならない。皆が謀反を起こしたと知ったなら、それぞれ武器をつくるように、と[13]」。文中の姚姓とは、姚之富に間違いない。また、乾隆六〇年八月、劉盛才が宜都県に来て、彼の徒弟の向瑤明に火薬や刀槍をつくっておくこと、張正謨が教首であること、辰年辰月辰日に蜂起することが極秘裏に決定されていること、等々を知らせてきたという[14]。

劉之協の自供[15]にあるように、蜂起を決定したのは、劉之協、姚之富、斉王氏である。決定日時は乾隆六〇年の二月から八月の間であること、この年度内に準備命令が湖北省宜都県の張正謨ら主だった教首に伝えられたこと等が明らかになっている。仮に、斉林が乾隆六〇年に生存していたとするなら、この蜂起計画に参加しない筈はないのに、劉之協の数回にわたる自供の中に斉林については全く言及がなく、姚之富、斉王氏の名だけが見られるにすぎない。乾隆五九年八月一六日付の湖広総督、湖北巡撫の連名による上奏[16]に、斉林ら一八名の逮捕済みの記載があることから、斉林の逮捕、処刑を乾隆五九年の夏と確定することができよう。

以上、長々と斉林処刑の時期の考証を行ってきたが、その理由は最近の中国の資料集や論文、例えば『中国歴史人物生卒年表』（呉海林、李延沛編、一九八一年）、『川湖陝白蓮教起義資料輯録』（蔣維明編、一九八〇年）の解説、前掲の石立論文「八路兵馬総指揮王聡児」等が、いずれも斉林処刑を嘉慶元年と誤った記載をしているから、その訂正を明確にしておきたいと思ったためである。だが、それればかりではなく、宋之清、斉林らの処刑後、劉之協が宋之清の系統の教徒たち（姚之富、斉王氏ら）と結び、嘉慶元年三月一〇日の全国一斉蜂起の計画を乾隆六〇年の夏に決定したこと、そしてまた、これまでの研究で襄陽教徒との結びつきが明確でなかった宜都県の張正謨の蜂起が、実は劉之協のこの蜂起計画に属していたこと等々を明らかにしておきたかったからである。

さて、斉林をはじめ官署で働く衙役、書吏の類が、この白蓮教反乱の中核勢力として活動した例がきわめて多く、その理由について若干の考察をしておかねばならない。本来、衙役、書吏の類は、「単なる官衙の雇人に過ぎぬ無位の庶民」であり、衙役は「官衙に出仕して倉庫の保管、銭穀の出納、乃至は門番取次其他の駆使奔走」に使役されるものであり、書吏は「官衙の書記であるが……官より俸給を受けざるを原則とする」連中であった[17]。

彼らは国家権力機関の最末端で働き、行政、税務、司法の実務に当たる、いわば「権力の走狗」であり、官僚からは蔑視され、人民からは蛇蠍《だかつ》のごとく恐れられる人々であった。そうした衙役、書吏の類の中から、どうして清朝封建勢力に真向うから立ち向かう白蓮教反乱の中核分子が多く輩出したのだろうか。その理由は充分明らかにされてはいないが、彼らは専制権力と人民との対抗関係の結節点におり、人民の悲惨の元兇であると同時に、権力の恥部と不正を最も知りうる立場にいたこと、また権力の「走狗」は権力自身から最も人格を否定される存在であり、人間として認められぬ人々であったこと、彼らのかかる社会的存在、精神的位置が「世界の転倒」「終末の日の到来」の予言が世を覆った時、最も先鋭な反体制の異端分子として自らを変革する契機になったものと思われる。

註

（1）『方略』、『戡靖教匪述編』。
（2）『五省白蓮教』第五冊、頁五五、六四、一四六。ほとんどの教徒が、彼女を斉林の妻という意味である「斉王氏」の呼称でよんでいた。
（3）後の第五節で詳述する。
（4）周凱「紀邪匪斉二寡婦之乱」（『人民反抗』下冊、頁八二九）。
（5）『方略』巻六七、嘉慶三年一三日付のドレンタイの上奏。
（6）張書才『《聖武記》所記白蓮教起義史料辨誤』北京図書館『文献』叢刊編集部『文献』第一輯、一九七九年、頁一六五。
（7）註（6）の張書才論文参照。
（8）『人民反抗』下冊、頁八二七。
（9）『人民反抗』下冊、頁八二五、乾隆五九年一〇月一三日付の勒保（レボー）の上奏。
（10）『五省白蓮教』第五冊、頁五八。
（11）同上、頁六八。
（12）『四川通志』巻八三、武備志「平定教匪」。
（13）『五省白蓮教』第五冊、頁二八。
（14）同上、第五冊、頁六。
（15）同上、第五冊、頁九三〜一〇六。劉之協の七回にわたる自供書が収められている。
（16）同上、第一冊、頁七。
（17）宮崎市定「胥吏の陪備を中心として」（『アジア史研究』第三巻所収）。

四　蜂起前夜

白蓮教の急速な増大とそれに対する大弾圧は、乾隆五九年に大規模に始まった。この年七月、陝西省では蕭貴、蕭正杰、薛文斌、梁得成、張旭が、四川省では謝添綉、蕭太和らが逮捕された。八月、乾隆帝は全国に白蓮教徒に対する捜索、大弾圧を命じた。そこで、湖北省では宋之清、斉林、宋相、樊学鳴、伍公美ら一〇〇余人が、房県では収元教の教首王応琥、廖勇富、応王凬ら数十人が捕らえられた。河南省では西天大乗教の宋顕功、高成功、張思瑤、李三瞎子ら、甘粛省では劉松、劉四児が摘発、逮捕された。以上四省にまたがる白蓮教徒は、宗教的系譜と移住民の交流や人脈によって結ばれており、当時この白蓮教が急速に且つ広範囲に伝播していたことを示している。白蓮教のかかる急展開の根本的原因はどこにあったのであろうか。

御史の谷際岐は、嘉慶四年（一七九九）に、「百数十年間、安居楽業していた人民が何を求め何を怨んで、甘んじて財を捨て命を捨て、やぶれかぶれになって危険に走るのか」と述べ、その原因として地方官の悪政、悪虐ぶりを詳しく皇帝に訴えた。(1)厳如熤は、賊に拉致された良民が逃げ出して来ても、「地方官は彼らを安心して生活させることができず、官兵と胥役が騙し欺むくままにしておくので、更生の道がない。また人々は苛酷な政治に苦しみ、甘んじて賊になるのである。それ故、殺す賊の数は増える賊の数に及ばないのである(2)」と述べている。

とりわけ惨忍な地方官として有名な者に湖北省武昌府同知の常丹葵がいた。彼は「もともと民を虐待することを楽しみにしていた。彼は乾隆六〇年に宜都県の調査を命じ、無数の富豪から金品を脅し取った。赤貧の者からは、それぞれ保証書を取り、銭を納めれば釈放した。少しでも自供、証拠を得ればたちどころに惨刑を加え、城壁に釘付けにし、あるいは多くの人を並べて鉄槌で撃った。疑わしければ省城（湖北省武昌府）に送ったのであるが、毎船一、二百人を乗せた。人々は飢えと寒さで死に、屍を長江に浮かべたのである。獄中の死者には、棺桶さえもなかった。……これが私が聞いた〝官逼りて民反す〟といわれる事例の、最も早く最も甚だしいものであった[3]」と述べている。こうした悪虐非道の地方官は多かった。

このような残虐な地方政治が、乾隆末年に甚だしくなる原因は何であろうか。根本的な原因は、乾隆帝の自讃する「十全の武功」（一〇回の大遠征と反乱鎮圧）、および豪奢を極めた宮廷生活にあったと思われる。乾隆帝は莫大な費用を惜しげもなく投じ、また国家財政の数倍にも達する財貨を私腹した佞臣ヘシュン（和珅）を寵愛し、国家の経済的、社会的、道徳的な基盤を掘り崩し、清朝の衰退を決定的にしたのである。かくして、「各省の財政欠損という弊害は、乾隆四〇年以後に始まった[4]」のである。

戦争や宮殿の増築といった大事業には、その度に莫大な財貨や物資の徴発、移動、交換が必要なのであって、それに大小の官僚、胥役・衙役の類が寄生し、横領し、人民を恐喝した。清朝中央は各省から徴発し、省は県から、県は民から搾り取るのであり、その過程で莫大な中間搾取が行われた。必要経費や調達物資の数倍、数十倍もの物が途中で無数の官僚やその手先の私腹に入るのであるから、民衆の苦労は、乾隆帝の豪壮な宮殿や武功の数に比例したのであった。戦争による人心の荒廃、官僚の苛斂誅求、人民の生活破綻、農業商業の荒廃と衰退、人民の流亡、失業兵士の乱暴狼藉等々が乾隆時代の後半に激化していった。これが、乾隆末年の人心の不安、白蓮教徒の増大、これに対する官憲の弾圧等々を呼び起こし、ついに嘉慶白蓮教の大反乱を惹起したのである。

襄陽県の状況を見ると、嘉慶元年（一七九六）に無頼漢の李奎、劉相、劉大刀らが県知事が与えた頂戴令旗（お墨付の旗）を奉じ、村々を白蓮教徒捜索にまわり、賄賂をやれば良民となし、財貨をやらないものは教匪とみなし、ほしいままに良民を虐殺して家財を奪い、婦女を苦しめた。[5] この二年前の乾隆五九年（一七九四）に斉林は処刑されたが、後に襄陽に来た劉之協は、斉林の徒弟の姚之富や妻斉王氏と反乱の相談をした。劉之協の最後の自供によると、それは乾隆六〇年の二月のことで、襄陽県姚家冲にある姚之富の家でのことであった。

劉之協は、昼間は人目を避けて姚之富の家の二重壁の間に身を隠し、相談はいつも夜間におこなった。六〇年の一二月に姚之富の家で劉之協の姿を見かけた教徒もいたから、[6] 宋之清と斉林の処刑以後、劉之協は襄陽にしばしば来て、姚之富、斉王氏等と反乱計画を練ったのであり、「姚之富、斉王氏と嘉慶元年三月一〇日が辰年、辰月、辰日に当たるから、この日に一斉蜂起をしよう」[7] と決定したのは、すでに記したように乾隆六〇年のことであったと思われる。

それ以後、斉王氏、姚之富とその子姚文学などは、蜂起準備命令を秘密裏に各地の教徒に伝えた。例えば、東湖県の陳徳本もそれを聞いたし、[8] 襄陽から遙かに離れた湖北省宜都県の張正謨にまで伝わっている。張正謨は自供書の中で、劉之協は山西平陽府楽陽県の王家庄にいる真主李犬児（李犬児が真主だという話は、劉之協たちが秘密を守るために故意に流した偽情報であろう）の軍師であること、姚之富は襄陽一帯の教首であること、[9] 蜂起予定は「辰年辰月辰日」であること、[10] 等々と述べていることから、劉之協・姚之富・斉王氏→張正謨・林之華ラインで蜂起命令が伝達されていたことは明白である。

次のような予言、つまり山西省に真主李犬児がおり、この李犬児の郷里の大石にある日「経文」が浮び上り、それに「ある日ある夜、魔風がおこり、無数の人が風に吹かれて死ぬ。白骨は山をなし、血は流れて海となる」とあったとか、或は、人々がこの経文をよく誦《よ》めば災難から逃れ得るとか、李犬児は辰年辰月辰日に蜂起するので人はひそかに刀や槍や火薬を用意すべし、将来ことが成ればきっと良いことがあるとか、[11] こうした革命の予言・煽動は、劉之協・姚之富・斉王氏などによって作られて発せられたに相違ない。長陽県で蜂起した覃加耀と張正潮も、自供の中で「我々はただ劉之協を知っているだけである[12]」と述べているので、これまで不明であった襄陽教徒と宜都、枝江、当陽、長春等の教徒グループとの関係は、指揮命令関係にあったことが明らかになったのである。

白蓮教の教首たちの予言は、絶体絶命の滅びの日の到来こそ起死回生の革命の日、復活の日、救済の日であるという典型的な千年王国主義的モチーフに満ちていた。前出の李犬児伝説以外に次のような予言があったという。「(嘉慶元年二月、姚之富の子文学が安康県に来て次のように言った) 災厄の日が来た。反逆をはかって劫難から逃れねばならない。従わない者は劫難の中で死すべき人だ[13]」。「(同じく姚文学は二月に保康県の教徒に言った) 劫難の日は来た。城池《しろ》を奪わなければならない。もし従わないものは殺す[14]」。「(蜂起の時、次のような歌があった) 戊亥の年を過ぎれば、生仏《いきぼとけ》に勝る[15]」。「王廷詔、斉王氏、樊人傑、姚之富、張漢潮は四川、湖北の教徒に約束した。一斉に事を起こせば、皆幸運が来る。各人心を合わせるように、と[16]」。「(教首たちは) 初め誦経伝教の際に白蓮教の劫難をといた。猪・犬の年を過ぎれば事は成るのだ[17]」。「入教するものは、刀兵水火の諸劫を免れる[18]」。「劫運まさに到らんとす[19]」。「奸民は治病持斎に名をかり、経文と呪文を偽造し、劫難から逃れることができると宣伝した[20]」。「(徐添徳は教徒に言った) 今、天下はすでに乱れ、上帝は某月某日に大いに天災を降そうとしている。人民《ひとびと》は必ずやことごとく死ぬであろう。しかし、ただ我が教徒だけは災いから免れることができる。必ず互いに誘いあい家をあげて来たれ。わしが師に説教と読経をお願いし、救われるようにしてやろう[21]」。

「(王三槐は師の言葉を教徒に伝えた) 近いうちに大災難がふりかかるであろう。天地は真っ暗になり、日と月は光を失う。人びとは戦争と水火の災難を被るか、あるいは奇病に罹り、妻や娘は淫掠され世界は必ず一大変するであろう。ただ、我が教に入るものだけが免れることができる、と[22]」。

全国的規模で行われた白蓮教徒の大弾圧[23]は、全教徒に劫運の日の到来、つまり今こそ終末の日が来たのだという切迫感を与えたに相違ない。劉之協、姚之富、斉王氏たちは、この切迫感を「劫運まさに到らんとす」という言葉に純化し、乾隆六〇年に蜂起を決定し、各地の教徒に準備を命じたのである。もはや一刻の猶予もできなかった。姚之富は劉之協に言った、「今や隠れるところがない。ただ造反《むほん》すれば捕らえられ殺されることを免れる」[24]と。劉之協は姚之富、斉王氏とあれこれ相談し、「もし造反しなければ、立ちゆかない」[25]ということになり、蜂起の日を決定した。

こうして、嘉慶元年正月を迎えた。襄陽県では、この正月から二月の間のことであろうが、高均徳をはじめ数十人が逮捕され拷問にかけられた。高均徳は自供の中で次のように言っている。「拷問を受けたが屈せず、固く良民であると言いはったので、県官はすぐ私を釈放した。その他の六〇人もある者は罪に落され、またある者は釈放された。その時にはもう張漢潮が二月中に蜂起しており、私が家に帰ると家屋はすでに張漢潮に焼き払われていた。身を置く場所もなく、ついに張漢潮に従って戦ったのである」[26]と。

劉之協は乾隆五九年に襄陽教徒の中心人物宋之清と斉林らが処刑されるや、それまでの襄陽教徒との不和と争いを解消し、斉林の高弟姚之富、妻斉王氏らに急速に接近し、この両者を通じて宋之清、斉林ラインの教徒を全国一斉蜂起にくり込んでいったことが分かる。斉王氏は処刑された教首斉林の寡婦という、殉教者と聖母のイメージに近づいていった。斉林の年齢や風貌に関する記録は全く残っていない。

註

（1）『清史稿』列伝一四三、谷際岐伝。

（2）『三省辺防備覧』策略、『輯録』頁三九。

（3）『清史稿』列伝一四三、谷際岐伝。

（4）『清史稿』列伝一二七、王杰伝。
（5）『五省白蓮教』巻五、頁七九～八〇、李潮の自供。
（6）『五省白蓮教』巻五、頁二七、曾世興、祁中耀続供。
（7）『五省白蓮教』巻五、頁一〇五、劉之協自供。
（8）『五省白蓮教』巻五、頁二八、陳徳本自供。
（9）『五省白蓮教』巻五、頁三九、張正謨自供。
（10）同上。
（11）同上。
（12）『五省白蓮教』巻五、頁六三、覃加耀、張正潮続供。
（13）『五省白蓮教』巻五、頁二四、曾世興、祁中耀自供。
（14）同上、頁二五。
（15）『五省白蓮教』巻五、頁一五〇、胡明遠自供。
（16）『五省白蓮教』巻五、頁一五八、趙聡観自供。
（17）同上。
（18）『襄陽県志』（同治一三年）、巻四、武備、兵事六。
（19）『清朝史略・仁宗紀』（『輯録』頁四八）。
（20）同上。
（21）『戡靖教匪述編』巻一一、徐添徳。
（22）同上。王三槐。
（23）『五省白蓮教』巻一、頁七四。乾隆五九年に湖広総督の畢沅と福寧が白蓮教弾圧で殺した数は、「数百人を下らず」という多数であった。

（24）　註（7）に同じ（頁一〇二）。
（25）　註（7）に同じ（頁一〇四）。
（26）　『五省白蓮教』巻五、頁八五、高均徳続供。

五　斉王氏、白蓮教の「総教師」に

夫斉林の処刑以後、若き寡婦となった王氏は、実家に帰ったとも、断髪して尼寺に入ったともいわれるが、そのどちらが正しいにしても、劉之協や姚之富と全国一斉蜂起の計画の中心部にいたことは明白である。ある史料には、「斉林の弟子姚之富、王氏の兄の子王廷詔、斉林の兄斉幗謨らは謀反をくわだて、斉王氏を迎えて総教師とした」とし、またある史料は、「斉林の徒……は、斉林のために仇を討とうとしたが、適当な中心人物がいなかった。それで遂に斉林の妾であった斉王氏を主となし、彼女の支配に服すことにした。彼女の年齢は二〇、衣服はことごとく白で、偽って白蓮教に名をかり、二月二日、事を起こした」と書いている。斉王氏が「総教師」となった日時とその蜂起の正確な日付は明白ではないが、二月か三月のある日のことであろう。

襄陽教徒は県城の郊外の黄龍壋で一斉に蜂起したと一般に言われているが、「張漢潮は二月に手下万余人を集め棗陽県で初めて謀反を起こした」とも、あるいはまた「三月、張漢潮らはまず黄龍壋桃山廟に蜂起し、斉王氏、姚之富は夾河州・鄭州で蜂起し、高二、高三、馬五は高家湾で蜂起した」とも言われ、証言は食い違っている。恐らく襄陽蜂起は、黄龍壋一カ所で集中蜂起的に行われたものではなく、数カ所でいもづる式に始まったのではないかと思う。

また、斉王氏が全教徒を指揮命令する〝総教師〟になったかといえば、必ずしもそうではないようである。例えば張漢潮は老年の大教首で、張什の自供では劉起栄、詹世爵、李潮、李淮、冉学勝、阮学明らが彼の徒弟だったというし、李潮の自供では劉起栄、劉起華、阮学明、阮学盛、詹世爵、張時（張什）、張世竜、張世鳳、張世虎、李淮、李潮らが張漢潮の徒弟だったとされているから[7]、張漢潮は斉王氏を一応〝総教師〟に戴いたとしても、きわめて権威があり独立性の強い一集団を形成していたのではないかと想像するのである[8]。

生け捕られた教徒の証言によると、襄陽一帯の教徒はほぼ三つの系統に分かれていたようである。ある証言では、斉王氏、姚之富の一党、高均徳の一党、李敬太の一党の三つがあったといい[9]、またある証言では、三会あるいは三線に分かれていて、東会師傅は馬徳竜、西会師傅は宋之清、中会師傅は樊学鳴であったといっている[10]。また「襄陽の頭目は東西中の三つの集団に分かれて蜂起した」[11]という史料もあり、のち襄陽教軍が黄号、白号、藍号の三集団に分かれたことを考えると、必ずしも姚之富、斉王氏ラインで全教徒が一本化していたのではないと考えざるを得ない。

従って斉王氏が〝総教師〟になったのは、斉林直系の教徒に限られていたのではなかろうか。例えば、李淮は自供の中で「斉王氏、姚之富らは人数が多くて一つの営を立てているが、伝教（の権威）から言えば、まだ下っ端の徒弟である。嘉慶元年の八月に、私は師父張漢潮を訪ねて行ってその軍営に入り、総師になってくれるようにお願いした」[12]と述べている。李淮のように、姚之富、斉王氏を総師にすることに同調しない人物も多かったと思われる。

宋之清と斉林が処刑された後、劉之協は彼らの系統の教徒を自己の統率下に置こうとして、姚之富と斉王氏に接近し全国的蜂起決定の主導権を握ろうとしたのであるが、宋之清や斉林に匹敵する独立した権威をもつ王廷詔、張漢潮、李全（李淑）などがいて、襄陽全教徒を自己の統率下に置くことはできなかった。斉王氏を〝総教師〟にしようとしたのは、劉之協ではなく姚之富だったと思われる。姚之富は斉林の多くの仲間や弟子たちを統率するために、亡き師斉林の寡婦斉王氏をかつぐことが必要だったが、劉之協にとっては、斉王氏をかつぐことは襄陽教徒全体に対する影響力を狭めることになるからである。

さて、斉王氏を〝総教師〟にする姚之富の画策は、斉林の徒に大変大きな影響力を与えることになったと思われる。第一に、斉王氏は犠牲となった聖主のために仇を討つヒロインの役割を果たすことができる。実際、斉王氏は蜂起した時、「替夫報仇」(夫のために仇を討つ)をスローガンにした。

第二に、白蓮教の最高神は「無生老母」という女性神であって、劉之協が広めた経呪の中にも「無生老母」が出ている(自供による)し、姚之富父子が伝教した口授霊文の冒頭にも「掌教師我師我仏老母一大慈悲……」[13]とある。斉王氏はこの無生老母に比定される条件を具備している。多くの一般教徒は、斉王氏の中に無生老母神に通ずる神性=聖性を見たに相違ない。

第三に、斉王氏自身が美しい若い寡婦である上に、男まさりの武術、社会や人情に対するすぐれた分析力と社会的経験をもっていたため、単なる飾り物ではない能力を保持していた。襄陽教軍の中心勢力を率いる斉王氏は、総教師たる実力と宗教的威力を示さなければならない。斉王氏は「年は二〇、衣服はみな白く、白蓮教の名をかりて二月二日に蜂起した。三月、襄陽城を攻めたが克たず、樊城を焚掠して去った。曾大寿が軍令に違反したので、斉王氏はこれを斬った。軍律はますます粛然とした[14]」という。まず彼女は全身白一色で登場した。「白」は喪に服す色で、斉林の死を弔う意志を表している。当時、白蓮教徒に口誦されていた「心心経」に「春風は暖し、夏風は熱し、白蓮は花の白きこと雪のごとし[15]」、これは「劉之協が河南省桐柏県で伝えたもの。劉は各地でこの教歌を伝えたであろう」とあるように、白蓮の花の白さは、彼らが夢みる王国のイメージを象徴していた。それは生と死の両界に通底している世界である。白装束で蜂起してゆく例は、襄陽以外のほとんどすべての蜂起にも共通して見られた。もう一つ注目すべきは、斉王氏が軍令違反者を処刑したことである。斉王氏は斉林の単なる寡婦、宗教的飾り物ではなく、教軍の軍事指揮官であることを、これによって示したのである。

斉王氏が、「替夫報仇」をスローガンにしたことは、『襄陽県志』に「林の妻王氏、仇を報するをもって名となし、姚之富ら王氏をたてて総教師となし、万人を集めた[16]」とあり、また朱翌清『埋憂集』に「（斉二の寡婦）もっとも悍毒なり。旗上に〝替夫報仇〟と大書す。勢いもっとも猖獗なり[17]」と記していることから分かる。斉王氏ばかりではなく、陳得俸の妻郭氏も、「身に白衣をまとい、旗上に〝替夫報仇〟と大書した[18]」という。

白装束で夫の喪に服し、いわば仮死の世界から世俗の世の仇を討つという斉王氏や陳郭氏の例は、劫運の日に死んではじめて救われるとする白蓮教のモチーフの具現であった。犠牲、死、怨恨、復讐が象徴する負の世界を、女性が代表していた。白蓮教軍には多くの寡婦が活躍したが、彼女らがそうした負の世界を背負っていたのである。「嘉慶元年の春、邪匪が当陽、宜城の両県城を破った。匪首の王廷詔、祁娘子、胡宗朝、柏寡婦らがこれに応じた[19]」という記述もあり、詳しいことは不明であるが、祁娘子・柏寡婦なる女性の頭目もいたのである。

中国封建体制下の下層大衆の中には、女性に魔術的威力があるという信仰が広範に存在しており、白蓮教はまさにそうした女性がおびる魔力を逆に聖なるものとして、前面に立てる傾向が強かった。陝西省安康県には、男の教徒に擁され、「身に道服（道教の服装）をまとい、剣をもって舞い、呪法の作法をなし、無生老母を称した」王劉氏という女性がいた[20]。四川白蓮教の大頭目徐添徳の妻李氏と樊人傑の妻張氏の二人は、「経文を習って伝教し、また卜占や星占いをした。賊営では彼女らを二掌櫃と呼んだ。彼女たちは妖言をなし衆を惑わした[21]」という。女性が妖術にたけているという信仰は、当時の社会では一般的に受け入れられるものであった。それは次の例でも分かる。「賊は婦女数百人に旗幟を中心にまるく円をえがいてとり囲ませ、わが官兵が銃を撃つと、衣をもって招く身振りをして次のように言った。法術があるから銃弾を寄せつけないのだ[22]」と、また「賊は婦女を隊伍の中に交え、白扇をひるがえして詛呪する仕草をなした。郷勇は大いに疑い恐れた」[23]等々の証言がある。こうした一般的に女性は妖術や魔力を持つという民間信仰の中で、斉王氏は負の聖性をおびる〝女総教師〟となり、姚之富を中心とする襄陽教軍の主力軍の先頭に立たされたのであった。

註

（1）『戡靖教匪述編』巻一一、斉王氏伝。
（2）『清稗類鈔』（『輯録』頁六三）。
（3）註（1）に同じ。
（4）『内自訟斎文集』二、「紀邪匪斉二寡婦之乱」（『輯録』頁六五）。
（5）『五省白蓮教』巻五、頁一一六、馬応祥自供。
（6）『五省白蓮教』巻五、頁一一八、王凌高、張什自供。
（7）同上。張什の自供。
（8）『五省白蓮教』巻六、頁八〇、李潮自供。
（9）『五省白蓮教』巻五、頁五五、李栄献自供。
（10）『五省白蓮教』巻五、頁五八、高名貴自供。
（11）『襄陽県志』（同治一三年）巻四、武備、兵事六。
（12）『五省白蓮教』巻五、頁七九、李准自供。
（13）『五省白蓮教』巻五、頁二五、曾世興らの自供。
（14）註（4）に同じ。
（15）『五省白蓮教』巻五、頁一二八、聶京竜自供。

（16）註（11）に同じ。
（17）『埋憂集』（朱翌清）巻六「殷珠」、『五省白蓮教』巻五、頁三一五所収。
（18）『方略』巻一六一、庚申年三月二二日、徳楞泰の上奏。『戡靖教匪述編』頁一〇八。
（19）註（11）に同じ。
（20）『方略』巻二八、丁巳年二月一〇日、景安の上奏。
（21）『方略』嘉慶六年六月八日、徳楞泰の上奏。
（22）『太平県志』（光緒）、巻五、武功五。
（23）『新寧県志』（嘉慶）、巻四、丘防六。

六　反乱始まる

嘉慶元年三月一〇日の全国一斉蜂起の命令は、東湖県では前年の乾隆六〇年に伝えられていたが[1]、姚之富、姚文学父子の布教した竹渓、竹山、房県、保康の地域には、嘉慶元年二月初めに姚文学によって伝えられた[2]。といっても、白蓮教は長期にわたって弾圧され続けたので、秘密事項は「上は師に漏らさず、下は徒に漏らさず」という不文律があり、命令はごく一部の指導者にしか伝達されないので、どの地域にいつ頃、誰によって伝えられたかは、ほとんど不明である。一般の教徒は蜂起の直前か、あるいはその当日になって知るというのが一般的であった。

蜂起は湖北省の西南方面にある宜都、枝江、当陽県一帯から始まった。「聶傑人、張正謨が嘉慶元年正月一一日に、そして当陽の楊起元が二月初旬にそれぞれ騒ぎを始めた。それで姚之富らは三月一〇日を待てず各村々を焼き払った」[3]（劉之協の自供）という。襄陽の教徒たちは、黄竜壋、三合鎮、高家湾、双沟といった地点で、ほぼ二月中に相継いで蜂起し、近辺の諸県城の攻撃を始めた。襄陽県では「襄陽の賊蕭応提は樊城を焼き、ついに河を渡って襄陽県城を攻めた。群賊は門の扉を頭の上にかざして矢、石を防いだ。県の衙役王林が城内から内応した。この賊は大声で〝都督王林、門を開く〟と叫んだ。城内の人々は急いで王林を斬って官に従った。蕭応提は弾に当たって死んだ。挙人梁友谷もまた郷勇を率い、県城の土塁を補修したので、防備は万全となった(4)」と「県志」に記されているように、樊城は焼かれたが、襄陽県城は陥落しなかった。

　これは元年の四月七日、八日の事件で、襄陽県教徒が総力をあげて戦った攻城戦であった。官兵は一三〇〇人、教軍は「その教を計れず」という大軍であった。「賊は衆を頼んで鉾先をそろえ死をも恐れず、（家々から）門板を奪って顔を守り、同時に木梯、木板をもって城壁をよじ登ろうとした。官軍は上から槍、矢弓、刀、石などで応戦し、教徒軍二千余人を殺した。その中には綢緞《きぬ》の衣服を着た十余人がいたが皆撃殺された。それらはもとより賊の頭目であろうが、その姓名は分からない(5)」という激戦であったが、教軍の大敗北に終ったのである。この教軍の中に姚之富や斉王氏が指揮者として入っていたかどうか全く不明であるが、襄陽県城（府城でもある）に対する大攻撃という重大な局面に、彼らが何の関係もないとは思えない。恐らく中心的役割を果したであろうが、官側の記録はない。これ以後、姚之富、斉王氏は襄陽、棗陽、随県、宜城などの諸県を転々としながら戦い続けた。

　襄陽教軍は蜂起の段階で、県城の占拠、軍制の確立、行政権の樹立といった方向性を、いまだ萌芽的なものだったとはいえ持っていた。例えば、襄陽県城から四、五〇キロ南方の宜城県では、「嘉慶元年春、当陽県城を破った（宜城県の）匪首王廷詔、祁娘子、胡宗朝、柏寡婦、偽知府劉、偽経略蔡、偽都督彭、著名な頭目労懐書らが内外から人々を煽惑して期を約して蜂起した。宜城県知県代理の徐昱は、彼らを軍法をもって厳しく捕縛した(6)」という。この記事によると宜城県の白蓮教軍は、知府、経略、都督などの行政官とその担当者まで前もって決定していたことが分かる。

ここに劉之協とならぶ大教首王廷詔の名前が筆頭に出てくるが、宜城県一帯の教徒は王廷詔の伝教の系譜を引くものであり、王はこの時蜂起の総指揮に来ていたのであろう。

軍事階級制度については、『鄖陽県志』に、「偽軍師、偽将軍、偽元帥、偽総兵」等の背書のある賊を殺した[7]、という記事がある。教軍は、宜城県から南西へ一〇〇キロほどの地点にある当陽県城を占領し、二月一七日に知県黄仁業を殺して数カ月間県城も占領し続けた。彼らは「五寨に分かれており、大頭目の楊起元を中心に各寨主とその先鋒、副将によって構成されていた[8]」。元年七月の永保（ヨンボー）の上奏によると、襄陽教軍でも、捕らえられた黄玉貴が「黄竜壋一帯で蜂起すると、人々は私を推して元帥にした[9]」と自供していることからみて、蜂起頭初から軍事階級制への萌芽があったことは明らかである。

しかしながら、彼らは、以後、各地の教軍を統轄する中央権力樹立の方向も、また統一作戦の方向も打ち出すことはなかった。その原因は彼らの劫運の観念にある。劫運の日がくれば、ただ教徒が蜂起するだけで自動的に革命は成る、という他力本願の革命観なのである。もう一つは組織上の特徴に原因がある。白蓮教の伝道は師と弟子という二人の間を結ぶ連鎖によって行われているのであって、教徒は支部とか細胞に属すのではない。年齢、血縁、身分、富貴に係りなく、教えを伝える者が師、受ける者が弟子（徒弟）なのであるから、教徒全体を指揮する命令系統をうち立てることはきわめて困難であった。従って、蜂起するまで、直接の師と弟子以外は互いに顔や氏名を知らないのが普通であった。

こうして蜂起した教徒は、劫運の日の「革命」をひたすら神頼みするという方向に流れていった。以上の理由によって、各地の教軍は統一作戦をとることが極めて困難になったのである。例えば、襄陽教軍は、元年の二月から七月まで当陽県城を占領し続け、湖広総督と湖北巡撫の官軍を引きつけて奪戦を続けていた楊起元の教軍を支援しなかった。

当陽県城は襄陽県城から数十キロの近距離にあり、強行軍では一、二日で到着できるところに居たにもかかわらず、である。襄陽教軍は、かりに四月の県城攻撃に二〇〇〇余を失うという打撃を受けていたとはいえ、すぐ近くの当陽県城を包囲している官軍、郷勇を攻撃してこれに打撃を与え、当陽県教軍との革命的合体をかけるべきであった。

しかしながら、襄陽教軍自体が統一組織と共通の戦略を確立することができず、当陽県教徒を見殺しにしてしまったのである。そもそも全国一斉蜂起を決定した最高首脳の劉之協が、蜂起時に戦線逃亡してしまっていた。劉は後に捕らえられた際、その間の事情を「私は、もし賊営内に居れば万一戦いに敗れたとき官兵に捕らえられるだろうと恐れた。そのため新野県、鄭州の閑散とした地方の同教の家に隠れ、人に疑われないようにしたのである[10]」と自供している。しかも、先に見たように、襄陽教徒は南会、東会、中会というような三つの教派に分かれており、姚之富、斉王氏の統一指導部にまとまるといったことさえなかった。劉之協の戦線離脱の後、教軍を統一し全軍を指揮し得る能力と威力を持っているかに見えるのは王廷詔一人くらいのものであったが、この王廷詔も姚之富などとは何か感情のもつれがあったように思われる。

王廷詔は祖父王珊以来の白蓮教の名門の出であり、年齢も五〇歳を越える大教首であった。劉之協が、その自供の中で「湖北の伝教は私がやり、四川の伝教は王廷詔たちがやった。われわれのこの二カ所の徒弟は共に一家である。謀反のことは常に手紙で通じていた[11]」と述べていることからみて、王廷詔は劉之協と同格の老教首であった。しかしながら、姚之富は王廷詔ではなく斉林の寡婦を「総教師」にしたのである。『戡靖教匪述編』は、斉王氏の兄の子が王廷詔だとしているが、王廷詔は斉王氏より三〇歳以上も年上なので間違いであろう。姚之富の主導で斉王氏が総教師となることをめぐって、王廷詔は感情的反発をしたのではなかろうか。王廷詔は自供の中で多くの教軍首領の名をあげたが、姚之富だけは「姚狗腿」（犬の足の姚）なる罵言で呼んでおり反感をあらわに示している[12]。

こうして襄陽教軍は単一の指導部も組織もついに最後まで形成し得なかったのである。嘉慶元年に襄陽教軍は布告をまき散らしたが、その一枚は「姚、張、王、黎」の四姓の名によるものであった。この四人とは、劉起栄の証言によると、姚之富、張国富、王廷詔、黎樹（李述、李全とも記される）の四人である。[13] 劉起栄は同じ自供の中で「王は王大叔と尊称され、地位は姚之富の上にある[14]」とも言っている。またこの布告には斉王氏と張漢潮の名前がない。『清中期五省白蓮教起義資料』の巻一、第三頁に紹介されている嘉慶二年五月三日ころ興安で配布された伝単には、張漢潮と張月梅（男性）が首領だと記されている。

こう見てくると、襄陽教徒の蜂起は、何人かの頭目がそれぞれ中心となる小ウズ巻があり、それが集まって大ウズ巻をつくり、さらに、この大ウズ巻が大回転しつつその周辺とそこにいる人々をまき込み膨張してゆくといった運動形態をとって発達していったものと言うことができる。ヨンボー（永保）は「逆匪が初めことを起こした時、中心となるのはもとより一人ではなかった。彼らはいたるところで衆を集め群をなし、それぞれが白旗をかかげて仲間の印とし、数百から数千人ほどの人を集めた。人数の多い集団の頭目は大頭目となり、人の少ない集団の頭目は小頭目となった。それぞれの集団は支援しあったが決して統率はなかった。姚之富もまた逆匪の中で旗をかかげた一人にすぎない[15]」と言っているが、実態をよく表現していると言うべきであろう。かくして、襄陽教軍は当陽県城を占拠していた当陽教軍と遂に共同戦線を張ることができなかったのである。

註

（1）『五省白蓮教』巻五、頁二八、陳徳本自供。

（2）『五省白蓮教』巻五、頁二四、曾世興、祁中耀自供。

（3）『五省白蓮教』巻五、頁一〇五、劉之協自供。
（4）『襄陽県志』（同治）、巻四「兵事」（『輯録』頁一七三、『五省白蓮教』巻四、頁二四二以下）。
（5）『五省白蓮教』巻一、頁一〇〇、畢沅の上奏。
（6）『宜城県志』（同治）、巻一〇、雑類二ノ二。
（7）『鄖陽県志』（同治）、巻七「兵防」。
（8）『五省白蓮教』巻一、頁九六、湖広総督畢沅の上奏。
（9）『方略』巻一四、嘉慶元年七月二五日付の永保らの上奏。
（10）『五省白蓮教』巻五、頁一〇四、劉之協自供。
（11）『五省白蓮教』巻五、頁一〇三、劉之協自供。
（12）『方略』巻二百四一二、嘉慶六年三月九日付の額勒登保の上奏。
（13）『清仁宗実録』巻一五、嘉慶二年二月（『輯録』頁七三）。
（14）同上。
（15）『方略』巻二〇、嘉慶元年一〇月二九日付の永保の上奏。

七　地主の自警団「郷勇・義勇」との死闘

この頃、湖南省の苗族がまだ反乱を続けており、清朝官軍はほとんどその鎮圧のために派遣されていたので、湖北省の白蓮教軍に当たる官軍は質量ともに弱体であった。教軍鎮圧に主として威力を振るったのは、湖北省の地方官、県署の職員、武挙人、武生、臨生、生員、一般地主等であり、彼らが民間のゴロツキや無頼漢等を集めてつくった義勇、郷勇と呼ばれる民間から集められた臨時の私兵であった。

彼らと白蓮教軍との死闘の様子をまず紹介しておきたい。「保康県の首事の王珍、生員の郭必祥らは義勇万余人を糾集し、……（県城を）占拠している逆匪を包囲して大半を殺した。また義勇の宋文太、張同によると、逆匪……らの首級二六を斬り取った。……賊の頭目姚姓（姚之富の子の姚文学――小林）はすでに郷勇に銃で撃たれて殺された[1]」。「（襄陽県では）余賊五、六百人が、各郷勇により同時に背後から奇襲されて殺された[2]」、「（孝感県方面では）賊匪千余人が武器をもって抵抗したが、すでに郷勇らにより賊百余人が殺され、十余人が銃で撃たれて死んだ[3]」、「（同じく孝感県方面では）知州らが郷勇一千余人を率い、都司が官兵二百人を率い、……賊匪三百余人を殺傷した[4]」。これらは封建勢力が組織した義勇、郷勇と称された、民間武装勢力の活動のごく一部を紹介したものにすぎない。封建勢力の組織したこの郷勇、義勇こそ白蓮教軍にとっては最も恐ろしい敵であった。とりわけ当陽県教軍と郷勇との死闘は凄惨であった。当陽県の白蓮教軍は、「天上では玉皇帝を、地府では閻王を我等の神とし、別にほかの孔子をつくりだし、四書五経を用いず、九書十三経を読む[5]」という革命的な宣伝を行い、また「招討使」の名で発した布告において、「汝ら我等を目して白蓮教となす。我等、あに赤眉、紅巾に比すべきあらんや。我等の本意は汝らを殺さざるにある。しかし汝らは官兵を助け、郷勇を聚め、我等をして殺さざるを得ざる勢になさしめたり[6]」と言っている。

当陽県の郷勇は、嘉慶元年二月に白蓮教徒が蜂起すると同時に誕生した。「二月一八日、聞くところによると、当陽県の各郷の士人は関所を設け教匪を防いだ。官は欣《よろこ》んで義挙となしたので、彼等は良人か悪人かの区別なく関所を通る人を殺し、その携帯している物を根こそぎ奪った。甚だしくは私財を図り、私怨を晴らし、近い親戚であっても顧りみず、幼児であっても残さず殺した。難を逃れようとした人は、教匪の被害にあう者が一〇の二、三で、郷勇の関所で阻まれ囲まれて被害を受ける者が一〇の七、八に及んだ[7]」。元年七月、ついに当陽県城は官軍と郷勇の五カ月間に及ぶ包囲攻撃の前に陥落した。「郷勇はついで城内に入り、衣類や物品を捜し奪い、（金目のものを得んと）地を掘り瓦をくつがえした。生存者は狩り出して軍営に入れ、逐一訊問して辻褄の合わないものは殺した。この日、千余人を殺したのである。幸いに生きて城内に入れた人も、残しておいた物は総べて空《から》になっていた。家屋は先に砲弾で壊され、門壁は教匪に折られ、空地には（死人の墓の）小山が立ち並び、壊れた家の残骸と横たわった死体が山の如くであった。郷勇は、女は白蓮教と否とを問わず城中に追い入れて書院に閉じ込め、疑わしい男は城隍廟に閉じ込めた。老人と子供は毎日死ぬ人が絶えなかった。人の保証があれば釈放した。良民で保証人のない人がいた。信仰にそむいて保証人を得る人がいた。女には親族のつれ帰る人がいた。（教匪の）少年にも近親から他人の名前で受け出された人がいた。男女の子供には営兵に連れて行かれる人がおり、また官吏に連れ去られる人もいた。ばらばらと人は去り、目に触れるものことごとく人の心を傷ましめないものとてなかった。郷勇は人の肉を削ぎ、人の肝を食らい、人の胆を取り、女には矛を陰部に刺して意に従うや否やを問うた。郷勇の悪逆をなすこと教匪をはるかに上まわった」[8]。このような悪逆無道をやった郷勇とはどのような輩であったか。「在郷のことを好む者は衆を集め党をつくり、胸に紅い布を一筋付け、それに〝郷勇〟と書いた。彼らは財を貪り利を図り、仇を報じ怨を晴らし、一群となって行き、家中の者を残らず殺して、赤子の食べ物さえ残さなかった。これを彼らは〝抄窩子〟（家の劫掠）と称した」[9]とあるように、在地の封建勢力が無頼漢、ゴロツキ、貧民などを操り、私兵に編成して無差別に民衆にテロを加えたのである。

白蓮教軍は、官兵よりも郷勇の方が惨忍な強敵であることを知っていた。当陽県城が官軍と郷勇にまだ包囲されていた時、白蓮教軍は城内から次のように呼びかけた。「我々教徒は、畢大兄（湖広総督畢沅）とは義兄弟となった。謝三兄（郷勇首領謝方升）はびっくり仰天。舒二兄（将軍舒亮）は無能で駄目。官兵は少なく郷兵は多い。郷兵はよく城壁を登るから官兵より多く死ぬのだ」[10]と。当陽県城を攻撃する郷勇は、官兵より数が多くまた強力であったから、教軍は上記のようなデマを飛ばして両者を離間させようとしたのである。郷勇の多くが地方官や在地の土豪劣紳によって組織された「游手無頼の徒」であって、「殺戮をもって常となし、弓槍を操ることを仕事となし、本業（農業）を捨てて平然として糧を食べる」輩であったことは、白蓮教反乱を討伐する命を受けた最高責任者ミンリャンさえ上奏の中で認めている。[11]

さて、この当陽県の近くにあった襄陽県の教軍、とりわけ斉王氏、姚之富の動きを見てみたい。残念ながら彼等の動きを伝える史料はほとんどないので、断片的記録から推測を交えて追ってみることにする。元年の五月以降、斉王氏、姚之富は呂堰駅を放棄して雙溝に退き、ついで岳家溝、劉家集へ、更に孝感県方面に南下し、県城を攻めて湖北省の省都の武昌を震撼させた。六月段階では、斉王氏、姚之富らの襄陽教軍と孝感県の教首楚金貴とは合流していた。この時、教軍は四、五万人に達したというが、ミンリャンが三五〇〇の官兵を率いて孝感に駆けつけた時、斉王氏、姚之富らの襄陽教軍は、孝感の教徒とは分かれ、棗陽県に向けて引き返していた。孤立した孝感の教軍は県城に籠って全滅した。

こうした襄陽教軍の動きをみると、彼らの南下には孝感県教徒と合体統一して、省都武昌を攻撃してこれを占拠する意図が無かったばかりか、孝感教徒の県城死守さえも支援しなかったと言わざるを得ない。襄陽教軍は県城占拠という蜂起初期の教軍の大勝利をもたらした当陽県教軍、孝感県教軍を、遂に見殺しにしてしまったのであった。この棗陽、襄陽方面に引き返した襄陽教軍は、棗陽県城を攻撃したがヨンボー（永保）の軍に敗北した。そこで、鐘祥県方面へ一時南下し、再び北上して襄陽県に入った。これが元年の六月、七月の襄陽教軍の動きである。彼らは以後、襄陽県城を中心に、随県、鐘祥、棗陽、光化、穀城一帯をかけ廻った末、翌嘉慶二年の三月河南省に向け大挙して北上するまでの約半年間、大多数の教徒の出身地である襄陽、棗陽両県一帯を離れることはなかった。

白蓮教徒の戦いの情念の中では、〝報仇〟（復讐）という契機が大きな比重をもっており、彼らは、我々が今日いう政治目的あるいは戦略・戦術といった近代主義的発想、思考とは全く異なった精神世界にいたのである。河南省鄧州で多くの教徒が官憲に殺された時、襄陽教軍の中から「鄧州に行って仇を討たん」とする教軍兵士がいたという記録[12]、李淮が自分たちの蜂起の動機を「官憲の逮捕が急になったので、本処（黄龍壋）の徒弟邱得朋らに伝えて人を集め、鐘祥、襄陽一帯を焚掠し復讐した[13]」と自供した例などがある。斉王氏らの「替夫報仇」という復讐のスローガンと共に注目されるのである。師や弟子、血縁地縁者のために復讐するのであるから、教軍は故郷という場に絶えず引きつけられている。そうした方向を更にうながした要素の一つは、教徒は蜂起の際に自分たちの家やその周辺を焼き払い、従う意志のない者や非教徒をも多く強制的に動員したので、戦いに破れると故郷に逃げ返る人々が続出したため、首領たちは再び教軍兵士の補充のためにしばしば故郷に帰らなければならなかったことである。

こうして劫運の日に蜂起すれば即《そく》救われるという思想は、犠牲になった者のために復讐するという情念だけによって以後引きつがれて行く。だから襄陽教軍が四、五万の大勢力になった時にも、政治的戦略や戦術とは無縁であった。戦闘はただ私的情念によってのみ持続されることとなり、受け身の戦いに追い込まれていった。その中で、斉王氏と絶えず行動を共にしていたと推測される大教首姚之富すら、家族の大多数を失うという大打撃を受けたのであった。九月、襄陽県の呂堰駅、葉家店にいた姚、斉の率いる一軍団は、ミンリャン麾下の伏兵の奇襲にあい、姚之富の母姚郝氏、息子の嫁郝氏（恐らく既に殺された息子姚文学の嫁であろう）、孫の姚富金、姚幅廷、姚朝娃らが捕らえられた[14]。彼は翌年の二月にはもう一人の孫も失っている。

元年一一月、姚之富は襄陽の西南方面で官兵や郷勇と戦っていたが形勢が悪くなり、「各頭目と謀って黄竜壋一帯に帰り、これまでに敗れ散り散りに帰ってしまった同教の人々多数を招集し、再び戻って戦いを支援させる[15]」こととし、故郷に向かった。しかし、「黄竜壋一帯は、長い間放火掠奪が行われたところであり、且つまた、この一帯の大半の者は白蓮教匪であったから、蜂起の初めに（頭目が）徒党の気が変わらないようにことごとく家屋に火を放ち焼き払っていたので、すでに食糧の貯えも家畜もなく、賊衆は食糧を得る方法がなかった」[16]のである。だから、姚之富や斉王氏が故郷に帰っても、もはやそこには何もなかったに相違ない。教徒の故郷ははや一〇カ月以上に及ぶ戦闘と焼失、掠奪によって食糧はなく、一般の農民さえ家をあげて河南方面に流出しつつあった。元年の末から翌年にかけての厳冬の最中、政治的戦略もなければ指揮命令系統もない教軍は、教徒をいたずらに右往左往させつつあった。彼らは、その間一万余の官軍とゲリラ的に戦い、連日にわたって大きな損害を出し続けていた。

嘉慶二年の正月には、襄陽教軍は精鋭五、六〇〇〇人を残すだけになっていた。故郷から遠く離れて遙か彼方の教徒との合体を目指すか、それとも故郷で全滅覚悟で戦うか、そうした二者択一の絶体絶命の関頭に立っていた。元年から二年にかけての厳冬の中で、河南、陝西に向かい同教の人々を集めて再起を図ろうという計画が、しだいに指導部の中に生まれつつあった[17]。

註

（1）『五省白蓮教』巻一、頁九二～九三、嘉慶元年四月三日付の湖広総督畢沅の上奏。
（2）同上。
（3）『五省白蓮教』巻一、頁一三〇、嘉慶元年五月一七日の湖北布政使祖之望の上奏。
（4）『五省白蓮教』巻一、頁一三八、嘉慶元年五月二一日付の祖之望の上奏。
（5）『当陽県避難記』、『輯録』頁二三三、所収。
（6）『当陽県避難記』（嘉慶二年秋）、『輯録』頁一八四、所収。
（7）『当陽県避難記』（嘉慶元年二月一八日）、『輯録』頁二〇八、所収。

（8）『当陽県避難記』（嘉慶元年七月）『輯録』頁二〇七、所収。
（9）註（7）に同じ。
（10）『当陽県避難記』（嘉慶元年）、『輯録』頁二四六、所収。
（11）『方略』巻一三、嘉慶元年七月八日付の明亮の上奏。
（12）『方略』巻一七、嘉慶元年九月八日付の景安の上奏。
（13）『五省白蓮教』巻五、頁七九、李淮自供。
（14）『方略』巻一八、嘉慶元年九月一九日付の永保の上奏。
（15）『方略』巻二一、嘉慶元年一一月一七日付の永保らの上奏。
（16）『方略』巻二四、嘉慶元年一二月二二日付の永保の上奏。
（17）『方略』巻二八、嘉慶二年二月四日付の恵齢の上奏。

八　襄陽教軍、長征へ

嘉慶二年（一七九七）一月二九日、劉之協の古くからの友人で極めて戦闘的であった劉起栄が、随州（今の随県）の大洪山で重傷を負い生け捕りにされた。劉起栄は蜂起以前からの老教主の一人であり、直接伝教した弟子は一〇〇〇余人を数え、襄陽蜂起の中心人物であった。以前、彼は劉之協と族人の契りを結び、劉松の元を訪ねようとしたが途中で捕らえられた。以後、劉之協とともに全国一斉蜂起を計画する中枢にいたことは間違いない。蜂起後、劉之協との連絡が不可能となり、姚之富、張富国などと共に戦闘を指揮した。彼の兄弟、子供、族人は多く教軍に入って戦い、劉起栄の死後も劉永受、劉允恭、劉開玉らが元帥となり数年間にわたって戦いを続行した。この勇敢な劉起栄の最後を書いておきたい。「時に、頭に白布を巻き、手に大旗を持つ騎馬の頭目がいた。一人で戦場を往来しつつ号令を発し、きわめて凶悪で憎むべき奴であった。彼には先に碩雲保が射った矢が左股に当たっていたが、臣（恒瑞《ヘンルイ》）がさらに左脇を矢で射った。この賊は矢を抜き又もとの如く馬を駆った。臣慶成《チンチュン》はこの情景を目撃し憤激に耐えず、馬を駆って追いつき、この賊の腰を矢で射ったので初めて落馬した。にわかに多くの賊が蜂擁し救助にきた。臣（チンチェン）は、官軍将領を率いてそれを駆散らし、自らこの賊を生け捕りにして姓名を質《ただ》したが狡猾にも自供しなかった」[1]。重傷を負っていたので、官兵は厳しい拷問を加えず北京に送り、訊問の後に処刑した[2]。

三月、ついに襄陽教軍は三集団に分かれて河南に脱出した。三集団のうち湖北省に最後まで残り殿軍となった姚之富の集団は、最も精鋭の幹部までが続々と戦死する壮烈な戦闘を演じた。三月中旬の二日間の随県内での戦いで、姚之富は一五〇〇人ほどの戦死者と捕虜を出して、元帥朱為成などを失った。朱為成は捕らえられた時、師の姚之富から授けられた「数珠、銅仏、奉仏師命督総師」と書いた大白旗を持っていた。

朱は訊問に対して「姚之富はかねてから〝官兵は恐ろしいから、戦ってはならない。もし官兵に遭遇したなら直ちに分散し、それぞれ集団を率いて逃げ、官兵が追うのに疲れた時、再び命を棄てて反撃抵抗する。もし敵わなければ再び遅れずに逃げよ〟と言っていた。昨日、官兵が幾日間も追ってきたので疲労していると思い、初めて戦ってみたが予想に反して敗れた」と言った。朱為成に「姚之富らは今どこにいるか」と訊問したが「知らない」と答えた。再三再四厳しく訊問したが、ただ目を閉じて語らなかった。官兵は重い拷問を加えたが、「ついに一語も発しなかった」ので直ちにずたずたに切り裂いて処刑した。姚爽なる教軍幹部は、ただ「姚之富の甥である。ほかのことは知らない」と言っただけであった。厳しく拷問を加えたが「一語も吐かず」処刑された[3]。こうした意志強固な幹部を失い、姚之富は残った二〇〇〇余の教徒を率いて河南に脱出した。李全（李述に同じ）が西路を率い、王廷詔が北路を率い、姚之富、斉王氏が中路を率いた。この三軍団は、河南省の確山、舞陽、嵩県などに到ると西に向かい、内郷、浙川に突入した。

さて、わが斉王氏は蜂起から河南脱出までどのような活動を展開していたのか。ほとんど記録はないのである。官僚たちは、斉王氏なる女賊と戦っているとは皇帝に報告しにくかったのか、あるいは斉王氏には戦闘の指揮をとるような権力がまだなかったためか、あるいは襄陽教軍全体の中で彼女はまだ姚之富、張国富、李全（李述、黎叔とも史料によっては記される）、王廷詔らに比べはるかに宗教的権威が及ばなかったのか、今はその内のどの理由によるものか明確にすることはできない。

斉王氏が官軍指揮官の現地報告に出てくるのは、二年三月二八日のエルデンボーの上奏が初めてである[4]。斉王氏は蜂起時から姚之富と行動を共にしていたことはほぼ確かである。河南への脱出の中で、姚之富・斉王氏集団が明確に確立したように思われる。三月以後、官側の現地報告に、斉王氏は姚之富とともに一軍を率いる最高幹部として記され始める。

教軍の先頭は、盧氏県から陝西省の商南に突入した。一部は浙川方面にも現れた。チンアン（景安）の上奏に、「第三軍の賊首は姚之富と斉王氏である。斉王氏は先に姚之富と一団をなしていたが、三月二一日の羅曲湾の戦いで左臂に銃弾を受けて落馬したが、賊の仲間が救出した[5]」とあるから、三月に斉王氏は負傷したようである。

先頭を行く教軍は、陝西省の雒南、商州、山陽、鄖西等の諸県を焚掠しながら西へ西へと急行軍を続けた。「湖北から逃げだした賊は、全体で四千余人にすぎなかったが、陝西省商南県の新しい賊匪五、六〇〇〇人がこれに加わった。また、聞くところによると、商州、商南、山陽等のところは、先に教匪の巣窟であったから、ここの教徒もこの機に乗じて合流したということである[6]」、「（姚之富、斉王氏の一軍は）湖北省から逃げ出した時は、ただ一〇〇〇余人にすぎなかったが、近日各地で人々を従わせたり、また同教のものが参加したりして三〇〇〇人ほどにもなっていた[7]」、「鄖西、商南、商州一帯で逆賊の仲間に入ったものは数千人を下らなかった。甚だしくは、刀や矛を携帯して誤って官兵の軍営にきて、〝師傅の某はどこにいるか〟と問う者もいた。彼らは人にあえば呪語を口呪し、合掌叩頭した。山陽県の山間僻地の村々は邪教がもっとも多く、自らその家屋を焼いて賊に従う者もいた[8]」等々と『方略』に記されている。これを見ると、湖北省西北部と陝西省の東南部一帯に多くの白蓮教徒がいて、西遷中の襄陽教軍に参加し、教軍勢力がまた盛り返しつつあったことを知り得るのである。

王廷詔と李全が率いる両集団は、四月七日に城壁のない鄖西県城をやすやすと占領し、「県の役所、倉庫、監獄を焼き払い、商店や民家を焚掠した[9]」。姚之富、斉王氏の第三団は、四月二日に商南県の郷勇二〇〇〇余人と戦って三〇〇余人を殺し、南下を続けた。

五月初旬、陝西の洵陽、鎮安、安康一帯へと各教軍が次々に突入した。教軍は麦の収穫期に当たっていたので、急いで麦を刈り、飢えをしのいだ。この一帯にも白蓮教徒がおり、例えば「鎮安一帯は習教するものがきわめて多い。……今賊匪がこの地方を通過すると、また哀れにも死を恐れず、連れだって仲間に入るものがいた[10]」という。この一帯で教軍は全体で二万余の勢力にふくれ上がったが、鎮安県の官軍との戦闘で三〇〇〇余人を失った[11]というから、新しく参加した教徒の老人、女、子供等が大量に官軍や郷勇に殺されたのであろう。この戦いでは、清朝官軍も将校一一名が教軍に殺されたので、皇帝から厳しく叱責された。

五月六日、張漢潮の集団三〇〇〇余人が興安府（今の安康県）の恒口地方に進出した。襄陽教軍は、五月一二日から一九日の間に紫陽と漢陰の中間にあって、漢水東岸に位置する漢王城に集結し漢水を渡った。渡河中に官兵の急襲を受け数百人が殺され、七隻の船が沈没して三〇〇余の男女が捕らえられた[12]。この教軍の損害、つまり官軍の戦果の報告については、皇帝は漢水防衛の任にあったホイリンが渡河を許した自分の失敗を隠そうとした偽の戦果であり、「信用するに足らず」[13]と一蹴している。

三月に湖北から河南に北上し、更に陝西に西行し、漢水を越えて四川に向かっていった教軍の行動をみると、襄陽教軍全体の統一的行動であり、そのスピードからみて出発の初めから四川教軍の活動地を目指していたものであることが推測されるのである。襄陽教軍は大西遷の中で、三軍団編成の確立と共同の当面の目標（四川教軍との合流）とを明確にした。

註

（1）『方略』巻二八、嘉慶二年二月八日付の恵齢らの上奏。
（2）『五省白蓮教』巻五、頁五四～五五に劉起栄の自供書がある。
（3）『方略』巻三二、嘉慶二年三月二五日付の恵齢の上奏。
（4）『方略』巻三二。嘉慶二年三月二八日付の額勒登保らの上奏。
（5）『方略』巻三四、嘉慶二年四月一一日付の景安らの上奏。
（6）『方略』巻三五、嘉慶二年四月一九日付の恵齢らの上奏。
（7）『方略』巻三六、嘉慶二年四月二三日付の恒瑞らの上奏。
（8）『方略』巻三六、嘉慶二年四月二五日付の慶成らの上奏。
（9）同上。
（10）『方略』巻三八、嘉慶二年五月一六日付の汪新の上奏。
（11）註（10）に同じ。
（12）『方略』巻三九、嘉慶二年五月三〇日付の恵齢らの上奏。

（13）註（12）に同じ。

九　四川における襄陽教軍

嘉慶二年（一七九七）六月、襄陽教軍は大巴山系の老林の桟道を通って四川省に突入した。一集団は太平（今の万源県）に、他の二集団は通江、東郷に進出して四川を震撼させた。教軍は官軍から攻撃されると、「数個のグループに分散し、後部のグループが官軍を牽制しつつ逃げ、前部のグループが昼夜となく狂奔するのを助けた。……また山僻の小道から続々と奔竄し、ばらばらに林中に隠れ、また集まっては要害の地にたてこもった。一日の間に何度となく移動し、定まることがなかった」[1]。六月二〇日頃には、東郷県、開県に達し、開県の臨江市を脅かし、翌閏六月九日には一部が雲陽、万県に進出した。

襄陽教軍首脳は、四川省東郷県に於て四川教軍首脳と会見した。王三槐は後に自供して次のように言った。「私と徐添徳は東郷県の中河地方に逃げ、斉王氏、姚之富、樊人傑、王光祖らが陝西省から来たのに出会い、彼らと開県の温湯井一帯から雲陽、奉節、太寧に行った。官兵が追ってきたので、私はまた徐添徳、冷添禄、樊人傑、王光祖らと温湯井に引き返し、太平から巴州地方に行った」[2]。ついで、「斉王氏、姚之富も四川に逃げてきたのである。彼らは人をよこして我々と合作するように言ってきた。我々は、官兵が彼らの名をかたってわれわれを誘い出すのではないかと恐れた。我々も人を派して偵察してから彼らと話をした。後で相談した結果、我々の四川の土地を彼ら湖北の人に踏みにじらせることはできないということになり、彼らとの統一を承知しなかった」、「我々は東郷県地方で、斉王氏、姚之富に会った。互いに人を派して連絡をとり、共に馬上で会見したのであって、彼らの軍営内に行ったのではない。

我々は彼らに、官兵の追撃が厳しいので、あなた方は皆分かれて逃げたほうがよいと言った。彼らはすぐ奉節、大寧方面に去った[3]」と述べた。

王三槐の徒弟であった符曰明は「七月、八馬廟で斉王氏、姚之富、李淑（李全）、王廷詔、樊人傑らに会った[4]」と言い、冷添禄の徒弟の龐向瑤は「六月に、湖北の張漢潮、姚之富、斉二寡婦（斎王氏）、樊人傑らが四川に来て、互いに会合し、はじめて各号の頭を決め、合わせて元帥、先鋒、総兵、牌頭などの階級名を決めた[5]」と自供している。

以上三人の証言によると襄陽教軍の幹部ほぼ全員と、四川の徐添徳、王三槐とが会見し、各集団名と階級制度を決めたことが分かる。しかし、この会見で何か新しい目標や戦略、戦術が生まれたのかといえば、そうしたことは何もなかったのであろうと、否定的に答える以外にない。襄陽教軍は滅亡の淵にあって、四川の教徒は優勢であると聞きここに逃亡して来たのである。しかし、四川に来ても襄陽教徒は故郷への帰還を念願していた。四川教軍は五月の香炉坪の激戦に於て、王三槐の師の孫士鳳、三槐の母、徐添徳の母などが官兵に捕らわれたり殺されたりする大打撃を受けており、湖北教軍の来訪は心強くはあったろう。しかし故郷の四川から何処かに長征してゆく目的等なかった四川教軍にとって、湖北教徒の長期的な居すわりは歓迎できなかったに違いない。二万余の湖北、陝西の教軍とその家族に食糧を与えることが四川教軍に出来るわけがなかった。大部分の湖北教軍は四川を南下して次いで西にまがり襄陽への帰途についたが、四川教軍の主要幹部は誰もそれに随いて行く者はいなかった。

斉王氏の四川での活動を詳しく伝える史料は何もない。東郷県での首領会見の席に彼女が出ていたことは証言によって明らかであるが、それ以外に次のような話が伝わっている。「（二年七月、官軍は）賊の斉王氏らを追って雲陽県の黄村に至った。ここには蜂起した賊匪数千人が林姓の男を頭目にしていた。斉王氏は官兵の追撃が急で逃げきれないことを恐れ、賊林某を欺むいて言った。〝私は先鋒隊を率いて湖北に下る途中です。本隊は後ろにいます。あなたは急いでそれを迎えるように〟と。斉王氏は林賊に官兵をまかせて、自分はゆっくり逃げようとしたのである」[6]。この話の真偽を明らかにすることはできないが、四川で転戦する湖北教軍の軍事指導者として斉王氏が活躍していたことを予想させる。斉王氏は湖北の約一年間の戦いとそこを脱出してからの河南、陝西、四川での戦いの中で、女司令官としての権威と能力を高め、経験を積み、他の老教首と一歩もひけをとらぬ首領になっていたことは、東郷会見についての教徒のどの証言にも、彼女の名前が出てくることから分かる。四川での戦いの頃から、清朝の官軍指揮官の報告に、「斉王氏、姚之富」あるいは「姚之富、斉王氏」の順で彼女の名前が明記され、清朝権力も公式に彼女を大首領として認めるようになったのである。

註

（1）『方略』巻四二、嘉慶二年閏六月一二日付の宜綿の上奏。
（2）『五省白蓮教』巻五、頁六六、王三槐自供。
（3）『五省白蓮教』巻五、頁七一、王三槐続供。
（4）『五省白蓮教』巻五、頁八一、符曰明自供。
（5）『五省白蓮教』巻五、頁一三七、庹向瑤自供。
（6）『戡靖教匪述編』巻二、嘉慶二年七月。

一〇　故郷へ、失敗、そして陝西へ

四川に突入した襄陽教軍は、およそ二万余の勢力であったが、四川を南下し長江上流の開県、雲陽に到達した六月下旬には、雲陽県の「新たに蜂起した賊は千余人」、万県の「新たに蜂起した賊は千余人から二、三〇〇〇人あまり」、大寧では「新たに蜂起した賊は三、四〇〇〇人」等が続々と加わり、「にわかに数万人にふくれあがった」[1]。

斉王氏らは約二万の勢力を率い、七月には湖北省の興山県に達した。別動隊を率いた王廷詔の軍も約二万を数えたが、両者は巴東県で会し石門県を攻撃した。襄陽教軍の中の李全、王光祖、樊人傑らは四川に留まって湖北には入らなかった[2]。四川残留部隊は、四川を北上して陝西に入り、湖北に向かおうとしていたようである。襄陽教軍には陝西の教徒も多数参加したので、必ずしも襄陽奪回作戦に同意しないものがいて当然である。戦術上の違いで襄陽教軍は二分したと考えるべきであろう。少なくとも、斉王氏、姚之富、王廷詔らにとっては、教軍主力の故郷である河南省の襄陽に帰り、そこで勝利することこそが目的であった。元年三月以来の長征も、教軍の勢いが盛んな四川に入り態勢をたて直して湖北に帰るための戦術であったことは、四川を南下するそのスピードと直線的行程路が示している。襄陽教軍は四川にいた間、ほとんど総力をあげた戦いをせず、二カ月足らずで南下し再び湖北に突入している。

斉王氏、姚之富の二万余の軍勢は、二年七月に湖北省の興山、保康、南漳、襄陽へという順路をとり、王廷詔の二万余は、当陽、遠安、荊州、襄陽へという順路をとった。当時、湖北に投入されていた官軍は、エルデンボー(額勒登保)の七〇〇〇、ミンリャンの五〇〇〇、苗族の地から移動してきた五〇〇〇、湖北に急行中の満州索倫の兵三〇〇〇、合計二万余であった。これ以外に数万の郷勇が各地にいたものと思われる。

王廷詔の教軍が南漳城で官兵の攻撃を受けたので、斉王氏、姚之富は宜城、鐘祥に急行し王廷詔の軍と合流した。そして故郷の湖北省の襄陽、樊城に迫ったが敗北し、南漳県の山中に逃げこみ、ついで穀城を攻撃した。しかしながら、上記の諸県は、襄陽教軍が陝西、四川を転戦していた時、城壁を保修、増築し堀をつくり、郷里を離れなかった白蓮教徒を殺し、ところどころ戦略村を作って待ちかまえていた。「襄陽の士紳梁有穀らは保寨を築き、そこに土地の男婦老幼の郷民十余万を収容し、郷勇をもって防衛したので、賊がしばしば攻めたが陥すことはできなかった」[3]。斉王氏らは、やむなく西方に逃れた。しかし、竹山県では「郷勇万人を集めて立ちはだかり」、竹谿県でも「団練、郷勇万人を集めて」[4]攻撃してきた。王廷詔の一軍は、斉王氏らよりも早く陝西方面に逃走したが、斉王氏・姚之富の一軍は帰州、宜昌、遠安、南漳、保康、房県等の地域で執拗にゲリラ戦を続けた。

ドレンタイとミンリャンは、当時の様子を次のように皇帝に報告している。「教匪は昨年から現在まで数省を逃げ歩きました。各方面で剿滅した賊は千、万をもって数えましたが、首領はまだ捕らえられておらず、残党も減ってはおりません。彼等は初めは包囲攻撃しやすかったのですが、最近は東奔西走して久しく占拠する地がなく、定まった土地で劫掠して生活することもなく、移動には必ずしも食糧をもたず、住むにテントなどを使用することもなく、通過する村落市鎮の人民を多く脅かして従わせては仲間を増やし、分散して逃亡掠奪して官兵に対処する暇を与えないためでございます」[5]と。二年八月頃、湖北省内にいた教軍の総兵力は二万余で、そのうち騎兵は三、四〇〇〇であった[6]。教軍の奮戦にもかかわらず、襄陽奪回の目的は失敗し、翌九月には斉王氏、姚之富も陝西に向かった。

襄陽奪回の失敗は、彼らが予想していた以上に在地郷紳、大地主らによる反革命の武装組織「郷勇」の組織化が進み、また戦略村としての「保寨」の構築が進んでいたためであった。さらに、襄陽教軍の主力がこの年の初めに河南、陝西、四川へと移動していた間に、湖北では徹底的な残党狩りが行われ、恐らくは万をもって数える教徒が殺されたため、呼応する人々がなかったことによる。こうして、四川から湖北に帰還した時には四、五万を数えた教軍はほぼ勢力を半減させ、陝西に再び逃亡することになったのである。しかし、失敗したとはいえ、故郷奪回の戦いはきわめて熾烈であった。湖北の官軍指揮官は次のように言っている。「(この度、湖北で賊の) 被害にあったところは、合計一八州県に及んだ。そのうち、保康、房県、竹山、竹谿の四県は、昨年 (元年) 賊の害を受けること最も重く、今はじめて難民が安心して居住できるようになったのであるが、又にわかに賊の焚掠を受け、被害は昨年を上まわった。鐘祥、宜城、襄陽、穀城の四県は、昨年は襄河の北岸だけ被害を受けたのであるが、この度は南岸の完全な地域もまた蹂躪されたのであった。興山、遠安、南漳三県の郷村の多くは焚掠されて被害も比較的重大であった。荊門、巴東、帰州、東湖、当陽、均州、鄖県の七県の被害はわずかに一部に及んだだけであった」[7]。南漳の戦いでは、「牛に乗って戦闘を指揮する賊婦」がいたということである。彼女は高廷興の妻であったが、郷勇に銃で撃たれて殺された[8]。

斉王氏、姚之富の教軍は、均州県で満州索倫の兵を率いて追撃してきた満州貴族出身の護軍統領ホエリン（恵倫）を殺し、王廷詔と高天升の軍は、石泉県で西安副都統の満州貴族フォンシェンブ（豊伸布）を殺した。この二人以外にも将校、下士官クラスの者が多数殺されている。教軍は一年半以上の戦いの中で数多くの経験を積み、プロの兵士に成長していた。官軍は大きな損害をごまかして、戦果を誇大に報告したが、皇帝は「殺賊無数という報告は、たいてい皆強迫されて賊に従った人民のことであり、邪教の真正の賊は早くも遠方に逃げ去っているのだ[9]」と官軍領将を叱責している。二人の高官の死は、教軍の戦いがいかに激しかったかを示している。

陝西方面に逃げた襄陽教軍は、捕虜となった教軍兵士の自供によると、漢水を渡って河南に入って仲間を呼び集める目的であったという[10]。彼らの目的はあくまで湖北、河南の省境一帯の故郷であった。しかし、官軍もそのことを知っており、多くの官兵を漢水の沿岸一帯に展開し、教軍の渡河北上を阻止しようとしていた。斉王氏、姚之富、王廷詔、高均徳、張漢潮、李全の軍は合流して漢中方面に突入し、ここから漢水渡河を試みたが失敗し、一時四川の広元県一帯に逃げ込んだ。広元県の教徒がこれに呼応して蜂起した。斉王氏は、その首領何添寿に「南路大元帥」の称号を与えた[11]。斉王氏らはあたかも四川に乱入するかのような態度を見せたが、その目的は陝西から故郷に近い河南、湖北に帰ることにあった。

註

（1）『方略』巻四五、嘉慶二年七月二二日付の汪新の上奏。
（2）『四川通志』巻八三、武備、武功七。
（3）『方略』巻四七、嘉慶元年八月一七日、徳楞泰、明亮の上奏。
（4）『方略』巻四七、嘉慶二年八月一一日、秦承思の上奏。
（5）註（3）に同じ。
（6）註（4）に同じ。
（7）『方略』巻五二、嘉慶二年一〇月四日付の汪新の上奏。
（8）『方略』巻四七、嘉慶二年八月一八日付の汪新の上奏。
（9）『方略』巻五一、嘉慶二年九月二七日付の明亮の上奏に対する上諭。
（10）『方略』巻五四、嘉慶二年一〇月二四日付の恵齢の上奏。
（11）『人民反抗』下冊、頁三〇〇、嘉慶元年一二月二四日、明亮の上奏。

一一　斉王氏、姚之富の最後

嘉慶三年正月五日、ミンリャン、ドレンタイは連名で皇帝に、「臣等が調べましたところ、各逆徒の頭目のうちでも、ただ斉王氏こそが最も狡猾なものであります。徒党も比較的多く、まず最初に掃討すべき輩であります[1]」と上奏した。斉王氏はもはや姚之富の庇護のもとにある元教首の寡婦ではなく、襄陽教軍主力の最高指揮官となり、姚之富の上に立つ存在になっていたことが分かる。この一カ月前の二年一二月一七、八日に、広元県にいた斉王氏らは、ドレンタイの率いる官軍の攻撃を受けて、一二〇〇余の勢力を失った。同じ一七日、同じ広元で張漢潮の教軍は、ミンリャンの官軍に攻められ、二、三〇〇人を失った。しかし、この時、高均徳の部隊数千人が漢中一帯で漢水を渡り湖北に侵入しようとしていた。この報に接するとドレンタイ、ミンリャンは漢中に急行した。この後を追って、斉王氏、姚之富らの教軍も広元から南江に入り、陝西省に通ずる桟道を越えて、高均徳の軍に合流しようとした。

一方、二年一二月には、王廷詔と李全の教軍は四川省に深く入り、蒼渓、閬中方面で転戦中であった。王廷詔は蜂起以前から四川省に伝教し、四川教軍首領たちに大きな権威をもっていた[2]。また李全は嘉慶二年の四川省侵入の後、湖北に帰らず徐添徳や王三槐らと四川で共に戦っていたので、両者とも四川教軍と比較的良い関係であったためか、斉王氏、姚之富のように故郷に帰ろうとせず四川に留まっていたが、ついに嘉慶三年正月に陝西に移った。嘉慶三年正月九日、高均徳は南鄭において漢水を渡り、その直後五、六〇〇〇人の集団と騎馬の女賊数百人が共に続いて漢水を渡った。官軍は、高均徳の軍は八、九〇〇〇人ほどに達したと北京に報告した[3]。

この報に接すると皇帝は女賊数百人こそ斉王氏の本隊と考え、連日この集団の殲滅を命じたが、まだ斉王氏の部隊は陝西省に入ってはいなかったので、当時の清朝中央の推測は誤りであった。斉王氏、姚之富は、三年正月二四日、四川省の南江から桟道を越え、陝西の西郷県に侵入した。彼らが漢水を渡ったのは、正月二七日前後の夜のことであった。斉王氏らは石泉一帯を焚掠し、窮境にあった高均徳の軍に接近した。二月一日、両軍は合流して約二万の勢力となり、洋県に侵入して陝西提督柯藩の官軍と死闘を演じた。柯藩は次のように上奏している。「賊匪の一党約二万余人が缶子山から洋県の筆架山に逃げ込み陣を敷きました。臣はすぐ官兵、郷勇を率いて夜通し急行軍し、細河まで行きましたところ、騎馬の賊数人と徒歩の賊千余人が一団となって川を押し渡っておりました。臣はただちに官兵、郷勇を北岸に分散配置し、銃砲で攻撃しましたところ、賊は衆を恃んで抵抗し突撃してきました。わが兵は勇敢に戦い……騎馬の賊六〇余人、旗を持つ賊三人、徒歩の賊二百余人を殺し、また三〇余里を追撃し、さらに賊百余人を殺し、男女六一人を生け捕りました」[4]。このような戦闘は連日連夜続いた。教軍は陝西省にいた二万余の官軍及び恐らくそれをはるかに上まわるであろう郷勇と連日戦い漢水北岸に軍を進め、一気に湖北、河南に突入しようとした。

斉王氏は、当時湖北省突入の最先端を走っていた高均徳が大きな損害を出したことを聞き、部下一、二〇〇〇を急派した。斉王氏と李全の集団はそれぞれ漢江を渡河し、斉王氏は河南に向けて北上したが、李全の軍は渭水上流の宝鶏、眉県、岐山一帯に進出し、在地の教徒張添文の教軍とともに七、八〇〇〇人となり、二月二一日に郿県の県城を攻撃した。この時、李全の軍は西安を直撃する目的だったという[5]。斉王氏、姚之富、高均徳の軍はともに西安の東南数十キロにある山陽、商県一帯に北上し、藍田から西安を攻撃するかにみえた。彼ら教軍が、全体として西安攻撃の共通の戦略をたてて行動していたのか不明であるが、斉王氏、姚之富、高均徳の軍がドレンタイ、ミンリャンの官軍主力を引きつけ引きまわし、その間隙をついて西安方面にいた提督王文雄の官軍を孤立させてこれを撃破し、官軍主力を西安防衛に駆けつけさせ、教軍は湖北方面に脱出するという作戦があったものと推測する。

二月二六日の黎明、王文雄の率いる官軍は、西安の西方数十キロにある盩厔県（今の周至県）に李全の軍を追っていた。王文雄の言うところによると、「賊の全軍が一団となって攻撃してきた。その数はおよそ一万余人であった。王文雄は参将の鍾岳と兵を左右に分けて迎撃したところ、賊もまた分かれて左右から突撃して我が軍の行手を遮った。我が兵は銃、砲を発射し賊百余人を殺したので、賊兵はやゝ後退した。ついで賊は四軍に分かれて攻めてきたが、またまた官兵は四百余人を殺したり、負傷させたりした。賊軍は十数個の集団に分かれ、騎兵、歩兵が連携してわが官兵を四方から包囲した。王文雄は将兵を督戦して円陣をはり、全員を外に向かせ、賊が来ると銃砲で迎撃させ、また数百人を殺した。このとき、騎馬の賊一千数百人が突撃してきた。秦承恩は千総の崔雯に藤牌を持たせ、それを率いて突撃した。賊の馬は驚いて逃げた。賊は鞍からころがり落ちて互いに踏みあった。王文雄は勢いに乗じて進撃し、賊を追って千余人を殺した。賊は潰れて散り散りとなった。わが官兵が一里ほど追撃したところ、また賊の一集団が林の中から突出してきた。わが兵はこれに反撃し多くの賊を殺した。大旗を持っていた賊の頭目王正奇も射殺した。ここで賊は初めて大潰《くず》れとなりちりぢりに逃げた。この度の戦いには、官兵、郷勇は三千余人に満たなかったが、数倍の敵と戦った。卯の刻より酉の刻の間に、五回の乱戦を行い、合わせて賊匪二千余人を殺し百余人を生け捕った」[6]のである。こうして、李全の率いる教軍のある部隊は、ほぼ全滅に近い敗北を喫した。秦承恩の報告に「教軍二千余人を殺し、捕虜は百余人にすぎなかった」と言うように、清朝官軍は捕虜を出さないように皆殺しを行ったようである。当時は、この李全集団以外に、四川から大巴山系を越えて陝西の南鄭県に来ていた万余人の教軍、宝鶏の四、五〇〇〇人の教軍がまだ外にいたという。

六〇〇〇の官兵を率いて、斉王氏、姚之富、高均徳の集団を追撃していたドレンタイとミンリャンは、二月下旬に山陽県に迫っていた。斉王氏と高均徳の両軍は、二つに分かれて高均徳は山陽に、斉王氏は商州に急行した。三月二六日、高均徳の教軍はドレンタイの官兵と激戦の後敗北し、四〇〇余人が殺され六二人が捕らわれた。商州に向かった斉王氏は、エルデンボーの官兵に追撃され六〇〇余人が殺され、九三人が生け捕られた。そこで斉王氏は西安に近い藍田県に入ったが、エルデンボーに追われ、一、二〇〇〇人を失った。斉王氏は三月三日頃、商州から山陽に走った。エルデンボーの官軍は、この時、李全と張添文の教軍が藍田に向かって来たので、これを迎撃するために斉王氏、高均徳の追撃部隊から離脱した。斉王氏らを追ったのは、ドレンタイとミンリャンの軍が四〇〇〇、サイチュンガ（賓沖阿）の軍が一〇〇〇、温春とアイシンガ（愛星阿）の軍が一〇〇〇、合わせて総勢六〇〇〇であった。三月五日、教軍は一四〇〇余を失った。

官軍の報告によると、三月五日の子の刻から亥の刻まで一七〇余華里（約九八キロ）の急追撃を行い、「百余里の間、死屍累々と横たわって野に満ち、遺棄された女子供は泣き叫び、その声は山谷を貫ぬいた」[7]ということである。大打撃を受けつつ、斉王氏が率いる教軍は湖北省に突入し、鄖西県の三盆河に入った。この時、斉王氏の教軍の勢力は男女あわせて八、九〇〇〇いたというが、官兵の猛攻を受け大損害を出した。斉王氏は残った三〇〇〇余人とともに鄖西県三盆河の左山梁に逃げ、山上から石を落し銃を射って抵抗した。三月六日、官兵は四方から一斉に攻め登ってきた。斉王氏らは険しい崖を馬を棄ててよじ登ったので、官兵も馬からおりて迫った。追いつめられた斉王氏は女性一〇余人を連れて西南の崖から身を投げ、姚之富もまた同じく崖から身をおどらせた。官兵が崖下に着いた時、姚之富はみぞおちを衝いて即死だったが、斉王氏はまだ息を残していたという。しかし、詳しく訊問することはできなかった。斉王氏は自から斉王氏本人であることを認めた後息をひきとった。斉王氏の髪は断髪した直後で、まだ一尺にも満たなかった。絹の衣服をまとい、耳には金環をつけて身を飾っていたという。官兵は斉王氏と姚之富の首を切り落し、胴体はばらばらに切りきざみ、首は湖北の本籍地と転戦した四川、湖北の所々に晒した。ミンリャンは、残った教軍三〇〇〇余人を皆殺しにし、また附近にいた四〇〇〇余人をも殺し、一三〇〇余人を生け捕ったという。捕虜の中には襄陽教軍の大頭目で大丞相と称せられた王如美もいた。

以上が官軍領将たちの上奏文による斉王氏、姚之富たちの最後である。[8]官側記録の集大成である『方略』を見ると、斉主氏、婉之富を敗北させた功績は、ミンリャン、ドレンタイ麾下の清朝官軍にあるといわんばかりであるが、実際は、鄖西一帯の封建勢力が組織していた郷勇こそが、斉王氏らを敗死させた主力であったという史料がある。『三省辺防備覧』に、「鄖西にはもと城壁がなかった。賊匪が蜂起した時、県署も焼かれてしまった。知県の孔継干は朝廷から資金を頂戴して城壁をつくり、団練と民勇が要害の地によって賊匪に抵抗した。賊の巨魁斉王氏らはこの郷勇に殺されたので、故に鄖西の郷勇は湖北第一とうたわれた[9]」とあり、また呉熊光も、「郷勇はただ湖北省鄖西のものだけがよく団結し、最も強力であった。逆賊の首領姚之富、斉王氏等は皆この鄖西の郷勇が掃滅したのである[10]」と記している。土地の地理に詳しい鄖西の郷勇のため、斉王氏は命を落したというのが真相ではないかと思われる。

こうして、四省にまたがって数万キロを走破し、官軍、郷勇と三年間にわたって死闘を演じ続けた斉王氏、姚之富はついに敗北した。斉王氏は二二歳、姚之富は四、五〇歳代だったものと思われる。

註

（1）『方略』巻六〇、嘉慶三年正月五日付の明亮、徳楞泰の上奏。
（2）『五省白蓮教』巻五、頁一〇五、劉之協自供。
（3）『方略』巻六一、嘉慶三年正月一四日付の景安の上奏。
（4）『方略』巻六四、嘉慶三年二月一二日付の柯藩の上奏。
（5）『方略』巻六六、嘉慶三年三月一日付の秦承思の上奏。
（6）同上。
（7）『五省白蓮教』巻一、頁三二四、徳楞泰の上奏。
（8）『方略』巻六七、嘉慶三年三月一三日付の徳楞泰の上奏。
（9）『三省辺防備覧』、策略、『輯録』頁二〇三、所収。
（10）『伊江筆録』上編、『五省白蓮教』巻五、頁三二一、所収。

二　「斉王氏問題」

斉王氏は、すでに指摘したように賤民視される大道芸人の出身であり、人民から蛇蠍の如く恐れられ嫌われる衙役の妻あるいは妾であり、夫の刑死によって若くして寡婦となった女性である。すべてネガティブな社会的・精神的位置に立っていた。反乱に起ち上がる際にも、普遍的公理や白蓮教の世界観に対する忠誠心、同志愛を掲げたわけでなく、「夫に替って仇を報ずる」という私恨、私怨に基づく復讐の心を白装束に身をかためて表明したのであった。社会に対する怨恨や憎悪はあっても、いま一つこの地上で新しい社会公理を打ち立てるという方向と思想を示したものではなかった。このような社会的存在と社会的価値を「負の構造、負のベクトル」と名づけたいと思う。

しかしながら、白蓮教の反乱の過程の中で、斉王氏は総教師という宗教的権威となり、武術の達人で教軍の指揮官であり、絹の衣服をまとい耳に金環をつけ、髪に羽飾りをつけた麗人であり、しかも夫の高弟姚之富と男女愛を噂される仲となったのである。「斉王氏は初め姚之富と私通し、姚之富を前軍とし、自分は後軍となった。こうして夫婦の名が生まれた」(1)と、ある史料は書いている。姚之富は嘉慶元年に母、息子、息子の嫁、孫など数人の家族を失っており、蜂起時には妻もなかったようであるから、師斉林のこの若い寡婦に男女愛を感じたとしても不思議はない。そもそも、白蓮教は無生老母という女性神を最高神として崇拝していたから、姚之富らの男性教徒は斉王氏の姿に女と無生老母神の影をダブらせていたように思えるのである。人間の社会、文化、技術などは進歩、発展するが、個々の人間の人生は「生病老死と性の運命」の法則から永遠に逃れることはできない。

以上のように、斉王氏が象徴する負の世界は、劫難の日の到来、すべてが滅び去る日の到来によって、はじめて白日のもとに姿をあらわすことができたのである。賤から貴へ、私から公へ、弱から強へ、寡婦から女へ、個から全体へ、白装束（死）から絹服、金環、羽飾り（エロス、つまり生）へ、諦観から復讐へ、というような磁場の転換が、白蓮教の反乱そのものだった。そうしたものが「官逼りて我反す」、反乱の中で生き返るのである。

この白蓮教反乱をみるに、新しい政治権力樹立の明確な意志はなく、滅満興漢をスローガンとして徹底することもなく、社会的経済的要求の綱領を提出するということもない。まさに絶対的窮境の中の反乱であった。鈴木中正は「劫の思想」という「一種の自然必然的歴史観に外ならない[2]」と規定している。そして鈴木は、「しかしながら、かかる教説（劫運まさに到らんという歴史観）は、教徒の合理的自発的態度を甚だしく減殺し必然的な力に運命をまかせるという受動的態度を増大させることになったと思う。弥勒下生信仰が劫の観念や呪卜的迷信と結び付いたことは、ドイツ農民戦争における至福千年説が理性の強調へと発展したことと著しい対比をなすものと考えられる[3]」というように、発展的、進歩的性格がないと、否定的に評価したのである。劫の思想という指摘については私も承認する。しかし、「教徒の合理的自発的態度の減殺、必然的な力に運命をまかせるという受動的態度」というような結論を述べて、すべてを終らせるわけにはいかないように思うのである。鈴木のように考えれば、次に紹介する官軍の拷問と処刑に平然と耐え殺されていった教軍兵士の事例など、まさにかかる必然信仰以外の何ものでもないということになろう。

「これらの匪徒は習教（教えを習う）を名として反逆をはかり、被誅（処刑されること）をもって過劫（劫運を通過すること）となし、順次彼らを捕らえたが皆首をたれて処刑され、後悔の色もなかった[4]」のである。白蓮教徒の多くが死を恐れず戦い、拷問にも処刑にも動じなかった例は数多いが、ここにいま一つ紹介しておきたい。経略大臣エルデンボーが白蓮教反乱鎮圧に初めて携わった時、多くの男女を皆殺しにした。部下の諸将はこれを哀れに思い、エルデンボーに願って、「賊に従って三カ月に満たないものは死を免ずる」ことにしてもらった。しかしながら、教徒は「自ら甘んじて戮（処刑）に就くもの少なからず」という有様だったという。この話を紹介した陳康祺は、「これは恐らく邪教の教えに毒された為であろう。それで彼らを生かしてやろうとしたが方法がなかった。その頑迷さは憤慨に耐えぬものであり、その愚劣さは実に哀れむべきものであった」と嘆いた。(5) こうして白蓮教徒は、水火刀兵の劫運の日に戦って家族や仲間と死ぬことこそ、救いの証であるというところまで行きついたのだった。

問題は鈴木中正が結論としたところから改めて提出され、展開されねばならないのである。つまり、劫の思想をいただき一〇年間にわたって戦い続ける白蓮教徒の大脳の狂信性のことではなく、普通の個人の身体のことや心のことである。人は主体性、理性、能動性、自発性にプラスの価値を与え、それらによって提出される政治的、社会的、精神的なプログラム、それを実現する政治戦略、戦術を歴史の中に捜してきた。しかしながら、合理性、主体性こそがいかに恐ろしい狂言になりうるか、壮大な政治的戦略、戦術がいかに恐しい大量破壊と大量虐殺をもたらしたか、歴史の中で、特にこの近代史と現代史の中で、うんざりするほど我々は見てきたのである。確かに、斉王氏は理性的スローガンを掲げず、明確な戦略を示しはしなかった。彼女ばかりではなく、劉之協一人を除いて、政治権力の構想を示した者はこの白蓮教反乱に一人としていなかった。いったい何処を目指して全教軍は進むべきなのか、誰にも分からなかった。誰も皇帝、王、諸侯、官僚にならず、ただ毎日戦闘のために必要な軍事組織以外に、何も生み出さなかった。にもかかわらず、彼らには一〇年間戦うことを可能にした何かがあったのである。「出る」思想ではなく「退く」思想、「新しいものを獲得する」のではなく、「失ったものを回想する」思想、政治的生活ではなく個の日常的生活を持続するためだけの闘争、凸の方向ではなく凹の磁場、そうしたまさに進歩、発展というような関心が無意味であるような、いわば負の世界の、負の方法による自己存在証明としか云いようのない人間の行為というものがありうる筈であり、それこそが嘉慶白蓮教反乱を闘った教徒たちのあり様だったと思うのである。どのような観念的な思想であろうと、それが運動を展開するものであるなら、人間の生活と人間の精神によって生みだされ支えられているのである。それなくして、いかなる観念も人間とともに存在することはできない。では襄陽教軍を支え、彼らにあれほどのエネルギーを与え続けていたものは何であったか。それは失われたものに対するいわば愛惜の情のようなものであった。

すでに斉王氏の戦跡を克明に追う中で明らかにしたように、襄陽教軍の目指す地点は、ほかでもなく彼らの故郷だったという点に象徴的である。故郷を奪い返し、ここに無生老母神やミロク仏の主催する王国を樹立することを待望していた。斉王氏の軍のみではない。陝西、四川を転戦している時にも、ほとんどの襄陽教軍の目的は湖北、河南の地であったことは、多くの教軍兵士が官兵に捕らわれた際証言していることである[6]。襄陽蜂起の際に河南から数千の教徒が参加していたから、河南に入ることは、故郷に帰ることであったと思われる。では故郷に誰が待っていたのか。教徒は蜂起する際自分で家を焼き払い、全家族を率いて参加しており、しかも故郷は嘉慶元年の戦闘で徹底的に破壊されていたから、これといった家財や資産があったとは思えないのである。故郷には懐しい生者よりは死者の方が多かったことであろう。彼ら彼女らの目的は過去への回帰、失われたものの奪還ということであった。新しいものを獲得するのではなく、失われたものに回帰するという思考は、凹の思想、負の世界へのベクトルを示している。斉王氏問題とは、斉王氏が象徴する嘉慶白蓮教の世界の位相の問題である。凹の思想とは、賤しい寡婦こそが聖母になり得るという逆転の思想なのである。中国の無数の反乱、一揆、闘争、民衆運動といわれるものの中で、白蓮教系「邪教」の反乱ほど女性が活躍するものはない。聖母は白蓮教系「邪教」の夢みる世界の記号であり、イメージであり、象徴であり、いわば負の世界の主人である。斉王氏以外にも多くの女性が白蓮教の象徴的存在として登場していたことは先に指摘したが、さらに次の話をつけ加えておきたい。

嘉慶六年、四川省を旅行した朝鮮人使節一行の柳得恭が、四川の紳士に「四川教乱の始末を尋ねた」ところ、「初め楊寡婦が白蓮教に名を託して乱を起こしたが、嘉慶二年に捕らえられて斬られた」と語ったという。[7] また、当時四川省にいたカトリック神父がヨーロッパの総管庁に送った報告で「陝西の反乱者は一人の年若い寡婦を首領にした。彼女はその他の首領と同じように立派に指揮をとったし、甚だしくはより一層優れていた。彼女は四川省の白蓮教の首領と統合を相談するため今年（嘉慶三年）四川に来たが、陝西に帰るとすぐ病いで死んだ。しかし彼女の部隊は引き続き存在しており、やはり女性によって統率されている」[8]と書き送っている。この二人の女性は、斉王氏と陝西省安康県で「無生老母」を名乗っていた王劉氏とが誤って伝えられたものか、それとも斉王氏、王劉氏以外にこのような女性がいたのか不明である。当時の多くの人々がこの白蓮教反乱を「女教首」の反乱であると、強烈な印象をもって見ていたことだけは確認できるのである。社会の深層に隠されていたもの、纏足などによって闇の中に押し込められていたもの、蔑視されて社会の裏側にあったものが、歴史の中に露呈する。嘉慶白蓮教反乱とは、まさに「斉王氏問題」としてみるべきものだと思う。というよりも、斉王氏問題の観点からみた時、これまで歴史の進歩、発展に何一つ寄与しなかったと否定され続けてきた人々の無数の人生軌跡が、また女のエロスが、中国史の中から新しい意味をもって生まれ出て来るのではあるまいか。

註

（1）『内自訟斎文鈔』（周凱）「紀邪匪斉二寡婦之乱」。『人民反抗』下冊、頁八二九、所収。

（2）鈴木中正『清朝中期史研究』頁一一〇。

（3）同上。

（4）　嘉慶二年一一月二五日付の額勒登保の上奏。『五省白蓮教』巻一、頁二九四、所収。
（5）　陳康祺『燕下郷脞録』巻一五。『五省白蓮教』巻五、頁三二七、所収。
（6）　『方略』巻五六、二年一二月一一日の恵齢らの上奏。巻五八、二年一二月二七日の明亮らの上奏。巻六七、三年三月一三日の秦承恩の上奏。巻六九、三年四月五日の景安の上奏。巻七一、三年五月一二日の宜綿らの上奏。巻七三、三年六月三日の宜綿らの上奏。これらに紹介されている捕虜の自供には、「賤首高均徳等、倶係河南、湖北人、総想逃回本省」、「賊首高均徳、李全、張添倫、籍隷河南、湖北、無日不思竄帰」等とある。
（7）　朝鮮柳得恭『燕台再游録』、『五省白蓮教』巻五、頁三三一、所収。
（8）　『五省白蓮教』巻五、頁三四三に収められている宣教使の報告（一七九八年九月三日、永川県）。

一三　価値観の転倒と浮遊的社会

我々は前節において、負の世界、負の価値観の自己主張について語ったが、かかる存在と価値は、直接生産者の経済的利害関心、社会的利害関心に基づく要求・闘争（例えば自作、小作人による抗糧、抗租）と深い関係にあるが、その直接的な反映というわけではない。人間を全体的に、永遠の時と普遍の位相に於て一挙に回復せんとするような運動は、直接的生産者ではなく、いわば浮遊的社会階層、負の世界の住人によって新しい軌道が敷かれる。そしてこのような運動によって転轍された軌道に歴史的段階性を与えていくものは、直接生産者層の労働によってつくられる社会的経済的富である。

このような私の出発点を拓いてくれたのは、鈴木中正『中国史における革命と宗教』（一九七四年）という著作であった。民衆の反乱、闘争、運動、要求等々を問題にする際に、生産と収奪関係の論理だけで解明しようとするのがこれまでの研究であった。しかし、鈴木中正は、非合理なもの、非理性的なものに多大な関心を寄せ、その意味を解明しようとする。その試みがほとんど成功しなかったとはいえ、こうしたことに関心を持つことは、研究者としては極めて新しい態度であった。この著書には、明末の反乱や王倫の清水教の反乱にみられた女性の裸身や陰部のもつ魔力の話、女性便器のもつ呪力の話、邪教にみられる性的混乱や太平天国軍内で盛んであったホモの流行、白蓮教系宗教集団の男女平等の傾向、寡婦たちの活躍、女性神信仰、女性教徒の英雄的戦闘の話等々が、多くの史実によって詳しく紹介されていた。これらの事例は、従来中国を「呪術の園」とみなす格好の材料として、あるいは民衆反乱の落後性を示すスキャンダルとして扱われてきた。積極的な評価をするとしても、それは個別的なエピソード以上のものではなかった。鈴木の仕事は、まだ我々が充分理解できない人間の深層の精神史への第一歩を印したものと評価すべきであろう。単純な生産力史観や公式的な階級闘争史観による人間の解剖や経験の取捨選択では、人間の全体が把握し切れないという想いが、鈴木にあったに相違ない。しかし、鈴木が関心をもった多くの史実は、人間の非人間的な暗部に属するものとして、正当アカディミズムからは大学教授にふさわしい立派なテーマと見做されることはなかった。『中国史における革命と宗教』の面白さは、「正史」に対する「野史」の視点にあるのであり、鈴木の強調する「宗教派」と「武闘派」という二つの人間集団の関係の仕方、その関係性如何によって中国史における「革命と宗教」の歴史を解明し得るという氏の主張にあるのではない。鈴木が論証し評価しようとしたもくろみは失敗したが、しかし、これまでの歴史学では切り捨てられていた多くの野史的史実を発掘し紹介した点において、予想外に大きな成功をもたらしたと言うべきであろう。

民衆運動の流れの中には、その時代の物質的、精神的な条件と論理を枠とし且つ基準とする運動と、その枠と基準を拒否し否定する運動とがあるのであって、前者は人間を通時的に主張し、後者は人間を共時的に主張する。前者は歴史的、段階的視点に立つのに対し、後者は反歴史的、非段階的立場に立つものとも言い得よう。歴史を単系なものとして連続的に作用し、その軌道の上を進む社会的経済的運動と、歴史を非連続の連続として超歴史的に共時的に実現せんとする宗教的運動とが、互いに対抗、反発しつつ歴史を織りなす。前者は縦糸となり、後者は横糸となって自分の歴史を織りなす。しかし、いつも美しい立派な織物が出来るわけではない。縦糸と横糸のそれぞれの太さ、色彩、強度、なめらかさ等が調和せず、からまりあい、入り乱れて、ある時は千切れ、ある時は非人間的な作品となり、ある時は新しい世界を織りなすこともあるのである。直接生産者の主体と論理を縦糸とするなら、浮遊者、非定住者、漂泊者、被差別者の主体と論理が横糸ということになろうか。嘉慶白蓮教反乱は、いわば社会的浮遊層のきわめて「危うい生と性」の絶対的窮境が公然と自己主張した反乱であった。

嘉慶白蓮教反乱の指導者の職業、生活形態をみると、衙役、皂役、壮頭、書役、吏書、差役等の官衙の下級職員＝下働きがきわめて多く、斉林、徐添徳をはじめ各県の教徒の中核には、彼らの参加のないところはなかった。これらの人々は別に安定した職というわけではなく、他の様々な職業、たとえば傭工、帮工、薪や炭の販売、道士、和尚、鍛冶屋、民間医師、呪師、豚の売買、木匠、織機職人、食堂や酒屋の店主、染め物屋、私塩の密売、大道芸人、博打打ち（以上白蓮教反乱参加者の例）等々の非正規的な職業と共存、あるいは転轍しうるものであった。『清中期五省白蓮教起義資料』（巻五）に多くの捕虜となった教軍兵士の自供が載っているが、職業が分かっている約三〇人のうち、衙役、胥吏など官衙の下働きは九人を占め、家にいて農に努めていたと自供した者はただの三人にすぎない。あとの多数は前記のような浮草稼業なのである。おおざっぱにいって、この白蓮教反乱の最高教首（劉松、劉之協、宋之清、王廷詔、孫老五）達は数百から千キロ以上の活動範囲をもつ職業的な宗教家であり、その下に数十キロほどの活動範囲をもつ県レベルの教首（これが戦闘の際もっとも動員力があり又戦闘指揮官としての実力があった）がおり、その下に絶対的貧窮者たる一般教徒がいるというような三つの階層からなっていた。農業に生活の柱をおくものは、この県レベルの教首に多かった（例えば苟文明）。全般的に教徒の生活は流動的であったが、その生活の浮遊的不安定性にもかかわらず、彼らの血縁としての団結力、教徒間の団結力はきわめて強固だったのである。私が先に主張した「負の世界」「負の文化価値」というものは、社会的階層論のレベルで言うならば、農村からの浮遊者、孤独者、はみだし者、アウトサイダーたちということになるが、彼らがつくる「負の世界」「負の価値」というものにも、充実とか発達とか進化といった変化があるのである。彼らの交流圏、交通圏、交換圏、情報圏つまり生活の空間が緊密化する、濃密化するという社会的変化が白蓮教反乱を生みだしたのである。彼らの中における社会的分業の発達、そこからくる移住性・流動性の激化、交換の増大、情報のスピード化、生活の共存性の強化等々の社会的前進が、この浮遊者、孤独者、はみだしもの、アウトサイダーに変革の世界観を与える前提的条件である。封建的な文化価値からの離脱、転倒、パラダイムの組み変えは、経済的、政治的な支配と被支配、収奪と被収奪という階級関係がストレートに貫徹する関係しかありえないような場（例えば在地村落）からは生まれにくい。そうした場、空間から一度離脱した「自由」な世界での経験と、この空間における価値観の転換、逆転が必要だった。自分を小作人、雇農、鍛冶屋、和尚、呪術者、道士、医者等々といった世俗世間での職業区分で規定するのではなく、寡婦、賤民、娼婦、不具者、劣者、負者といったマイナスの文化価値でまず規定する精神的営為が起こらなければならない。自分なりの世界の意味発見、自己発見が、新しい世界に関する理念を生みだす第一歩である。非定住者、浮遊層の世界が濃密に、広範に、緊密に形成され、既成の文化価値を破壊する場が高電圧を保持するほどに高まる。清朝前半期の銀経済の全面化、商工業の発達、それに支えられた人口爆発、移住民の増大等々、そうした歴史的段階、歴史的条件の形成、及びその成長が、嘉慶白蓮教の反乱を用意したのである。

一般民衆を、小農民、貧農、下層農といった範疇や経済的な規定で把握し、彼らを収奪→窮乏→抵抗→反乱→理知的めざめ、といったサイクルの運動の連鎖で把握するだけならば、この論理体系に合わない白蓮教、拝上帝教、義和拳信仰等は、農民階級固有の迷妄・迷信、あるいは小農民一般の階級的限界、意識上の限界といった外在的論理を導入して否定し去る以外にはない。そして、この外在的論理で否定し去った時、農民の階級闘争における進化論ともいうべき、自己の唯一の論理体系も一緒に放棄せざるを得ない。現在の中国歴史学界に於て、「農民の階級闘争による歴史の進歩」という信仰と「農民の階級的限界、小農民特有の意識上の限界」という合理論が、気の赴くままに、ある時には使われ、ある時には放棄され、左右の手に持つ矛と盾とがどちらも無敵であると持ち手が主張するような混乱に陥っているのは、非定住的浮遊層と負の世界の住人を社会的分業の発達の理論や文化価値的磁場の理論によって把握し得ない、という方法論上の弱点からきているのである。

民衆の精神史は、その時代の社会的、経済的現実の単なる一面的な反映なのではない。歴史の時間には、早く過ぎゆくものと緩慢にしか変化しないもの、あるいは連続的な歴史と非連続的な歴史というように、多様な系譜、空間、磁場、姿態、時間があるのであって、経済的階級関係、社会的階層概念から精神史を直接的、機械的に解釈し規定することは誤りである。社会的経済的概念規定と文化価値的概念規定の区別と連関、その相互作用に注意しなければならないと考える。個々の人間にとっては、生病老死と性の運命が永遠の課題である。精神には固有の領域がある。

さて、長々と一般論を述べてきたが、嘉慶白蓮教反乱の性格について具体的に展開しておきたい。これまで鈴木中正、安野省三(「清朝中期の農民反乱」『岩波講座世界歴史』巻一二)らによって、嘉慶白蓮教反乱の社会的背景が明らかにされてきた。それによると、清朝中期の人口の急激な増大、乾隆以降の農業生産の崩壊と農民層の分解、破産農民の湖北・四川方面への流入、私塩・私鋳の徒の激増、無産游民やアウトロー、失業兵士や労働者の増大等の現象があったという。一般的にこうした流亡者、窮乏者の激増がすぐに反乱になるわけではない。

乾隆末年の農業生産のゆきづまり、清朝時代の人口の爆発的増大、それによる農民の貧困化は、甘蔗、玉蜀黎、落花生や、換金作物たる綿花、煙草、ケシ、茶、藍等の盛行による地力の減退や生産力の発展を上まわる人口増による経済破綻、商業高利貸資本の爆発的活動等を惹起したことによるのである。農業生産の頭打ち、村落の疲弊、過剰人口の析出は、非定住者の世界や社会的浮遊層の世界に於ける交換、交流、移動、交通等を逆に活発化させ、社会的、精神的な位置エネルギーを高圧化させる。清朝中期の生産力の爆発的高まりとその社会的分業の発展は、経済的な行きづまり期には、非農業的分野に於ける人間の社会的交換、交流、移動、交通を逆に活発化させ、ここに於て社会的経済的矛盾が精神的、文化価値的矛盾に組み変えられたということができよう。例えば、白蓮教徒は蜂起のその初発には、「着物や飯にお前と俺の区別をしない」、「地主と官の用いる秤と枡は不公平だ。（だからそれを正すため）天は火徳星（新主を暗示）を降す」、「事、成るの後、地畝を分配する」等の伝統的平均主義、均分主義の主張と宣伝をした。それはまさに、「清朝中期の盛世」の衰退期という歴史的段階にふさわしく、且つ私の言うところの「社会的浮遊層の世界に於ける人的交通、交換、交流、移動等の濃密化」＝「社会的分業の深化」の歴史的段階を鋭く示す思想を提起したのであった。それが以下に示す三つのスローガンである。一つは「この教（白蓮教）を習う者は、患あれば共に救い、難あれば共に死ぬ。一銭も持たず、天下を周行できる」というスローガンである。この後半の「一銭も持たずに天下を周行できる」という部分は新しい質を含んでいる。これは定住農民ではない人々の、自己の世界の本質的自覚を示している。商品交換と貨幣経済の発達による交通、交換、移動、移住が作り出した社会を前提としながら、社会的浮遊層が自己の主体に於て、自己の属する社会をその現実に於て否定せんとしているのだ。もう一つは、「天上では玉皇帝をわが神に変え、地府では閻魔王をわが神に変え、別にまた孔子以外の神を選んで、四書五経を用いず」

という思想である。単なる真命天子や明室の後裔が、天上から降って湧くのではない。現実に自己を縛っている封建的イデオロギーである儒教を否定しているのである。儒教が作用している場から、もう一つの自由な社会と空間の充実が窺われるのである。最後に、「一人が十人を連ね、十人が百人を連ね、百人が千人を連ね、千人が集まりて一万人となる。つまり、これが白蓮教なのだ」という、有力な教主の一人であった羅其清の「白蓮教の説明」の意味を明確にしておかなければならない。この思想は、破産農民が村落から析出してつくりだした社会が、単に絶対的窮乏者の寄せ集めにとどまっていたのではないことを示している。非定住者、社会的浮遊層、社会的劣者＝負者の世界が、深い社会的連帯を形成し得るほどにまで緊密化し、濃密化し、高電圧化していたことを示すと同時に、そうした現実を主体化する思想を生み出していたことをも示しているのである。旅行く者の現実を越えんとする展望の形成である。

昔、五斗米道の徒は、米を教団に出して共同体員になったが、嘉慶白蓮教徒は根基銭と打丹銀を教団に納めて共同体員となった。清朝中期の貨幣経済の発展は、村落から析出された流亡の徒、社会的浮遊層をも強く貨幣によって捉えていた。金を持たずば一日として暮らすことが出来ず、それ故に大金を教団に納めて、「一銭も持たず天下を周遊する」理想社会を希求するのである。日銭を求めてあらゆる職種を転々とするほど生活が分業化するようになったからこそ、「一人が十人に連なり……ついに万人に」連帯する理想を提出し得るようになったのである。白蓮教徒の思想と生活を支える社会的経済的条件、その条件が示す歴史的段階性はあくまで下部構造であって、ストレートに白蓮教徒の思想や生活態度になるのではない。巨額の根基銭や打丹銀を納めることによって金銭のない世を望むような、否定の否定という実践的営為によって、「自由」な精神と生活がほんの少しずつ進むのである。衙役、寡婦、盲人、大道芸人、行商人、民間医者、呪術者、道士、和尚、拳棒教師等々の、その名称自体がすでに被差別的記号化していた社会的浮遊者、劣者、負者が、全体制と体制的価値総てを「始源的なるもの」「混沌なるもの」に解体し、それを無力化する先駆けとなる。劫運（終末）の日の到来、最後の日の決戦、聖なる死、真の生まれ代わりといった約束は、古代イスラエル、西欧中世の異端やその他の世界のあらゆる地域に、時代の今昔を問わず一般的にみられた現象であるが、そこから始まる戦いにも時代の歴史的段階性が貫ぬかれているのである。しかも、既成の観念の枠を破る力は歴史的段階性そのものが果たすのではなく、否定された人間の自由への希求そのものなのである。

一四　終章――内なる敵――

嘉慶五年、白蓮教反乱が四川、陝西方面で熾烈に戦われていた最中、安徽省の教首張効元（王廷詔の甥にあたる）は、中央アジアのカシュガルに流刑中の王発生を訪ねようと郷里を出発し、嘉峪関まで行ったが、通行手形が不備で通り抜けることが出来なかった。彼は引き返す途中で、秦州にいた王廷詔の軍営に投じた。その時、「王廷詔は二人の女を連れており、到る所で殺人放火を行い婦女を掠奪していた。私は、白蓮教に入るのは本来善を行うためであるのに、このような乱を起こし罪悪をなしているではないか、と彼に言った。王廷詔は聞かずに、このようにしなければことは成功しないのだ、と答えた」という。[1] この話は、のち官軍に投降した際の張効元の自供であるから必ずしも信じることはできないが、情況としては極めて有り得ることであった。張効元のつくり上げた話とは思えないのである。例えば、襄陽教軍の首脳の一人であった趙聡観は捕らえられて次のように語った。「もともと王廷詔、斉王氏、樊人傑、姚之富、張漢潮たちは、湖北、四川の教徒に一斉に蜂起すれば皆幸運が来ると約束した。それで人々は心を合わせた。嘉慶四、五年の間に官兵は多くなり、追跡は急で、我々を烈しく殺すようになった。我々は父母、妻、兄弟、子供を皆失ってしまった。家は破れ、人の死ぬのを見ただけである。心はもとより悩み苦しんだ。しかしながら我々がもし殺人放火しなければ、人々は我々を恐れず、我々は食べることができない。また捕らえて連れてきた人々を統率することもできないのだ」[2]と。数百、数千、多いときには数万にも達した教徒集団は、五省にまたがり一〇年間も戦いを続けたが、彼らは老人、子供、女、病人、負傷者等を多数をかかえて行動していたのである。毎日の生活に必要な食料、衣料、戦闘用の物資は、行軍の途中で手に入れる以外に調達する方法がなかった。その必要のために、掠奪、連行は避けられなくなる。特に、各地の封建勢力によって郷勇が組織され、戦略村が構築されるようになると、教軍は行く先々で全住民と戦わざるを得なくなっていった。救いの日を目指して勇敢に戦えば戦うほど、不善と不正義の行いが増大するのである。そして「仕方がないことではないか」、「そうしなければ生きられないではないか」という、ある後ろめたさを伴った自己弁護もまた生まれてきたのであった。自己を律するモラルも徐々に解体されてゆく。ある四川省の地方紳士は「聞くところによると、賊(教徒)が初め蜂起した時には、多くは一家をあげて参加したので、彼らは婦女に出合っても、甚だしくは掠奪しなかった。婦女には抵抗の力がないことを知っていたからである。だからまたそれほど殺すこともしなかった。婦女を殺し奪うことは時たまのことであった。しかし賊は必ず誅殺されることを知るようになると、老いた女、醜い女に出合うと必ず殺し、若い女には必ず迫って辱しめ、従わない者は必ず殺した」[3]と語っている。この内部からのモラルの崩壊こそ、ある意味では官軍、郷勇よりも恐しい内部の敵である。そして、ついには物資の運搬、道案内、教軍兵士の補充のために強制連行した人々に対して、その逃亡を防ぐため、〝蓮の花〟〝白蓮教〟の三文字の刺青を額にすることもめずらしくなくなったのである[4]。

わが斉王氏とて、かかる事態の進行から免れることができなかったに相違ない。戦闘集団の指揮官としての地位が確立すればするほど、世俗的権力、威信の確立が必要になる。先にも記したことであるが、彼女たちが蜂起した直後、「曾大寿が軍令に違犯したので、斉王氏は彼を斬った。それで軍規は粛然となった」[5]のである。また、四川省に於て官軍の追撃から逃れるために、四川教徒を欺いて官軍に売り渡し、襄陽教徒の安全をはかったのである。

斉王氏は、初めは襄陽教徒の総教師という地位につけられて、白蓮教の聖母信仰の対象のような存在だったらしい[6]が、次第に軍事指揮官の側面が強化されていったように想像される。官側の尨大な記録文書『欽定剿平三省邪匪方略』を見ると、蜂起の初期には斉王氏の名前は全く出てこない。陝西から四川に突入する頃から「姚之富、斉王氏」という文句が現れ始め、嘉慶三年頃には多くの官僚から「斉王氏」、「斉王氏、姚之富」と記録されるようになった。これは、斉王氏が宗教的存在から次第に軍事司令官の存在に変化していったことを表現しているのではあるまいか。少なくとも、姚之富以上に教軍を指揮する権力が高まりつつあった証差であろう。軍事を指揮するということは、世俗的な政治能力に優れていなければ不可能である。宣伝、情報収集、食料獲得、戦略戦術の行使、そのために敵や味方を欺むくことも時として必要であろう。理念よりは世俗の現実に引きつけられてゆく。こうして、斉王氏問題は斉王氏によって裏切られてゆくというのが、現実の戦闘の過程なのである。襄陽教徒の〝総教師〟から、襄陽黄号の〝大頭目〟へという位置の変化が進行していったものと思われる。しかし彼女は蜂起三年にして敗死し、その残存部隊は「斉家営」として戦いがあと七年間も続行されたことを考えれば、彼女は白蓮教がまだそのみずみずしい感性と象徴性を失わなかった時期に死んだのだとも言えよう。

高均徳は陝西省の商州において、三年三月六日の斉王氏、姚之富の敗北による自決のニュースを聞いた。彼は「斉王氏らの為に仇を報ず」と宣言して部下と共に死を誓い、三月一八日ドレンタイ、ミンリャンが率いる官軍主力に襲いかかった。教軍の奮戦はすさまじく、この復讐戦で二三〇〇〜二四〇〇人ほどが戦死し、三八一人が捕虜になった。清朝官軍は、男性兵士の首一三七三を斬り取ったが、その中には襄陽白号の元帥高大、総管高二、藍号の元帥宋大、元帥宋三、元帥厳某、先鋒崔徳友、黄号元帥の王林高など錚錚たる幹部級の首があった。[7]斉王氏らに対する弔合戦が、あたかも殉死の如き凄まじさで行われたのであった。この犠牲者のあまりの多さは、斉王氏に対する襄陽教軍の特異な精神的帰依なしには考えられないのである。いま一つの事例を斉王氏のために記しておきたい。同じ嘉慶三年七月、湖北省蒲圻県の王添万は、武昌の南方数十キロにある故郷一帯で、千数百人の教徒を率いて独自に蜂起した。捕らえられた後、自供の中で次のように語った。「私はもと大工で、いつも襄陽、鄖陽一帯に行って仕事をしていた。その時、襄陽県の斉林と知りあい、乾隆五八年に仲間とともに斉林を拝して師とし、霊文、邪教を習った。五九年に斉林が殺され、嘉慶元年に斉林の妻王氏が姚之富と謀反を謀ったが、私は恐れて郷里に帰り、以後人に布教しなかった。嘉慶三年五月に、斉王氏が官兵に殺されたことを聞いた。私がかつて襄陽にいた時、斉王氏は平素きわめて親切に私をもてなしてくれたので、彼女にかわって仇を報じようと思ったのである(8)」と。嘉慶元年の蜂起の際に恐怖のため逃亡した王添万が、襄陽から南に離れること二百数十キロの、しかも長江以南の地において、孤立無援のまま独自に蜂起する決定的動機の一つに「斉王氏のやさしいもてなし」の想い出があったということ、このことを斉王氏のために特に記しておきたいと思う。

彼女の戦死以後、生き残った襄陽黄号の人々は斉家営を名乗って、数年間も戦い続けたのである。戦闘の連続には苦しみだけがあるのではない。家族や同志たちとの楽しい語らい、損得を忘れた助け合い、精神の心地好い高揚、充実した緊迫感、未だかつてなかった勝利の宴や合唱、それらが一方に満ち溢れていなければ一〇年間の放浪的ゲリラ戦を戦えるはずがない。それが全く描けなかったことが残念である。

註

（1）『五省白蓮教』巻五、頁一一二、張効元自供。
（2）『五省白蓮教』巻五、頁一五八、趙聡観自供。
（3）『戡靖教匪述編』巻一一、婦女殉節。
（4）『方略』巻百二、嘉慶四年四月二八日付の広厚の上奏。巻百二七、嘉慶四年一〇月一〇日付の上諭。巻六七、嘉慶三年三月一二日付の秦承恩の上奏。巻九二、嘉慶二年三月一二日付の勒保の上奏。
（5）前掲、周凱「紀邪匪斉二寡婦之乱」。
（6）『戡靖教匪述編』巻二、嘉慶二年七月。
（7）『五省白蓮教』巻一、頁三三〇、嘉慶三年三月二〇日付の徳楞泰、額勒登保の上奏。
（8）『五省白蓮教』巻五、頁六四、王添万の自供。

附記（二〇〇八年一月記）

この嘉慶白蓮教の反乱の詳しい社会経済史的前提や状況については山田賢氏の『移住民の秩序―清代四川地域社会史』（一九九五年、名古屋大学出版会）を参照されたい。

第六章　清代の宗教反乱

本章は、「清代の宗教反乱」を対象として、反乱の発生と組織、闘争における宗教のもつ意義、および宗教反乱の歴史変革的位置づけを行わんとするものである。

一　宗教反乱の風土

清代の宗教反乱はきわめて多いが、明末清初の王朝交替期に一つのピークがあり、康熙・雍正期から乾隆中期にかけて逼塞していたが、これ以後、つまり一八世紀後半から再び激化し始めた。乾隆三九年（一七七四）秋八月、山東省の寿張、陽穀、堂邑にかけて起こった王倫を教主とする清水教の反乱。嘉慶元年（一七九六）二月の襄陽蜂起を中心とし、湖北・河南・陝西・四川・甘粛の五省に拡大した嘉慶白蓮教の大反乱。嘉慶一八年（一八一三）の秋に、河北・山東・河南の三省にまたがって起こった林清・李文成の天理教の反乱。これらは清朝中期に起こった白蓮教系の反乱であり、数多くの「邪教」の中でも規模・組織がきわめて大きく、清朝政治を真向から攻撃して専制体制を震憾させた大宗教反乱であった。

清朝後期になると、道光三〇年（一八五〇）から約一五年間にわたって華南・華中を席捲し、南京に農民政権を樹立した有名な太平天国の反乱があり、それに呼応した山東西部の白蓮教の反乱（一八六一～六三）、さらには一九〇〇年、華北一帯に燃え広がった義和団の反乱がある。これら以外にも宗教結社の騒擾、反乱計画、事件等は無数にあり、そうした動きや土壌の中から、上記のごとき巨大な宗教反乱が生みだされ聳え立っているのである。

明清時代の宗教的諸反乱の舞台を、その反乱地域および参加者の出身地からみると、ほぼ重なりあった同一地域に属している——太平天国と嘉慶白蓮教を例外として——ことが分かる。山東半島のつけ根を南北に弧を描いてぐるりと回るベルト地帯、別の角度からいえば黄河河道の変遷地帯を、大運河を軸として南北に弧を描いて貫くベルト地帯、あるいは北京・天津から臨清、開封を通り、徐州から淮河下流平原に抜けるベルト地帯、とも言い得る華北大平原が白蓮教の故郷であり、宗教反乱の伝統的舞台だということができる。嘉慶白蓮教の反乱も、その最初の教首たち、王懐玉・劉松・劉之協・王廷詔などは、みなこのベルト地帯の出身者であるから、唯一の例外は太平天国だけということになろう。

ここで中国の「邪教」、とりわけ白蓮教系の諸反乱の地政学的考察を行っておきたい。「史料の記録によれば、解放前の二千年余の間に、黄河下流の堤防の決壊は一千五百余回に達し、比較的大きな河道の変化は二六回にも及んだ。水災の及んだ範囲は、北は天津、南は江蘇、安徽に及び、二五万平方キロの間を縦横に流れ、生命の損失、財産の損失ははかり知れなかった」（『黄河在前進』一九七二年、水利電力出版社）。モンスーンは「旱魃と洪水、洪水と旱魃、きびすを接してやってくるこの年中行事」（W・ヒントン『翻身』邦訳、頁四）をもたらした。このモンスーンの落し子である華北大平原を南北に貫くのが、隋に始まる大運河であり、人間と物資、政治と経済は、この大動脈に沿ってある時は結合し、またある時は分裂して王朝の興亡をもたらしてきた。大自然の圧倒的な猛威と恩恵とを示す黄河の河道と人工の極限を示す大運河とが織りなすドラマは、いわば黙示録の十字路とも称すべき位置をこの舞台に占めさせるに至ったのである。黄河河道の大変化――日本の関東平野を流れる大河が、ある時突然、濃尾平野か大阪平野に流れこむような事態を想起せよ。しかも、それは全長四八〇〇キロに及ぶ大河なのだ。黄河河道の変化は、唐末から元末に至る約四〇〇年間に合計五回あった。白蓮教系大反乱の初発を飾った元末紅巾の乱は、山東半島の北側を流れていた黄河が突然その南側の淮河流域に移った、一三二四年を境に始まるのである。河道の変化にともなう大土木工事が起こされ、多くの人民が徴発された。韓山童はあらかじめ黄河の旧河道に隻眼の石人を埋めておき、「一つ目の石人が現れて、黄河を揺り動かし、国中反乱が起こるだろう(1)」と予言し、人々を煽動した。彼はさらに「天下当に大いに乱れ、弥勒仏下生し、明王出世すべし(2)」とも語り、これが元末の紅巾の乱の始まりとなったのである。黄河河道の大変化と大洪水、旧河道の大旱魃という天変地異は、「革命」による弥勒の世の到来と反乱の必然性・正当性の根拠となり、人々を起ち上がらせたのであった。唐末からしばしば起こった黄河河道の大変化、大運河の興廃は、政治経済の未曾有の混乱と人民の生活破壊をもたらし、このことが白蓮教的な世界観、革命観、人生観を育む決定的な契機・条件となったと云うことができよう。

白蓮教系「邪教」反乱の地政学的考察には、もう一つ、明代の人民強制移住とそこから生まれた山西省洪洞県聖地伝説＝故郷伝説の広がりについても言及せざるを得ない。元末の紅巾の反乱と明初の混乱、殺戮によって、華北大平原、とりわけ河北・山東両省の人口は激減した。「燕王掃北」などと後の世にいわれた大虐殺も起こり、無人の原野がこの大平原に広範に見られるに至った。郭予才「洪洞移民伝説之考実」（『禹貢半月刊』七巻一〇期）は、元末明初の大乱により、山東・河南は無人の地となり、さらに洪武・永楽の間に黄河一帯に起こった大水害により、疫病、蝗害、飢饉が発生し、山西の飢民をここに移住させて土地の開墾に当たらせた、と述べている。「総府を山西省洪洞県に設け、（飢民を）河北、河南、山東、浙江、江蘇各省に送って開墾事業に当たらせたので、（上記各地では）風俗・習慣・

言語の上で共通するところがある。それは皆その時の移民のもたらしたもの」（康熙『寧郷県志』）という史料もある。

顧炎武は『日知録』に於て、「明初、元末の大乱の後を承《う》けて、山東、河南は多く無人の地となった。洪武年間、帝はよく（この地を）開墾できるものは自分の財産とさせ、永く税を課さない、と詔した」（巻一三、開墾荒地）と記し、また洪武二一年、二二年、二八年、永楽二年、三年に、山西の民を黄河の北側に、また同じ山西の民を北平・山東・河南に、山東中部の民を西部に、次いで山西の民万戸を北京に、それぞれ移住させたことを記録している（巻五〇、移徙）。必ずしも山西省洪洞県の飢民が河北・山東への移民のすべてではないであろうが、後にこの一帯には「祖先は明代に山西省洪洞県から来た」「洪洞県が故郷であり、聖地である」といった伝説が広範囲に成立していった。

戦時中、満鉄調査部員として華北農村各地の実態調査に当たった山本斌は『中国の民間伝承』[3]に於て詳細にこの伝説の存在を報告し、自ら洪洞県の聖地大槐樹村を訪ね、槐樹（二代目）を発見した感動を語っているし、同じく実態調査にあたった内田智雄は『中国農村の家族と信仰』[4]の中で、華北農民の大部分が「明の初めに山西省洪洞県からの移民であると述べており、またその家譜を有するものに於ては、明らかに洪洞県の出身であることを記しているものが少なくない」と報告している。山西、河北、山東、河南、安徽の各省にまたがる大量の移民や飢民の流動、また同一省内での人口の移動は、明代前期に村落の再編成、新生をもたらし、また同一の故郷のものが各省に分散することによって、後の人的交流と往来を盛んとする条件をつくり、さらに今いる土地は「原籍」ではないとして、原籍意識の強い華北人に「洪洞県故郷＝聖地伝説」信仰とでもいうべき共同意識をつくりだしたのである。

白蓮教の主なる教義、モチーフは、明代の終りまでにほぼ完成したようであるが、中心的なものを列挙してみると次のようなものがある。「三期末劫」（世は過去、現在、未来の三つの画期で変化する）。そして現在は最悪の時期で「応有劫数」「劫運将到」「有居殺劫数」（逃れられない災難、殺戮の時が迫っている）。この劫運を救おうとして「弥勒仏下生

（転世）」（ミロク仏がこの世に生まれ）、「弥勒掌教」（ミロク仏が教えを司どる）を行う。または「新仏臨凡」（新仏がお生まれになる）して、我々をお救い下さるのである。わが教に入る者だけは、「可免殺害」（殺害を免れることが出来る）。我々は、「真空家郷、無生老母（父母）」（天空のユートピアの故郷を求め無生老母なる女神を信じる）の八字真言を信じる。人間の世界、宇宙の分裂、分化が始まる以前の始源的な世界にまず回帰する（「還本還源」「流浪家郷、報恩還家」）ことが大切だ。我々にはそうした正道を歩む責務があるので、「奉天開道」（天を奉じて道を行う）すべきだ。[5]

あらゆる白蓮教系反乱に、上記の教義がすべてとり揃っていたわけではなく、官側の史料を見る限り、このうちの一つ或はいくつかが、教えの例として紹介されている。断片的なそれらの史料の記事をそろえると、今紹介したような教義となるだろう。澤田瑞穂『校注破邪詳辨』[6]にみえる邪教教典には、精緻な教義の大系など確認できず、意味不明な個所や判じ物めいた話が多く挿入されており、これが白蓮教の教義の理論体系だというようなものを具体的に紹介することはできない。しかし諸反乱に流れる基本的なモチーフと信仰の基本的パターンは、前記した如き概要をもつものだった、とまとめることができよう。

それらを見ると、この世の一大変、災難と殺戮の到来、この土地と世はニセのもので真の家郷と神は天上の「あの世」にあるとするユートピア信仰などは、前記した黄河の河道のいくたびかの大移動や運河の興廃、それらによって生起した洪水、旱害、飢饉、家郷喪失、父母兄弟の分散と死滅、強制移住、燕王掃北にみられる大虐殺、流亡などがつくりだす地政学的な諸条件と密接に結びあった信仰であったことが分かるだろう。ちなみに、清代の清水教反乱（一七七三年）の教主王倫の九代以前の祖先は、山西省洪洞県に住み、遠い昔に山東省の寿張に移住したのだという（山東巡撫覚吉慶の上奏『康雍乾時期城郷人民反抗闘争資料』[7]下冊、頁七七一参照）。また、太平天国の最中に山東省西部に起こった白蓮教反乱に活躍した英雄宋景詩も、「原籍は山西省洪洞県の老鸛窩である。西杏庄の許瑞行は次のように述べた。明朝の時に、朝廷は山西人に山東に移住するよう強制し、老鸛窩一帯の貧農も移転させられたのだと。……調査によると、その時に山東に移って来た人々は大変多く、たとえば范寨の地主范景唐も、現在朝城県の張魯集の多くの農民たちも、家譜によると原籍を洪洞県老鸛窩であると言っている」（陳白塵『宋景詩歴史調査記』頁一三）。白蓮教の「真空家郷」「流浪家郷」「還本還源」なる基本的テーゼは、現実の信仰を支えるに足り得る人々の歴史的経験と深く結合していた、と称すべきであろう。

二　宗教反乱の契機と組織

宗教反乱の直接的契機は、教主による終末の時の到来の告知にある。「無生神母いう〈この年、四五日の皆殺しの大劫あり〉と」、「八月の後、四五の大劫あり。我に従えば皆免れうる」、「この村には黒風あり。これに会う者は死亡相継ぐ。宜しく門を出て遠く避くべし。四九日の間を過ぎればほぼ免れることができる」（以上は王倫の乱[8]）。「弥勒仏に青洋、紅洋、白洋の（歴史転換の）教えがある。今や白洋教の興起する時である。……天書にまた云う〈八月中秋、中秋八月、黄花は地に満ち花開く〉と。思うに今年は閏八月がある年である。九月五日こそ二度目の中秋であり、（この日こそ）義軍に応じるべし」、「この閏八月に必ず反乱が起こる。曹県胡家荘（の人々のみ）難を避けることができる」、「人々は白布一面を門首にさせば、殺戮を免れることができる」（以上、林清・李文成の反乱[9]）。「弥勒仏転生し、牛八（明室の末裔を暗示）掌教する」、「劫運まさに到らんとす」、「今天下すでに乱れ、上帝は某月某日に大いに災難を降すであろう。人民は必ずことごとく死亡するも、ただわが教の者のみ免れうる」、「近いうちに大災難にあうであろう。天地は暗黒になり、日と月は光を失う。人々は戦いと水火の難を被むるか、あるいは奇病にかかり、妻と娘は淫掠され世界は必ず一大変するであろう。ただわが教に入るものだけが免れうる」、「黄天まさに死なんとし、蒼天まさに生まれんとす」（以上、嘉慶白蓮教の反乱[10]）。こうした災難と人民死滅の予告、「わが教徒のみ救われる」という約束の二つは、白蓮教系「邪教」だけでなく、太平天国をめざした拝上帝教にも、義和団運動にも共通したものであった。

民間の宗教集団は、いつも上記のような終末感と千年王国へ向けての熱望に燃えていたとは限らない。下層大衆、とりわけ私有地も小作地もほとんどなく村落の外に流れ出て、さまざまな雑業によって生きる外ない貧民やさまざまな不幸に苦しむ女性・寡婦が救いを求め、相互に助け合うゆるやかな集団が日常的なものであった。人々は根基銭など称する資金を教主におさめ、精神的な安住の日を期待したり、或は経済的・社会的な生活、地位の向上を願ったりしていた。しかし、時として政治的識見と人間の心理に精通した予言者的教主が現れて、このゆるやかな信徒集団の中に共同の幻想の王国をうちたて、絶対的な人間関係をつくりだす。苦しい現実からの逃避の場であった慰めの集団の中に、ある日、ここそが正義と約束と絶対の場所であり、この集団こそが真の共同体（人間の本来的な関係の原器）であるという現実と観念の逆転現象が起こり始める。

村落内の農業生活を失った教徒は、村落共同体の外部にまったく観念だけに頼る仮象共同体をつくり、それが世俗的現実から離れて空中に浮かび始める。閉鎖的な村落の上に浮かぶ専制社会は、閉鎖的な村落外—仮象共同体を生みだす。根なし草たちのふきだまりの場が復讐と自己絶対化の場に転化し、政治と社会の全秩序を逆転する。閉じられた情念の世界、運命と信仰を共通にする反社会的社会が誕生する。教主は自己の中核勢力に血縁、擬制血縁、師弟関係、軍事的階級関係をつくり、この仮象共同体をカリスマの絶対的権威の集団に変える。たとえば王倫は母、兄弟、姉妹、実妹と義女の婿、さらに義児・乾児と呼ばれた養子（史料で約二〇名が確認できる）を一方の中核とし、徒弟、同志、友人などを元帥（約六人が確認できる）や知事・宣行・先行官などの行政担当官に任命して一方の中核にし、閉鎖的な絶対集団の中核体を形成し、世俗的社会から自己を徹底的に孤立化してゆく。そして飢饉、疫病流行、洪水、旱魃、官憲弾圧、国家の大規模な人夫徴発、悪政などで人民が大きく動揺した時、このカリスマの予言・煽動は、多くの人々の心をとらえ、終末の日の予言は切迫感を持つに至る。かくして教徒の家族ぐるみの宗教集団への参加、反乱が始まる。

白蓮教系諸反乱の中心メンバーの職業を調べると、王倫は民間医者、梵偉は和尚、孟燦は博打打ちで殺人事件を起こした人物であり、烏三娘は大道芸人、その他乾豆腐の行商、私塩の密売、木匠、商店の番頭、県署の衙役、書辦などの職員、下働きなどであり、大多数が村落外の生活をしながら各地を流浪しつつさまざまな職を転々とする人々であった[11]。以上は王倫の清水教反乱の場合であるが、嘉慶白蓮教反乱では、劉松、劉之協、宋之清などは布教活動のプロで、その下の斉林とその妻王氏の父は県署の衙役、その他の人々は行商、日傭い、農民、呪い師などであった。とりわけ県署の職員が各地で反乱の指導者となっている例が多い。斉王氏は、大道芸人の生活をしていたという。林清・李文成の反乱では、林清が薬屋の小僧、県署の傭役、書吏、うずら売り、叔父の家の家務、ついで布教活動という経歴。李文成は孤児、大工の傭人、塾で読書《よみかき》を勉強、布教活動という経歴。その他巡検衙門、県署などの書吏、散役、快役、皂役などの職員、事務員、傭人、下働きがきわめて多い。この乱には、北京城内の下級の宦官五人と滑県の訓導、定陶県の国子監助教、故城県の武生など国家権力機構の最末端につらなるものも参加していた。咸豊一一年の山東西部白蓮教反乱[12]に関する資料中では、農民、牛の売買人、豆腐の行商、牛殺し、竹かご売り、和尚、野菜売り等が見える。しかし、以上の職業についている者も「定職」ではなく、たまたまある時その職に就いていたという程度のことであろう。当時の華北農民の最下層は、農業では食えず、各地を転々としつつ、あらゆる職を探しながら食いつないでいく以外に生きられなかったからである。

例えば民間伝承によれば、咸豊一一年の山東白蓮教反乱の英雄宋景詩は、猫の額ほどの土地では食えず、地主の家の武術教師（山東では武挙人、武生などを目指す地主の子弟が多かったからその教師となった）、用人棒、地主の傭工、荷車押し、煉瓦焼、鍛冶屋、棉花の綿打ち、棉花の実の油しぼり、行商、豆腐売り、油と酢売り、塩の密売、馬喰、兵隊稼業など、ありとあらゆる仕事をやったということである。これが華北の貧農の一般的生活形態であったと思われ、前記の中心メンバーたちの職業名も、そうした職種の一つに就いていた時に反乱に参加したから、それだけが記録されたと考えられる。彼らは数県、時には数省にまたがって各地を転々とし、その間にさまざまな民間信仰の教主や集団と出会い、あるいは武術を学び、師弟関係や義兄弟、仁兄弟、族人の契りなどを交した。こうして次第に一つの信仰と武術とを中核とする反社会的集団を形成し、ついには反体制の教主の誕生と危機的情況とをテコにして反乱を目指す擬性的な運命共同体へと転化してゆくのである。

教主は、みじめな下層大衆の聖なる王権に向かう願望を汲みとり、あるいは反乱の中で犠牲になっていく聖者のイメージを大衆に与えながら、「われは新皇帝である。真命天子である。前王朝の末裔である」と自称したり、幼童を貴種であるとして教徒の前に示したりしながら、王権の聖なる領域を創出し、主催した[13]。白蓮教の聖性には、上記したような天子原理のほかに、貧しい惨めな女性たちのような人々を救い出し愛する聖母原理ともいうべきものがあり、その二つの聖なる原理からなっていた。明代の唐賽児は仏母を称し、王倫の乱では烏三娘が無生老母を称し、嘉慶白蓮教反乱でも、ある女性が無生老母を称していた。白蓮教系反乱には、聖母信仰が真命天子信仰とともにきわめて色濃く現れている[14]。

三　宗教反乱にみる文化価値の転換

白蓮教系の宗教は、太平天国の拝上帝教や義和団運動と同じく、経済的先進地帯である長江中下流域一帯や広東の珠江デルタのような所には生まれなかった。宗教反乱の出発点は、後進地帯・辺境にあり、そうした地域に生まれ成長していった。抗租闘争[15]がきわめて盛んな長江デルタ地帯では、農業生産に直接たずさわる佃農（小作人）の在地に於ける力が強く、彼らの減租要求（小作料引下げ闘争）などの経済闘争が中心である。経済闘争は、直接生産者の居住地、耕作地の範囲内にとどまり、またその要求が世俗的生活の向上に限られるために、封建体制の権力中枢やそのイデオロギーを直接攻撃する質をほとんど持ち得なかった。抗租農民は、農業生産から離脱し村落共同体から脱落、あるいは脱出していったアウトサイダーと結びついて幻想の天国を目指して戦うことなど不可能であった。

抗糧闘争（土地所有者に課せられる土地税・所得税の減免闘争）は、官憲対土地所有者（中小地主、自作農、自小作農）という対立の構図を持ち、抗糧が村ぐるみで行われるような中間地帯や先進地帯の山間部では、抗租闘争と一定の連帯、連動関係を持つことができたが、抗租闘争が村内の中小地主までも徹底的に攻撃するような地帯では、抗租と抗糧の二つの闘争は連帯することはできない。抗糧は抗租と同じく経済要求の闘争であるから、国家の中枢部や封建イデオロギーの装置まで射程に入れる闘争は出来ない。村落内の上層部に属する地主、手作り地主、自作農等々が中心の抗糧闘争は、それが村ぐるみの大闘争に発展し、捻軍や太平天国や白蓮教等が介入しない限り、地方官である知府や知県までは攻撃するが、決してそれ以上まで闘争対象を拡大することは不可能であった。抗租と抗糧はともに農業生産に根を置く闘争であるのに対し、「邪教」の反乱はまったく異なっていた。

王倫の反乱、嘉慶白蓮教の反乱、林清・李文成の反乱、咸豊一一年の山東白蓮教の諸蜂起の参加者を出身地ごとに地図の上に記入してみると、数県から数十県、ある場合には数省の範囲から教徒が集まって反乱を起こしているのである。中心的教徒たちは、各地を転々として信仰と武力と相互扶助とによる人的結合を各地につくっていったので、河北、山東、河南、安徽にまたがる華北大平原の各地に入信者を持っていた。嘉慶白蓮教反乱だけは、この太平原とは異なる湖北、河南、四川が中心舞台であったが、蜂起以前の教徒交流、往来は数省にまたがっていた。こうした広大な地域に人的結合を持つ教徒集団にとって、各々の地主や地方官などの動向は問題にならず、国家全体、封建的イデオロギー・文化全体が直接の闘争対象となったのである。彼らが何度か経験した国家による弾圧も全省、全国土の規模で行われた以上、もし反乱を起こすならば、全国的規模で行わねばならないことは自明であった。しかし教徒が各地に散在していたために、中央軍を結成して一挙に権力の中枢をつくることも、また各地で同一時期に合わせて一斉蜂起することもなかなか困難であり、たいていどこかの教徒やその周辺から権力に情報が漏れ弾圧が始まると共に、教主や中心メンバーの多く居住している地域での蜂起、ついでゲリラ活動といった形態に発展したのであった。

一旦蜂起するとなると、既成の秩序や道徳は無に帰し、男性の女装、男色、呪術、異色異言、狂言、熱狂が教徒大衆を把え、「混沌」の情況、「非日常」の世界が満面開花したのであった(16)。人生の敗北者、劣等者、負者とされた人々が、体制的優位の価値を否定し、これまでの価値基準を逆転しようとしたのである。白蓮教とその反乱には、多くの寡婦、大道芸人、障害者、少数民族、妓女、娼婦、巡歴する和尚、占い師、医者などが、無生老母や仏母などの女神に、あるいは総教師という教祖的最高位につき、超能力をもつ呪術者になって活躍したのである。王倫の清水教の反乱では、天子を称した王倫の兄王柱はまったくの盲目であったが王を称し、王倫の妻盧氏も盲目であった。烏三娘は夫と共に武術を見世物にする旅芸人であった。夫の死後、病いを直してくれた王倫の養女となり、その家に住み、反乱の後には「無生老母」という聖なる神女を称し、双刀をふるって清朝軍に突撃して死んでいる。ちなみに芸人は封建的秩序では人外の者とされていたのである。嘉慶白蓮教反乱には、襄陽教軍の総教師と奉られた斉王氏（本名王聡児）がいる。彼女は前述のように旅芸人の生活を送り斉林と結婚したが、夫の処刑後、残党から「総教師」にされ、三年間にわたって湖北、河南、陝西、四川、ついで湖北、陝西へと転戦を続けたが戦闘に敗れるや、愛人となった亡き夫の高弟姚之富と共に崖から身を投じて自決した。

林清・李文成の反乱では、夫李文成の死後、残党を率いて戦った李張氏や同じく戦場で戦った宋張氏がいる。この反乱の最中に北京で発覚した円頓教の謀逆事件では、教主奶奶とよばれた高張氏はその娘李高氏と共に寡婦であった。王倫の北京城突入の際手引きした下級太監五人も、生殖器を切除された非人の観点から「邪教」加入の動機を考えることができる。嘉慶白蓮教の教主の一人宋之清が弥勒仏として奉った李三は全盲、その子（宋之清から貴人になると尊崇された）も片目しかきかなかった。宋之清は人々に、「盲目の李三こそ真の弥勒仏である。現在は黄沙が顔をおおっているが、時運がひとたび到ると目は開く」と言った。湖北省の宜都県、長陽県などで蜂起した劉盛才、向瑤明、張正謨らは、山西省平陽府に住む李犬児を真主と奉ったが、李犬児は「両手に日月の二字があり、頭は禿げていた。眼のあたりはやや糜爛しており、現在は聾唖者を装って人の耳目をごまかしている」（向瑤明の自供）、「左右の手に日月の二文字の紋様があり、相貌は人と異なり、眼は真赤に充血して龍のような威厳のある目である」（張正謨の自供[17]）と語っている。

弥勒仏の転生による世界の一大変（転倒）なるテーゼは、差別されていた少数民族にも大きな影響をあたえた。崇禎一二年（一六三九）、四川叙州の少数民族の普法悪なる者は、「夷婦」の米浪と通じ、彼女を「王母孫の弥勒の出世」であるとし、自らは蠻王と称した。そして「諸夷」を煽動して謀反をはかった。また前述の嘉慶白蓮教の乱の中心人物張正謨は、「湖南の苗族も将来は李犬児を助ける（反乱に参加する）」と教徒に述べたという。道光一六年（一八三六）、湖南省新寧県の青蓮教徒の首領藍正樽は、傜族の地主で「（自分は）真の天命をうけた」と述べ蜂起している。明代にも白蓮教徒は北辺のタタール族に接近し、一時北辺で共同社会をつくったりした例がある。(18) 太平天国の拝上帝会にも、差別されていた客家と少数民族がきわめて多く参加しており、(19) 白蓮教や拝上帝会は、差別され抑圧されていた社会のアウトサイダーや構造的負者（寡婦、大道芸人、障害者、少数民族、被差別身分）を解放し、むしろそうした負者こそ弥勒の世の救いを約束されるものである、という文化価値の転倒をもたらしたと言うことができよう。

太平天国の拝上帝会は、華南辺境で生まれ育ったが北上して、その舞台は抗租・抗糧闘争が中心の最先進地帯である長江中・下流域に移され、この地の中心南京に建国した。そのため生産者農民と深い関係を持ち、その一帯の生産と行政に一定の努力を払い、土地革命に向かうことができた。しかし、後進地帯の華北や湖北、四川、陝西一帯の白蓮教徒は、経済闘争の蓄積が欠如していたため、自己の理念を地上の革命ではなく、観念の革命（天上の革命）にますます昇華させていったのである。

四　宗教反乱の歴史変革的位置

元末から明清両代にかけて連綿として続いてきた白蓮教系宗教反乱、一九世紀後半の太平天国の反乱、義和団運動等に共通する宗教反乱の歴史変革的位置づけを、二つの側面から確定しておきたいと思う。

一つは、中国専制国家下に於ける階級闘争の中で占める独自の位置である。上記の宗教的反乱は、専制国家の上部構造を問題にした「政治的・宗教的革命」としての位置を占めている。上部構造をめぐる文化闘争、イデオロギー闘争、人間の全体性にかかわる闘争を担い、帝王の意味、国制の正邪、身分秩序の正否などについての「価値」の再検討、あるいは逆転、組み替えを要求したのである。その過程で、寡婦、女芸人、妓女（妓女について一言すれば、義和団の際天津で黄蓮聖母と仰がれた女性は、色町の妓女であった）[20]、盲人、少数民族、被差別身分の人（たとえば客家）等、そうした構造的負者＝劣者と社会のはみだしもの（村落共同体を喪失した人々）は専制的な支配と差別の軛から脱出し、真命天子、神女、貴人、英雄、予言者に変身し、一時的ではあれ自己を解放している。彼らの試みが遂には失敗し非命に倒れようとも、またそれがいかに幻想に満ちあふれた構想であったとしても、あるいは彼らの思想と運動が既成権力の価値観のしがらみに色濃くまといつかれていようとも、人類の根本問題である平均主義、平等主義及び聖なるものの意味などを正面から問い、意義申し立ての主張をし続けたと言えよう。

王朝が上部構造と下部構造の両原理に形式的に分離しているのに対応して、階級闘争も二つの異なった次元の闘争に分裂していた。農業生産が高く小商品生産が進展していた江南など最先進地帯では、生産地点における地主—佃農間の闘争（抗租）が広く行われ、それに突き上げられる形で抗糧闘争も周辺地帯で行われていた。しかし、先進地帯とその周辺の抗租・抗糧農民は、帝国的な収奪関係、交換関係で差別化されている後進地帯の貧しい人民と連帯することは難しかった。なぜなら、彼らは後進地帯を貨幣交換、商品交換、文化交換で支配、収奪、差別することによって「先進性」を実現している地帯の人間でもあるからである。

後進地帯は、全国的な「後進性の分業地帯」たる度合をますます強め、とくに一条鞭法、地丁銀制の施行後は、華北などで「強制された」商品交換、貨幣経済が急速に進行し、農民の貧窮分解＝離散化が激化した。宗教反乱は、こうした華北や四川、湖北、陝西或は広西の田舎で生まれ生長し、アウトサイダーや構造的負者などを取り込んで独自の「社会」を形成し、専制体制下の文化価値の転換と人間性の復権を要求し始めた。国家の理念や国家権力の支配イデオロギーの正邪を問う階級闘争、社会のあり方や構成の是非を問う階級闘争の、その形式制度的側面を宗教反乱は担い、それを規範化しようとした。そして、上部構造をめぐる階級闘争の、世界観、理想、組織、道徳、指揮、戦略、戦術等に係わる経験を蓄積した。その中で、「衣服を着、飯を食うに、我と汝の区別をしない」、「獲得した物資、貨材はことごとく均分する」、「(赤貧の民は)この教を習う者は、病患あれば相い救い、苦難あれば相い死し、一銭も持たず天下を周遊することができる」、「(赤貧の民は)またこれを助ける」、「事成るの後に土地を分配する」(以上、嘉慶白蓮教反乱の場合[21])等々に示される思想を獲得していった。また宣伝活動、組織や軍の形成、武器と兵士の調達と訓練、ゲリラ活動、権力の中枢(北京城)攻撃などの面でも多くの実践と経験とを積んだ。

このように見てくると、清代の宗教反乱は観念的な理想を掲げ、つまり平均主義と平等主義が貫く空想的な神の王国の実現をかけて行われた。そして、上部構造をめぐる階級闘争の文化的、形式的、制度的構成の創出を試み、そのための条件や要素の規範化を目指したところに、歴史変革的位置があった、と総括することができよう。

これに対して、先進地帯の抗租・抗糧などの経済闘争は、階級闘争に於ける経済的な社会的な構成の変更を行う闘いである。つまり、それらは経済的土台における地殻変動を生起させ、変革を「政治革命」として一挙に上部構造内で完成させようとする宗教反乱には不可能なところの、「社会革命」(土地革命)として実現させる固有な役割を追求したもの、ということができる。

もう一つの中国の歴代王朝の民衆反乱から清朝時代に至る農民反乱、宗教反乱の歴史変革的位置は、宗教組織とその集団が仮象共同体として国家と対峙するほどに成長し、しばしば広大な地域を占拠して戦い、民衆の中に精神的物的遺産を残したために、これ以後の宗教反乱は、アヘン戦争後の半植民地化の中で西欧帝国主義に対抗する幻想の「国家共同体」的役割を演じ、売国的清朝に代わって反帝愛国運動の主要な勢力に転化したことである。

太平天国は西欧の植民地政策に抵抗して、外国人に毅然とした態度をとり、中国と外国の対等の関係を主張した。清朝がアヘン戦争以後、次々に植民地的条約を認めていったのとは極めて対照的であった。また義和団運動にあっては、これまでならば白蓮教に代表される社会集団の主催者、つまり清朝に対抗するために「村落―外―非定住者社会」の中核メンバーになっていた者が威力を失って、帝国主義に対抗する「村人」が前面に立つことになった。中国華北民衆は、一九世紀後半に教会を建てて華北の村々を占拠し始めた帝国主義の神（キリスト教）に対抗して、民間＝民衆の神々を蘇生させ、その神々を擁して自然村を異教（キリスト教）から奪還しようとした。こうして、これまで白蓮教系諸教派として村落共同体の外部につくられていった宗教的政治的な共同性が、ベクトルを変えて清朝の内部に回帰したのである。伝統的邪教徒たちは村落を占拠して、ここに新しい「村落―宗教的共同体」が誕生した。この共同体が華北大平原のあちこちに誕生し、その運動＝連合運動として義和団が華北全域に広まり[22]、形骸化した清朝国家に代わって直接に、「共同体―即―外的国家」（滝村隆一氏の理論参照[23]）としての性格を付与され、激しい排外的民族運動を展開してゆくことになったのである。一九世紀から二〇世紀前半にかけて、今日第三世界といわれる地域に起こった民族独立運動は、しばしば民衆の固有の宗教共同体運動として展開している。植民地、半植民地化されて既成国家＝伝統的帝国が滅亡し去る時、強固に残存していた民衆の中の独自な宗教的共同体が「即＝外的国家」としての役割を付与されたのであった。中国の宗教反乱と社会変革運動との長い観念の「共同体的理想」を求める歴史が、前近代から近代に移行する時代に、太平天国や義和団運動のような民衆の反帝・反封建の愛国的な「宗教的反乱」を生み出したということができる。以上の諸点が、中国の清代宗教反乱の歴史変革的役割であった。こうした性格の反乱は、近代のアジア、アフリカ、ラテンアメリカなど第三世界の半植民地・植民地化過程に共通して起こっている。

註

（1）（2）　呉晗『朱元璋伝』三聯書店、一九五三年、谷口規矩雄『朱元璋』人物往来社、一九六九年、相田洋「白蓮教の成立とその展開」（青年中国研究者会議編『中国民衆反乱の世界』）汲古書院、一九七四年等を参照。
（3）　山本斌『中国の民間伝承』「村の起源―華北農村の場合」、太平出版社、一九七五年。
（4）　内田智雄『中国農村の家族と信仰』清水弘文堂、一九六〇年。
（5）　小林一美「嘉慶白蓮教の叛乱」の解説（谷川道雄・森正夫編『中国民衆叛乱史』3）『東洋文庫』四〇八、平凡社、一九八二年を参照。
（6）　澤田瑞穂『校注破邪詳辨』（道教刊行会、一九七二年）には、清代白蓮教諸教派の多くの教典が収録されている。
（7）　中国人民大学清史研究所・檔案系中国政治制度史教研室合編『康雍乾時期城郷人民反抗闘争資料』上・下（中華書局、一九七九年）は、清代のあらゆる形態の、多様な種類の民衆闘争の主要な史料を集めたものであり、宗教系諸反乱の史料の紹介も詳しい。
（8）　佐藤公彦「乾隆三九年王倫清水教叛乱小論」『一橋論叢』八一―三、一九七九年を参照。
（9）　佐々木正哉「嘉慶年間の白蓮結社―林清、李文成集団の場合」『国学院雑誌』七七―三、一九七六年。胡大岡『林清李文成起義』中華書局、一九六四年。
（10）　小林一美「斉王氏の反乱」（青年中国研究者会議編『続中国民衆反乱の世界』）汲古書院、一九八三年。鈴木中正『清朝中期史研究』燎原書房、一九五二年。
（11）　S.Naquin, Millenarian Rebellion in China, The Eight Trigramis Uprising of 1813, Yale U.P., 1976.
（12）　陳白塵撰述『宋景詩歴史調査記』（人民出版社、一九五七年）は、この反乱に関する最も詳しい調査、研究書である。この書は路遙主編『山東義和団調査資料選編』（斉魯書社、一九八〇年）とともに、一九五〇年代から六〇年代前半にかけて行われた民衆反乱の故郷、現地における聴き取り調査の白眉であり、史料だけでは分からない興味深い農民、手工業者、行商人その他に関する生活実態を知り得る。この書以外にもたくさんの調査記録があるものと思う。中国の出版社がそうしたものを積極的に発掘刊行して下されば と期待している。

(13) 王権の象徴性については、山口昌男「王権の象徴性」(『人類学的思考』せりか書房、一九七一年、後に久野収・神島二郎編『天皇制論集』三一書房、一九七四年に収録)を参照。

(14) 小林一美「中国白蓮教反乱における帝王と聖母―仮象共同体の二元論的世界―」(『歴史学の再建に向けて』五、一九八〇年)は、帝王原理と聖母原理について論じている。

(15) 抗租の具体例は、谷川道雄・森正夫編『中国民衆叛乱史』4(『東洋文庫』四一九、平凡社)を参照。

(16) 鈴木中正『中国史における革命と宗教』東京大学出版会、一九七四年。同『千年王国的民衆運動の研究』東京大学出版会、一九八二年。

(17) 張正謨は嘉慶白蓮教反乱の中心人物の一人で、その自供書は『清中期五省白蓮教起義資料』(全五冊、江蘇人民出版社、一九七九年)に、その他の教徒の自供書と共に収録されている。この史料集は『清実録』、『欽定平定三省邪匪方略』と並ぶ重要なもので、嘉慶白蓮教反乱研究の第一級の史料集である。

(18) 野口鐵郎「明代北辺の白蓮教とその活動」『清水博士追悼記念明代史論叢』大安、一九六二年。

(19) 小島晋治『太平天国革命の歴史と思想』(研文出版、一九七八年)、同「拝上帝教、拝上帝会と客家人の関係」(中国近代史研究会編『中国近代史研究』一、汲古書院、一九八一年)を参照。

(20) 天津義和団の紅灯照の女首領「黄蓮聖母」は、中国の学者などは船戸の娘としているが、当時の史料には色町の侯家后の妓女とするものが多く、この方が信用性が高いと思う。船戸の娘で妓女となったのではないか、と推測する。

(21) 前掲(3)(10)を診照。

(22) 小林一美「義和団の民衆思想」(野沢豊・田中正俊他編『講座中国近現代史』(2))東京大学出版会、一九七八年。

(23) 滝村隆一の主なる著作には、『増補マルクス主義国家論』(三一書房、一九七一年)、『アジア的国家と革命』(三一書房、一九七八年)、『唯物史観と国家理論』(三一書房、一九八〇年)等がある。共同体と政治国家との関係をめぐる「広義の国家」、「共同体―即―国家」、「外的国家」等の概念は、国家論における重要な理論的貢献であり、またこれらの概念は、民族や信仰共同体や家族・部族共同体が強固に存在している地域、歴史段階の政治史解明に於ける有力な武器でもある。

〔補記〕清代の宗教反乱に関する研究書、論文、史料集は、中国、日本、アメリカ等を中心に数多く発表され、出版されている。それらについては山根幸夫編『中国農民起義文献目録』（汲古書院、一九七六年）、谷川道雄・森正夫編『中国民衆叛乱史』3（『東洋文庫』四〇八）の解説・訳註・著書論文目録、山根幸夫編『中国史研究入門　下』（山川出版社、一九八三年）の清代の部、青年中国研究者会議編の『中国民衆反乱の世界』、『続中国民衆反乱の世界』（汲古書院）、および、註に記した鈴木中正・小島晋治両氏の著書を参照されると概略のところは理解されよう。

第七章　叛逆の女首領となった女性たち

一　中国前近代の「男尊女卑」の実態

中国前近代の女性たちは三千年ほどの長きにわたって、男尊女卑の差別と屈辱の世界に呻吟し続けた。男が生まれると「玉をつかむ」といい、女が生まれると「糸巻きをつかむ」といわれた。古代中国では女が生まれると、家の中でよく紡織に励むように、糸巻きを与える習慣があったからである。周代から男は外で耕し、女は家の中で機織をすることを理想とする「男耕女織」なる道徳律が生まれた。また、「婦は服するなり」、「女子と小人（奴婢）は養い難し」、「女は幼い時には父に従い、嫁しては夫に従い、老いては子に従うという三従を守り、婦徳、婦言、婦容、婦功の四つの徳を持たねばならない」という儒教の教えが、孔子以来、女性を強く縛ってきた。中国の家系は父系によって継承されたので、女は外に出され、未婚で死んだ場合には家の墓地にも入れてもらえなかった。

儒教が国教の位置を占めるに至った漢代以来、女性はますます自由を奪われていったが、儒教道徳がとりわけ強化された明清時代（一三六八〜一九一一）には、それが頂点にまで達した。また宋代（九六〇〜一二七〇）以後、纏足の悪習も始まり、女性は男尊女卑の悪習を守れば美徳と見なされた。また、動乱、戦乱の時期に貞操を守って死んだりすれば「烈女」と称賛されて、『県志』の中の「烈女伝」などに名を記されて、大いに称賛されたのである。清代に編纂された『古今図書集成』の中の、道徳的模範となる婦人を顕彰した書物を見ると、烈女節婦は唐代にはただ五一人しかいなかったのに、宋代には二六七人に増え、明代には三万六千人にも達した。

しかし、女性が比較的輝いた時代もあった。例えば、唐代がそうした時代であった。中国史上、ただ一人、女帝となった武則天皇帝（則天武后）を始めとして、楊貴妃とその姉妹たちや女詩人の薛涛、魚玄機、上官婉児が活躍した。この時代に、女性たちがかなり自由に活躍できたのは、魏晋南北朝以来、五胡と呼ばれる西北方から来たさまざまな遊牧騎馬民族が華北に多くの王朝を作って、漢民族の男尊女卑の儒教文化を揺るがし、また北方系の貴族女性が馬に乗りポロに興じるなどして、男勝りの活動を行ったことによるのである。

ところで、「纏足」の陋習と「烈女節婦」の道徳律が全面的に展開した明清時代でも、中国南方の福建などの女性はかなり自由を謳歌していた。福建では古来、占いをする多くの女性がいたし、また女神崇拝が極めて盛んであった。福建の女性は家の外で平気で素顔をさらし、野良で男のように働き、嫁に行く時には多くの財産を持って行った。一般に華北から華中へ、華南へと南に下るほど男女の差別は薄くなっていったようである。その原因は、南方には古来儒教道徳の及ばない異人種、異民族が多くおり、福建、広東、広西、貴州は古代には漢民族のほうが少なかったからである。また現在、広東・江西・福建を中心に約五千万人ほどもいるといわれる客家は、古代から華北より徐々に南下した人びとで純粋な漢人であったが、一般の漢人とは異なって男以上に野良仕事をやり、また纏足の陋習にも染まらなかった。客家は、他の漢人より遅れて南下したので、既に平地や豊かな土地は先住者に占領されていた。そのため武夷山脈の山中や、福建・広東・江西の交界一帯の高地に住まざるを得ず、また動乱の度ごとに絶えず移住を続けた。客家の生活は大変貧しく、また先住の土着人から差別と圧迫を被ったので、土着漢人とは通婚せず、客家だけで協力連帯し、男女の区別無く働いたのであった。客家の女性たちは自然のままの大きな足をして、かなり自由に山野を歩きまわって働いた。

その他、古代から差別されていた芸能人、大道芸人、山中に小屋懸けしている棚民、川や湖に船を浮かべて暮らす船戸といわれる人々などは、女性も纏足をせず男と同じように働いて暮らしていた。以上のように、「烈女節婦」という封建道徳に縛られずに生きた下層の女性たちもいたのである。こうした層から、女性の反逆者や邪教の指導者、民間信仰組織や結社のリーダーが多数生まれたのである。

二　白蓮教系邪教結社の女指導者たち

中国史上、女性が宗教結社の指導者として大いに活躍するようになるのは明清時代からである。この時代には民間に各種の秘密宗教が広がり、それぞれが経文などを作り、それを基に信者を結集しては宗教的秘密結社を組織した。この種の経文を「宝巻」という。例えば、「救苦忠孝薬王宝巻」、「古佛天真考証龍華経」、「普明如来無為了義宝巻」、「普度新声救苦宝巻」などという経文が数多く作られた。これらの宝巻は、男と女は本来別のものではなく、「真空家郷」という聖なる天上界に住む「無生老母」という究極の女神が生み出したものであり、本来は男女は同一の存在であると説いた。これらの経文は更に細分化し、枝分かれして民間に拡大し、多種多様の民間宗教結社が作られていった。これらの経文を中心にして大乗教、頓悟教、黄天道などの宗教結社が誕生した。そこでは女性神を最高神とし、男女の差別を乗り越え、女性の苦難に共感する中国史上新しい人間観が提起されたのである。

もちろん明代以前にも、女性が男勝りの活躍をする事例はあった。例えば、唐の高宗の時代の六五三年、睦州（今の浙江省建徳県）の女性陳碩真は「神道」を唱えて民衆を組織し、睦州の山中で武装蜂起した。彼女は「文佳皇帝」を称して新しい王朝の樹立を宣言し、妹の夫を宰相に任命し、唐朝に真っ向から叛逆した。一時は一万人以上の民衆を集めたが、官軍に敗れて失敗した。また、金朝の末年に山東に紅袄軍の蜂起が起こった。この蜂起軍の首領は女性で楊妙真といい、馬上で双刀を振るう武術の達人であったばかりでなく、金、宋、元の間を泳ぎまわる政治的才能をもっていた。彼女は夫李全の死後も、各地を数年間も転戦した。

こうした女性の活躍は古代からあり、大なり小なり宗教色を帯びていたが、明代以降かなり性格が変化した。明代以前には、迷える女性たちが最も信仰したのは弥勒信仰であったが、明清時代以降には、彼女たちが深く信仰したのは弥勒信仰を土台にした、或はそれに接ぎ木した観のある「無生老母」なる女神信仰であった。この無生老母を最高神として信仰する民間信仰は、一般に白蓮教と称された。その根本テーマは、「宇宙創生の時、無生老母は多数の子女を下界に降したが、人びとは俗世の悪にまみれて本性を失った。それで彼らは世の種種の苦難を受けているのである。それ故彼らを苦界から救い出し、真の天の郷である〝真空家郷〟に救い出さなければならない」というものであった。俗世で種種の苦しみを受けている多くの女性たちは、この教えにすがった。こうして明清時代に、白蓮教の「無生老母」信仰をテコにして、我こそは「無生老母」であるとか、或は女性の誰それこそは「無生老母」であると称して結集する、信仰教団が生まれるようになった。そこでは「無生老母、真空家郷」を八字真訣（八字で表された真理）と称し、これが教団の隠された要諦となった。こうした白蓮教系の民間信仰は、現世苦界から人々を救済することを目指したので、次第に秩序を乱し、権力に反抗する反体制的な宗教結社を生み出すようになった。

清初の思想家顔元は、当時の風俗を嘆いて「清浄を重んじない寺庵があり、頭髪を剃らない僧尼がおり、無父無君なる化物を奉じるものも少なくない。風俗の荒廃はここに極まる」と、時代の風潮を嘆いている。こうした風潮は、単に道徳の退廃を示しているのみではない。今の世は末世であり、恐ろしい劫難の到来が直ぐそこに迫っているのだ。「八字真訣」を信じる者だけが救われるのだとする、そうした終末論的な末世の思想も多く混在していたのである。また、「弥勒仏がこの世に降り下り、地上には新しい明王（救世主）がお生まれになる」という思想も根強く残っていた。こうした思想は、窮乏化し救済を求める民衆を武装蜂起に誘った。そして、そこにしばしば女性たちが登場し、重大な使命を果たしたのである。そうした代表的な事例を以下にいくつか紹介する。

永楽年間（一四二〇）、山東半島の蒲台に生まれた唐賽児（女）は、自ら仏母と称して白蓮教を組織し、ついには教徒を率いて反乱を起こした。一時勢力は数万人にも達したが、約二カ月で敗北した。明朝はこれに驚き、華北の僧院、寺廟をしらみつぶしに調べたが、ついに彼女を捕らえることはできなかった。

万暦年間（一五七三〜一六一九）、鳳陽の劉天緒は、無為教の教主として蜂起した時、教徒である寡婦岳氏は観音と称して勇敢に戦った。

明末の円頓教の創始者弓長は蜂起する時、張翠姐の助けを借りた。彼女は聞香教の中で極めて大きな権威をもっていた。

崇禎年間（一六二八〜一六四四）、山東の王倫は混元祖師と称し、妻の十指母と共に人々を率いて蜂起した。

乾隆四年（一七三九）、河南の伏牛山で白蓮教の女教主の一枝花を捕らえた。一枝花の本名は蔡といい、女首領であった。教主であるばかりではなく、勇戦奮闘する女武芸者でもあった。彼女の教団には女性が多く、老母・聖母・祖母などと称される人々がいた。

乾隆三九年（一七七四）、山東省の清水教の教主王倫が蜂起した時、王倫の卑女の于氏は六〇余歳であったが、五聖娘娘と称して馬にまたがり双刀を振るって奮戦した。また、烏三娘という女将軍もおり、よく奮戦したという。

嘉慶白蓮教の反乱（一七九六〜一八〇五）の時、教主斉林の妻の王聡児は、夫が刑死した後に教徒を率いて五省を駆け回って奮戦した。この反乱の時、各地で白蓮教徒が蜂起したが、その中に王劉氏、周騰氏、楊賈氏などの女首領がいた。この中の王劉氏は無生老母を称したという。なお、王聡児は大道芸人の子であり、被差別階層の出身であった。

嘉慶二〇年（一八一五）、江南で円教の教主方栄升が蜂起した時、李玉蓮という女首領がいた。彼女は「開創聖母」を称し、自分は弥勒仏を孕んでいると宣伝して活躍した。

嘉慶年間（一七九六〜一八二〇）、那彦成なる満州族出身の官僚が河北省東鹿県で紅陽教を弾圧した時、この教団の教徒は総て女性であることを発見した。女性教徒たちは多くが医術を習い、人の治療に当たりながら布教活動を行っていた。女性教徒の中でもとりわけ寡婦が多かった。

以上見てきたように、明清時代には、多くの女性が「弥勒仏、仏母、無生老母、観音、聖母、老母」と称して宗教結社を組織し、しばしば反乱を起こしたり、または男の教主を助けて戦闘に威力を発揮したりした。また、夫を失って寡婦となった女、差別されている大道芸人の女などの活躍が目に付く。邪教反乱に活躍する女性は、多くが下層社会の女性、被差別階層の女性、纏足をしない客家などの女性、少数民族の女性等々だったのではないかと想像されるが、出自や経歴について詳しいことは分からない。

清代には多くの秘密結社が作られた。例えば白蓮教、清茶門、八卦教、混元教、聖賢道、在理教、金丹教、黄天道等々。これらのどれにも女性の参加はあったと思われるが、女性が絶対的な権力と権威を擁して、組織を指揮し継承したという事例はない。こうした邪教系結社も、父系によって継承、伝達される一般社会の伝統、慣習を克服することはできなかった。

三　太平天国（一八五一～一八六四）軍の女性たち

太平天国の反乱の際、広東省の信宜県で拝上帝会の指導者凌十八なる人物が教団を挙げて武装蜂起した。凌十八の蜂起は、広西省金田村の武装蜂起と並んで、太平天国反乱の重要な構成部分であった。太平天国の洪秀全を始めとする楊秀清、蕭朝貴、馮雲山、韋昌輝、石達開など錚々たる指導者や部下たちが、ほとんど客家出身者であったことは今日よく知られている。凌十八も同じく客家の出身で、その率いる勢力もまた大部分が客家であった。凌十八たちは、土着の土豪劣紳や地主層にさまざまな差別と圧迫を受ける存在であった。凌十八は一八四七年頃、金田村に行って拝上帝会を知り入信した。その後、信宜県に帰り、布教に努めて一大勢力となった。

一八五〇年七月、凌十八は洪秀全の蜂起命令に呼応し、信宜県大寮で蜂起し、一二月には広西省の金田村に出発した。そして五二年七月に敗北して自刃するまでの約二年間に、数千から一万数千の兵力をもって、広東、広西の二省にまたがって転戦、奮戦した。その戦い振りは、「信仰深くして死を全く恐れず、断固として教えに従い、最後まで戦い、尋常の匪賊、反徒とは全く異なっていた」という。

さて、この凌十八の教徒部隊には、非常に多くの女性が重要な地位につき、また極めて大きな役割を果たした。他の太平天国の部隊にも多くの女性が参加していたが、この凌十八の軍団は女性の活躍が特別顕著であったという。この教軍の指導部にあった五大幹部の中に陳葉氏なる女性がいた。彼女は、凌十八、陳二、呉三などの総頭目と共に謀議に加わり、凌十八に次ぐ地位にあり、蜂起軍の中核的存在になった。彼女は作戦指揮、兵士達への激励、情報宣伝などに活躍する最高指導者の一人となった。一八五二年に官軍に大敗北を喫した時、官軍は一二二六人を捕虜にしたが、その中の二六〇人が女であったと記されている。女性たちの中には実際に刀や槍を振るって官軍や郷勇（地主・官僚が組織した民間の自衛隊）に激しく抵抗したり、或は教軍を積極的に支援したりするものが少なくなかった。また、彼女たちの信仰は堅く、捕らえても悔悟するところなど全く無かったという。陳葉氏の他に一三名の女頭目の名前も、官軍側史料に出ている。女性がこのように激しい行軍や戦闘に大活躍できたのは、纏足をすることが無かったといわれる客家女性ならではのことであったろう。

では洪秀全、楊秀清などの太平軍本隊では、女性たちはどのような役割を果たしたのであろうか。ほとんど客家で構成されていた太平軍本隊は、金田村を出発する際に土地を含め総てを売り払い、家には火を放って家族・一族など総てを引き連れて出発した。当然そこには女性が沢山加わっていた。太平軍は兵士の規律を保つために、行軍中は男女を別にして住まわせる男館、女館という性差で異なった施設を設けたという。女は行軍に必要な衣服、靴、ぞうりを作り、食糧の確保や食事の用意をし、傷病兵の看護、子どもの世話をし、そうした古来女性に任されていた仕事に明け暮れたに相違ない。太平天国の人々を間近に見たリンドレイは、「柔弱な中国人ばかりでなく、女たちまでも――妻や娘が共通の希望と情熱とに駆り立てられ、夫や父の傍らで戦っている――みんな宗教上、政治上の偉大な目的に励まされて、その達成のために多年苦しみ、戦ってきた――彼女たちが一つに団結しているのを見るのは、中国の歴史上、空前のことである」（邦訳『太平天国』、平凡社「東洋文庫」）と書いている。このように、リンドレイが見たような女性が沢山いたであろう。しかし、凌十八軍団の中の陳葉氏のような重大な役割を演じた女性はいなかった。何故であろうか。凌十八の軍団は、各地をあちこち転戦し、最後まで王朝体制、官僚体制を採らなかった、いや採れなかったと言うべきであろうか。それに対して、洪秀全は、新しい王朝体制、官僚体制を急速に発展させ、太平天国の樹立を宣言し、自分は天王を称し、有力な部下を東王、南王、北王、西王、翼王、忠王などに封じて王朝体制を採用した。そして、自分は後宮をつくり、多くの女官を侍らせ、あたかも歴代の皇帝のようになっていった。そうなれば、女性を解放するどころか、逆に女性を封建道徳に縛り付ける結果となったのである。太平天国は最後には、男が権力と権威を独占し集中する古来の王朝の再現に終った。

四　義和団の女たち

義和団運動は一八九八年頃に始まり、一九〇〇年に山東省、直隷省（今の河北省）を中心に拡大し、最後には天津、北京の二大都市が義和団運動の中心となった。清朝は義和団の排外活動を支持し、北京の外国公使館を包囲、攻撃したので、日本、ロシア、イギリス、ドイツ、フランスなど八カ国連合軍が出兵し、天津と北京で大きな戦闘が行われた。義和団と清軍は大敗を喫し、ここに義和団運動は基本的に終了した。

義和団運動の中で、女性たちはいったいどのような役割を果たしたのか。一般に女性たちだけで作った「紅燈照」なる組織のことがよく話題になる。例えば「裕禄はまた盛んに言った。拳民は勇敢に戦って続けざまに夷狄を破った。敵を攻撃し、撃ち破ることが凄かったので、夷狄は大変恐れた。そこで紅燈照に深深と礼をして遇した。義和団匪でさえも自分たちは紅燈照に及ばないといった。紅燈照は皆一五、六歳の美しく飾った少女たちである」、「聞くところによると、現在、時として、天津郡城内外に幼い男の子どもたちが義和拳を練習し、また幼い少女たちが紅燈照を練習していると。こうした陋風は黄河の東側一帯でとりわけ甚だしい」、「光緒二六年（一九〇〇）四月四日、天津からの手紙によると、保定府に近いある村に私党が現れた。その名を紅燈会という。これらの人は専ら夜間に外出し行動する。昼間は全く活動を見せないという」、「（倉巨村のキリスト教徒を義和団が焼き討ちした時）デマが四方に起こり、わが郷でも、倉巨には紅燈照がある、三丈もの高い小屋をかけ、婦人たちがここに泊って法術を使って拳民を助けている、などと言った。昨日、ある村の日頃おとなしく静かな女性が、突然に紅燈照が私を呼んでいると言って、急に小屋に駆け込んで出てこなかった」、「四月二三日、拳民と紅燈照のはびこり具合は甚だしく、デマが益々盛んになり、人心が安定しなかった」、「拳術を三カ月練習すると、神が身体に憑く。紅燈罩は五カ月練習するとよく空を飛び、何でも取ることができる。炒鍋罩はその術を身につければ、空の鍋に食糧をいっぱいにして、絶えることがないと。この時、大師兄（拳匪の頭目の称）が既に紅燈照を派遣して各国に飛ばし、派兵を阻止しようとしている。そうなれば中国が租界を一掃することなどは難しくないと、こうした噂が大いに飛び交った」。「一九〇〇年五月某日初め、東南一帯に火が出た。ある人が言った。西北の風が必要だ。その風なら租界を焼くのによいのだが、連日東南の風が吹いていると。この日、紅燈罩がすでに城壁に登って方術を使って風の向きを変えようとしていると聞いた。遅れて次の日の早朝になって西北風に風向きが変わった」、「紅燈罩は若い女性が多く、皆紅い衣装を着、紅い靴を履き、紅尽くめである。……（その内の一人が次のように言った）私たちは三、四〇人で一人の老婦人を師として拝している。毎日、食事が終ると師のところに行く。これということはなく、ただ炊事洗濯などの雑事をするだけである。行く人は毎日糧米一升を師に進ぜる必要がある。それで親たちはみな後悔しているが、しかし師の方術を恐れて敢てその言うことに背かないのだと」、「紅燈照の多くは、一八歳以下、一二歳以上の処女で、紅色の着物と靴を履き、片手に紅色の布、片手に小さな紅いランタンを持っている」、「紅燈会の女教祖二名が捕らえられたが、この二人は元は天津の色町である侯家後の娼婦で共に二〇余歳であった」と。また、中年の女性が参加する藍燈照、老婦人が参加する黒燈照等もあったともいう。「紅燈照は空を飛んで、ロンドンやモスクワに上空から火を放った」というような流言がまことしやかに飛び交っていた。そうした空想と幻想が満面開花した情況が、当時の義和団民衆の精神世界であった。

女性たちの中で、天津義和団の首領の一人として有名になったのは、黄蓮聖母といわれる人であった。彼女については船戸の娘説、土着の娼婦説があるが、天津の色町であった侯家後の船上娼婦であったという説が多い。義和団に女だけの組織をつくって参加する女性は、いわゆる良家の女性や幸福な民衆の家の娘ではなかったであろう。貧しくて色町に売られた娘たち、村や町の人々からからかわれていた寡婦や女占い師、差別されていた土娼、或は船上生活者の女等であった。そうした女性たちの中で男と対等に活躍し名を後世に残したのは、この黄蓮聖母であった。こうした日陰の女性たちが白昼公然と聖女、仙女、聖母になる。さらに黄蓮聖母などは白昼堂々と屈強な銃をもった男の護衛に守られ、天津城内にある大官の屋敷に上って大いに威力を発揮した。また天津義和団の中には、黒児と呼ばれる義和団の女首領がおり、幼い時から大道芸の綱渡りをしていたが、その技が大変上手で紅燈罩だといわれていた。

彼女は総督の役所に出入りしたが、総督は彼女に対等の礼をした。また、王玉姐という一九歳の女性がおり、よく西洋風のビルに登って火を放つことができた。洋人が取巻いて射撃したが当たらず、空を飛んで飛び去ったということである。

以上のような記録が、主に天津一帯に居住していた郷紳層クラスの日記に書いてある。これらの記述は、ほとんどが噂話や伝聞に基づくものであって、明らかに根も葉もない風説に過ぎないものである。しかし、黄蓮聖母、黒児、王玉姐といった人は実際にいたらしい。黄蓮聖母には、天津城を攻略した日本軍に逮捕されたという日本側の記録があるが、その後の行方は不明である。と言うことは、日本軍が彼女を戦闘責任者として全く問題にしていなかった証拠であろう。もちろん紅燈照や黄蓮聖母などに、語られたような超能力がなかったことは明白である。

しかし問題は、当時の民衆が日常の世界では差別し、蔑視し、虐げていた階層の女性たちに、国家と民衆を救うことのできる超能力と可能性を見、且つ信じようとしたということ、この事実を如何に解釈するかという点にある。これは「男尊女卑」の長い伝統を持つ中国の歴史の中で、尚且つ女性の中でも最も差別され虐げられた階層の女性たちが、救国の英雄となり民族の期待を一身に背負って日の当たる世界に登場し、旧来の世界観を逆転せしめたということ、こうした伝統的価値観の逆転が、半封建半植民地化が特に深刻になった一九〇〇年段階に、下層階級の女性たちをテコにして頂点に達したということ、ここに歴史的意味を発見するのである。もちろん彼女たちの超能力なるものが、八カ国連合軍の武器の前に無力なことは明らかであり、実際に八カ国連合軍は彼女たちの武力など問題にしていなかった。義和団運動の中の女性たちの活躍は、「男尊女卑」という伝統的価値観が義和団戦争の時期には決定的に崩壊したということを意味していた。白蓮教系「邪教」の女性、太平天国の女性、義和団運動における紅燈照や黄蓮聖母たちは旧中国の女性蔑視の伝統的価値観を否定しながら、また同時に自らの前近代性をも否定し葬らざるを得なかったのである。また、一九〇〇年に登場した義和団の女性たちは、近代と前近代のハザマに立ち、総てが逆転するこの転換期にあって鋒鋩のように一瞬姿を現した女性たち、私はそのように義和団運動の中の女性たちを評したい。「呪術の園」と言われた旧中国に於て、呪術で帝国主義の侵略に真っ向から立ち向かい、自らの後進性、落伍性を含めて、その歴史的限界に終止符を打った運動として、彼女たちの役割を位置付け評価したいと思う。

五　近代以降の革命的女性たち

近代に入り、全く新しい女性たちが登場した。秋瑾、何香凝、宋慶齢、楊開慧、鄧穎超、康克清、蔡暢、江青などのように、勇敢な女性たちが近代の学問、教養を身につけて革命結社に参加し、満州王朝の清朝に反旗を翻したり、辛亥革命以後のブルジョア革命運動、社会主義革命運動に身を投じたりして、近代の革命の一端を担うようになった。もちろん、辛亥革命以後にも、後進的な極めて貧しい農村地域には、旧中国からの伝統を継承して邪教的宗教結社が簇生し、女教祖が無生老母、観音老母、皇后などと名乗って暴動を計画したり、実際に暴動を起こしたりした。こうした事件は、一九三〇年代から一九六〇年代にも起こっている。しかし、それらは貧しい農村の少数の女性たちであり、辛亥革命以後は、近代的教育を受けた女性が、革命や改革の場で主役として活躍する時代がきたのであった。

註、旧中国では女性が結婚すると、以後彼女を本名では呼ばず、夫の姓の次に女の姓を置き、最後に氏をつけるのが一般的であった。例えば、嘉慶白蓮教の反乱で活躍した王聡児は、史料では斉王氏と記される。王劉氏、周騰氏なども皆同じ。

主要参考文献

『大唐帝国の女性たち』（高世瑜著、小林一美他訳、岩波書店）。
『東アジアの女性信仰と女性生活』（野村伸一編著、慶応義塾大学出版会）。
『中国史における革命と宗教』（鈴木中正著、東京大学出版会）。
『明代白蓮教史の研究』（野口鐵郎著、雄山閣出版）。
『明清時代民間結社の時代』（浅井紀著、研文出版）。
『明清白蓮教研究』（喩松青著、四川人民出版社）。
『凌十八起義論文集』（茂名市政協文史資料研究委員会編、広東人民出版社）。
『山東民間秘密教門』（路遙著、当代中国出版社）。
『義和団運動と明治国家』（小林一美著、汲古書院）。
『続中国民衆反乱の世界』（青年中国研究者会議、汲古書院）。

第八章　中華帝王を夢想する叛逆者たち
――中国における帝王幻想（ユートピア）の磁場――

一　問題の提起

一九八〇年、私は初めて中国を訪れ「義和団学術討論会」に参加した際、山東省の済寧に一泊した。翌朝、佐藤公彦氏と市内を散歩していると、人民法院の壁に貼ってある何枚かの布告文が目に付いた。それは既に数人の処刑済みを知らせる布告であったが、その中の一人は数年にもわたって自転車で村々を廻り、仲間を集めて秘密結社を作り、共産党の天下を転覆する暴動を計画していた現行反革命分子であったという。私は明清時代の邪教徒の反乱、秘密結社の暴動等をかなり研究したことがあったが、偉大なる革命家毛沢東が指導する世界革命の中心たる中華人民共和国に於て、まさかこんな明清時代の白蓮教徒の如き「邪教徒」が生きているとは全く思わなかったので驚愕せざるを得なかった、というよりもあっ気にとられてしまった。

次に驚いたのは、一九八〇年代に次々に明らかになった、中国共産党内部で行われていた権力闘争の実態である。それはあたかも、秦の始皇帝と官僚・儒者たち、漢の高祖劉邦と功臣たち、あるいは明の高祖朱元璋と功臣たちの間で起こった、抗争・打倒・粛清の再現の如くであった。中華帝国の専制主義の政治伝統、共産党一党独裁の理論、それにアヘン戦争以来の民族的屈辱をはらし世界革命の大国たらんとするナショナリズム、この三つが接触、融合、爆発して、毛沢東に対する熱狂的な個人崇拝が沸き起こり、史上未曾有の「大躍進」、「大飢餓」、「文化大革命」も起こったと考えざるを得ない。また、毛沢東の後継者とされた林彪は、国家主席の地位を要求して毛沢東ににらまれ、それに失敗すると毛沢東の暗殺を計画し、ついにはソ連に向けて飛行機で逃亡中、モンゴルの草原に墜落して妻子と共に死んだ。国家主席の争奪戦は、あたかも中華帝国の皇帝位をめぐる権力闘争の如くであった。彭徳懐、劉少奇を始め多くの建国の功臣を打倒した毛沢東は、将に新中国の皇帝となった。中国の政治文化における帝王の磁場、民衆のユートピア思想としての真命天子幻想の威力は、未だ消滅していないのであった。右派にされた経歴のある中国の一知人は、毛沢東は歴代王朝の皇帝以上の皇帝であった、と私に語った。

そのようなことを考えていた時、一九八〇年代後半から一九九〇年代の前半にかけて続々と刊行された『中華人民共和国地方志叢書』の「各省志・県志」約四〇〇巻を読む中で、共産党と社会主義権力に反対して、特に社会主義革命を推し進めた毛沢東時代に、新皇帝を名のり新王朝樹立を宣言した実に多くの叛逆者が出現していたことを知った。例えば、『河北省志』（公安篇）には、社会主義政権に反対して、新王朝樹立、新皇帝出現を宣して暴動を計画した一〇件の事件が紹介されている。また、『山東省志』（公安篇、頁一九六）には、「一九五四年から八四年の三〇余年間に、山東省の公安機関が摘発した反動的会道門の事件は二五〇三件であり、皇帝の座につこうと考えた人物二一七人を逮捕した」とあり、また『安徽省志』（公安篇、頁一九二）には、「建国後、安徽省内では、前後して皇帝を自称する者が八〇余人に達した。僅かに、阜陽専区だけでも七五人に達した」とある。また、私はその他の省志、県志を閲覧する中で、これまでに皇帝を自称して逮捕、あるいは処刑された数十の事例を集めた。

明清時代から民国時代にかけて、白蓮教系邪教や会道門の諸派には、自分または誰それは、真命天子、真龍天子、弥勒仏であるとか、自分は明朝の宗室の後裔である朱姓（牛八）であるとか、こうした宣言を行った叛逆の徒が多く生まれている。しかし、中国共産党の政策や社会主義政権に反対して、自分こそ真の天子、真の皇帝であると宣言し、新朝廷の樹立を宣した人は、他の時代に比べてとりわけ多かったように思われる。いや、そう思うのは錯覚で、中国共産党ほど会道門を反動的だとして一挙に弾圧・攻撃した権力は古来稀であり、その捜索や摘発のもの凄さによって統計的に高い数字が出たのだとも、あるいは逆に叛逆計画・事件が多すぎて共産党は徹底的に弾圧せざるを得なかったのだ、そのため統計上数字が増えたのだとも解釈できる。

最大の問題は、中国民衆の政治文化の基底には「帝王の世界」、「帝王の磁場」といったものが存在し、それを中心にして人間界に於ける天国と地獄、栄光と悲惨、救済と劫難、運と不運といった相対立する二元的世界が転回しているのだとする伝統的観念があり、それは現在にいたるまで極めて高い政治的威力を発揮しているように思われることである。本章の目的は、この中華世界を読み解く政治史的仮説を提出し、それを実証して、中国人の政治的・宗教的ユートピアの構造とその歴史的展開を解明する事である。

本章は、第一節に於て、一九四九年の中国革命の成功以後、社会主義国家と共産党に反対して新皇帝を名のり、新王朝樹立をめざした「会道門」の道主、教祖が実に多く出現し、如何に天下を狙ったかを紹介する。とりわけ共産党が「剿匪反覇」、「粛清反革命」、「土地改革」、「抗米援朝」等の政治運動を連続、或は同時並行して実施した建国初期に、「会道門」の反撃が多く起こり皇帝を自称する道主、教祖が続出したこと、更にまた、こうした状況は、「人民公社」・「大躍進」政策とその失敗によって、二、三千万人もの餓死者が出た時期に、第二のピークが来ること等々を多くの資料で明らかにする。

次にその前段階である民国時代（一九一二年から四九年まで）に「会道門」の活発な動きがあり、新皇帝も多く出現していたことを多くの史料に依って証明し、またこの時代に「会道門」が全国に爆発的に広まったことを明らかにする。

第二節に於ては、中国民衆の政治的・宗教的文化の構造が、どうして帝王の王権を中心とする観念世界を主軸に展開されるのか、この問題を中国古代にさかのぼって検討する。既に、『詩経（小雅・北山）』の中に「溥天の下、王土に非ざる莫く、率土の濱、王臣に非ざる莫し」とあり、総ての土地は王のもの、総ての人は王の臣という思想があった。その上に、秦王政の「始皇帝」宣言を経て、秦漢時代に「易姓革命説」、「陰陽五行説」、「天人感応説」などの思想が確立し、「政治とは帝王の業である。しかし、それは天命によって変転する」という政治観念が定着したこと、以後、中国に於ては、王朝政治は帝王位の争奪戦、帝王の正当性を問うものとして展開したことを明らかにする。中国民衆の政治的・宗教的革命思想には、古代に確立して毛沢東時代にまで射程を持つ中核的な革命思想の型、いわば古層といったものが存在し、「帝王＝易姓」革命思想の枠、土俵を形作っているように思われる。その後、この革命思想が、魏晋南北朝時代に大乗教、弥勒教の影響を受け、更に次の宋代以降に仏教の白蓮社、マニ教（明教）等の影響を受けてより全国化し、より純粋化した。その結果が元末明初の白蓮教の大反乱である。この高まりは明清時代に引き継がれ、明清時代により世俗化、大衆化した。清代には、明教、弥勒教、羅教などを総合した「邪教」、一般的には白蓮教・八卦教などといわれる革命宗教結社が叢生した。

これ以外に清中期以降に発達した結社もあった。例えば、大刀会、小刀会、義和拳、天地会などがそれである。これらは清朝中期以降に登場し、以後、全国各地に分裂し増殖して雨後の筍のように簇生した。

最後に、辛亥革命以後の皇帝のいない大空位時代に、国民党・軍閥・土豪劣紳・秘密結社などが、時の政治的・軍事的必要に応じて組織した団体、集団、結社がある。これらは、特に、軍閥の抗争、日中戦争、国共内戦の時期、そして中国革命の時期に、様々な政治勢力が必要に応じて全国的に組織し展開したものが多かった。以上のような出自をもつ、民間宗教団体、民間社会団体、秘密結社等々を総称して、今日、「会道門」と呼んでいるのである。中華人民共和国建国期の会道門の人数について、『鏟除邪教―共和国鏟除反動会道門述実―』（中央文献出版社、一九九一、頁二）は、「全国解放前夜に、まだ残留していた反動会道門組織は三〇〇余種、組織人員は一四〇〇万人、その内中核分子は八二万人もいた」としている。共産党は無数にある会道門のうち、共産党の政策に反対するものをすべて「反動会道門」と規定し、弾圧の対象にした。

まず、会道門と称される結社にはどのようなものが有ったのかを見る。主な会道門の名称を挙げて具体的に説明しておきたい。最も詳細な数字がわかる安徽省の場合を例示する。『安徽省志・公安篇』には、安徽省内に設立されていた会道門は一〇〇余種で大小の道主は七、八万人、一般道徒は約六〇余万人もおり、多くの会道門は外省から伝来してきたものである。「道」には一貫道、先天道、九宮道、聖賢道、天門道、九竜道、九華道、乾坤道、他六三種の道が。「会」には大刀会、小刀会、紅槍会、花籃会、竜華聖教会、他一七種の会が。「門」には三仏会、大佛門、大生門、他二四種の門が。「教」には白蓮教、天徳聖教、三義教、紅門教、紅三教、大乗教、他四種が。「堂」には金華堂、乾元堂、万金堂、蓮華堂、他七種が。「学」には紅学、黄学、他三種が。「壇」には乩壇、五仙壇、天地壇が。「社」には同善社、九善社が、それぞれあったと記載されている。

『河北省・公安志』には、民国時代に河北省内に伝来した会道門は二〇〇種で、これらは全省にまたがっていたが、特に保定、邯鄲、張家口、承徳、石家庄、邢台などの地区に比較的集中しており、主要な会道門として、一貫道、九宮道、大仏教、還郷道、聖賢道、先天道、后天道、無極道、迷迷道、小香道、東方震道、一心道、天爺道、梅花拳、混元門などが記載されている。

『山東省・公安篇』には、会道門は明末清初から活動を展開しており、一九五三年までに全省で鎮圧の対象になったもの二二九種、大小の道主は三万九千人、一般道徒は一一六万余人であったとし、山東省に起源がある会道門としては、一貫道（済寧に発祥。以下カッコ内は同じく発祥の地を示す）、聖賢道（巨野）、一心天道龍華聖教会（鄒平）、皈一道（平原）、先天道（泰安）、無為教（即墨）等々一五種が挙げられている。また、山東省全域に広まったものとして、一貫道、九宮道、后天道、無極道、金丹道、皈一道、中央道など一二種を挙げている。

路遙著『山東民間秘密教門』（当代中国出版社、二〇〇〇年）は、山東に生まれた秘密教門に関する研究としては最も詳細を極めたものである。この書は、山東に生まれ大きな勢力に発展した宗教的民間秘密結社として、「一炷香、八卦教、離卦教、聖賢道、九宮道、皈一道、一貫道、一心天道龍華聖教会、紅槍会」の九種を挙げて、その歴史、伝播、組織、教義、儀式、特質、及び各教門の相互関係などを詳細に研究・紹介している。路遙は、この書の冒頭に於て、「山東民間秘密教門は、一七世紀中葉の清初に出現し、二〇世紀の五〇年代、中華人民共和国の建国後に消滅した。その間三〇〇余年であるが、次のように時代区分をすることができる。道光期以前と以後とでは明らかな区別があり、また民国以前と以後も異なるところがある。しかし最も主要な区分は清代と民国の間にある。清の宣統元年（一九〇九）、清朝政府は「大清刑律」を頒布して宗教に対する弾圧をやめた。それで教門、会党に対する取締りも緩むところがあった。……（民国時代に入り）民間結社は民主思想の流れが蔓延するにしたがって、多くは慈善の名を借りた教団、社団として出現した。もともと華北の土壌に根を下ろしていた多くの民間教門は、さまざまに姿を変え名前を変えて野草のごとく北方に広がり、さらに南方にまで拡大した。ここに至って、民間秘密教門は本来持っていた民間宗教の特徴から、次第に巫術、迷信を宣揚する秘密会道門組織に姿を変えていった」（頁二）と述べている。山東教門は民国時代に変化、変質したという路遙氏の指摘は、本論文に紹介される多くの史料によっても実証されるであろう。

ところで、会道門は一九八〇年代以降急速に復活しつつあるという。路遙が、会道門は基本的に毛沢東時代に消滅したとするのは誤りである。

さて、華北を中心に共産党の勢力範囲が拡大し、次いで中華人民共和国が建国されると、会道門は土匪、国民党特務、土豪劣紳、反革命分子、悪覇地主と並んで反動組織として共産党から弾圧の対象となっていった。この過程で実に多くの会道門の叛逆が起こり、またその中から多くの「真命天子、皇帝、弥勒仏」が誕生したのである。その状況を『中華人民共和国地方志叢書』の「会門道関係」の記載によって見る。中国民衆の中に、如何に「革命の天子」幻想が色濃く存在していたかが分かろう。以下に紹介した資料は、皆「新天子、新朝廷」を名乗ったものや重大なものだけに限った。それ以外に反動的会道門として弾圧された小規模のものはこれに数倍するが皆省略した。なお、以下の資料は、原文の直訳ではなく要約であることをお断りしておく。

二　叛逆の天子たち

1　共産主義政権に叛逆する「会道門」と「真命天子」たち

河北省――『河北省志、第七一巻「公安志」』及び『河北省各県志』の記録

■一九四八年四月、収元教の教主の徐亭勛は、「今年は末劫の年である。七日七夜、お日様とお月様が見えなくなり、水・火・氷・風・疫病の災難がある。収元教に入るものは災難を免れる」と言い、「刀槍不入」の真言呪語を教徒に授けた。六月、国民党の進攻に呼応し、遵化県の紅眼隊を扇動して約千人を糾合し、三日間の暴動を起こし、共産党の村幹部、貧農団の幹部など二〇人以上を殺し、建物に放火した。県の公安部隊が出動し、暴徒三四人を殺し、

六九七人を逮捕した。（公安志、取締打撃反動会道門の節）

■一九四六年、成安県の白陽古教の教主鄭希書は、国民党の進攻に呼応して蜂起したが、失敗して処刑された。その後、甥の魏貴林が新教主となった。四八年二月、新教主は「紅陽（共産党）既に尽き、白陽（白陽古陽）将に興らんとする。現在、天の気来る」、「白陽に換わる時、七日七夜の黒臭風が吹く。道に在らざる者は皆死なん」、「過去に南京、北京ありしも、現在、中京（新しい都——引用者）あり。紫山（武安県にある山——引用者）こそ中京である」などと扇動し、四月一五日、広平、肥郷、成安、邯鄲、永年、曲周などの六県七〇〇余人の道徒を動員して、暴動を起こした。彼らは、四隊に分かれて党、政府の役所、監獄、公安局、鉄道を襲撃したが、民兵が出動して鎮圧した。（同上）

■一九五〇年の五、六月の間、易県の大仏教の道主王徳珍らは、県内の村で「化党国」を樹立した。六月四日、王は自ら「朝廷」を称し、合わせて高弟に「四大軍機、十大朝臣、国老、国舅、都王、大王、中王」等の官職を与えた。武装訓練をし、翌年の二月に暴動を計画したが、事前に発覚して失敗し、王等中核分子は処刑された。（同上）

■一九五〇年五月、平山県の九宮道の道主李林洞は、自ら皇帝を称し、臣を封じ、皇后を定めたかどで逮捕された。山西省盂県五台山の道主梁相福・趙中旺等は、李皇帝を救援すると称して、道徒二千人を糾合し、平山県に向かい、監獄を破る準備をしたが、発覚して逮捕された。（同上）

■一九五〇年一〇月、通県、保定の一貫道や大仏教等の会道門は、共産党が「睾丸を取ってソ連に送り、原子爆弾をつくる」などとデマを飛ばした。このデマは、七県四〇〇余村に広がり、昌平県だけでも四〇余村の男が夜見張りを立てて警戒した。（同上。この資料は暴動の事例ではないが、中国の農村社会を知る上で興味深いので、ここに紹介する——引用者）

■第一次「鎮圧反革命」運動の後の一九五四年四月、保定市で一貫道の復活事件が起こった。一貫道道主韓朝斌は、市内に一年余も身を隠して活動し、道主・道徒一二〇余名を獲得し、一般信者は五〇余カ村に及んだ。市区に二カ所の隠れ家、農村には三カ所の洞穴を設け、秘密活動を続けていた。彼らは、国家の糧食の統一買付政策を非難し、これは「飢餓大劫」であるとデマを飛ばし、道徒は、「御仏」に糧食を供えよと言った。（同上）

■一九五五年夏、全省で第二次の反革命鎮圧運動を展開している時、二五件の会道門の事件を摘発した。その中には、歴史反革命分子、地主富農分子、流氓、土匪、巫女、男の占い師などが一緒に活動し、復活を謀っていた。密雲、定県、新城県など四県の一貫道事件では、八九人の道主が地方の要職――郷党支部委員、郷長、村主任、農業社社長等――を独占していた。新城県の道主王徳雲は農業社社長の地位を利用し、「収穫は終ったが、糧食を総て国家に渡さねばならない。サツマイモを作ったほうがましだ」等と言い、二八畝の田の青い稲を抜き取らせた。道主達は、地下に潜り、仮装し、名前を変えて密かに活動した。こうした点伝師以上の道主三〇余人を捕らえた。中に、懐遠県の地下洞に六年も隠れていた大道主の王中もいた。（同上）

■一九五八年冬、河北省公安庁は、反動的会道門の活動が極めて盛んな地区を重点的に取締った。そして、張家口地区だけで、「坐朝登殿」（朝廷を開き、玉座に登る）の重大事件が三件も摘発された。（同上）

■一九六〇年、六一年の二年間に、張家口地区に、九件の反革命陰謀事件が起こった。この内、三件は反動会道門が起こしたものである。邯鄲地区では、一九六〇年一二月から六一年三月までに、会道門の復活運動が五三件起こり、範囲は一一県四二公社二四八カ村に及んだ。公安は、一九種の会道門の道主二六四人、道徒一〇〇〇余を捕らえた。六〇年一二月に摘発した新星会の陰謀事件では、閻普真（女、三九歳、富農出身）が三教堂の教主で首謀者であった。彼女は一九五八年、公安の取締りを受けた後、投身自殺を装い、実は男装して地下に潜って、呂祖道の道主や地主分子と結んで活動を続けた。六〇年疫病が流行したのを利用して組織を発展させた。六〇年秋の飢餓状況を見て、時節到来と考え、一〇月に「旗を掲げ、国を開く大典」を挙行する会議を招集し、「仁義軍」という一二五名の武装組織を結成し、それを四軍に分け、部下を「元帥、中軍、差官、旗牌官、運糧官」等に封じた。成員は一二五人、二一カ村、一七鉱業に及んだ。彼女は、永年県老城（旧県城）の地形を研究し、ここを暴動の起点と決めた。一二月一三日の夜、九六名の道徒を率いて、馬車に蜂起に必要な武器と物資を載せ、磁県南佐良村を出発し、夜一二時に老城の北門を占領した。翌日一斉攻撃を行って、「招賢安民」の旗を立て、多くの人々を結集して邯鄲を占領し、ここを「中京」とし、「白陽」世界を打ち建てんとした。しかし、事前に発覚し、鎮圧された。公安部は、刀、槍、斧、剣、棒等の武器三六点、帥旗、令旗一三面、反動文件、ビラ、「招賢榜」、反動「経文」一巻、等々を押収した。（同上）

■一九六二年、臨城県の還郷道の道主張鳳祥と張査妮は、臨城・隆尭両県の四カ村で道徒一〇二人を獲得し、自分を含め六〇人を「朝廷（天子）、娘娘（皇后）、宰相、状元、進士、県官」等六種の官に封じた。毎月の三、六、九の付く日に、天子の元に文武の官を集めて朝議を行った。そして、「豆を撒いて兵となす。天将天兵」等と、邪教特有のデマを飛ばした。彼らは、臨城を撃ち、邢台を攻め、ここを根拠地にする計画であった。また、張は村の幹部に迫って、その地位を天子に譲位するよう求めた。公安機関に事前に摘発された。（同上）

■臨漳県の東陽震道（原名は東方震道）の道主の楊逃功は、六〇年代の中期から、河北・河南の交界地帯の九県二市で活動を行い、還郷道、中門道、南方離卦など一〇余の会道門を糾合して統一し、六〇〇余人に勢力を拡大した。楊は自ら「朝廷」を称し、一二八人の道徒を「丞相、千歳、総兵、領兵元帥」等の官に封じ、「共産党の指導を転覆する」行動綱領を定めた。自らピストルなどの銃器を作り、一九七五年旧暦三月一五日に暴動を起こす計画を立てた。その計画では、永和（安陽県）に集合して銀行を襲い、糧店を略奪し、監獄を破り、「先に共産党員を殺し、後に共産主義青年団を殺し、安陽を撃ち、邯鄲を攻め、北京に進む」、そして楊が朝廷に座すのだ等とでたらめを言った。しかし、この計画は七四年に摘発された。（同上）

■大名県の天宮道の道主楊雪花（女）は、一九七六年に、密かに河北省の大名県・広平県、河南省の林県、山西省の平順県等六県一五郷にまたがる三八カ村の道主、道徒一五三〇余人を糾合して暴動を計画した。楊は、自ら朝廷を称し、「老主部、外交部、公安部、検察院」を設け、道徒を「総兵、総殿秘書、元帥、将軍、指令、司令」等の職に任じた。七六年の旧暦七月一四日に暴動を起こし、長治を「中京」とすると計画したが、事前に発覚して失敗した。楊は処刑された。（同上）

■一九七六年、武安県の大道主の孔増廷は、仏教を奉じて病を診たり、風水を占ったりして、信徒四五〇余人を獲得した。信徒は邯鄲、邢台地区の三六一カ村と一五の行政機関、学校、鉱業分野に及び、共産党や基層組織に一〇〇余名も入り込んでいた。石炭鉱業の共産党書記の趙某を信徒にすると、彼の妻を「正宮」、娘を「玉柱」に封じた。この趙家を拠点にして、数年の準備をした後、孔が皇帝を称し、主要な幹部を「軍師、宰相、領兵元帥、運糧官」等に封じた。七六年四月に蜂起し、邯鄲を都に定め、ここで実際に皇帝に即位する計画であったが、三月、計画は発覚し、孔は死刑に処せられた。（同上）

■莒県の還郷道の大道主王安庭（邯鄲市郊北の人）の父は、道主で悪覇地主でもあり、一九四七年の土地革命の時、処刑された。父の死後、王は陝西省西安市や河北省武安県の山地に隠れ機会を窺っていた。六〇年代以後、復活活動を行い、自分は神から遣わされた者であると宣伝し、永年県、邯鄲市、山西省交界地帯で信徒を拡大し、商売をしながら村々を廻り、一〇〇余カ所の隠れ家をつくった。一九四七年から八三年の間に、河北・山西両省の九県・区の三六郷鎮四カ村と四つの鉱山企業に信徒千余名を獲得したが、八三年に、発覚して逮捕された。彼は、治病、焼香などをする傍ら、信者の財産を奪い、女性を犯していた。（同上）

以上の資料は、総て、『河北省・公安志』（頁三二から頁四三）による。以下は『県志』の記録の引用。

■一九五四年、長子会の会主舒紹端（地主分子、西望馬台の人）は、自ら「天国王」と称し、自分の家を「神の家」と称し、信者を「聖母、娘娘、首相、検察官」等に封じ、暴動を計画した。五五年、公安局は、この組織を摘発し、会主が実に四〇余人もの女性を犯していたことなどを暴露し、無期徒刑に処した。（『河北省豊南県志』・公安司法）

山東省　『山東省志「公安志・取締反動会道門」』及び山東省各県志の記録

■一九四九年四月一四日、国民党中統特務の高付春は、中央無極聖道を中核として、心平道、快道、復華会等に参加している、曹県、復程、成武、定陶の四県が接する四〇〇余村の一五〇〇余人を以て暴動を起こした。彼らは政府の機関を包囲し、倉庫を抑えて「共産党を転覆し、朝を改め帝を換えん」と呼びかけた。復程県の県長は人々を多く殺すことを恐れ、公安局に殺さずに解散させるよう求めたので、公安部隊は空砲を撃ち続けた。ところが、道徒は、自分たちは本当に「刀槍不入」（刀も銃も寄せ付けない身体）であり、不死身であると信じ、ますます勢いづき、県の公安局長、区長等の幹部や民衆二〇余人を殺した。そこで各県は公安部隊と軍を派遣して、暴徒五八人を死傷させ、三〇〇余人を逮捕し、頭目五人を処刑し鎮圧した。（『山東省志』公安志・取締反動会道門）

■一九五〇年四月一九日、済南市人民政府は、反動会道門を取締る布告を出した。そして、逮捕一二名、道主の登録一〇八名、会道門からの脱退者五六〇〇名という成果を上げた。摘発の中で、皇帝に即位しようとして用意していた「龍袍（皇帝のガウン）、王冠」と凶器類二七七二件の罪証を収めた。……一九五四年から八四年の三〇年余の間に、山東全省の公安機関は、反動会道門事件二五〇三件を暴き、皇帝になろうと妄想した会道門の頭目二一七人を摘発した。また、彼らが起こした暴動一四件を鎮圧した。（同上）

■莒県南県西芦林村の九宮道の「大盤主」趙得吉は、一九五一年有期徒刑五年に処せられた。その後、彼は一九五五年初めに医療活動を始め、一方で組織の復活をたくらみ、自ら「活仏」と称し、五五年五月二日の晩に「文武の大臣」を封じ、自分の伯母と妻の親戚の娘を「娘娘」（皇后）に封じた。そして、七カ村の信徒に鎌や包丁を持たせて、五月四日に暴動を起こそうとしたが、準備中に発見され民兵に包囲された。彼らは三回突撃したが趙らは負傷して降伏した。（同上）

■曹県鄭庄郷王草楼村の黄沙会の道主王存興は正業がなかったので、同村の老道主の跡目を継ぎ布教に熱心になった。仏堂を多く建て、霊魂を呼んで占いをした。彼は、自ら「朝廷」（皇帝）と称し、妻を「正宮娘娘」に、また五人の女性を「東宮娘娘、西宮娘娘」に封じた。更にまた幹部を「二一（二番目の）朝廷、領兵元帥、軍師、定国公、先公官」等封じた。彼は「共産党を転覆し、天下を奪って皇帝になり、都を北京に定める」等と宣言し、中核分子を率いて陝西省の秦嶺に行き、「神が乗り移って話をする」のだと云い、また「黄巣は義挙をなし、和尚を殺して刀を祭り、朝を改め代を換えた」などと宣伝した。彼は一九八〇年に蜂起を命じたが公安に包囲され、四人の中核幹部が殺され失敗した。（同上）

■一九六〇年、滕県の鮑溝公社の郝塞に一貫道の復活事件が発生した。道主の郝玉秀は七、八カ村に道徒を獲得し、「共産党を転覆して、朝代を換え皇帝になる」ことを計画したが、発覚して一七人が逮捕された。しかし、同年一二月、東郭公社に属す后村の一貫道道主の魏希奇は大いに復活運動をやり、信者を増やした。彼は暴動を起こして、東郭を「中京」と定め、「娘娘、皇太子」を封じ、自分は皇帝になろうとした。公安は事件を摘発し、魏を処刑した。（山東省『滕県志』「社会治安」）

安徽省

安徽省の会道門関係の記録は、『安徽省志・公安志』第三節「取締反動会道門」（頁一八七〜二一二）に詳細な記録がある。これに依れば、安徽省の主要な会道門は、一貫道、同善社、先天道、天門道、一心天道龍華聖教会、紅学、白蓮教、五仙堂である。安徽省志の記載に依って、上記の主要な会道門を紹介する。

［一貫道］――これは又の名を、中華道徳慈善会といい、清末光緒年間の「東震堂」を起源にする。路一中が道主になった時、彼は『論語』の中の、「吾が道、一以て之を貫く」の語にあやかって一貫道と改名した。日中戦争の時、一貫道は日本軍に投じて漢奸となったが、日本降伏の後、中華道徳慈善会と改名した。一貫道は、安徽省に一九二六年に伝来した。この年、山東の済寧の道主が滁県に来て、道徒は八〇〇余人になり、以後一九四〇年の終りまでに一四万人弱の道徒を獲得した。一貫道の宣伝の仕方は「現在は三期末劫の時であり、将来赤い雨が降り、黒風が吹き、四九日間真っ暗となる。およそ一貫道に入らない者は皆死ぬ」、「一貫道は将来天下を治める。吾が道に入る者は災難を逃れ、凶を吉に転じることができ、清洪の両福を享受し、生まれ変わることができる。一貫道が天下を取ると、その功によって報いる。道長は省長に当たり、点伝師は県長に当たり、壇主は区長に当たり、道徒はよく皇糧を食べることができる」、「吾が道に入る者は、病は癒え、たくさんの貴子を産み、刀も槍にも傷つかず、飛行機の爆弾にも当たらない」等と宣伝した。

［同善社］――これは清末、四川省永川県の人彭克尊が創始。彼はもと先天道の道徒であったが、「孔孟の教えを宣揚し、坐して気功を練る」と宣伝し同善社を創始した。彼は出家後も戒律を守り教義を唱える必要はないと宣伝し、

全国に人を派遣して組織を強大にした。道徒は一六階級に分け、その頂点に「無極」、即ち尊師である彭が立った。同善社は、特別に「武壇」という武装組織を作った。一九一六年に、浙江省の張鉞が浙江省から安徽省に来て、候補知県となり、彼が全省に同善社を広めた。一九二〇年から四二年までが、同善社の全盛時代で、全省六七県の内の四三県、それに蕪湖、蚌埠、合肥、安慶の四市にまで支部が増えた。一九四〇年代の初め、柴国賓が創始した大刀会という武装組織を傘下に収めた。こうして、同善社は反動会道門となり、建国初期に取締りの対象となった。

[先天道]――これは又の名を先天教、先天門、先天玄関大道、儒教、瑶池門ともいう。漢の武帝の時に創始。以後全国に広まる。元代に幾つかに分裂し、抗争した歴史もある。統一した堂号はない。先天道は、民国初年に安徽省に流入した。先天道は全国を一〇区に分け、安徽省と江蘇省は一つの区とされた。この区には一〇人の首領が置かれ、「十地」と称された。解放後、政府の弾圧を逃れるために、組織も名称も多種多様に変えた。

[天門道]――これは又の名を神師道、全家道といい、解放後、秘密活動に入ったので、関門道とも言う。一九三七年、渦陽県の閻集郷劉家庄の劉金蘭が創始した。彼は、元は黄学道主であったが、喉に長い毛が生え、体に斑点があったので、これは龍の鬚であり、龍の鱗であるとし、自分は「九星女の下凡であり、明朝の後裔でもあり、皇帝の身分である」等とデタラメを言い、一九五一年、国号を「尚明」とし、「尚師皇帝」を名乗った。組織は大いに発展し、解放初期には、阜陽、蚌埠、六安の三つの専区を置いた。道徒は蚌埠市だけでも数十万人に及んだ。組織は封建王朝と同じで、中央官庁が六つ、官職には「軍師、軍機大臣、太師、元帥」等が有った。

[一心天道龍華聖教会]――これには一一種ほどの別名が有る。一九二五年に安徽省に伝わった。三〇年に亳県、鳳陽に道場ができ、四〇年に亳県の国民党書記が理事になってから、一〇県ほどに広まった。この会は、天津に総本部があり、省・市に分会があった。また、皇帝以下、六大宰相、八大部、一二朝臣、一八羅漢、四二宿、八二代祖、

九六賢の官職があり、それらに任ぜられた人々がいた。

[紅学]――これは一八八九年、まず安徽省渦陽県に伝わり、安徽省の西北部一帯に広まった。一九二一年、別の一派が山東省から本省の臨泉に入った。以後、紅学は阜陽専区の亳県、渦陽、蒙城一帯に大いに発展した。軍閥混戦、土匪蜂起の時代に、紅学は「ここに入れば三劫八難を避け、家内安全を保つことができる」と宣伝し、一九五〇年、安徽省北部が水害になった時、紅学は「共産党が保存している糧食は民衆には食べさせない。民衆を餓死させようとしているのだ。ただ、紅学に入った者だけが災難を免れえる」、「ここで武を学べば戦うことができ、文を学べば刀槍子弾を防ぐことができ、最後には仏様となり仙人になることができる。死後、地獄に行かなくてすみ、崑崙山に行って老君に会い、栄耀栄華を極めることができる」等々と、大いに宣伝した。多くの民衆が騙されて入教した。

[白蓮教]――これは平正道、南方離卦道、太意門とも称し、九宮道の一種である。清末、山東省単県の李某が安徽省渦陽県に伝え、一〇人ほどになった。一九二二年、臨泉県小李村のある女性が「老天爺の一女児が臨凡して、人を救う」と言って、ここに白蓮教を開いてから、阜陽などの地に広がった。性別、職業に関係なく多くの人々を入教させた。その教えは、その他の会道門と同じく、「三期末劫の時が来て、人は大半死す。白蓮教に入った者は、災難を避けることができる」、「白蓮教に入れば、刀槍も入らず、神になり仙人になれる」等というものであった。建国後、太和、阜陽、潁上、鳳台、渦陽等の一帯に盛になった。

[五仙堂]――これは解放後六〇〇人ほどの信者しかいなかったので省略する。

安徽省では、一九四九年から五三年にかけて、三段階の鎮圧反革命運動を行い、皇帝、祖師、軍師、元帥を含む、大小の道主四三九五人を逮捕し、一般道主七万五七一四人を登録し、一般信徒六〇万二〇六〇人を脱退させた。

次に、これら会道門が安徽省で起こした共産政権に反対する暴動を、『安徽省志・公安篇』「第三編、社会治安（下）第三節「取締反動会道門（頁一八七～二〇三）」の記録に依って紹介する。

■一九四九年四月二九日（旧暦四月二日）、蒙城県の天門道は会議を開いた。教祖劉金蘭は、「（旧暦）四月八日は、天の門が開く日であり、七あれば必ず八あり、八あれば必ず天下あり」と言い、五月五日（旧暦四月八日）に県城を攻撃することを決めた。五日の夜明け、二人の道主に率いられた信者千余人は、蒙城県の県城に攻め入り、県政府と公安局を攻撃した。県政府と公安機関は、すぐ反撃して暴徒を撃退した。五月八日、道主の李は信者千余人を率いて、県の警衛営を襲い、軽機関銃八挺、迫撃砲二門等の武器を奪った。五月一三日、県の武装公安と省の軍隊は、千余の暴徒を包囲攻撃し、四三三人を撃殺して鎮圧した。

■安慶市の五仙堂は一九五〇年に取締りを受けたが、五二年に残り火が再燃した。治病と称して組織を拡大し、中心人物の昝秀英は自ら「皇帝」を称した。六月、昝は一〇余人を率いて新河郷で包丁、鋤、棍棒等を持って暴動を起こし、公安部隊と衝突した。公安部隊は、昝などを銃撃して殺し、他は捕らえた。

■亳県の白門はかなりの勢力があったが、土地革命、鎮圧反革命運動の中で、頭目二二人が処刑され衰えた。しかし、頭目の魯守正等は勢力を盛り返し、一九五二年末には信者は七〇余人となった。白門は暴動の準備を始め、軍資金一九五万元を調達し、豚や牛を殺して大いに飲んだり食べたりした。五三年一月に五日間の秘密集会を開き、刀、矛、槌等を用意して、暴動の準備をした。そして、「会門はきっと請け合う。亳州を打ち下して台湾に登り、台湾を助け、また朝鮮を打つ、と。一人は残って北京に坐らねばならない。」等と言った。五月二六日、魯、徐、任等の幹部は、一〇余村の信者一七〇余名を糾合して、顔集区人民政府を占領し、県の公安局の副局長、区公安員、民兵等一四人を殺した。そこで、解放軍が出動して道主以下八〇人を撃ち殺し、七六人を捕らえた。

■一九五二年、阜南県の黄学の頭目駱之賛は、白蓮教の頭目楊清辰、黒学の頭目李生財、紅学の頭目蕭玉和等の黄学、黒学、白蓮教、坎門、中央道等の残党組織を併合して、「紅白党」を創建し、「仏立国」なるものを樹立した。五月、組織を拡大し、駱之賛が「皇帝」に即位し、幹部を東西南北の四帥に封じ、また正・副司令官、営長、連長等に任じた。そして、その勢力は、地主・富農分子、土匪、除名された幹部、落後分子、民兵、農会会員等も加え、三〇〇余人に発展し、本省の阜南、渦陽、霍邱、それに河南省淮濱県等の地で活動した。公安は、暴動計画を事前に察知して摘発し、銅印一枚、短銃二挺、弾丸三発、手りゅう弾等を押収した。その後、また残党を追及して道主五人を処刑し、一一人を有期徒刑に処した。

■一九五四年、法から漏れ隠れていた泗県の関門道の道主楊樹華、趙守仁は、同じく隠れていた特務の陳金権と共に、「中華民族討逆救国軍」なるものを組織し、「中華国」を国号とし、政治方針を定め、「世界民族に告げる書」を起草した。また軍事機構を作り、「軍旗、軍歌」を作り、幹部には官位、爵位を与えた。彼らは、本県の七つの区にまたがる二三の郷・鎮と江蘇省の睢県にかけて活動した。

■安慶専区の一貫道は密かに勢力を回復しつつあった。大道主の高克明は西安から安徽省に来て、逃亡中の道主に活動を命じた。男女の道主が仮の家庭を作り、そこを中心に信者を増やした。「慎重発展、逐歩強化」を方針にして、組織を大幅に変え、単線指導を強調し、集会は三人を越えず、大道主は軽々しく下級の道主に会わない、自分の名前を軽々しく他人に言わない、等々の規律を定めた。「知るものは言わず、知らざるものは問わず」と強調した。信者を個別に吸収し、都市に指揮拠点を置き、僻地農村、政府の取締りが薄い地域、災害が厳重な地域を活動拠点とした。最高道主の高克明は、西安、九江、安慶に隠れた拠点を持っていた。配下の道主たちは仮名、暗号、代号を用い、各種の服装をそろえて様々な姿に変えて活動した。しかし、公安に摘発されて終った。

■一九五七年九月、多くの道主達は、時機到来と考え、復活した会道門は二八種に及んだ。五八年、彼らによる事件は、五七年の一一五件から六六八件に増加した。彼らは、「閏七不閏八、閏八動刀殺」などとデマをとばした。

■太和県の業摚郷の天門道道主は、たびたび信徒一〇〇余人を集めて人民政府を呪い、罵った。宿県の同善社の道主は、信者や民衆一〇〇余人を集め、蜂起を扇動した。そして、「将に一〇万の人馬が集まり、二〇〇〇の刀会が蜂起す」と扇動した。亳県張集区の乾元堂の女点伝師は、自分の孫を「皇帝」に立て、自分は「太后」、夫は「引路侯」であると言った。

■寿県の衆光、迎河一帯に広がった三仏道は、一九五〇年に公安から取締りを受けたが、寛大に扱われた。しかし、五五年から五七年の間に、密かに何度も集会を開き、「三仏道国」を建て、「反共保全」、「打共救民」を行うために、区政府、波止場、銀行等を襲う計画を立てた。民警が察知して逮捕に行ったが、抵抗したので七人を殺し二〇余人を逮捕した。

■一九五八年、霊璧県の関門道が牢破りの騒乱事件を起こした。道主の呉万昌等は、泗県、宿県、霊璧の各道主に連絡し、一〇月二一日の重陽の節句に暴動を起こし、三つの郷人民政府を襲撃する計画を立てた。この年の春、すでに公安機関は点伝師三人を逮捕していた。七月二二日残党一五人は、牢を破ってこの三人を救出しようとし、刀、矛、斧、叉等を持って看守所を襲った。「忠孝」と書いた黄色の袖章を付け、「天に替って、道を行う」、「之を信ずれば則ち生じ、信じざれば則ち亡ぶ」と書いてある黄旗一面を掲げていた。彼らは看守所の民警一人を殺したが、民警は反撃して、一二人を撃ち殺し二人を捕らえた。一人は自殺した。

■一九五五年七月、天門道の逃亡中の道主于洪彬は、陝西省から密かに帰り、蒙城県の板橋一帯で復活活動を行った。彼は自ら「帝王」を名乗り、妖言邪説を以て信者を拡大し、彼らを中央、省、地区、県の各級幹部に任命した。また、于は、自分を「主席」と言い、信者を「司令、軍長、行政院長、考察院長、立法院長、民政庁長、財政部長、省政委、県長」等の職に任じた。そして信者には蜂起の際に使用するようにと、各人に小白棍、扇子、籠の三つを「法宝」として支給した。五七年から五八年にかけて、四回も暴動が計画されたが、どれも実行に至らなかった。五八年四月二八日、県の公安機関が九〇人全員を逮捕した。

■「韓朝太陽」暴動事件が起こった。主犯の韓必賢は、舒城県柏林郷の人で、富農であった。一九五九年初め、彼は病気になり、巫女を訪ねた。その時、「私は、将来皇帝になることができるだろうか」と問うと、巫女は「お前には福気がある。これは天上の二公子が下凡することを意味している。将来、お前は皇帝になるだろう」と答えた。彼は神憑りとなり、自分は皇帝になるのだと信じ、言いふらした。ある会道門の一道主は「天子が韓家に生まれた」と大いに煽りたてた。何人かの人が、彼の元に集まり、「将に大災難が来ようとしている。過去に、黄巣は八〇〇万の人を殺したことがある。……韓皇帝と共にする者だけが、血の災難を免れることができる」とデマをとばした。しばらくして、徒党は四六人になった。彼らは何回も秘密に会合し、「元帥、大臣、皇帝の娘婿、予備皇帝、皇后」などを決めた。しかし、軍師だけは、適任者がなかった。

五九年二月、肥城県の程千雲は、「軍師」の地位を得ようとし、夜間ある家からロバと馬を各一頭盗み、「宝馬を得た、将来朝廷を助けん」、「目を閉じても、日月星辰を見ることができる」、「師の青峰道士が後押ししてくれる。山には六〇万の人馬がおり、加勢してくれる」、「韓必賢が皇帝に即位するのを助ける」などと韓必賢に言ったので、韓はすぐ程を軍師に任じた。この二人は頻繁に接触して人馬の増強と暴動計画を練った。三月三一日、合作社の主任と県公安局の幹部が、程家を馬泥棒の件で訪ねたところ、程親子は天秤棒、大刀、槌などで襲いかかり、一人を殺し、二人に傷を負わせた。程親子は、その夜何人かの人と舒城県の韓の所に行った。四月一日、韓と程は徒党一〇余人と「韓朝太陽」と書いた旗を立て、武器を持って暴動を起こし、肥西県に向かった。彼らは各地の書記や民警を襲ったり、武器を奪ったりしながら走りまわり、人数は三〇余人に膨れ上がった。しかし、省公安庁が派遣してきた公安部隊が駆けつけ、暴徒を包囲し武器を捨てよと命じたが、暴徒は旗を振るって突進してきた。公安部隊は銃撃して四人を死傷させた。残りは山に逃げたが暴徒一九人を全員逮捕した。残りの徒党も一〇人が自首し、程千雲は自殺した。この事件は、六安地区中級人民法院で裁かれ、韓必賢、程千宣等一四人は死刑に処せられた。

以下は、新編中国地方志叢書の『安徽省各県志』の記録。

『定遠県志』「公安司法」の項

（1）一九四四年から四九年の間に、関門道が宿県、嘉山県等の地方から定遠県に伝わった。関門道は、「わが道に入る者は死後、神に成ることができる。病に罹らず、刀や槍にも傷つかない。夜間の道に迷わず、大災難も避けられる」、また「三従四徳、三綱五常」等の封建道徳を説いた。入道する者は頭を床につけて、「上は父母に伝えず、下は妻子に伝えず」と誓った。そして、共産党、人民政府に対する不満の言辞をばら撒いた。五七年、五八年に取締りを行った。

（2）天門道は鳳台県のお尋ね者の王成善、薛正明等が定遠県に伝えた反動会道門である。一九五四年、道主王成善は自ら「皇帝」と称し、「十殿閻君」の神の世が来た、この道に入る者は災いを免れる、と言った。天門道の目的は組織暴動であったので、五五年摘発した。

（3）「天光天朝」反革命事件が七八年五月に起こり、七九年五月に摘発した。この組織は、山東、江蘇、安徽三省の一〇数個の地区、市、県に及んでいた。彼らは計画的、組織的に反革命活動を行っていた。しかし、幹部の間で抗争が発生し、一部の幹部が自首してきたので発覚した。七九年五月四日、張飛龍（皇帝、光太祖、真龍天子を自称）、その弟張飛虎（元帥を自称）、父張則成、母張田氏（観音老母）、姉（張可雲）、姐父沈自才（将軍）、妹張彦平・劉殿忠（将軍）、黒広彬（将軍）、黒躍（衛士、将軍級）等を逮捕した。この組織の中核幹部は、一〇六人いた。

『潁上県志』「法政、社会治安」

該県の反動会道門の歴史は古く、種類は多く、分布も広範囲であった。聖賢道、三仏門、先天道、小二姐道、白蓮教等二〇余種で、道主二五〇〇余人、一般信徒九万余人もあった。一九四八年末から四九年初めにかけて、白蓮教主の劉金蘭と潘従軍は、何回も渦陽県から潁上県に来て、ここの白蓮教徒と結んで組織を発展させ、武装暴動の計画を定めた。劉金蘭は、自ら真龍天子を称し、玉座に登ろうとした。陳洪瑞以下の道徒に「四大朝臣、八大朝将」等の官職と爵位を与え、彼らに資金を集めて蜂起の準備をさせた。一九四九年四月までに、一四八の行政村に広がり、信徒は七八〇〇戸、三万五〇〇〇人に達した。一九四九年五月八日、陳洪瑞等は暴徒一〇〇〇余人を集めて、江口区・鎮の人民政府を包囲した。彼らは県委副書記や鎮長を殺したが、一時間にわたる戦闘で二〇余人が撃ち殺された。これに他の白蓮教徒も呼応して蜂起したが撃退され、蜂起は鎮圧された。五〇年初めに、暴動を指揮した中核幹部も逮捕、処刑されて事件は終った。

『阜陽地区志』「公安」第一節

（1）一九四九年五月五日、天門道の大道主劉金蘭は、五千余の道徒を率いて、蒙城県で暴動を起こした。地区の共産軍は、一三日までに道匪七三五人を撃ち殺し、一五五二人を捕らえた。劉金蘭は逃亡したが、五二年に捕らえられて処刑された。

（2）一九五七年、阜陽地区全体で二七種の反動会道門を発見、摘発した。その中で、三一人の皇帝と一群の皇后を発見した。また五八年の全面的取締りに拠って二〇三名の道主（その中に、皇帝一四人、皇后一六人がいた）、二六六三人の道衆を登記した。

福建省

『柘栄県志』「公安司法・取締反動会道門」

反革命組織「仏游教」は、一九六七年三月中旬に、無産階級専制の転覆を計画した。教主の呉開元は皇帝を自称し、福建省の柘栄県、福鼎県、霞浦県、福安県、それから浙江省の平陽県の五県一一公社二三大隊にかけて教徒四一名を獲得した。六九年に摘発し、「朱日星宝号」の印等を罪証として押収した。

『福清市志』「公安司法・取締反動会道門」

一九四九年、福建解放前夜、県の大刀会の最高幹部たちは、台湾、香港に逃亡し、アメリカや蔣介石の特務と会談の後、密かに福清に帰り、五一年二月七日（旧暦除夜）に蜂起を計画したが、公安に発覚して摘発された。五三年、再び反動会道門の取締り運動を展開し、道主二四人を逮捕した。自首した道徒一七三人、脱退を声明した者は二一三四人にのぼった。

この時、大刀会の頭目郭其斉は罪を恐れて逃亡したが、後に密かに帰って、壁の薄い暗室に一三年間も隠れながら、五グループ一〇七人の会員を獲得した。郭は自ら「真命天子」を名乗り、母を「国母」、妻を「娘娘（皇后）」とし、「五府、六部」等の組織を作った。毎年定期的に壇を設けて武術訓練を行い、大いに気勢を挙げた。六二年、台湾が大陸反攻を叫ぶと、時節到来と思い、幹部を殺して人民政権を転覆しようと画策した。公安が六五年の「四清運動」の際に摘発し、頭目の郭其斉、郭永太、郭祥忠の三人を死刑に処した。

『邵武県志』「公安司法・取締反動会道門」

邵武県の同善社は、一九二一年に商人五人が代表となって、江西省の同善社から師を招いて本県に導入した。二七年には社員は二〇六人となり、家や土地を買い、付近の三つの郷に発展した。「共産党に反対し、国民党を転覆し、皇帝になって天下に坐し、人民を統治する」を宗旨とした。そこで、国民党が弾圧したが活動は続いた。五〇年二月、同善社は「神州保民救国軍」を結成して、積極的に反共活動を行った。

『上杭県志』「公安司法・鎮圧反革命」

一九二四年、同善社と一貫道は合併し、道徒は九七二人になった。五〇年、国民党特務の働きかけで、「神州保国救国軍上杭軍」を結成したので、同年夏、共産政権の取締りを受けた。五三年末、道主三五人を逮捕。二一二一人が脱退声明を出したが、五五年から六二年の間に活動が再燃した。

湖北省

『天門県志』「公安・取締反動会道門」

同善社は、「儒仏道」の三教が合体した一種の会道門組織であり、「孔孟之道」を掲げて発展した。一九二四年、同善社の湖北省社が董大鶴を派遣して天門県に伝え、「柴門」という組織を創った。同善社は封建迷信を宣伝すると共に、「真命天子が同善社に誕生する」等とデマを飛ばし、五三年に県人民政府から取締りを受けた。

『潜江県志』「公安・取締反動会道門」

清静門は、一九〇〇年龍湾の人張明金が始め、一九〇四年に正式に成立した。江陵、潜江、沔陽、監利等の県に広がった。潜江県の会主漆承挙は、一九五二年から五三年の間に、「三期末劫の時が既に来た。大災難が襲いかかり、七日七夜の間、黒風が起こり、昼夜を分かたず、人々は不安におののく。清静門に入る者は免れることができる」、「天将天兵が下凡して、清静門が主の玉座に就かれるのを助ければ、天下は初めて太平となる」等と宣伝、扇動した。信徒は一九郷にわたって四〇〇余人に発展し、五四年五月一五日に暴動を画策し、五八年に取締りを受けた。この時、信徒は一〇六人であった。

『天門県志』「公安・取締反動会道門」

茶会、別名は龍華会、三元堂、恁心堂、保皇党等といった。一九二三年に、本県に伝わる。平常組織と武装組織の二つの組織があった。二九年、会衆は一〇〇〇余人、共産党員や農民活動家を襲撃し、二八人を殺した。四六年には、会衆七〇〇〇人に発展した。茶会は本県創設時から解放前夜にかけて、紅軍兵士、その家族など三〇〇余人を殺した。一貫道（別名は中華道徳慈善会）、一中道、天道等は、一九四三年に本県に伝わり、一〇〇〇余人に発展した。これらは国民党、日本軍に利用され、建国後は共産党に反対した。同善社は、一九二四年に本県に伝わり、三〇〇〇余人に発展した。共産党に反対して「真命天子が同善社に生まれた」等と宣伝し、五三年に摘発された。

河南省

『羅山県志』「政治・重大案件」

一九五五年、反動会道門「午武堂事件」が起こった。壇主は女性で、二人の伝導師が中心になって設立し、堂徒は三〇余人に達した。壇主は「真龍天子、武主人が出現した」、自分は「武主人の最初の妻で、正宮娘娘（皇后）である」等といい、部下を「并肩王、領兵大元帥、国舅、先行官、査事官」等に封じ、新王朝を建て、「武王親欽」なる印と「皇冠、黄旗」を作った。

江蘇省

『徐州市志』「公安・取締反動会道門」

一九五一年から五三年にかけて、全市で各種反動会道門の道主・中核分子一六二八人に打撃を与え、その結果二万余の道徒が脱退した。しかし、五四年から八五年にかけて摘発された反動会道門の復活事件は一〇〇余件もあった。そこで道主、幹部四五八名を捕らえた。その中には、二一人の皇帝、二九人の皇后及び総理、宰相、領兵、巡按、帥主、元帥などの官職を持っている者が四〇余名いた。

『沙州県志』「治安・取締反動会道門」

一貫道の組織は、全国に「尊師、師母」があり、省に「道長」あり、県に「点伝師」あり、その下に「壇主」があった。一九四四年に本県に伝わり、解放前夜には道徒が一六〇〇余人になった。解放後、反共宣伝をやり、世界大戦が始まる等と言って、人民政権を敵視した。五三年摘発し一掃した。堂善社は、一九二五年に本県に伝わった。上層部は軍閥、官僚、地主であった。社内は、文と武の二つの組織に分かれ、「文は坐功念経をし、武は黄旗会、紅槍会、五色聖会などを掌握した」。解放後、「道に入る者はよく平安を保持することができる」、「堂善社内に、皇帝が出現した。五大洋が中原を騒がす」等というような反動宣伝をした。五〇年に取締り、五三年に活動停止となった。

浙江省

『上虞県志』「司法・鎮圧反革命」

一貫道は一九四二年に上海から本県に伝わり、三三年に地主や鎮長と結んでから、勢力が増大した。解放前夜には、全県に壇堂五七カ所を設け、道徒は約一万五三〇〇人に達した。五二年、本県の一貫道主は、上海の宝光総壇の命令によって、「白陽将に到らんとし、紅陽（共産党）将に滅びんとす」と宣伝した。

一九四五年から四九年の間に、九宮道の三集団が本県に入り、解放前後に共産党に反対した。五一年には、「木柱娘娘」なる組織を作り、「皇を封じ、将を定めて、天を変ずる」等と宣伝した。五二年、紹興で起こった反革命暴動に参加した。

雲南省

『石屏県志』「公安・取締一貫道」

本県の一貫道は、一貫道師母派の道主の石懐芝、昆明総壇の前老人の張錦昌、占い師の王淑慧、雲南省南部一三県の前老人の莫海秀、元「天命」の壇徒を率いていた前老人の趙徳修らが、石屏県人と手を結んで起こした。一九四九年に、一六〇の壇があり、総壇主以上の幹部は九八人、道徒は一〇五九人であった。五〇年から五一年にかけて、「天命天人」の李某らが反乱を計画したが露見し、幹部は死刑になった。そこで、昆明の総壇と雲南部総壇は二人の女性を本県に送り込み、「師母聖諭」を伝え組織を強化した。そこで、公安は五二年末から五三年初めにかけて大弾圧を行い、「天命壇訓」・「応変計画」を押収した。五五、五六年頃、再び昆明総壇の道主が本県に潜入し、六一年まで活動し組織を再建した。八一年七月から八三年九月にかけて、昆明の総壇、蒙自の総壇の点伝師が、本県に潜入して活動し、組織復活を謀り、「天命札本、天賜救劫経」等の経典を伝授した。しかし、発覚して失敗した。

遼寧省

『法庫県志』「第五六章帮会・道門」

皇天道は、また三元道とも云い、一九二二年に本県に伝わった。大蛇山子村の年文忠は、これに加入して点伝師となり、道徒を六三人に増やした。一九五一年、道主の年宝行は自ら「皇上」と称し、劉斉氏を「正宮」となし、牟斉氏を「西宮」となし、村幹部を脅して廟宇を再建させ、大いに気炎をあげた。五二年、年宝行が逮捕されて終った。

儒門聖賢道は、山東省臨漳県の人関明山が創建した。一九二九年、法庫県の人薛国栄が本県に導入し、「この道に入る者は、よく災難を免れ、仙人となり仏になることができる」等と宣伝した。一九五三年に、取締りを受けたが活動は続き、六五年に史文祥、李景田等は、「仏国」を建てんことを謀った。六六年に摘発された。

『岫岩県志』「司法・取締反動会道門」

本県の最大の会道門は中天道で、道徒は三〇〇〇余人あり、五〇年代に取締りを受けた。しかし、一九六〇年代の初め復活し、「兵を招き馬を買い、武術の鍛錬を行い、（道徒を）官に封じ委員となし、暴動を起こし、帝を称し王を称し、玉座に就き、人民政府を転覆する」活動を密かに行っていたが摘発された。

陝西省

『紫陽県志』巻一六「司法・取締反動会道門」

本県の一貫道は、一九四四年に、安康県の一貫道主の李乾升が来て伝えた。後に発展し、「綏遠支」に属した。一九四八年、全県に広がり、県城を中心に一部の地域で人口の一割を占め、道徒は九三七人になった。そして、「天の時すでに到る。大劫は目前にして、今は三期末劫なり。北風が吹き、四九日の暗闇が来て、真龍天子が玉座に登る」等とデマを飛ばした。五三年に摘発された。

内蒙古自治区

『突泉県志』「司法・反動会道門」

一九四七年一二月、九龍区の反動的会道門「海中門」の道主戴仙舟は教徒を扇動して、「星星を摘み、日月を換え、天下を掌握する」等と云って、公然と土地革命に反対した。戴仙舟は摘発され、処刑された。

江西省

『江西省志・検察公安志篇』

一九五六年三月、反動会道門の先天道を摘発した。以前、道主の楊振洪は一九四九年一〇月、信者に「中国に魔王が来て、大乱が起こる。将に一〇の劫難が来ようとしている。我が道に入るものだけが避けられる」、また、土地改革の時に「以前、私は毛主席の元で、長く殺し屋をやっており、多くの人を殺した」等と言い、五四年には「毛主席は孫悟空が下凡したもの、朱徳は猪八戒が下凡したものである」等と言って、共産党を誹謗、攻撃した。

この項の分析

以上が、『中華人民共和国・新編地方志叢書』の「省志、市志、県志」によって見た、いわゆる「反動会道門」なるものによる政治運動の一部である。「会道門」は、主に一九四〇年代の末から、六〇、七〇年にかけての社会主義建設の時代に、共産党と社会主義に反対し、政府を転覆して、新天子となって、新王朝を開かんとした多くの道主や教祖を生んだ。社会主義中国の時代に、これほど多くの「真命天子、真龍天子」が全国各地に続出したということは、中国民衆の政治思想が、現代においても、如何に旧来の「天子・皇帝」観念に依って形成されているか、そして第二に、中国人の社会・結社関係が、如何に「官職・爵位」を中心にした権力・権威の体系に依って形成されているか、この二点を極めて明瞭に示している。しかも、この二つのベクトルの目指す地点は、「救世願望」と「富貴の実現」であった、ということができる。

長期にわたる中国の皇帝独裁の専制主義＝中央集権的家産官僚体制下にあっては、中国民衆のユートピアは「真命天子・真龍天子」の降臨と救済、その実現の場としての「新王朝の建国」という伝統的な革命幻想を中心に形成され、展開されることになった。中国王朝体制の転覆・打倒・革命は、真天子・新王朝によってのみ果たされる。こうした長い王朝時代に形成された民衆の政治観念は、中華人民共和国（新王朝）の樹立、共産党による政権の奪取をも可能にし、また逆に、その転覆・打倒・反革命をも正当化する政治文化であったと言わざるを得ない。

これまで長々と紹介した史料は、これまで私が閲覧した四〇〇巻ほどの、「県志、市志、省志」等に収録された「政治志の項」の「司法・公安の節」に出てきた記載である。これらの史料を、より詳しく分析すれば、次のようにまとめることが出来ると思う。中国社会主義権力に反対した会道門の運動は全般的に、

（1）「真命天子の下凡、新王朝の樹立、三期末劫の信仰、入道者得救（道に入る者は救われる）、刀槍不入（刀も槍も身体を殺傷できない、つまり不死身となる）」、「新皇帝による道徒への位階の授与、救済の約束」といったモチーフを共通に持っていること。

（2）これらのモチーフは、基本的には明清時代の白蓮教＝八卦教の系譜とその信仰形態を継承していること。

（3）これらの活動範囲は、河北、山東、安徽省等の華北方面が最も多いが、しかし一九二〇～三〇年代に全国的に広まっていること。

（4）組織の中核は、ごく少人数の血族や数人程度の中心幹部であること。
（5）組織は、初発から官僚機構、軍事機構を整備し、極めて権威主義的、ミニ専制的な階級的構造を取っていること。
（6）蜂起時の道徒、信者の規模は数十人から、二〇〇～三〇〇人程度の少人数であること。
（7）教主・道主たちの反乱への意思は強固であり、その努力は持続的、長期的であるが、各々の様式、形式は極めて古く迷信的色彩を帯びていること。
（8）時期的には、会道門の活動は共産党の支配地区が拡大してゆく一九四〇年代の後半から激増し、中華人民共和国建国初期にピークに達している。それに続く一九五〇年代、六〇年代、いわゆる最もドラスティックに社会主義運動が行われ、それ故に弾圧、処刑、集団化、大躍進、大量餓死、文化大革命等が集中して起こった時期、つまり毛沢東の階級闘争万能時代に最も多く発生していること。

等々を一般的な性格、盛り上がった時期として注目することができる。

さて、これまで見てきた事例は、私が見た限りの『中華人民共和国地方志叢書』（全体の六分の一ほどに当たる）の記載に限られており、更に全国的、全般的な会道門の動き、及び北京、上海、天津、重慶、ハルビン等の大都会の「反動的」会道門の状況を知る必要がある。そこで次に中国の最新研究の成果を紹介することにする。

2　大都市における「会道門」の反社会主義の活動
——邵雍著『中国会道門』（上海人民出版社、一九九七年出版）より——

この『中国会道門』に関する研究書は、清代から中華人民共和国に至る会道門の状況、各会道門の特徴と歴史、それらの時代の推移による変化、分化、展開を、これまで日本では見られなかった多くの資料に基づいて、簡潔に紹介している。この書に紹介されている、共産党と人民共和国の支配に反対した会道門の反乱や蜂起の事例は、これまで見てきた『新編中国地方志叢書』の会道門の状況とは又異なった側面、つまり大都会に於ける彼らの状況を示していて興味深い。以下の事例は総て、この書に紹介引用されているものである。末尾のカッコ内の数字は、この研究書の頁数を示す。

■一九四五年、河北地区の九宮道の道主李明信は、国民党から派遣されてハルビンに潜入し、反共地下軍を作った。四六年、彼は「四災八難を救うことができ、天上の無生老母と話すこともできる。自分は九宮道の仏」であり、人を救うことができる等と宣伝し、道徒は三〇〇〇人ほどにもなった。六月、彼は「大法師」を称し、「牛八（朱徳を指す）が兵を率いて東北に来て、多くの道徒を殺す、――八魔（八路軍を指す）乱を成し、世人は劫に会う」等と言って反共宣伝をした。八月、暴動を起こし、「活仏」である自分が玉座につくのだ、などと言ったが、直ちに公安機関によって鎮圧された。（頁四一九～四二〇）

■一九五〇年、河北の大土匪鄂友三の元部下は、張家口一帯で中央道を組織し、自ら「皇帝」を称し、国旗、国歌を定めて暴動を企てた。（頁四五三）

■一九五〇年、天津の世界新仏教会の頭目王紫泉は、自ら「中皇天」を称し、「万教帰一」を宣揚し、「八卦軍」による暴動を計画した。（頁四五三）

■一九五〇年、上海の会道門の頭目張雨霖は、「農衆自衛軍」を組織した。張は、上海解放後、各地の大刀会、小刀会、九宮道、同善社、一心天道龍華聖教会等を糾合した。道徒は四〇万人、兵は七軍団あると言い、五〇年の旧暦七月七日に全国で暴動を起こし、成功の後、霊山で皇帝に即位する計画であった。その影響下にあった一部が山東省の単県、河北省の易県・徐水県等で「農衆自衛軍」の暴動を起こした。（頁四五三）

■河北全省で、『懲治反革命条例』を公布してから、「皇帝」を自称し、武装暴動を計画した「化党大国」、「三路大元帥」等の九件の事件を摘発した。……北京市では、一九五一年二月一八日、一貫道、九宮道、正字道、明道会等の反動会道門の頭目三一人に死刑を宣告し、直ちに銃殺した。「鎮圧反革命運動」の全期間内に、一貫道、九宮道を壊滅させ、道主九四七名を逮捕し、これら組織の最高道主を処刑した。（頁四五五）

■一九五〇年、ウルムチ市が共産党の支配下に入った後、一貫道道主の方秩田は阜康に行って伝道し、七八人の信徒を獲得した。朝鮮戦争勃発後、道主は各地に伝道し、「第三次世界大戦、殺人原子爆弾の時期になると、中国はイギリス、アメリカが食べ、ロシアもかじり、天下は大乱する」等と言い、将来、老師祖が出て「皇帝」になれば、良くなり、一貫道の天下となる。そして又、「現在は仏魔の世界だ。五つの魔物が中華を騒がそうとしている。流星（五星紅旗を指す）は地獄に落ちる」等とデマを飛ばした。（頁四七三）

■一九四九年一二月、重慶が解放された後、西南一貫道の各支部は、人民政権の基礎がまだ固まらないのを利用して、「我々の道は、人民を解放する道だ」、「共産党と我が道の目的は同じであり、世界の大同なのだ」、しかし、「将来は弥勒仏が天下に御坐りになり」、共産党と民衆を奪い合うのだ、等と言った。一貫道は西安、重慶等の地に広まり、朝鮮戦争の時には、日本が中華を混乱に陥れ、アメリカが中華の主人になるのだ。また「第三次世界大戦はもう起こっているのだ。白陽末劫の終末の時が来たのだ。上海、南京は原爆が投下され、共産党は長くもたない」等とデマを飛ばした。（頁四七七）

■一九五〇年、アモイの一貫道主厳学礼は、福建の漳州、長汀、龍岩、連城等の地で、「世界大戦が起こり、災難が将に来ようとしている。共産党は長くはない、真龍天子が既に北京に御出ましになっている。皆は人民政府を認めてはならない」、「紅陽は過去のもの、つまり白陽の世界が来ているのだ、それは心地よい幸福の世界なのだ」等とデマを飛ばし続けた。——朝鮮戦争支援の時、厳学礼は、飛行機・大砲のための義捐金は共産党の搾取だとか、アメリカは張子の虎の中に真の虎がいる国だ、等といって毛沢東に反対した。（頁四八二）

■一九四九年一二月、九宮道の秘密機関「明記糧桟」は、北京市和平門外の前孫公園に居を移した。五〇年二月、道主の李懋五は、ここに年賀と称して道徒を集め、「来年は卯の年で、この卯の年に太陽が出る。我は太陽仏であり、日光菩薩である。太陽が出るということは、我が世に出るということだ」と言い、四年後の、馬の年には「万国来朝し、国号を大順と成し、年号を仏化元年となす」、「今、国民党と共産党が争っているが、第三次世界大戦が起こると両党ともに傷つく。そこに白陽仏が出て皇帝になり、直ぐに勝利する」、「将来、第三次世界大戦が起き、蒋介石も毛沢東も成功しない。ただ第三者が現れて、天下は始めて太平となる。龍の年に新主現る」等と言った。李は、青島の道主と共謀して暴動を計画したが、六月に発覚して数人の幹部と共に死刑に処せられた。（頁四八四〜四八五）

■一九五一年から五五年にかけて、公安は、山西省の五台、上海の松江、上海市上海県で、それぞれ九宮道を取締った。一九六三年、金致和が主となって九宮后天道を復活し、上海・杭州の道主と連携し、道徒を拡大した。金は自ら「玉帝」と称し、その子を「皇帝」と成し、また、道徒を「元帥、丞相、大臣、仏祖」等に封じた。しかし、公安局に探知、摘発された。（頁四八六）

■一九五〇年、河南省の聖賢道は、主に潢川県の東北部、息県の東部、それに光山県の北部に広まり、三千余人の道徒がいた。道主の趙玉龍、周明徳は、この年六月に暴動を計画して、「真龍天子が出現した。毛沢東も蒋介石もダメだ」、「聖賢道が天下に君臨するのだ」等と言った。そして、先ず潢川、息県、光山を攻め、次に開封を打ち、東

京を都とする作戦計画を立て、「早く参加した者は、早く官に封じる。都市に行って大金を儲けよう」と扇動した。（頁四八七）

■山東省蒼山県の聖賢道の道主は、「アメリカが、日本と蔣介石を率いて山東を攻め、共産党を追い出す。兵禍が去れば疫病が襲って、国は敗れ人の姿がなくなる」、「聖賢道は五〇〇年毎に明と暗が繰り返す、今は明の時期である。わが道内に、真龍天子が出現した。御年は将に一五歳である」等と宣伝した。道主の宋玉嶺は、自ら「来世皇帝」と称し、皇后、官女などを選定し、それらの女性九人を犯した。（頁四八八）

■一九四九年、山東省諸城県の五蓮聖賢道の道主李桂森は、自分は「皇帝」であり、「銅頭鉄羅漢」の転生である、等と宣伝した。彼は、五二年にかけて松柏、高澤等の二〇余村で秘密裏に二〇〇〇余人の道徒を組織した。彼は、この歳の三月五日、九宮道、中央道、それに悪覇地主等と連合し、紅頭軍という軍隊を編成して武装暴動を起こし、自らを「皇帝」となし、李殿奎を「協天大帝」とする計画を立てた。何回も謀議を重ね、四月一七日に蜂起し、区役所と県政府を攻撃し、しかる後に全国に兵を進め、長安に都を定めることとした。しかし、四月一五日に公安部隊、民兵と交戦状態となり、六人が撃殺され、七三人が逮捕された。李らは逮捕され、死刑に処せられた。（頁四八八）

■一九七八年から八二年にかけて、聖賢道は山東省鄆城県で道徒一三六三人を獲得した。斉河県の聖賢道の道主謝玉芳は、反革命分子の身分を解かれてから、公然と江蘇省邳県の老道主呂道民を「皇兒殿下」と為し、靳広佑等四人を「八府巡按」に封じ、その他「法官」八人、「号官」四人、「聖」（女幹部）四人を選定した。聖賢道の時代が来れば、皆大官になる等と宣伝し、江蘇省と山東省の交界の四県で新道徒一四三人を獲得し、六五人の老道主・老道徒を組織した。また、邳県の別の聖賢道主は、一一九九人の新道徒を獲得した。八五年、江蘇省豊県の聖賢道主の陸

炳剛が「皇帝」と称し、暴動を謀る事件が発覚した。（頁四八九）

■一九五〇年、上海の在理教によって作られた「順政国」の「皇帝」張順宝は、国民党の飛行機が上海を攻撃した時、教徒に「保皇起義」（皇帝を守って蜂起する）を扇動して、「上は父母に伝えず、下は妻子に伝えず。もし違反すれば、天は誅し地は滅ぼす。……永世牛馬となって、永劫に変わらず」と言った。彼は玉璽を作り、教徒を「大元帥、督導御師、御文書、藩台、総兵」等に任じ、解放軍の武器を奪い、太湖にゲリラ基地を設け、武装力が発展した後、南通、鎮江を基地として江蘇省、安徽省に拡大し、一〇〇万の人馬を糾合して武装反乱を行う計画を立てた。順政国は、半年間で一五〇余人に発展した。しかし、同年八月、公安部門は、彼らを一挙に摘発、逮捕し、五一年四月、張順宝等一八人を死刑、その他二六人をそれぞれ有期徒刑に処した。（頁四九〇、四九一）

■一九五〇年、山東省の一心天道龍華聖教会の教主石東林は、人民政府を転覆しようと考え、教徒に「世界大戦が起ころうとしている。十数個の国が中国に攻め込み、共産党も良くて一年しかもたない。万道帰一し、万衆帰一して、天下は我が教に帰す」、「真龍天子が玉座に就き、白陽世界を建てる。……紅陽はすでに落ち、白陽が天下を照らし……共産党は消滅する。真龍天子はすでに世に出て国を定む」等々と予言し扇動した。五〇年七月、満沢、済南、徳州などの地方の頭目と、国民党の軍長何建を済南に集めて暴動計画を立て、済南、満沢、曹県、商邱等の九宮道、無極道、中央道等の会員約三万人を集めて連合しようとした。しかし、教主を始め二〇人の幹部が公安によって一斉に逮捕されて失敗した。石東林は五一年済寧の人民法院で死刑の判決を受けた。（頁四九一、四九二）

■一九五三年八月、河北省遵化県の先天道の道主郭福順は、自ら「皇帝」を称し、道徒を「軍師、元帥、丞相、正宮、東宮、西宮」等に封じ、玉座に就いて朝廷を開こうとした。（頁四九三）

■建国直後の一九四九年一〇月、湖南省桃源県の同善社の頭目魏汝昌は、国民党の高官等と反共宣伝を行って、「第三次世界大戦が勃発しようとしている、今こそ弥勒様が降りてきて世を治めるのだ」、「天将天兵が国民党を助け、山河を守る」等と信徒を扇動し、一二月七日、県の第八区人民政府を襲い、一六人を殺し、多くの銃と弾丸を奪った。（頁四九七）

■江西省の同善社の羅会途は、各県の頭目を集め、一九五一年春に全省で武装大暴動を起こす準備をした。安徽省との交界地帯にあった「柴門」という組織を同善社に取り込み、武装組織とした。「柴門」は、「豆を撒いて兵と成し、草を刈って剣と為し、刀槍も入らず、（敵の）銃を指差せば玉が出ない」等々の法術があると宣伝していたが、この結社を江西省に引き入れて武装暴動を準備した。同善社は、この前後、南昌で「中華愛国軍」を、撫州で「中華救国軍」を、広豊で「中華保国軍」を、上饒で「反共救国軍」を、宜豊で「柴門教忠義救国軍」を、それぞれ組織した。五〇年一二月三〇日、上饒県の同善社は五〇〇人余で暴動を起こした。しかし、公安部隊に鎮圧され、他の組織も壊滅された。その平定の中で、江西省の同善社の道徒は、数万人にも上ることが判明した。（頁四九八）

■一九五〇年二月、甘粛省杲蘭県の大刀会の頭目李修遠は、蘭州解放軍が南下した隙に乗じて数千の人々を集め、「皇帝」を自称して反乱を起こした。しかし、その場で解放軍兵士に一〇〇余名が撃殺された。李修遠の子の兵馬大元帥と東路元帥、西路大元帥の三人も死んだ。（頁五〇二）

■江西省の同善社の号主熊晋剛は、全国解放後に漢口の旅館に、河南・四川・河北等の省の責任者を招集し、同善社の中核を基礎にして武装し、時期を見て暴動を起こす計画をたてた。熊仲韜は、後に香港に逃れて「衛国救民軍総司令部」を組織し、自ら「総司令」に就き、三部隊の方面軍を組織し、それぞれの方面軍が、広東、上海、江西を攻略することにした。一九五〇年三月、熊仲韜は香港に社の上層道主達を集め、自分は「師尊」の命を奉じてきたのだ、「真龍天子が天下に坐すのを守らねばならない」等と言った。集会の後、それぞれ任地に帰って準備した。

（頁四九七、四九八）

この項の分析

以上、邵雍著『中国会道門』によって、共産党と社会主義政権に反対し、真命天子の降誕と新王朝樹立を計画した会道門が起こした重要な事件を紹介してきた。一般に、こうした白蓮教・八卦教的な世界観、モチーフを濃厚に纏った秘密結社的な運動は、これまで、貧しい後進的な奥地農村に特有の宗教的民衆運動と考えられてきた。しかし、上記の諸例を見ると、ハルビン市、張家口市、天津市、上海市、北京市、ウルムチ市、重慶市、厦門市、杭州市、済寧市、香港等の大都市にも起こっていること、むしろこうした都市は、所謂「反動会道門」の重要地点になっていたことが分かる。こうした、大都市を中心にした会道門の活動が活発になるのは、日本軍が敗退し、国共内戦が激化し、両党の都市を巡る攻防戦が激しさを増し、大都市が革命と反革命の主戦場になったことと関係がある。共産党に追い詰められて、国民党と各種会道門は大都市に集中し、互いに関係を強め、連合・合作して共産党に当たる事例が多くなった。

第二の特徴は、既にこれまで紹介した第一部の資料でも一般的に見られたことであるが、上記の資料でも、会道門の道主たちが信徒に行う予言、宣告、約束、扇動の中心的モチーフは、三期末劫の世の到来と真命天子による革命の必然性の予言である。そして、そこに提示された具体的現象は「第三次世界戦争の到来、原子爆弾の投下、国民党・アメリカ・イギリス・日本の大陸再侵攻、ロシア（ソ連）の介入、朝鮮戦争（抗米援朝運動）の恐怖、共産党政権に対する恐怖感」等であった。会道門に結集し、「真命天子の革命」に救いを求めた多くの中国民衆の終末観は、もはや中国国内に止まらず、世界全体の矛盾、つまり冷戦の開始、朝鮮戦争の勃発と中国の介入、原子爆弾の中国への投下に対する恐怖に裏打ちされていた。

一方、国内では、共産党の「清匪反覇」（匪賊を掃滅し、悪覇地主に反対する運動）、「鎮圧反革命」（反革命分子を鎮圧する運動）、土地革命運動、抗米援朝運動等々が、ほぼ同時に、あるいは連続的に進行していた。共産党によって「土豪劣紳、土匪、流氓、漢奸、国民党特務・残党、悪覇地主、反動会道門、悪質分子、現行反革命分子」等々と規定された、「人民の敵」の多くは、恐らく百万単位で弾圧、流刑、処刑等に処せられたものと思われる。こうした、当時の状況については、私は既に、『中国社会主義政権の出発——「鎮圧反革命」の地平——』（本書下巻三部に収録）を発表しているので、ここでは省略する。

新中国の誕生過程に於ては、共産党は権力基盤を早急に確立するために、「階級の敵、人民の敵」に対する、軍隊と警察による、また人民裁判による凄まじいばかりの弾圧、掃討、処刑、吊るし上げ、粛清を行った。それはあたかも会道門に吸引される側の人々にとっては、劫難の到来、終末の日の到来に他ならなかったのである。一方、大陸に残存していた国民党勢力の最後の抵抗や反撃、台湾の蔣介石の大陸反攻への期待も作用して、会道門諸派による、反共産党・反政府の暴動が、上記諸例で見た如く、一九四九年から五〇年代前半にかけて中国の主要都市で一斉に盛り上がっていったのも、その為である。

3　中華民国時代の「新皇帝、真命天子、弥勒仏」たち——邵雍著『中国会道門』の記述から——

中華民国（一九一二年から一九四九年まで）の時代に、「新皇帝、真命天子」を名乗って、反乱・蜂起した会道門の事件の幾つかが、邵雍の著書『中国会道門』に紹介されている。

その幾つかを、同書から転載しておく。

■一九二七年、南京政府が成立した後、河南省で活動していた天門会は、七月林県県城を攻撃した。会主の韓欲明はここに老壇を移し、自ら「天門大皇帝」と称し、林県城を京城とし、年号を「天佑」と定めた。そして、天門会は正式に林県、渉県、輝県の三県に県長を任命し派遣した。河北省の成安県、邯鄲県の天門会も県城を占拠した。奉天の軍閥張作霖は、韓欲明を利用しようとして彼を手なずけて、友好関係を保った。しかし、北伐軍第二軍団の司令官馮玉祥が、河南省主席になった時、参謀を林県の天門会に派遣したところ、天門会に惨殺されてしまった。怒った馮玉祥は天門会を掃滅するために軍を派遣した。天門会の会衆二〇〇〇余人は太行山に逃げたが追撃し、天門会の「丞相、大都督、将軍、御前保衛官長」等の半ばが撃殺された。また天門会の五〇〇〇人の別集団も約一〇〇〇余人が殺された。天門会は大打撃を受けたが、彼等の活動は一九三〇年代にも継続した。（頁二六一、二六二）

■一九二九年、同善社の上海副号の朱祝封は、無錫で各社の善長を召集し、秘密会議を招集し、その会場で「三期末劫がすぐ到来する、現在弥勒仏が下凡されており、将来皇帝になられる。まず、松勒子を掃蕩神とし、派遣して先鋒とするが、そのためには物資を集めて支援しなければならない」と言い、真命天子の即位のために蜂起し、資金を集めよと命じた。同年、同善社の総頭目の彭汝尊は暴動を起こし、皇帝になろうと陰謀を企み、国民政府から取締りを受けた。（頁二八五）

■山東省長山県から生まれた一心天道龍華聖教会は、一九二八年、日本軍が済南事件を引き起こした際、国民政府と日本との交渉が長引いているのを見て、国民党政府はもう見込みがないと考えた。この会主である馬士偉は、「蒼天すでに死し、黄天まさに立たんとす。民国まさに滅び、帝制復興す」と会衆を扇動した。併せて、彼は「黄天龍旗」を沢山作り、周村を「中京」と定めた。次いで、彼は二九年一月三〇日に、「二月二日に、皇帝に即位する。また、王幼年を内閣大学士、外務大臣、兼長山県県長に任命する」と宣言した。この会の勢力は、桓台、淄川、鄒平、臨淄等の県に及び、その徒党は数千人を下らなかった。馬は皇后、暦、年号等の王朝体制や軍事の体制も用意し、旧暦八月一五日に蜂起を計画した。官軍が鎮圧に向かうと、馬は万余の軍勢を率いて迎え撃ったが、三〇〇余人が撃ち殺され、六〇〇余人が捕虜となった。一心会が山東省で取締りを受けると、馬は総本部を山西省の五台山に移し一心堂と称した。三四年、馬は五台山を離れて天津に出て、日本人と結び、一心天道龍華聖教会と改称し、会内では皇帝を自称していた。三五年に馬が死ぬと、妻の賈氏が「老母」を名乗り、日本の庇護のもとに活動を続けた。（頁二八七〜二八九）

■上記の馬士偉の妻賈氏が四〇年に死ぬと、残った組織は済南に総本部を置き、日本の僧侶も多く参加し、山東を中心に山西、甘粛にも支部を持つ勢力として、日中戦争中に大いに発展した。ところが、山東省徳州の人で一心天道龍華聖教会の会員であった石東林は、済南、徳州の分会を率いて、分離独立し、別派を立てた。彼は、先後して山東省の、済寧、嘉祥、巨野、荷澤、甄城、定陶等の県に二九の支部を作り、信徒は七〇〇〇人に増大した。石東林は自ら「紫微星・真主」と称し、済寧を直轄統治した。彼の父は「活仏」と称し、済南に鎮座した。石は「無字真言、無字真経、八卦五行」等の迷信を利用し、多くの人々を騙した。彼は未来の皇帝を自称し、皇后を定めた。日中戦争中、この会道門は日本と結んだ。（頁三八〇、三八一）

■九宮道の一道主の李懋五は、山東省郯城県李家庄で、弥勒仏が乗り移ったと言って、当地の道徒を率いて北平（現在の北京）に出て、河北、山東、山西、及び東北一帯に組織を拡大した。一九四六年、「現在は既に白陽の時代が来ており、弥勒仏が世を司る。これから八一の劫難があるが、はやく入道した者は救われ、死んでも仏になることができる」等と言って、多くの信徒から金を集め、道徒は四〇〇人から五〇〇人になった。彼は国民党の勢力と結び、四八年には道徒は一万人近くになった。その勢力は河北、東北の主だった都市にまで拡大した。四九年の建国後は、

北京に隠れ活動を続けた。（頁四〇九～四一一）

■一九四五年冬、上海の在理教の「遇仙堂」道主の張順宝は、国民党特務、在地の無頼漢等と手を結び、「現在、天下大乱し、風雨順調ならず、皇帝が出て初めて国も民も安泰なり」、「寅年卯月甲子の日、真龍天子が世に生まれ、仏・道・俗の三教合一の仏国を建国なさる」等と言い、身内の中では、自分は皇帝であると公然と言い、国号を「順政国」とした。四九年の上海解放前夜、彼は国民党特務と軍事組織を作って共産党に抵抗した。（頁四一四）

この項のまとめ

以上の資料は、邵雍著『中国会門道』の中に紹介されている、皇帝を自称した道主の事例だけを掲げたものである。件数は少なく、民国時代の会門道は、あまり皇帝を産み出さなかったようにも見えるが、詳しい全体的調査、研究をした研究書がないので、今のところどちらとも断定はできない。民国時代は、各地に土豪劣紳と結ぶ軍閥が割拠していた時代であったし、また国民党と共産党が隠然と、或は公然と対立、抗争を行っていた時代であったから、どの政治的、軍事的勢力も、会道門を組織的に、また全国的規模で弾圧、一掃することはできなかった。というよりも、時には会道門を利用し、抱き込もうとする勢力の方が多かった。有名な例では、華北に広がった紅槍会を国民党と共産党が共に、自己の陣営に取り込もうとしたことによく現れている。また、日本軍も、日中戦争中、急速に全国化しつつある一貫道を利用しようと様々な画策を行ったようである。

このように、会道門の組織性、増殖力、伝播力に目をつけ、それを利用しようとする、軍閥、国民党、日本、土豪劣紳、その他様々な政治勢力、政治結社が存在していた。彼らは、会道門に武器や資金を与え、特務を送り込み、或はまた名誉と地位を与えた。共産党は利用するより取締り、弾圧する方が多かった。こうした情況は、一九二〇年代の国民革命、第一次土地革命戦争、三〇年代の第二次土地革命戦争、抗日戦争、そして四〇年代後半の国共内戦へと、尻上がりに激しくなっていったのである。会道門の中の一部の道主は、国民党、軍閥、日本等の抗争場裏に、ある時はこちらに付き、ある時はあちらに付きながら政治的・軍事的に勢力を拡大した。こうした政治的舞台に押し上げられ、多くの軍資金と強力な武装組織を手中にすると、多くの会道門は、次第に邪教的ではなくなったのではなかろうか。このことが、民国時代に皇帝を名乗る教主、道主が少なかった原因ではないかと思う。少数の者だけが、長い民衆精神史の伝統に立って、「三期末劫」「皇帝幻想」観念の虜となり、皇帝即位、新王朝樹立を宣言したのであろう。会道門の道主たちが、「三期末劫」、「劫運到来」と云った終末観に基づいて、「我こそは、皇帝、真命天子、真龍天子、真主、紫微星、弥勒仏であるぞよ」と称して「天下を換えん」としたのは、すでに明清時代からみられた現象であり、民国時代でもそれを継承し継続していたことだけは確認できた。

一方、辛亥革命によって、皇帝政治が終り、満州族の征服王朝が消え去ったため、「滅満興漢」をスローガンにする秘密結社の「天地会、哥老会といった会党の時代が終り、裏経済を支配する紅幇、青幇といった幇会の時代がはじまった。青幇とは、……清代の大運河や長江の水夫たちの互助組織が起源であり、後に上海などの港湾都市、市鎮へと進出し、流氓層を吸収、大いに勢力を拡張した。民国期には上海の裏世界を支配し、軍閥や国民党と結びつき、その力を誇示することになる。これに対し、紅幇とは天地会、哥老会系の幇会をいう。青幇に対した呼称である」（福本勝清『中国革命を駆け抜けたアウトローたち』中公新書、一九九九年）。こうした都会を活動拠点にする非宗教的な裏社会組織が異常な発達をみせるというのも、民国時代の新しい状況であった。しかし、天地会、哥老会、青幇、紅幇などという、清末や民国期に急速に発展、成長した「新式の反社会的結社」は、一九五〇年前後に徹底的に実施された中国共産党の「剿匪反覇」運動の中で、比較的簡単に弾圧された。それに対して、数百年から千数百年もの長きにわたって貧しい農村地帯で形成され持続発展してきた、いわゆる「旧式な邪教結社」、つまり「三期末劫、弥勒下生、真命天子誕生」等々を根本的モチーフとする革命の宗教結社は、共産党の弾圧体制の中でもなかなか生命力を失わなかった。むしろ、過酷な弾圧が続けば続くほど、終末観は深まり、弥勒仏、真命天子降誕への願望は深まり、教祖、道主の予言は真実味を帯びたのである。共産党による社会主義を目指す政治運動が強化されるに従い、宗教的会道門から多くの「皇帝、弥勒仏」が誕生するのは、その為である。

4　「会道門」諸派は、民国時代に伝播、増殖し、爆発的に全国に拡大

ここでは、会道門諸派の全中国への拡大の情況を、『新編地方志叢書』の各県志・市志・省志の「公安・取締反動会道門」の項によって紹介する。結論を先に云えば、以下の資料から、民国時代（一九一二年から一九四九年まで）に、会道門諸派は中国全土に急速に、将に雨後の筍の如く叢生し、伝播し、展開したこと、とりわけ一九二〇年代から四〇年代にかけて、ウナギ登りに増殖していったことが分かる。

安徽省（各『県志』「取締反動会道門」の記載より）

『渦陽県志』

一貫道は、一九三二年、合肥より伝播した。四九年には、道徒は八万余人に達した。大小の道主は五七〇余人おり、「消災治病、入道升天、乩訓（占い）」等を主なる活動内容にしていた。九宮道は、一九二八年、山東省の城武県より伝播し、「三期末劫、消災延寿」等を宣伝文句にしており、道徒は約五〇〇人ほどであった。

『定遠県志』

先天道は、一九〇八年に蚌埠から本県に伝わった。近隣の県にも広がり、道徒は三〇〇余人にもなった。同善社は先天道から分かれたもので、一九三二年に江蘇省塩城の人が本県に来て、県長と結んで発展したものである。関門道は、一九四四年から四九年にかけて、宿県、嘉山県等の人が本県に伝えた。五仙壇は一九四三年、寿県の人が伝えた。

『涇県志』

一九二一年頃、本県に初めて会道門が生まれた。最も早いのは同善社で、この年に正式に組織が成立した。社衆が最も多い時には四四〇余人であった。建国初期は二〇〇余人であった。三七年、天徳聖教が本県に伝えられ、教徒は二〇〇人ほどだった。三九年には先天道が宣城県から伝わり、道徒は六〇人ほどだった。一九四七年、一貫道が伝わり、土地のゴロツキや国民党関係の人々が加入し、三〇〇余人にもなった。

『穎上県志』

本県の会道門の歴史は古く、種類も多い。全県に広く分布し、白蓮教、三仏門、聖賢道、紅学、白学、先天道等二〇余種あり、道主は二五〇〇余人、道徒は九万余人もあった。

湖北省

『天門県志』

一貫道は、一九四三年に本県に伝わり一〇〇〇余の会衆に達した。国民党や日本軍に利用され建国後は、中共に反対した。同善社は、一九二四年に本県に伝わり、道徒は三〇〇〇余人に達した。「真命天子が同善社に生まれた」等と、反共宣伝をおこなった。清静門は、一九二四年に創設され、三八年に会衆は千余人に達した。「先に貧男苦女を渡らせ、そして君子王侯を渡らす」、「人を封じて神となし、鬼を封じて仏となす」等と宣伝した。長毛会は一九二九

潁上県の反動会道門情況統計表（県志、頁二九八）

会道門名称	主要道主	伝入時期	壇数	道主	教徒総数
白蓮教	陳洪瑞	一九四五	九五	二四三	三五二四三
三仏門	顧道海	一九二七	一一〇	五一三	一一三四一
聖賢道（全家堂）	李如金、葛長春	一九三〇	一三五	三九四	一五二八二
先天道（乾元堂）	王道太	一九〇九	二二	七七	五五九
黄学（太極道）	方伯和	一九一九	二〇	四九	一六六四
紅学（大玄門）	鐘錫甫	一九二六	六四	一九二	六九〇七
白学（大乾門）	呉歴行	一九二七	三五	一〇三	六二六九
天堂門	馬同式	一九三八	一	一六	四九
黄沙道	楊品山	一九一八	一〇七	四四三	五三四三
小二姐道（小黄学）	孫鳳英	一九三四	八	五三	五五七
天仙妙道	韓士彦、楊文西	一九四七	二	一四	五三
小刀会		一九四六	一	七	八二
沙盤道（仙仏道）	朱学愛	一九三四	一二	三八	七四一
一貫道	蘇彦礼	一九四四	四	一一	二八一
大佛門	崔成武	一九〇〇	三	二三	二一七
同善社	彭永泰	一九二二	二	二五	一三〇
天楽道	龐允徳	一九四七	六	二五	二五四
得華金	孫和廷	一九四三	六	一三	八七
合計			六二三	二二三九	八五〇五九

（注）大刀会は一九二四年の暴動により、国民党に鎮圧されてから組織としては存在せず。

年に本県に伝わった。大乗門は一九二二年に本県に伝わった。瑶池門は一九二二年に伝わった。未来門は一九三九年に伝わった。

『潜江県志』

建国初期、本県の会道門は二〇余種あった。その内、反動会道門と断定されたのは八つあり、道徒は六〇〇〇余人、反動会主は六六人、内一二人が死刑に処せられた。三華瑶池門は、一九〇八年に本県に伝わったが信者数は極めて少なかった。西華瑶池門は一九二八年に伝わったが、一〇〇〇余人ほどだった。清静門は一九〇四年に成立し、建国初期には四〇〇余人であった。長毛会は、本県の人孫善純が一九〇七年に発起したもので、会衆は一万人近かった。同善社は一九二三年に伝わったが、建国初期に会員は五一人に過ぎなかった。蓋天古仏は一九四七年に伝わり、成員は、ごろつき・土匪・国民党軍政関係者であった。済公堂は一九二八年、孔聖道徳会は一九三二年に、それぞれ本県に伝わった。

浙江省

『上虞県志』

一貫道は、一九四二年に上海より伝わり、四四年に地主や鎮長と結んでから勢力が拡大し、解放前夜には道徒一万五三〇〇人ほどに成長した。一九五二年に、本県の一貫道主が上海の宝光総壇の命により、「白陽将に到らんとし、紅陽将に滅びんとす」等と宣伝した。また、九宮道は、一九四五年から四九年の間に本県に三つのルートから伝わった。同善社は、一九二二年に本県に伝わり、道徒は一万余人に達した。

河南省

『羅山県志』

一貫道が本県に伝わったのは、一九四七年のことである。一貫道の点伝師の焦向栄（山西省の人）、洪漢声（息県の人）、張宏田（汝南県の人）等が、汝南県の道長王仲宇の命によって羅山に伝えた。建国後、彼らは共産党に反対し、五三年に逮捕され組織は壊滅した。瑤池道は、本県に伝わった時期ははっきりしないが、一九三〇年から四八年までが最盛期であった。東震道は、一九二六年に息県の点伝師が、本県の郷紳と結託して壇を設け、信者を集めたことに始まる。

『駐馬店市志』

本市の会道門の主要なものは、一貫道、紅黄学、廟道、九宮道、聖賢道、道善社等二八種であるが、その中で一貫道道主が全道主の六八・八%を占め、また全道衆の五〇%を占めていた。一貫道は、一九四二年に二人の伝道師が河北省から汝南へ、更に翌年に別の人が駐馬店市へと伝えた。本県での一貫道の組織は、老前人一人、先前人一人、点伝師・壇主二三人、公共壇主・分壇主・家壇主・機手三〇余人で、一般道徒は一万人を越えていた。彼らは迷信を利用し、秘密に連合して、道徒を拡大し、共産党に反対した。反動会道門は、総て五三年に摘発して徹底的に壊滅した。

江西省

『江西省志』

一九二五年、路中一（一貫道では、彼を第一七代の祖師とする。山東省の済寧の人）は、自分を「弥勒仏」の下凡であるといって、済寧一帯で一〇余年伝導したが、信者は殆どなかった。一九二六年に路が死に、その弟子の張光璧（又の名は張天然）が「済公下凡而奉天運辦理道務」と称し、「尊師」と号した。彼は、山東・河北両省に伝道し、また抗日戦争の時には日本軍や漢奸と手を結び、勢力を拡大した。一九四七年、張が四川の成都で死ぬと、張の正妻と妾の両派に分裂した。正妻は杭州、妾は成都を拠点にした。一九四〇年、天津の一貫道は、江西省に伝わり、またそれに続いて、安慶、上海、武漢、山西、北京、四川、杭州の一貫道が本省に伝導してきた。本省七一県（市）の一貫道の全道徒は六万三〇〇〇人に達した。「三期末劫」の到来を予言して、人々の恐怖を煽り、共産党から打撃を受けると、量より質を重んじ、江西省の南昌、九江、豊城等新開地の布教活動に力を入れた。

同善社は、先天道から分化した反動会道門であり、清末に四川省永川県龍水鎮の貢生彭回龍が創設した。彼は、燃灯古仏の転生であると称し、儒仏道の三教を融合した教えで、北京の北洋軍閥の庇護を大いに受けて全国に広まった。江西省の堂善社は、一九一七年に大道主の雷応霆が来て発展したものであり、省号を「洪善祥」といい、本拠を南昌市の陳家橋に置いていた。三〇年代に道徒は約六万にもなった。日本とも結び、後に共産党、人民政権に反対して政府転覆の陰謀を行った。（その他、この項には大乗教、先天道、真空道などに就いての記述があるが、江西省における波及、発展の具体的説明はないので省略する。）

陝西省

『紫陽県志』

本県の一貫道は、一九四四年に設立された。安康県の道主李乾升が紫陽に来てから発展したものである。四五年、河北人の張建三が安康県から来て、仏堂を建ててから発展が早くなった。道徒が集中している県城と一部の地区では、総人口の一〇％以上が一貫道という所もあった。その頃道徒の数は九三七人であった。西華門は反動会道門であり、東鎮門（一九二二年に嵐臬県から伝わる）、西乾門（民国初年に四川省達県より伝わる）、中央門（一九三三年に嵐杲県から伝わる）、普渡門（一九二四年に鎮巴県より伝わる）、皇極帰根道（一九二〇年に鎮巴県より伝わる）の五門を包括していた。これは共産党を攻撃したので、五八年に取締った。

遼寧省

『法庫県志』「道門」

紅槍会・黄槍会は共に九宮道の支派であり、早くは山東に起源があるが、前者は一九三一年に、後者は三二年にそれぞれ本県に伝わった。一貫道は、一九四一年に奉天の一貫道の点伝師が本県に伝えた。四五年以後発展し、建国時に道徒は千人近くになった。九宮道は元末明初に起源をもち以後東北に伝わったが、道徒は本県では一九三〇年以後に四〇余人、四四年に五〇〇余人に達し、皇帝を自称する者も出現した。建国後、取締りを行い、六五年残党四〇〇人を摘発した。慈航仏教会は、九宮道の一派で一九四六年、沈陽で創建され、四七年に本県に伝わった。皇天道は一九二二年に本県に伝わった。五一年に皇帝を自称する者も生まれ、五二年に取締まった。清水龍門道は一九二六年に本県に伝わった。儒門聖賢道は一九二九年に本県に伝わった。五三年に取締ったが、また六五年に「仏国」を建国しようとしたので、摘発し活動停止にした。中正門は一九二八年に遼中県で創建されたが、その翌年に本県に伝わった。三〇年以後発展し、道徒は三〇〇余人となった。

江蘇省

『宜興県志』

一貫道は、一九四三年に鎮江から本県に伝わった。四七年、国民党や県長のテコ入れがあって道徒は四万にもなった。建国後、反動的活動をしたので五三年に取締ったが、七七年また復活していたので摘発した。紅三教は一八九五年に本県で生まれたが、三七年に国民党県政府が利用、支援したので、道徒は二〇〇〇余人になった。同善社は清末に始まったが、一九四〇年に本県に事務所を設けてから、社員は一〇〇〇余人になった。大刀会は一九三〇年に溧陽から本県に伝わり、会衆は一万余人となった。四六年、国民党に投じ、建国後暴動を謀ったので、五三年に取締った。中華理教会は清末に本県に伝わったが、民国末年に発展し、教徒は二〇〇〇人になった。中教道義会は一九三八年に本県に伝わった。会衆は七〇〇余人になった。西乾道は一九四四年に本県に常州から伝わった。一心道は一九四六年に本県に伝わった。

『沙州県志』

一貫道は、全国に最も広がった反動会道門であり、その組織は全国の中心に立つのは、「師尊、師母」、省には「道首（道長）」、県に「点伝師」、その下に「壇主」を置くというものであった。一九四四年に、総壇の点伝師が二人（山東人と常熟県の人）が来て伝えた。解放前夜に道徒は一六〇〇人に達した。中華理教会派は、一九四〇年に伝わった。同善社は、宗教哲学研究社は、一九四一年に設立され、四八年には主要な幹部三〇余人、道徒二〇〇〇余人に達した。上層社員は旧軍閥、官僚、大地主であった。社内には文と武の二派があり、地主階級の利益を守っていた。武に属すのは五色聖会であり、一九五〇年に創られ、「神仙付体、刀槍不入」と言って暴動を扇動した。これらは、皆五三年に取締りを受けた。

広東省

『豊順県志』

同善社は一九二〇年、汕頭の同善社道主が本県の県城に伝え、第一中学校の教師が社主になって始まった。「同善社に入る者は、災禍を免れる。死後は天国に昇ることができる」等と宣伝し、三〇〇余人を入社させた。一九五〇年には名称を変え、共産党に反対し「民主政治を行い、世界大同を実現する」等と主張した。道徒は六二五人を数えたが、五三年取締りを受けた。先天道は、一九三〇年に掲陽県の道主が派遣されて以来発展し、四九年には道徒は五三九人に達したが、五三年に取締りを受けた。また、帰根道は三八年、老母会は四九年、一貫道は二七年に、それぞれ本県に伝わった。

『陽春県志』

帰根道は一九三九年に、先天道は一九四一年に、道善社は一九四二年に、それぞれ本県に伝わった。五三年に取締った。

『梅県志』

梅県の先天道は広東派と福建派の二派があり、広東派は一九一一年に本県に伝わり、福建派は一八九七年に伝わった。両者とも五三年に取締りを受けたが、その時道徒は共に二、三〇〇人ほどであった。同善社は一九一〇年から一七年の間に、本県に伝わった。道徒は三〇〇〇人ほどになり、二五年に県政府によって取締りを受けた。二八年組織の再建が計られ、名称も変えられた。真空道は一八六三年に本県に伝わった。全県の各区・鎮三〇カ所に壇があった。これらの会道門は、皆五三年に取締りを受けた。

『潮州市志』

潮州市の会道門には、一貫道、先天道、天恩道、六道父母等があった。これらの反動会道門の道主、中核分子は無頼漢、ごろつき、土豪、悪覇地主、漢奸、国民党特務などであった。一貫道は、一九四七年に上海から潮州に入った。四八年には急速に発展し、五〇年には、六九分壇、道徒五六〇八人に達し、潮州では最大の勢力になった。これらの会道門は五一年から五三年にかけて摘発を受け、六道父母の道主は死刑に処せられた。

『中山市志』

建国初期、中山県の反動会道門は、一貫道、同善社、真宝道、先天道、日善社等があった。一貫道は一九四七年五月には石岐一帯で既に活動を展開していた。その組織は膨大で、系統も複雑であり、孔子道、紅福道、白蓮教等を包含していた。同善社は既に数十年の歴史があり、一定地域に発展していた。五三年に一斉に取締り、道徒七二〇〇人が脱退した。

福建省

『仙游県志』

本県の主要なる会道門には、一貫道、大刀会、玄天上帝教（別命は、天地教、白蓮教）、同善社などがあった。同善社は、一九二一年に福建の道主が初めて本県に社を開いた。一貫道は、一九四五年に福建の総壇が道主を派遣して伝え、先後して道徒二一九三人となった。四八年に一貫道は大刀会と名称を変え、道徒は二一〇〇人となった。玄天上教は、三六年に莆田県の総教主が伝え、教徒は二一五四人に発展した。

四川省

『郫県志』

一貫道は、抗日戦争中に、名称を帰根道、瑤池道等と偽って本県と崇県に入り、一九四九年末には道徒は約四〇〇〇人に達した。五〇年に取締った時、一貫道は一〇ほどの仮名をもち、「前人、点伝師、壇主」等の道主は二〇〇人余もいた。

『開江県志』

この県の一貫道には、信礼教、明依大道、聖賢天道等の諸派があり、それぞれ一九四八年に外部から伝えられた。同善社は、清末民初に革命軍が起こり、到る所戦火に覆われたので、四川の永川県の人、彭汝尊が儒仏の教えをこき混ぜて創ったものである。三〇年代に本県に伝わった。道徒は一〇〇をもって数えるほどで、大部分は地主豪紳と没落知識人であった。この同善社は民国初期に作られ、一九二〇年代に最盛期を迎え、三五年に国民党政府によって取締りを受けて半地下活動に入ったが解放後一掃された。

甘粛省

『隴西県志』

本県の一貫道は、共同仏堂が六〇七カ所、家庭仏堂が三五八カ所もあった。組織は「明・暗」の二組織に分かれていた。明組織は、一九四二年に旧軍の参謀姜修梅（山東の人）が組織し発展させたもので、後に天水県から派遣されてきた河南人が後を継いだ。四九年に、仁・義・礼・智・信の五組（以前は、中・東・西・南・北の五組）に改編した。暗組織は、また二つの集団に分かれており、別人がそれぞれ指導していた。明組織は人数が暗組織よりも遙かに多かったが、両組織とも国家と人民に危害を加えるものであり、その頭目の大部分が地主分子、国民党の軍・政関係の幹部であった。建国後、数回の取締りを行い、六八年に一網打尽にした。

『鎮原県志』

本県の会道門は十数種あり、大きなものに、大道門（清の同治年間に伝わったが、一九三九年ごろ活動が活発化した）、瑤池門（清末に伝わり、道徒は二二人ほどだった）、皇壇（道徒は三〇人ほど）、理教会（会員は四〇〇人ほど）、青紅帮（会員は二六〇〇人ほど）、一貫道（一九四四年に本県に伝わり、勢力は最も強大且つ凶暴であった。道徒は一万一五〇〇人ほどあった）などがあった。五〇年代に総て取締った。

山西省

『忻県志』

本県の反動会道門には一貫道、先天道、九宮道、還郷道、万国道徳会等があったが、最も社会の治安に有害なのは、一貫道であった。一貫道は、一九四〇年に内モンゴルの帰綏、包頭から伝わった。本件の一貫道は、仁・義・礼・智・信の五つの組織に分かれており、最盛期には道徒一三万人を数えた。抗日戦争の時には日本軍の特務に、内戦の時には国民党に、それぞれ利用された。土地革命の際には、貧農・中下層農を脅し、抗米援朝運動の際は、「第三次世界大戦がすぐ勃発する、アメリカの原子爆弾は特に凄い」等と宣伝して、人民政権に攻撃を加えた。一九五〇年一一月から五一年まで取締り、全県で一二万余人が脱退声明を出し、一六九人の道主が処罰された。

陝西省

『鳳翔県志』

一七種の会道門があったが、その中で活動が最も盛んなのは、一貫道であった。一貫道は一九四三年に本県に伝わり、全県下に広まり信徒は数万人にも及んだ。人民政府は五三年と五八年の二度取締り、幹部三人を処刑した。

雲南省

『潞西県志』

本県の一貫道は、一派は一九四八年、もう一派は四九年に伝来した。国民党と結びついたので、建国後は反共活動を行い、「現在は紅陽の時期で、大劫大難が極点に達した。人々は自分を守らねばならない」等と扇動し、組織を仁・

義・礼・智・信の五組織に分けた。道徒から様々な名目の金を集めたので、破産する人もあった。五七年に取締り、道主六六人に打撃を与え、内四人を処刑した。しかし、八三年に残党の活動が再開したので、取締りの後、再教育を行った。

この項のまとめ

以上、『新編中国地方志叢書』中の県志に記載されている会道門に関する記事をアトランダムに紹介したが、これによって会道門の歴史的変化の、おおよその状況がわかる。つまり、多くの会道門は一九二〇年代から三〇年代にかけて叢生、増殖、広域化し、四〇年代には全国いたる所で活動し、その多くは国共内戦（一九四六〜四九）時期に国民党側に就き、一九四九年の共産党の勝利以後は、共産党と人民政府に反対したという状況である。というよりは、むしろ共産党が他の一切の政治勢力、社会的・宗教的組織の活動を、とりわけ会道門のような組織を、封建的結社、反動的勢力、迷信・邪術の徒として弾圧し、それに会道門が全力を挙げて反撃したと言うべきかも知れない。しかし、共産党の「会道門鎮圧史」が、会道門を全体的に、且つ総合的に正しく評価しているかといえば、大いに疑わしい。会道門の多くは共産党に反対し、その一部は共産党政権の転覆を謀ったために「邪教徒」として取り上げられ、禁止、弾圧の対象となった。会道門の相互扶助、集団的自衛、集団的祝祭行為等々の、民衆生活に欠かせない側面は全く記録されず評価されていないのである。

会道門が民国時代に燎原の火の如く全土に広まったのには理由があったのである。中華民国の初期から始まった軍閥混戦、国民革命戦争、土地革命戦争、こうした混乱に付け込んだ日本軍の介入・謀略、一九三二年の満州国の樹立による東北の植民地化、三七年からの日本軍の侵略による日中全面戦争、それが終った途端に始まった国共内戦、これらは、中国民衆を塗炭の苦しみの中に投げ込んだ。将に全中国人民は今の我々には想像を絶する阿鼻叫喚の巷に投げ込まれたのである。民衆の一部は、やむなく武装自衛したり、相互に扶助したり、あるいは土匪となり、流氓となり、馬賊となり、匪賊となり、人を殺し、アヘンを吸い、人攫いをし、或はまた会道門に結集したり、新たに会道門を創ったりして、会道門に運命を託さざるを得ない状況があった。これこそ、会道門が叢生し、急速に全国化していく最大の理由であったのである。

ただ中国共産党が言うような、会道門は封建迷信であるとか、ゴロツキ、無頼漢、国民党特務、旧軍政官関係者、地主分子、土豪劣紳等々が自己の階級的利益のために、また共産党と対抗するために会道門を利用し支援した、そのためその総てが悪業であった、とは断定できないのではないか。二〇年代から四〇年代末にかけての、まさに地獄とはかくやと思われる時代に、民衆にとって会道門は、是非善悪はさて置いて、一つの重要な「社会」となったのである。残念ながら、我々がこれまで見てきた「県志・市志・省志」は、中国共産党が、「反動的会道門を取締り、彼らの反乱・蜂起を鎮圧してきた」自己の歴史を正当化するための「正史」の記述であるから、会道門は、中国民衆がその必要によって生み出したものであることを証拠立てる記載は全くない。会道門は、中国近代・現代の民衆がこれまでの長い民衆文化の延長上に、自らの意思と力と展望と、そして自らの好みと条件とによって、つまり自己の総体を懸けて生み出した「社会」そのものであり、集まり、金を出し、祈り、助け合い、泣き笑って、自己とその家族、家々、村々の安全と幸福を祈念した相互扶助の民衆の宗教的・社会的組織であった。従って、こうした本質を持つ会道門の多くに、「新皇帝、真命天子、真龍天子」、「師尊、総壇首」、「将軍、元帥」等々の宗教的権威、カリスマ、位階職官が、あたかも自然発生的に叢生してくるのは、中国に於ける長期にわたる専制主義政治によって規制され、生み出されてきた民衆の政治文化の質量、ベクトル、それにそのユートピア的構造と構想力等々による結果なのである。それが如何に迷信に覆われていようが、如何に呪術に捕らわれていようが、それが、彼らを取り巻く悲惨な現実を克服しようとする、主要な対抗手段であったということである。会道門が、一九二〇年代から三〇年代へ、更に四〇年代へと、時間の経過と共に叢生、増殖、拡大していくのも当然のことであった。

三　中華帝王幻想の歴史的形成

1　中国歴代王朝下における叛逆の天子たち

中国において、政治が「帝王」を巡って展開するようになったのは、秦王政が「皇帝即位宣言」をしてから以降である。しかし、王から皇帝への飛躍は、そう簡単ではなく、秦末に起こった陳勝・呉広の反乱に於て、陳勝は「王侯将相いずくんぞ種あらんや」と述べ、誰でも王侯将相に成れるのだと宣伝したというが、彼自身、始皇帝をまねて「皇帝」を宣することはせず、「楚王」を名乗ったに過ぎなかった。木村正雄『中国古代農民叛乱の研究』によると、この農民軍から分離独立した秦嘉は景駒を立てて「楚王」となし、武臣は「趙王」を称し、周市は魏咎を立てて「魏王」となし、武臣集団から分かれた韓広は「燕王」を称した。これらは名も無き庶民が、中国史上初めて「王」を名のった事例である。この秦の滅亡という時期に、王侯貴族階級の項梁は亡き楚王の孫心を立てて「楚王」となし、項梁集団から分かれた韓成が「韓王」を名のり、同じ高貴な出身の田儋が自立して「斉王」を名のり、田儋が死ぬと、亡き斉王田建の弟田假が「斉王」を名乗った。また、劉邦と天下を争った、楚の名門出身の項羽は、「楚王」を名乗ったに過ぎない。中国最初の「皇帝」制度は、まだ中国の政治文化としては確立していなかったことが分かる。しかし、先秦時代と決定的に異なるのは、戦国時代の王侯貴族と並んで、名も無き民百姓が公然と「王」を称して、政権を樹立したことである。

では、次の四〇〇年続いた、漢代（前漢、後漢）の時代はどうなるか。漢代は、始皇帝から始まった「皇帝制度」が継承され、定着した時代であった。「王」とは、皇帝の嫡男にだけ与えられる称号となった。この漢代に、王侯将相を名のって漢王朝に叛逆した人々、事件を年表風に記してみよう。

紀元前

二〇九年　武臣、邯鄲に至る後、自ら立ちて「趙王」を称す。

二六年　若平侯母辟の兄弟、自ら「将軍」を称し、官寺を攻め、県の長吏を縛る。

紀元後

二五年　公孫述、蜀に「帝」を称し、「成家」と号す。

同年　劉秀、鄗南に「帝」を称し、「漢」と号す。（後漢王朝の始まり）

同年　赤眉、進んで華陰に至り、劉盆子を立てて「帝」と為す。

二六年　銅馬、青犢、尤来の余部、孫登を立て「天子」と為すも、孫登、武将楽玄に殺害さる。

四一年　妖賊李広、皖城を攻め、自ら「南獄大師」と称す。

一四一年　徐鳳、馬勉等、同時に当涂に起ち、馬勉は「黄帝」を称し、徐鳳は「無上将軍」を称す。

一四五年　陳留の盗賊李堅、自ら「皇帝」を称し、誅に伏す。

同年　歴陽の華孟、自ら「黒帝」を称す。

一四八年　長平の陳景、自ら「黄帝子」を称し、汝南の南頓の管伯、「真人」を称す。均しく殺害に遭う。

一五〇年　扶風の妖賊裴優、自ら「皇帝」を称すも、誅に伏す。

一五四年　蜀郡の李伯、詐りて「宗室」を称し、将に立ちて「太初皇帝」と為らんとするも、誅殺さる。
一六五年　渤海の妖賊蓋登等、「太上皇帝」を称し、皆、誅に伏す。
一六六年　沛国の妖賊戴異、広陵の龍尚等と「太上皇」を称す。
一七二年　会稽の妖賊許昭は句章で蜂起し、その父許生を「陽明皇帝」と為し、連戦三年、州郡に鎮圧さる。
一八八年　益州の黄巾馬相、自ら「皇帝」を称し、刺史郤倹を攻殺し、旬日の間に、三郡を破壊す。

この年表を見ると、漢代に、とりわけ後漢時代に、皇室の劉姓に関係ない多くの無名の人々が、中国史上初めて「皇帝」を自称したことが分かる。しかし、無名の人間といっても、それは唯の人ではなく、多くは「妖賊」、つまり宗教的威力と組織をもった人間なのである。では、何故こうした「妖人」が、公然と皇帝を自称して天下を争うようになったのか。

この問題に対しては、中国の「農民戦争史研究」の中で、次のような説がほぼ定説になっているように思う。「妖賊」が、「陰陽皇帝、黄帝、黄帝子、黒帝、真人」等と称したのは、戦国時代の老荘思想や戦国後期に斉の都に集まった鄒衍など陰陽家の歴史哲学や王朝交替論と深い関係がある。鄒衍等は、「陰陽五行説」と「天人合一・天人感応説」を結び付け、それを更に、天文学、占星術、宇宙生成論や王朝交替理論にまで発展させた。王朝交替論である「五徳説」は、王朝の興亡の必然性を、宇宙の運行の法則である五行「木（象徴の色は青）・火（赤）・土（黄色）・金（白）・水（黒）」の順次相生（前のものから後のものが生まれる）で説明するものである。もう一つ五行相勝説というのがある。この説は、土・木・金・火・水の五行順序で、前のものが後のものに敗れる、つまり後のものが前のものに必ず取って代わられると言う解釈である。

この宇宙と人世の必然的転換の理論は、漢代の「讖緯説」に発展し、民衆の世界観としても一般化した。始皇帝も自己の王朝は水徳であると云い、漢代の民衆蜂起の際に、「太初皇帝、太上皇、無上将軍」を称した人々も、陰陽家の宇宙生成論と関係があると想像される（朱大昀主編『中国農民戦争史』秦漢巻、頁四三〜四八、人民出版社、一九九〇年）。前漢末の赤眉の叛乱は、眉に赤い顔料を塗って自分たち仲間の標識にしたが、それは王莽が建国した新王国が黄色を王権の神聖な色としたことに対する対抗であった。陰陽五行説では中心の神聖なる色は黄色であり、以後中国では黄色が皇帝を象徴することとなった。また、後漢末の太平道の教主張角は、「蒼天（漢王朝）すでに死し、黄天（太平道の理想の世）まさに立たんとす、歳は甲子（一八四年）にあり、天下大吉」と予言し、太平道の天下到来の論拠にした。

このように、漢代には陰陽五行説に基づく讖緯説が盛んに行われ、王朝の天命を占ったり、人の吉凶禍福の占いを専門にする宗教家が多く現れたが、彼らの中から、天命を感じて天下を取らんとする、いわゆる「妖賊」（宗教的魔力をもって叛逆する賊）が誕生したのである。妖賊さえ皇帝を宣するのであるから、王侯将相など高貴な家柄の人々が、皇帝を宣するに何の遠慮があろうかと言うわけで、漢王朝の滅亡から三国時代にかけて、多くの皇帝が出現したのである。曹操は遠慮して「魏王」を称しただけであったが、子の曹丕は易姓革命説に則り天命と称して帝位に就き、漢の火徳に代わって土徳に移行する必然性を主張した。漢の宗室の末裔である劉備は、もちろん皇帝を称し、孫権も皇帝を称した。太平道の黄巾軍は、曹操に対して、「漢の命運はすでに尽きた、代わって黄家が必ず興る。これは天下の大いなる定めであって、君（曹操）一人の才覚だけではどうともできぬ」といった。

それから、約四〇〇年後の隋末唐初には全国に群雄が並び立ったが、彼らはいとも簡単に、当然のごとく「新皇帝」を名乗った。王侯貴族ではない地方豪族や一般民衆で、「王、皇帝」を名乗った事例だけを『旧唐書、新唐書』に依って見る。

宋子賢（妖人）は「弥勒仏」を称し煬帝を襲撃せんとするも失敗。向海明も「弥勒仏」を称して失敗す。

竇建徳（土豪）は、「軍司馬」、「将軍」を経て、「長楽王」（六一七年）、「夏王」（六一八年）を称す。

薛挙（地方豪族）は、「西秦覇王」、次いで「秦皇帝」（六一七年）を称す。子も帝位を称す。

李軌（地方豪族）は、「河西大涼王」、次いで「大涼皇帝」（六一八年）を称す。

劉武周（地方豪族）は、「皇帝」（六一七年）を称す。

高開道（製塩業者）は、「燕王」を称し、後唐から「北平郡王」に封ぜらる。

劉黒闥（貧農）は、「大将軍」（六二一年）、「漢東王」（六二二年）を称す。

梁師都（地方豪族）は、「大丞相」（六一七年）、「梁国皇帝」を称す。

蕭銑（後梁の宣帝の曾孫）は、「梁公」（六一七年）、「梁王」（六一八年）、「皇帝」（同年）を称す。

杜伏威（貧農）は、「将軍」（六一三年）、「総管」（六一七年）を称す。後唐から「呉王」に封ぜらる。

輔公祏（農民）は、宋国の「君主」（六二三年）を称す。

沈法興（豪族）は、江南道総管、次いで「梁王」（六一九年）を称す。

李子通（貧民）は、将軍、楚王、次いで「皇帝」（六一九年）を称す。

林士弘（不明、恐らく郷人、元操師乞の部下）は、「南越王」、次いで「皇帝」（六一七年）を称す。

操師乞（郷人）は、「元興王」（六一六年）を称す。

李弘芝は、「皇帝」（六二一年）を称す。

高曇晟（仏僧）は、「大乗皇帝」を称す。

睦州青渓の女子陳碩真は「文佳皇帝」（六五三年）を称して反乱す。

綏州の白鉄余は蜂起し、「光明聖皇帝」（六八三年）を称す。

2　帝王幻想の歴史的展開

漢王朝の滅亡時に、以後の中国の王朝交代を貫く論理、天下変革の論拠、易姓革命の思想等が完成し、それは様々なバリエーション（仏教、マニ教、白蓮教、拝上帝教などの影響を受けながら、革命の論拠・論理をより明確にしつつ）を取りながらも二千年にわたる中国の革命思想を貫いてゆくのである。つまり、中国の政治文化の中核的思想・論理となる、天人応感論、天命論、易姓革命論・陰陽五行説は漢代に完成し、多くの人民が皇帝を名乗り叛逆者として登場することになる。こうした中国の政治文化の基本パターン、思考の枠組み、パラダイムは、以後の歴代の王朝体制下に於ても、基本的に継承された。例えば、元末明初には「弥勒仏（下生）」、「明法王」、「大乗仏」、「定光仏」、「真命天子・真龍天子（下凡）」、「明王」、「小明王」、「大明皇帝」、「黄天聖主」、「順天安民王」、「天王」、「地王」、「人王」等々、様々なバリエーションを伴って展開していく。

そして、このバリエーションの多様化は、宋代以降に顕著にみられ、更に明清時代にはより一層多種多様に展開していったようにみえる。満州民族の征服王朝であった、最後の専制王朝清朝時代には、「反清復明」を掲げる秘密結社の天地会、哥老会などの会党が大いに発展した。会党は遊民層を組織し、華中、華南、西南などの地方に急速に発展した。しかし、これには宗教色は殆どなく、会頭の親分が皇帝や弥勒仏を名乗り、また新王朝の樹立を宣言するといった事はなかった。これは清朝末期の新しい状況であった。一方、旧中国における白蓮教や諸々の邪教・邪術の徒の蔓延という、いわば「妖賊の土壌」の中から、ユダヤ教やキリスト教の影響を受けて、その特徴をより純粋化し拡大した「太平天国」が誕生した。太平天国は反満興漢のスローガン、終末の時の救済論などを特徴にしているが、中国民衆運動の伝統であった「皇権主義」（指導者・幹部が極めて強く権力と権威を目指す傾向）をも強烈に受け継いでいた。天王洪秀全を頂点に、以下の幹部は東王、西王、南王、北王、翼王、忠王、英王に封じられ、また、多くの武将に軍事指導者の官位・職位が与えられた。こうした点において、太平天国は、伝統的な皇権主義の最も忠実な継承者であったという事ができる。清朝末期には、以上のような新しい状況と展開が見られるのである。

民衆の「救世主降誕」神話が現実の世の中で変革の威力を帯びるのは、民衆の心の中に救い難い「終末観」が広く深く浸透し、拡大した時であるが、しかし、現状を「終末の時」＝「救済の時」と認識するには、もう一つ時間の段階的把握の論理が必要だった。それは、マニ教、仏教の時間的展開の思想から生まれてきたものと思う。マニ教の善神（アウラ・マッダ神、中国では明王）と悪神（アーリマン、魔王）の闘争と、この善神による最終的勝利という神話、及び、このマニ教が提示した「初際―中際―後際」という世界と時間の段階的展開、更には仏教の「正法―像法―末法」という世界は必然的に終末に向かって進行しているのだとする、時間の三期にわたる展開という時間論、この二つの宗教からくる歴史観に影響を受けて生まれたものと思われる。それが中国の民衆の心を深くとらえたのは宋代から明代にかけてであり、一般に白蓮教として完成する。元末の白蓮教反乱を起こした韓山童は、「天下当に大いに乱れ、弥勒仏下生し、明王（マニ教の善神）出生すべし」といった。この「三期末劫」の思想では、時間を「過去（青陽）、現在（紅陽）、未来（白陽）」と三期に区分して把握し、現時点を「紅陽の劫すでに尽き、白陽まさに興るべし」（清代の嘉慶白蓮教の反乱）というように、末劫、つまり終末の時こそ、また救済が約束される時だとするのである。

明代末には、それまで多種多様にあった救済の宗教思想がほぼ結合、融合して、白蓮教として拡大する。そして、明代末から清代にかけて、多くの邪教や秘密結社が「真空家郷、無生父母（或は老母）」を「八字真言」とし、「無生父母」を救済神（明王、弥勒仏ほど明確に現世変革の威力は無いが）となし、以後、「真空家郷」をユートピア・理想郷と想定するようになっていった。

しかし、救済の後に、如何なる理想の王国が実現すると人々は考えたのだろうか。結論を言ってしまえば、彼らが未来に託すユートピア世界は、実に世俗的なものであった。つまり、「ユートピア、つまり、どこにも無いところ」ではなく、現実世界にいつの世にもあった、「富貴」(財産の獲得と高貴な身分の実現)の達成であった。彼らのユートピアは、否定さるべき現実世界の単なる裏返しに過ぎなかったのである。彼らの思想には専制主義を超える契機も、具体的な理想社会像もなく、帝王への夢と現実世界における富貴の実現しかなかった。先に多くの「会道門」の事例で見たように、古来中国人にとっては、政治とは、帝王・天子・皇帝の御業であり、良き理想の世とは、真命天子の降誕の世であった。明清時代には、民衆の社会は「秘密結社、民間宗教教団、拳棒諸結社」といった形態をとって発展し、近代的な個人主義の発展といった方向で発展することはなかった。貧しき一般民衆にとって、救済とは、自己防衛の秘密結社や防衛組織を作るか、或は自ら新天子を称して新王朝樹立の偉大なる企てに参加し、帝王の栄光を自ら獲得することであった。

さて、民国時代や中華人民共和国時代に於ける、自称「天子、皇帝」たちは、何千、何万という徒党、信徒、仲間から奉戴されてなるわけではない。自ら「真命天子」と名乗った後に、徒党、信徒、仲間が集まってくるのである。日本人の常識では、自分は天皇であるとか、将軍である等と自称すれば、精神に異常をきたしたか、或は単なる冗談としか受け止められないだろう。しかし、中国では、特に民国時代や中華人民共和国時代の新皇帝たちの多くは、明清時代に邪教として絶えざる弾圧を受けていた白蓮教組織と同じく、数人から数百人以下の信者しかいないにもかかわらず、教主は早くも新皇帝を宣言し、妻を皇后に、息子を皇太子に、或は又、幹部を将軍とか高官に任命しているのである。民衆の政治的活動がもつ権力志向は、指導者たちが活動の初発から、皇帝・高官・元帥・将軍などを名のることからも見て取れる。

以前、竹内実氏は、『中国の思想』（ＮＨＫブックス、一九七二年）という書物の中で、日本では天皇というボールは一つしかなく、その一つのボールを廻って政治は展開する。しかし、中国では皇帝というボールは沢山あり、その皇帝というボールを沢山集め、其の頂点に立って競争に勝利したものが真の皇帝になる、とユニークな比較政治史論を述べたことがある。将にその通りであり、中国では天命の降下を目指して、上は王侯貴族から、下は名も無き小物まで多くの人々が皇帝を名乗り、真命天子・真龍天子にまで登りつめようと競うのである。これが、中国の伝統的政治の原基であった。新中国でも、このような政治的風土が有ったから、「中国出了個毛沢東」と人民が言う時、毛沢東は、赤い太陽に比定される真命天子とみなされたのである。

四　全体的まとめ

中国では、恐らく戦国時代から秦漢時代にかけての、帝国体制＝専制主義確立の過程に於て、村落共同体は解体し、北方遊牧騎馬民族が次々と侵入して華北一帯に定着した。こうした魏晋南北朝時代の四〇〇年間に、この中国社会の「村落共同体無き社会」という型が決定したものと想像される。そのため、自然村落共同体に代わって、人民を定着させ農業をやらせるための、人民から徴税し労役を課し徴兵するための、そして最後に人民の治安を守るための、国家による「村落」形成が、歴代の王朝によって上から強制的に行われてきた。しかしそれは、基本的には国家が人民を管理し、収奪し、動員し、処罰するための単位であって、人民の本来の生活・生産・消費の村落共同体ではない。そのため人民は、五斗米道、太平道とか、赤眉、黄巾とか、そうした宗教的、社会的な結社・組織を作り、自らの主体的活動を通じて「社会」の形成を始めた。又、一方に於て、宗族という血縁的共同体を純化して自然的村落共同体の欠如という状況を補完しようとした。こうして、村落はただ単に外部から侵入してくる盗賊、匪賊、流賊、異人に対する防衛組織、あるいは「械闘」のように、周辺の部落との対立、抗争のための自衛組織的役割を残すのみとなった。これが旧中国農村社会のいわば「基層構造」である。

この「基層構造」は、どうして形成されたのか。つまり、中華専制帝国の形成過程に於て、それに反比例して、村落の共同体的機能が失われていくのは何故かという問題が残る。この問題にたいする解答は、これまで専制権力による驚異的人民収奪、人民管理、強制移住に原因を求める説（これには北方遊牧民族の侵入による征服王朝の度重なる登場とそこに起こった大動乱、大量移住も含まれる）、国家による水利・灌漑事業、洪水・旱魃対策事業等の機能の肥大化による労働力の強制大動員と、これらによる村落自治機能の喪失という説、農業と手工業を結合した閉鎖的な血族村落の特殊な発展という説、血縁的社会の特殊な発達とそれを補強する儒教イデオロギーの全面的展開によるという説、こうした諸説が考えられるが、いまだに解明されていない。なにはともあれ、以後の中国の歴史は、この「基層構造」を母体とし、そこから発生する社会的諸機能が様々なバリエーションに於て、様々な派生形態に於て、深く広く高く展開していく過程として把握することができる。

自然村落共同体という、いわば「内皮」が剥がされた専制体制下の人民は、漢代に「陰陽五行説」、「天人感応説」、「易姓革命説」に基づく変革の思想を獲得し、その基礎の上に仏教、マニ教などから、「三期末劫、弥勒仏下生、明王降誕、真龍天子降臨」などの終末論的救済の思想を確立していった。それらは明代に総合されて「白蓮教・八卦教」として完成する。白蓮教は、中国専制主義が皇帝独裁として完成した明清時代には、邪教の最たるものとして徹底的に弾圧の対象とされたが、しかしその威力は中華人民共和国時代に到るまでの長い射程を持っていたのである。

また、明清時代には、郷土防衛の自警団的組織も大いに発展し、それらは種々雑多な拳棒結社、武術結社をも生み出した。それらは大刀会、小刀会などの武装結社として発展し、民国時代には紅槍会として拡大した。さらに又、こうした土壌の上に、清代には「反清復明」をスローガンとする天地会、哥老会等という広域的秘密結社が誕生したが、辛亥革命による専制体制の崩壊と半植民地体制下に於ける買弁的都市経済に寄生する青幇や紅幇など本来「裏社会」のはずの結社が、国民党や反動的政治勢力と提携して、上海、北京、広東、天津、広東など大都市の表舞台に登場したのである。こうした状況に対応して、本来「邪教」であったはずの秘密宗教系「会道門」も、大都市を拠点にして「真命天子」の降臨革命を目指すことになったのである。これが民国時代の民衆運動の新たなる展開であった。

中国共産党の革命路線は、これまで見てきたような伝統的な天の命による易姓革命の道を廃して、マルクス・レーニン主義による唯一絶対にして永遠に不滅の道、つまり労農階級（プロレタリアート階級と貧農階級との同盟）による暴力革命の道を対峙し、宗教＝迷信的存在そのものである会道門全体を人民の敵として一挙に抹殺したのである。中国の伝統的な「会道門主義的革命」を、「マルクス・レーニン主義的革命」で乗り越え、つまり「迷信」を「科学」によって乗り越え、国内的には工業化された富強の近代国家を、国外的には社会主義世界革命の盟主、この二つの位置と役割を共に目指したのである。しかし、ここで問題なのは、この二つの位置と役割を果たす威力と威信は、中国共産党主席毛沢東としての独裁的権力及び真命天子毛沢東としての帝王の幻想・威力の二つに拠って誕生したものであったことである。従って、会道門に対する弾圧は、歴代王朝の皇帝たちが建国初期に共通して行った「邪教弾圧」よりも、更に苛酷な徹底的な武力弾圧となった。こうした取締りによって、一九五〇年代の初めに、会道門は中国から一掃され消滅するはずであった。なぜなら、毛沢東を始めとする共産党幹部達は、「村落共同体無き」社会という会道門を生み出す現実の社会基盤を、「初級・中級合作社、高級合作社、人民公社」という人民共同体の純化、高度化によって克服できると考えたからである。しかし、かかる農業の集団化は、政府の農村支配、農民収奪の道として展開され、またそのように機能したのである。「土地改革で自作農が創設されたが、これは地主の土地と農産物支配権を剝奪し、農民に帰属させたことを意味する。一九五六年の合作社化は農民から農産物の生産決定権と分配権を取り上げ、合作社に帰属させた。人民公社化は農民の家庭に対する労働力支配権を取り上げ、人民公社の指揮下に置いたことを意味する。一日どこでどんな作業に従事するかは人民公社の幹部の決定で決められることとなった」（小島麗逸『現代中国の経済』頁三六、岩波新書、一九九七）。「中国は、ヴェトナム支援、アフリカ・アルバニア支援、近代兵器産業の育成、これらの費用をどうやって調達したのか。……二つ考えられる。第一はやはり農村からの「収奪」である。「収奪」という言葉がきつすぎれば、農民からの収資の強化といいかえてよい。そのメカニズムはすでに人民公社制度の説明につきている。つまり、分配における残差方式であり、価格政策を通しての収資であり、労働蓄積方式である。人民公社のような個人の意思を無視する制度があったからこそ、この三つの宝刀は機能した」（同上、頁六三、六四）。

農業集団化は、農民を共同体の中に解放するどころか、歴代王朝以上の農民管理と農民収奪の原器となったのであり、会道門を生み出し、それを必要とする社会問題を解決することはできなかった。現実には農民を収奪しながら、「帝国主義の最終段階の危機、第三次世界大戦の可能性を強調し、この時こそが世界革命の成功と人民全体の救済＝解放の機会であると予言し、約束したのである」から、毛沢東時代の共産党は、会道門をはるかに越えた終末思想、ユートピア思想の持ち主であったといえよう。かくして、ユートピアと現実の巨大な落差の中で、小島晋治の論文『ユートピアから逆ユートピアへ』（『ユートピアへの想像力と運動』御茶の水書房）が詳しく述べているような、想像を絶する悲劇が起こったのである。この悲劇を、更なるユートピア思想で乗り越えようとした運動が、「プロレタリア文化大革命」であった。

こうした中国社会主義建設の只中に於て、邪教としての会道門だけが「真命天子、弥勒仏」降誕という伝統的救済思想で最後の抵抗を行ったということができる。もちろんこうした会道門による革命の試みが勝利することはなく、それは中国の新生が如何に困難を極めたかのバロメーターの役割を果たしたに過ぎなかった。

会道門問題とは、二千年に及ぶ専制主義のもとで痩せ細り、いびつにされ、収奪されてきた民衆の「社会」を、肥大化し絶対的存在となった「専制国家」（皇帝一元主義）に対抗して、民衆自身が如何に主体的に「社会」を構築するかという問題である。そして、この問題に対して中国民衆は秘密結社、宗教結社を形成し、「帝王＝真命天子幻想」をテコにして答えたということである。しかし、民衆が作り出した会道門＝秘密結社への道は「真命天子降誕」と「三期末劫幻想」という、皇帝専制主義と易姓革命思想の陰影、陰画に過ぎなかった。中国民衆が「法輪功」を創り、それが一気に全国組織となり、またそれを国家が、「邪教」として徹底的に弾圧する現在の状況を見る時、「帝王の磁場」はいまだ生命を持続しているのである。

一九二〇年代に、中国共産党の創立者で、後進地域の農民たちによる紅槍会を高く評価した李大釗は、「これまで救世主などあったためしはない、神仙も、皇帝も、救ってくれなかった、誰もわれわれを解放できはしない、自分で自分を救うしかないのだ」（『魯予陝等省紅槍会』より、川合貞吉氏の訳）と、その限界を指摘しながら、彼らに連帯の挨拶を送ったことがあった。しかし、その後継者毛沢東によっても、まだ会道門問題を物理的手段によってしか「解決」し得なかった。しかし又、邪教・呪術の園なる世界に属する会道門問題は、この弾圧によって新たなる展開をみせ、さらに鄧小平時代の対外開放と経済の大発展によって、その社会的経済的基盤を失いつつあるものの、中国専制主義の制度及び思想が解決されない限り、会道門問題の最終的解決はない。

主要な引用、参考文献一覧

『中華人民共和国地方志叢書』（約四〇〇の県志、市志、省志の政治、公安「取締反動会道門」の項）。

『関于会道門問題文献資料選編』（曹琦編、公安部一局印、一九八七年）。

『中国会道門』（邵雍著、上海人民出版社、一九九七年）。

『山東民間秘密教門』（路遙著、当代中国出版社、二〇〇〇年）。

『民国秘密宗教会門資料匯編』（古佚小説会）所収の李世瑜著「現代華北秘密宗教」等。

『鏟除邪教——共和国鏟除反動会道門述実』（遅坡主編、中央文献出版社、一九九一年）。

『中国民間秘密宗教辞典』（濮文起主編、四川辞書出版社、一九九六年）。

『中国地下社会』（秦宝琦著、学苑出版社、一九九三年）。

『烏魯木斉鎮圧反革命運動』（新疆人民出版社、一九九九年。山東省に発した一貫道が一九五一年にウルムチ市にまで広まり、弾圧の対象になっていたことが記されている。頁六五、六六）。

『中国農民戦争史』（朱大昀主編、歴代王朝の巻、人民出版社、一九八八年〜九〇年）。

『康雍乾時期城郷人民反抗闘争資料』（上下、中華書局、一九七九年）。

『宋景詩歴史調査記』（陳白塵選述、人民出版社、一九五七年）。

『中国民衆叛乱史』（一、二、三、四）』（谷川道雄、森正夫編、平凡社『東洋文庫』所収）。

『明代白蓮教史の研究』（野口鐵郎著、雄山閣、一九八六年）。

『中国古代農民叛乱の研究』（木村正雄著、東京大学出版会、一九九七年）。
『明清時代民間宗教結社の研究』（浅井紀著、研文出版、一九九〇年）。
『匪賊』（川合貞吉著、新人物往来社、昭和四八年）。
『中国革命を駆け抜けたアウトローたち』（福本勝清著、中公新書、一九九八年）。
『中国民衆反乱の世界』（青年中国研究者会議編、汲古書院、一九七四年）。
『続中国民衆反乱の世界』（青年中国研究者会議編、汲古書院、一九八三年）。
『中国民衆と秘密結社』（酒井忠夫著、吉川弘文館、平成四年）。
『中国の秘密結社』（山田賢著、講談社、一九九八年）。

補　論（二〇〇七年一〇月記）

この論文は、『ユートピアへの想像力と運動』（御茶の水書房、二〇〇一年）に掲載されたものである。この論文に紹介した主なる資料は、対外開放にともなって一九八〇年代から全国の省・市・地区・県で共産党の指導の下に一斉に編纂、出版された『中華人民共和国中国地方志叢書』の「会道門」の項目の記事を拾い、それに基づいて書いたものである。それらは一九八〇年代から、国会図書館、神奈川大学人文研究所、東洋文庫などで、一冊一冊借り出して読み、メモした資料に拠ったのである。ところが最近、これまで出版された地方志叢書に記載されている「会道門」関係の記事を、その項目だけ総て集めた『中国会道門史料集成』（上、下二冊、全二三〇〇頁、中国社会科学出版社、二〇〇四年）が出版された。以下この書を『史料集成』と略記するが、これで全国各地の地方志に記載された会道門関係の記事を、労せずに読むことができるようになった。おそらく、「法輪功」という「会道門」が急速に成長して北京の中南海を包囲し中国共産党を脅かしたために、全国的に彼らの復活を警戒するために編纂して、全国の行政官や書記に注意を促したのであろう。

そこで、この資料集を一読することができたので、この論文に紹介することが出来なかった記事の内、特に「皇帝出現」を記載した興味深い資料のみ、追加して記しておきたい。

上巻の「主要会道門概述」（頁一～七）によると、中華人民共和国時代に総ての市、県に会道門があり、総数は四五四二種であった。その内、会は九〇八種、道は一六〇一種、門は三六六種、教は三六八種、堂は三八八種、壇は二九五種、社は一五二種、学は一四種、その他の雑は四五〇種に上ったという。最大のものは一貫道、同善社、九宮道、先天道、大乗門、聖賢道、宗教哲学研究社、道徳学社、一心天道龍華聖教会、帰根道、瑤池道、西華堂、真空道、孔孟道の一四種であった。以上の会道門から、「皇帝、朝廷、皇上、万歳、真命天子、真龍天子」や「王侯将相」、「娘娘（皇后）」を自称する多くの人が出現したのである。こうした皇帝位、貴顕の位を名乗った会道門は、きわめて多い。以下に記す皇帝とは、公安機関が調査して発見した自称他称の皇帝と、皇帝（ごく少数の真命天子を自称する者を含む）を自称して暴動を起こしたり、計画したりした者の数である。その数は、記載の不明確により、必ずしも正確ではない。おそらくこれに数倍する自称「皇帝」、「朝廷」が存在したと思われるが、県志の記述に精粗があり、ごく一部の者が記録されたのであろうと思われる。皇帝ではなく、その下の「王・侯・将・相」クラスの貴顕名を名乗った人は、「県志」を数百冊読んでみた感じでは、自称皇帝の数十倍、数百倍はいたように想像される。彼らの反革命、反中共、反国家の陰謀、計画、暴発等々の事件は、この資料集の到る所に記載されている。以下に、この資料集で、新皇帝を称して暴動を謀った会道門だけを数えて、各省ごとに纏めておく。時期は建国前後から一九八〇年代までの間である。

『中国会道門史料集成』に記録された各省、市、県の「皇帝数」一覧表

1、北京・天津・河北省　皇帝を一人以上出した県は二五県。皇帝を名乗る者三人以上出した県は四県。

新楽県　皇帝四人。

贊皇県　朝廷四人。

邯鄲県　皇帝三人。

武安県　皇帝三四人。

2、山西省　皇帝を一人出した県が六県。皇帝は延べ六人。

3、遼寧省　皇帝を一人以上出した県は一一県。延べ一七人の皇帝。

庄河県　皇帝六人。

4、吉林省　皇帝を一人以上出した市・県は八つ。皇帝は延べ一三人。

長春市・同郊外　皇帝三人。

梨樹県　皇帝三人。

5、黒竜江省　皇帝を一人出した市・県が六県。皇帝は延べ六人。

6、上海市・江蘇省　皇帝を一人以上出した市・県は一一。

徐州市・同郊区　皇帝二一人　皇后二九人。

淮陰市　皇帝四人。

7、浙江省　皇帝が一人出た県は一〇県。皇帝は延べ一五人。

桐郷県　皇帝三人。
紹興市　皇帝三人。
文成県　皇帝三人。
8、安徽省　皇帝が一人以上出現した県は七県。安徽省全体で皇帝八〇余人、その内「阜陽地区」だけで七五人。
9、福建省　皇帝が一人出た県が一県のみ。福建省の県・市志の「会道門」の項には、皇帝を名乗った人物を記録したものは一県志しかない。
10、江西省　皇帝を二人以上出した県はない。全体で四人の皇帝を数えるだけ。
11、山東省、山東省全体で、建国以来八四年までに、皇帝を二一七人発見した。
濰坊市　皇帝八人。
嘉祥県　皇帝一二人。
沾化県「五代六皇帝」を自称していた一家あり。
12、河南省　河南省全体で、皇帝が一人以上出現した県は一八県、皇帝の総数は二七人。
封丘県　皇帝六人。
13、湖北省　湖北省全体で、皇帝が一人以上出現した県は四県。
14、湖南省　皇帝を一人出した県が四県。
15、広東省　皇帝を一人出した県が一つあるのみ。
16、広西省壮族自治区　皇帝を出した県・市が二つ。全体で五人。
17、重慶・四川省　皇帝を出した市・県は一三県。延べ皇帝一五人。

「総述」に、「公安機関は反動会道門の復活事件を千余件暴きだしたが、その中で、「封帥、拝相、打倒人民政権、改朝称帝」等の行為があったものは全体の約四〇パーセントを占めた」（下、頁九五八）とある。

18、雲南省　皇帝を一人出した県が二つあるのみ。

19、陝西省　皇帝を一人出した県が二つあるのみ。

20、甘粛省　「総述」に、省全体で解放後、皇帝を一八人発見したとある。

21、青海省　皇帝を二人発見したのみ。

次に、建国直後、「鎮圧反革命運動」が展開された一九五〇年代初期に、どのくらいの会道門の勢力があったのか、上記資料の各省の部の「総述」の部から、紹介しておこう。

市・省名	反動的会道門数	大小道首数	道徒数	資料頁数
1、北京市	三五種	総数不明	一九五一年二月脱退者一七万八〇七四人	（上一八）
天津市	総数不明		一九五一年六月脱退者二一万余人	（上三一）
河北省	総数不明			
2、山西省	一五〇余種	一二〇余万人		（上一四九）
3、内蒙古自治区	全会道門数九六種	総人数は不明		（上二〇三）
4、遼寧省	会道門		道徒総数三〇万人（一九四九年）	（上二三〇）
5、吉林省	反動四〇余種	大小道首九二〇〇余人	道徒五〇余万人	（上二六六）
6、黒竜江省	封建二〇〇余種		道徒二〇余万人	（上二九九）
7、上海市	反動五二種		道徒三〇余万人	（上三二五）
江蘇省	反動六四種		道徒約五〇万人	（上三三八）
8、浙江省	反動二六四種	大小道首二一三六人	脱退者約六五万人	（上四二六）

9、安徽省	反動一五一種		道徒約六〇余万人	（上四二六）
10、福建省	不明			
11、江西省	反動四〇種	道首一三七〇〇人	道徒二一万余人	（上五八五）
12、雲南省	反動五一種	五三年全省で二七〇〇人を逮捕	五三年の脱退者三六万余。一貫道だけで五〇年に五〇万に達す。	（上一〇八二以下）
13、陝西省	反動一〇六種	建国初期に一貫道だけで三〇万人		（下一一二六）
14、甘粛省	五〇余種	一九四九年度・道首約六万人	道徒約九四万人	（下一一六六）
15、青海省	反動二七種		道徒約三万四〇〇〇人	（下一二〇二）
16、山東省	反動二二九種	大小道徒三九〇〇〇余人	道徒一一六万余人	（下六三一）
17、河南省	全会道門五五〇余種	道首六三〇〇〇余人	道徒一〇六万余人	（下六八八）
18、湖北省	全会道門二〇〇余種内反動数一〇種	道首二六〇〇〇余人	道徒数一〇万人	（下七六五）
19、広西壮族	全四四種内反動一三種		道徒約四万六〇〇〇人	（下八〇六）
20、湖南省	全会道門一〇八種反動一九種	大小道首一万三〇〇〇人	道徒約二五万人	（下八〇六）
21、広東省	反動三〇種	大小道首約四〇〇〇〇人	道徒約一八万六〇〇〇人	（下八七六）
22、貴州省	反動六二種	総数不明		（下一〇四五）
23、重慶市	総数不明	一貫道だけで数万人		（下九二九）
24、四川省	反動一四〇種		道徒一〇〇余万人、五三年までに逮捕した道首は三八四四〇人、自首した中小道首は一三万五七三〇人	（下九五七）

以上の二つの一覧表をみれば、中国における「会道門」と呼ばれる社会団体（中国式ゲゼルシャフト）の凄まじい復活力、組織力、成長力を了解することができよう。特に日中戦争、国共内戦、共産革命と連続した、国家なき行政な

き社会なき時代に、中国民衆がいかに「会道門」の中に「社会」を求め身を寄せ、生命の安全と富貴、発財を願って結集したかが分かろう。そして、中国革命と毛沢東が発動する政治運動の度に、「会道門」の反撃が一九八〇年代まで存続していたことが分かろう。かくして、私は中国人の精神史の中に流れる「帝王幻想症候群」なる現象に、改めて注目せざるを得ないのである。

第九章　中国農民戦争史論の再検討

一　「農民戦争」なる概念について

「農民戦争」なる概念は、社会主義中国や戦後日本の歴史学界で隆盛を極めた概念であり、今となっては死語にも等しい「懐かしい」概念である。この概念は、エンゲルスの論文「ドイツ農民戦争」によって誕生したものであろう。このエンゲルスの論文は、後にマルクス主義歴史学の古典、聖典となり、「農民戦争」概念が社会主義の階級闘争史の要の位置を占める契機となった。エンゲルスは一五二五年のドイツ農民戦争の歴史を一八五〇年にロンドンで書いたのであるが、その第一の目的は、一八四八年の革命を戦って敗北を喫したドイツ人民に、一五二五年の「大農民戦争の、不器用ではあるが力強くねばり強い人物の姿を、ドイツ人民のまえにあらためて展示すべきときである」と考えたためであった。この戦争の中で、農民から最も激しい打撃を受けたのは聖職者、貴族といった中世の封建勢力であり、利益を得たのは諸侯だけで、発展の不十分な市民階級は何らの利益も受けなかった。エンゲルスの農民戦争論は、中世末期のドイツ農民が飽くまでも農民としての階級的自覚を獲得し、封建的束縛を打破せんとして、ドイツ農民の歴史の上で初めて壮大な闘いを挑んだ、というところを評価したものであった。

P・ブリックレ『一五二五年の革命――ドイツ農民戦争の社会構造的研究――』(1)によれば、この時ドイツ農民は教会に支払う一〇分の一税の廃止、農奴制の廃止、村落共同体の回復と強化、農民の自治権の拡大などを要求したのである。辛い肉体労働を罷めて農村から都市に出たいとか、王侯貴族や官僚に成り上がりたいとか、そうした上昇転化によって非農民となる道を目指して戦ったのではない。つまり、この概念は、農民が封建制から資本制への転換期に歴史的主体として登場し、初めて壮大な闘いに立ち上がったということ、しかも農民が農民としての階級的自覚を高め、純粋に農民的な要求の貫徹を目指した闘いに与えた概念であった、ということができる。この点をはっきり確認しておきたい。なぜなら、この農民戦争概念は、中世末期のドイツ封建社会から遠く離れた共産中国にも、無制約に移植されて歴史の守護神となり、猛威を振るうことになったからである。ドイツ農民戦争概念は、スターリン型社会主義諸国の政治的正当性と歴史的必然性を証明する階級闘争史観の要の位置を占めるものとなり、毛沢東時代の社会主義中国に於ても、階級闘争の歴史的正当性を全歴史にわたって主張するイデオロギーに転化したのであった。日本に於ても、唯物史観が全盛を誇った時代には、百姓一揆研究の精神的バックグランドとなった。

二　日本における百姓一揆の研究動向

日本の歴史には、戦争と呼べるような農民の大反乱は存在しなかった。ただ一例、戦国時代に越前、加賀と伊勢長島に起こった一向宗徒の蜂起があっただけである。これに「島原の乱」を加えれば二例ということになる。しかし、これらは農民蜂起というよりも、宗教的な民衆蜂起であり、農民戦争ということはできない。日本農民の代表的闘争は百姓一揆である。つまり、近世の農民は、幕藩体制下の領主による年貢増徴と支配の強化に対して闘ったのであり、天皇や将軍家を打倒して国家権力を奪取するとか、武士階級に取って代わるとか、都市を占拠して農民政権を樹立するとか、そうした国家権力を目指して闘ったのではない。彼らの闘争は、逃散、越訴、打ち壊し、強訴、質地騒動、専売反対、村方騒動、世直し一揆等の形態をとったが、そのどれもが農民的要求に基づき農民の利益を目指したものであった。彼らの闘争はほとんど自藩の領域を出ることはなく、軍隊を創って江戸や京都に遠征するとか、指導者を新天皇や新将軍に推戴するとか、そうした計画、意思は全く存在しなかった。だから、百姓は武士と同盟を結ぶとか、都市民と連合するというようなこともなかった。

江戸時代の約三百年間に数千件の農民による事件が起こっているそうであるが、ヨーロッパ、ロシア、中国の中世・近世に数多く起こった、まさに戦争という呼称がふさわしい大農民反乱は日本には一件も起こらなかった。農民の身分を越えて、他の諸階級・諸身分を巻き込む大民衆反乱も起こらなかった。日本の歴史は、その穏やかさ、社会の秩序正しさ、身分制の厳密さ、各階級の職業意識の強固さ、文字文化の高さ、村落共同体慣行の強固さ、職人・町人・漁民の民俗文化の高さ、忠孝道徳の強さ、都市と農村の分業的な調和関係等の諸点で極めて特徴的である。日本の中世・近世と西アジア、インド、中国等のそれとを比較した場合、特に際立っているといえる。

このように書けば、福沢諭吉や戦後日本の知識人が批判の対象にした、明治期の藩閥政治、軍閥政治の基礎にあった日本の純粋封建制、最も非人間的な身分制社会であった徳川幕藩体制というような近世史像と大いに異なっていることに気付かれるであろう。戦後、封建制批判が盛んに行われたのは、敗戦後の日本人民の闘争目標が、侵略戦争と憲兵・警察政治を生み出した日本の近代――封建制と独占資本主義が野合した野蛮な前近代的な近代――の全面的な否定と打倒に置かれていたのに対し、一九八〇年代以後、この課題は世界史の大転換によって現実の課題たり得なくなったからである。今や日本の封建制の残存や独占資本主義の批判に血道を上げる歴史家はいない。第二次世界大戦後の、資本主義と社会主義、帝国主義と民族解放闘争、戦争と平和という世界を二分する対立は一九八〇年代に終り、それに応じて、日本でも封建的な偽の近代を真の近代で撃つといった、日本史研究の課題も又変わったのである。

この変化を日本史研究に即して少し振り返っておきたい。戦後、マルクス主義の世界観に基づく階級闘争史が歴史学界で隆盛を極めた。この史観に立つ研究は、階級闘争の進歩を証明し、各時代の階級関係と政治的・経済的性格を規定しようとするものであった。変革主体の形成と変革の条件を発見、確定し、日本における革命的伝統（林基『百姓一揆の伝統』[2]）をテコにして、自らをも又階級闘争の主体に自己変革してゆくというものであった。

こうした歴史研究者をとりまく戦後のパラダイム（思考の枠組みの全体構造）は、一九七〇、八〇年代に決定的に変化した。その理由は縷々説明する必要も無いであろう。歴史家の現代に向き合う姿勢と、取り組む課題が根本的に変わったのである。それと共に、日本近世の百姓一揆を始めとする民衆運動の研究は、民衆自治、集団心理、一揆の服装、儀礼、得物、出立ち、旅程、費用、武術、それに一揆と老人、子ども、女、町民との関係、さらに一揆指導者、義民の伝記、人格論（感情、気質、価値観、知識、能力、身体）の研究といった、社会史的テーマに重心が移った。アイヌや賤民の闘いと抵抗、またその内部矛盾も重要なテーマとなった（深谷克巳「近世の農民運動史」[3]）。

また、網野善彦は、百姓イコール農民ではないと主張し、漁民、職人、山人、商人、遊女、非人等の、多元的で躍動する民衆の世界を紹介する業績を多数発表した（氏と鶴見俊輔の対談『歴史の話』[4]等に、氏の問題意識が詳しく紹介されている）。日本の「百姓」概念は、その中に農民・海民・山民・職人を含む、もっと多様の存在であり、広くて深くて豊かな内容を持っている。ちなみに、百姓である私の母は、百姓とは自分たちの誇らしい自称であり、農民とは権力者やよそ者達による支配の意志を込めた蔑称のように思えると言う。

日本における中国農民運動史の研究にも、ほぼ同じような変化があった。農民戦争、民衆反乱、宗教反乱の階級闘争史的な研究ではなく、それらを通して、或はそれらの中に、民衆の地域的な生活の特色、風俗習慣、民俗、信仰、宗教教義、意識、心理、移住、差別、村落、共同体、宗族等の実態と変化を追究するようになっていく。生産力と生産関係の矛盾、階級分解、搾取関係、階級闘争といった政治・経済的な民衆運動の研究から、社会史的な研究へと変化していく（下巻附録の「アジアの民衆運動と宗教――中国・朝鮮――」(5)参照）。

こうした傾向は、現代の革命や変革のための歴史的法則を発見し、そして未来までも支配できる理論をつくり、歴史を科学にしようとした戦後のマルクス主義歴史学のパラダイムが次第に崩壊し、それに代わって人間とその社会を広く且つ深く理解したいという意識が高まったことを示している。この変化は、戦争、変革、革命の時代から、平和、共存、共生の時代へという、二〇世紀末の人間存在の根源的な方向転換に基づいている。

このような日本における歴史研究の方向転換は、現代世界の根本的変化からもたらされたものである。つまり、一九七〇年代後半頃から社会主義は敗退を続け、資本は国家、国境、民族の枠を越え、商品と情報は世界を飛びかい、生産は過剰になり、物は市場に溢れ、労働者諸君は自動車・テレビ・冷蔵庫等の電化製品にとりまかれ、情報やサービス業が大きな比重をもつに至った。これが八〇年代のことである。もしも、これまでの社会主義者が云うように、労働者が搾取され窮乏化するばかりであるなら、資本主義の高度成長は不可能であったろう。大量生産、大量消費、大量廃棄の主人公となったのは、一握りの独占資本家ばかりではなく、中産階級意識を持つに至った労働者、国民であった。人々は民族国家の神話と社会主義のイデオロギーの呪縛から次第に解放され、社会と生活のディテールだけに自由な精神を感じるようになった。こうして、日本における百姓一揆の研究は凍結状態となった。

三　中国における農民戦争の研究

中国に於て農民戦争史が歴史学の最重要のテーマになったのは、中華人民共和国の成立以後のことである。それは中国共産党が自己の信奉する階級闘争のイデオロギーの正当性を歴史的に裏付け、階級闘争の歴史的伝統を発掘して、階級闘争の主体（貧農、下層農民、無産労働者）を励まし、共産主義への移行の歴史的必然性を主張するためであった。特に毛沢東は、マルクス主義の歴史の発展段階論によって中国史を区分し、各段階を乗り越えて歴史を発展させる力は貧しい農民の階級闘争にあるとした。これは国家が認める唯一絶対の正統史観になったために、農民戦争研究は歴史学界の最重要なテーマとなった。また中国共産党の革命は都市に始まったが、しかしそこで敗北し、農村に撤退して革命根拠地を形成し、農民を軍隊に編成し、農村から都市を包囲、攻略したという経緯を辿って勝利したため、農民階級に歴史的にも理論的にも大きな役割が与えられたのであった。更に又、共産党の幹部や一般党員の大部分が農村出身者であり、近代的な工業労働者の比率が極めて低かったという、中国の半植民地状態からくる特殊条件に規定されて、中国共産主義者の中に濃厚な農民的気分があり、農民の役割を重視する結果を生んだのであった。

中国や日本の歴史学界では、一九五〇年代の初めから一九七六年の毛沢東の死に至るまでの四半世紀の間、農民戦争、農民起義、農民運動についての研究論文が特に多く発表された。山根幸夫編『中国農民起義文献目録』(6)（一九七六年）によれば、日中両国で論文数一三二五本、単行本一一二冊に及んでいる。中国の研究の大部分は、様々な限界、矛盾、後進性を認めながらも、農民の蜂起、闘争、運動の歴史的意義を重視するものであった。そして、中国の文化大革命の時期には、階級闘争を天まで持ち上げた結果、農民闘争は絶対化され、それに対する一切の批判は許されなかった。こうして多くの歴史家が反動として弾劾され、悲劇的な運命を辿った。

しかし、共産主義者が古代や中世の農民闘争を美化し、絶対化するのは大きな矛盾である。中国では二千年も前から数限りない農民蜂起が起こり、しばしば専制王朝を打倒したが人民を解放することは出来ず、共産主義者が初めて中国人民を解放したのだというのが中国共産主義者の論理であり、誇りであり、自己正統化であった。だから、教条主義的に農民闘争を高く評価し美化しながらも、必ずその歴史的限界を言わなければならない。過去の農民の階級闘争では不可能であったことを、共産主義者が達成したのだというところに有り難みがあるからである。

本章では、共産革命成功後に発表された論文と一九八〇年代に出版された『中国農民戦争史論叢』（第一～五輯）に収められている論文を主なる対象にして、中国農民戦争史論の特徴をまとめておきたいと思う[7]。

農民戦争のどこが偉大であったか―農民戦争論（その一、正の評価）

1、中国の農民戦争は、陳勝・呉広の反乱以後二千年以上にわたって、回数、規模およびその壮大さに於て世界の何処にも例を見ない位置を占めている。

2、農民戦争は、しばしば専制的な統一王朝を打倒した。

3、王侯貴族、大地主等の支配階級に大打撃を与え、彼らの人民への支配力を弱めた。

4、農民階級の利益を擁護する政権をしばしば樹立した。

5、階級社会では階級闘争が社会発展の唯一の動力であり、生産力を発展させ社会の前進を生みだした。

6、専制的な封建体制に終止符を打つことはできなかったが、統治階級から大きな譲歩を勝ちとった。

7、人民の気概、誇り、勇気、団結力を英雄的に発揮した。

8、人類の理想である民主、平等、共産、コンミューンへの方向性を終始一貫めざした。

9、中国の長い階級闘争の歴史は、太平天国革命・義和団運動・辛亥革命という、近代の偉大な三大人民運動を生み出した。

10、人民の長い歴史をもった革命的闘争、農民戦争の伝統の上に、中国共産党の偉大なる勝利も又可能となった。

以上、新中国における階級闘争史観に基づく基本的論点を一〇点にまとめてみたが、これは中国共産党の正統史観、とりわけ毛沢東の階級闘争を絶対視する史観から必然的に生じてくる論点であった。この正統史観の主張者は、マルクス、エンゲルス、レーニン、スターリン、毛沢東の階級闘争に関する言説を絶対視し、歴史理論、史観として展開した。しかし、中国の歴史の具体的展開を眺めてみると、必ずしも理論と現実は一致しない。また、先に指摘したように、旧社会の農民闘争は限界があって当然である。もし農民闘争が万能ならば、人民は二千年間も苦難のどん底に喘ぐ必要も無ければ、共産党の登場も必要が無かったはずだからである。こうして上記の諸点を主張しながらも他方でこれらの論点を批判する、以下のような限界論が生まれてくる。

農民戦争にはどのような限界があったか―農民戦争論（その二、負の評価）

1、農民戦争の指導者は、大部分が新しい皇帝、王を自称し、民衆に対して自己の権力の正当性を主張した。また、民衆も新しい皇帝、王の出現を熱望した。これが農民戦争の皇権主義といわれる性格である。農民戦争の落後性の一面を示している。

2、農民戦争の多くは、とりわけ宋代以後のそれは貧富の格差を否定し、土地や財産の絶対的な均分、均等、平均を要求するようになった。これを農民戦争の平均主義的性格という。これは無産農民が安定した小農民になることを目指したものであり、農民の限界の一側面である。

3、農民の闘いは、しばしば迷信、呪術に彩られていた。特に宋代以後の白蓮教系の諸反乱や太平天国、義和団等の反乱は宗教的な色彩が濃厚である。これも農民反乱の落後的性格を示している。

4、農民は階級的意識が充分ではなかった。農民は孤立分散的な閉鎖的な小経営の中で生活しており、また農業と工業の未分離の状態にあったので、視野は狭く、団結は充分ではなかった。強固な階級意識を形成することはなかなか困難であった。そのため、英雄を待望し、個人を崇拝し、他力本願の世界観を克服できなかった。

5、農民は文字を知らず、政治、経済、思想、文化の面で知識と教養に欠けていたので、封建社会を完全に克服する実力がなかった。そのため、農民戦争の後、地主階級の反撃に遭い、革命の成果を奪い去られた。

およそ以上のような論点が、農民戦争、農民運動の歴史的限界、弱点、欠点として指摘されてきた。階級闘争史観が唯一絶対のイデオロギーとして歴史の上に君臨した文化大革命の時代には、上記のような論点は農民階級を蔑むものとして徹底的に非難をあび、多くの歴史家が反革命の理論、反動的な歴史学を講じたとして攻撃された。一九八〇年代になっても、「階級社会の中で、階級闘争、とりわけ革命戦争は社会を前進させる唯一の動力であるから、それは結局生産力の発展に帰結し、社会各方面の変化をひきおこす」のであり、階級闘争だけが社会発展の動力であるという一元論を堅持せよ、階級闘争の他に生産闘争などを持ち出すことに反対する、と叫び続ける人物もいた（田昌五「堅持社会発展動力的一元論」[8]）。しかし、このような教条的なイデオロギーを振り回すだけの議論は、八〇年代初頭から急速に衰退していった。

階級闘争史観を前提にした上での、農民戦争史、農民闘争史に関する様々な議論や評価は、冷戦下の一九五〇、六〇年代のような社会主義勢力の攻勢期、反帝国主義闘争、民族解放闘争の高揚期、労働運動、学生運動の全盛期に盛んであり、共産主義の勝利が人類究極の目標として設定されていることを前提にした議論や評価であった。共産主義の勝利というイデオロギーにもとづく歴史的パラダイムは、現実の反帝・反ファシズム闘争のコンミューン幻想、革命幻想と一体化していたので実にリアリティーがあった。しかし、ソ連が内部から自己崩壊すると、階級闘争史観を中核とするパラダイムも一挙に崩壊した。中国では八〇年代に対外開放政策と経済の自由化政策が始まり、社会主義の大義が消滅すると、階級闘争史観にもとづくイデオロギーの体系も崩壊した。『中国農民戦争史論叢』や、その他の論集に収録されている論文の筆者の中には、公然と次のように主張する論者が現れた。

農民戦争になに一つ効用はない（その三、全面否定）

1、農民戦争は専制王朝が次々と交替する際の舞台廻しをしたに過ぎない。
2、農民戦争は専制王朝の過度な農民搾取によって生起したものであって、階級意識の発展によるものではない。
3、階級闘争も大事であるが、生産拡大のための生産闘争を高く評価すべきだ。農民戦争は生産の拡大をもたらさなかった。
4、農民戦争の皇権主義は封建専制主義そのものであり、農民戦争は封建専制主義に反対したのではない。
5、農民戦争の最高指導者は例外なく専制皇帝の道を歩んだ。
6、農民戦争の偉大なスローガンとして有名な、陳勝・呉広の「伐無道、誅暴秦」、「王侯将相寧有種哉」、赤眉の乱の「殺人者死、傷人者償創」、黄巣の乱の「均平」、王小波・李順の「均貧富」、方臘の「法平等」等は、皆農民自身が自らを解放しようとして提出したスローガンではない。
7、農民戦争の平均主義のスローガンは、かつて一度も実現されたことはなかった。
8、農民政権は成立後、地主分子や旧王朝の官僚を用い始めた。
9、農民政権の中から生まれてくる封建主義によって、農民戦争は必ず失敗する運命にあった。
10、中国の封建主義の伝統は、プロレタリア政権とその上部構造までも侵食し、大きな負の影響を与えた。

以上のように、階級闘争を至上とするプロレタリア独裁の理論がほぼ破産してしまった八〇年代に入ると、当然のことながら農民戦争史論も急速に色褪せ、否定的な論調が強くなった。農民戦争史が具体的な歴史から離れてイデオロギーに祭り上げられた文化大革命期の、全くの裏がえしの論理が盛んになっていった。文革時代に徹底的に迫害された学者達が農民戦争万能論に組し得ないのは当然である。階級闘争史観なるものは、家族、氏族、村、地域といった個々の人間の身体と生活が属している小状況、小宇宙、小共同体の世界を、全く捨象するか或はそれらに超越して成り立つ大統一理論である。そして、国家、権力、階級、搾取、闘争、革命、解放、救済といった概念で、世界と時間を統一的に解釈し支配する大理論であり、大状況、大宇宙、大共同体の世界に関する統一理論である。

この階級闘争史観という大宇宙論だけで、個々の人間の小状況を「料理」されては堪らない。小状況下では、人は多元的な生活者であり、家庭では父、母、子、孫であり、日常の衣食住に心を煩わし、冠婚葬祭にあたふたしたり、生死の間に泣いたり笑ったり、病気に苦しんだり、神に祈ったり、他人を馬鹿にしたり、馬鹿にされたりして一生を過ごすものである。そしてごくたまに、戦争、災害、信仰、動乱を契機にして、栄光と悲惨、高貴と卑小がないまぜになった壮大にして非日常的な戦いや冒険の旅に出て行くのである。人間のこのような小宇宙の生活を一切捨象して、人を王侯貴族階級、奴隷・農奴階級、地主・富農階級、貧農階級とか、ブルジョア階級、小ブルジョア階級、プロレタリア階級とかに分解し区別し、更にこれらを敵、中間派、味方といったピラミッド型の敵対的階層関係に図式化する。これが階級闘争論のベクトルであり、構造であった。

この大状況論は、反封建、反帝・反ファシズム闘争、解放闘争といった「喰うか喰われるか」の時代には闘いのための戦略・戦術論として大いに役立つし、また数百年数千年の単位で歴史の推移や変化、発展を見るには一つの有効な武器である。しかし、この理論、史観をごく短い命しかない個人の私状況にそのまま持ち込み、終りなき闘争の理論で日常的世界を覆われてはたまらない。例えてみれば、鯨を解体する大刀だけで人間のオデキや盲腸を手術するようなものである。こうしたことが、ソ連を始めほとんどの社会主義政権下で実際に起こったのであった(9)。

中国二千年の大、小の農民戦争、農民起義の時間・地域を累計してみても、時間は百年を越えず、地域はそう重ならない。大部分の中国人は、偉大な農民戦争、農民運動等には全くお目にかかれずにその生涯を終ったのである。歴史を階級支配の最終的解決に至る長い一元的な進歩の過程と見るだけであったなら、短い一回だけの生・死しかない個人の生涯などはほとんど言うに足りない意味しかなく、また偉大なる闘争に参加しなかった大部分の中国人の生の営みなども、ほとんど無意味ということになろう。

従って、一九八〇年代の中国で、階級闘争史が廃れて社会史が登場するのは、よく理解できることである。先の『中国農民戦争史論叢』に収録されている論文をみると、「郷党隣里、宗族姻戚関係から農民戦争の組織を見る」、「流民問題と農民起義」、「隋末農民起義の中の少数民族」等の新しい観点からの研究が見られる。その他の出版物、例えば、『中国歴史学年鑑』を見ると、「災害と農民戦争」、「士人と太平天国」、「太平天国の女性問題」、「太平天国の医療・衛生問題」、「客家、客家文化と太平天国」等の、新しいテーマが見られる。一九八〇年代以降、数ある農民戦争論の中で、今日まで生き残っているのは太平天国研究だけである。この太平天国研究でも、李文海・劉仰東『太平天国社会風情』[10]のように社会史的関心からする研究が発表されるようになった。また、『中国社会民俗史叢書』[11]も出版され、そこには乞食、質屋、博打打ち、奴婢、妾、纏足、流民、役者、娼婦、風水等のテーマごとの研究書が収められている。ここには、その生涯をほとんど無名に終らざるを得なかった多くの人々の身体、生活、社会、文化、風俗、信仰に向けての優しい視線がある。

前記の『中国歴史学年鑑』には、農民戦争の専論はなくなり、代わって「近十年社会史研究中的理論探討」（一九九三年）、「中国社会史研究的綜観審視」（一九九五年）等の論評が特別に掲載されるようになった。これらによると、宗族、家庭、地域、結社、人口、結婚、女性、服装、飲食、災害等をテーマとする論文が近年来多数発表されるようになったこと、また社会史とは何か、それは如何なる固有なテーマと領域をもつのか、そうした理論的な考察も大いに進展している。

階級闘争史から社会史へという変化は人間史研究の進歩であるが、農民運動史、農民戦争史の研究という面からいえば、必ずしも前進ではない。というのは、中国では何故に秦代から二千年にわたって大規模な農民反乱が次々と起こったのか、またそれらは何故に皇権主義とか平均主義とかいわれる共通の性格を持つのか、さらにまた農民の階級闘争はどのような発展段階を辿ったのか、そうした根本的な問題が何一つ解決していないからである。そこで、中国の農民戦争、農民起義を研究する際に、何が問題なのか、いかなる視点、いかなる方法で研究したらよいのか、私の考えを述べてみたい。

四　農民の存在について

これまで何の限定も付けずに、農民戦争、農民起義、農民運動等と「農民」、「農民」と連発してきたが、中国の農民とはいったい如何なる存在であったのか。例えば中国の農民は、日本の百姓やヨーロッパの農民と同じなのか。こうした根本的な比較史的検討が全くなされてこなかったのである。私も過去に於て、中国農民について多く語ってきたが、その時のイメージは故郷信州の山村の人々のくらし、家々のたたずまい、田畑の景観、牛馬のいななき、父母の仕事ぶりであり、それら日本の百姓の全存在が中国の農民に重なり、それを覆っていたのであった。それ故、学生時代に、太平天国に参加した農民達が金田村で蜂起した際に、「それぞれ我が家に火を放って老人子供を連れて遠征に旅立っていった」と読んだ時、わたしは故郷にある江戸時代末期に建てられ老木に囲まれた生家を想像し、かれらの勇気、決意、理想の壮大さに感服したのであった。しかし一九八〇年以後、しばしば中国を訪ねて、そこで見た農村の家々、村のたたずまい、田畑の景観は私の想像したものとは似ても似つかぬものであり、金田村の農民の旅立ちの私のイメージは大きな修正を余儀なくされた。

中国の女は纏足をして家から出ずに機《はた》を織る、男は田畑に出て耕す。「男耕女織」という言葉は単なる華北農民の生活の一般的表現と思っていたが、そうではなく男女の完全な分業をも示していて、日本の百姓と全く違う。日本の農家の女は男以上に田畑の仕事をするのである。土地との関係も全く違う。日本近世の百姓の所有地（特に水田）は半私有といったもので、半分は村のものである。だから領主に支払う年貢は村請制にされるのである。また、司馬遼太郎がいうように、大名＝領主は土地を所有しているのではない。徳川幕府の下で管理を任され食べさせてもらっているのである。領主は農地を勝手に売買することは不可能である。というよりも、売買することなど想像だにできない。日本の村は共有林、共有原野、入会地を持ち、水田には水の管理を通して強固な管理権を所有している。日本の村の共同体的規制は圧倒的である。日本の百姓像、農民像については、網野善彦、大石慎三郎氏等によって、根本的な書き替えが行われている（例えば、『歴史の話』、『貧農史観を見直す』[12]）。

これに対して、私たちの農村調査の記録『近代中国の社会と民衆文化』（佐々木衛編[13]）を見ても分かるように、華北の旧中国の村は共有地、入会地を持たず、村総会を持たず、田畑の耕作に何らの規制力を持たない。ということは、華北の農民の土地所有権は完全だということを意味する。彼らはそれを自由に売買し、処分することができる。だから、しがない一貧農であっても、土地をめぐるトラブルは官に訴え裁判沙汰にできるのである。旧中国においては農民が到る所で裁判を起こした。また、民間に「訴訟ゴロツキ」も大量に発生した。

日本近世の農民のトラブルは、村内にあっては「名主、組頭、百姓代」の村方三役が中心となって、村ぐるみで調停し解決した。中国の農民は土地所有権を持っているので、男の子に均分に相続させることができた。中国農民の土地所有権は排他的といってよいほど強力であった（逆にいえば合法的に簒奪されやすい）から、人々は自己の労働、才覚、縁故関係といった全能力を発揮して、自分の村を越えて土地獲得に狂奔したのである。中国華北の村には、共同体規制も、日本の領主のような領主権をもつ上級支配者も存在していなかった。基本的に農民階級という法的身分が存在していなかったので、人々は土地、財産、富貴を求めて、無限の競争、無限の勝負に出なければならなかった。古代の身分制社会が崩壊した宋代以降は、万人の万人に対する競争と闘争が始まったと思えばよい。「わが村人」の共同の利益のために官と闘って死ぬなどという、佐倉宗五郎型の義民は中国には出ないのである。農民から地主に、民から官に、山村から都市に、地方から中央に、貧民から富貴に、愚民から読書人に、かかるベクトルに突き動かされて生きるのが中国人の社会の特質となり、文化の型となった。だから中国の義民は、民のために「天下」を争うのである。純粋の農民になることは人生の目的ではない。たとえ、大部分の人々が農業に携わっていたとしても、彼らの目的は地主、大商人、官僚となり、「発財」して富貴になることだった。農民身分の故に、上級身分に成り上がり功なり名遂げることなど断念して村の篤農家に徹して生きるといった、日本近世に多くみられた「義民型」の人間類型は中国には少ないのではないか。これは私の仮説である。研究に値するテーマであると思う。

五　農民戦争の主体について

中国史上の多くの大反乱を、すべて農民戦争とか農民起義とか呼ぶことに対して、初めて異論を提出したのは、京都大学東洋史学の重鎮宮崎市定である。氏は、太平天国を農民戦争の最大のものと高く評価する説に対して、「これを農民運動と規定するについては、別に深い根拠があったわけではない。要するに、中国は農業社会であったから、そこに起こる人民の蜂起は、必然的に農民運動に外ならない、という極めて素朴な論理であった」と一蹴し、指導者たちは農民ではない、純粋に農民的な要求がほとんどない、アヘン戦争の影響が決定的である、アヘン戦争後の運輸・鉱山労働者や三合会系結社の参加と活動が重要な役割を演じた、広東、広西における客家と土着民の抗争が蜂起の発端である、南京に建国した後に太平天国は変質し指導者は王侯貴族に成り上がって農民を支配した、建国後も最初から蜂起に参加した老兄弟と華中で後に参加した新兄弟の矛盾を克服できなかった、等々と主張した。太平天国は、貧しい農民が農民階級の階級的利益のために戦争までして戦ったとは到底思えない、と宮崎は主張したのである（「太平天国の性質について」[14]）。

宮崎の主張に対して、小島晋治は農民運動の側面が強いと反論を加えた。当時中国各地で農民が蜂起し、太平天国に呼応し参加した。特に長江の中・下流では農民が抗租、抗糧闘争という農民の階級的利益を守る闘いに起ち上がっており、彼らの闘いがあって初めて太平天国運動は国家にまで発展できたのである、とした。宮崎説を流通史観だと批判する小島は、生産力と生産関係の矛盾による階級闘争に歴史発展の推進力を求めようとした（『太平天国革命の歴史と思想』所収の論文[15]）。しかし、小島は後に太平天国の性質を農民戦争とする自説を撤回した。氏は、太平天国を、改めて日本の百姓一揆やドイツ農民戦争の最新の研究成果と比較し、またこの反乱の性格の変化や共産政権の歴史などを再検討して、「農民戦争説へのこだわりをいったん捨てて、中国民衆反乱の特徴を太平天国をつうじて考えてみたいと思うようになりました」と発言している（『太平天国運動と現代中国[16]』）。

この両者の対立の頃、私は小島に全面的に賛成であったが、今は宮崎の多元的に組み立てられた太平天国論に、この反乱のリアリズムを感じるのである。また、太平天国を考える際に、指導部の大多数を占めた「客家」の問題が決定的であると思う。彼らの歴史、文化、社会的位置（差別の問題）、職業を研究しなければならない。例えば、太平天国の公用語は客家語であり、「男館、女館」の区別は客家の厳しいセックス・タブーの展開であり、運輸交通・鉱山労働者の活躍は客家の生業と関係があると思われるからである（林浩『客家の原像[17]』）。

これまでの農民戦争史研究の基本的な論理は、主体は農民であったか否かというところにあった。しかし、中国の農民とは如何なる存在なのか、そこが問題なのである。中国では、秦代から今日に至るまで、農民身分という階級が長期にわたって政治制度として確立したことはない。占田、課田、均田、里甲等の制度や諸々の徭役は、国家が人民を支配、管理、収奪、救済する制度として作り出したものであり、人民をむりやり土地に縛り付ける制度であった。農民が社会階級、政治的身分として確立し定着したものではない。旧中国の農民は、日本近世村落の農民のように、村共同体と家制度（長子相続・総領制）という二本の足で大地に強く根を張っている共同体的存在ではない。彼らは宗族と同郷の意識で生きる存在である。

私の中国農民に関するイメージは、二つに分裂している。一つは、猫の額ほどの地片にしがみつかなければ生きられない貧しい散砂のごとき人々、だから食うためにはあらゆる仕事に就き、時には荒っぽい仕事もいとわない人々、飢饉や戦乱には簡単に且つ大量に餓死し殺戮される人々、家族を養うためにグループや結社に入って遠方に出稼ぎをし、そして時には家族ぐるみで村から出て行ってしまうような人々である。

もう一つは、こうしたイメージとは反対に、宗族で団結してチャンスをとらえ小地主、大地主、大商人へ、そして大金持ちになって子孫から官僚を出し、果ては王侯貴族、皇帝の地位を窺ったり、宗教結社、秘密結社、社会結社、武装結社を作って国家を震撼させたりする、『水滸伝』的民衆像である。この相反する二つの中国農民像に共通するのは、彼らが安定的な農民階級でも、農民身分でもなかったという点である。このような中国の大衆を、封建身分制が歴史的に確固として成立した中世ヨーロッパ、近世日本の旧農民や百姓と同じ範疇とみなすことはできない。社会における存在形態、身分意識、家意識、村意識が全く違うからである。

ところが、毛沢東時代の中国共産党は、マルクスがヨーロッパ中世に発見した封建農奴制の歴史段階を中国史上にも設定し、階級闘争の理論と発展段階論を核にする唯物史観を無条件に受け入れた。そのため、中国の大多数の民衆は二千年も継続した封建体制下の農民＝農奴階級にされてしまった。そうすると、様々な矛盾が起こる。偉大なる大農民戦争と規定されているのに、農民の階級的要求が充分に掲げられていない、主力部隊は農村から出発して大都市、都を目指し、王侯貴族を夢見て再び故郷に帰ってこない、指導者の大多数は純粋な農民ではない、等々の不可解な性格である。

これを農民戦争であると言っても、そうではないと言っても、どちらも無理がある。指導者になるような者はだいたいが純粋な農民ではない。太平天国の指導者などは、知識人、貧農、地主、行商人、アヘン売り、店の店員、芸人、質屋、大工、鍛冶屋、会党の頭目などである。だからといって、彼らが農民ではないともいえない。それぞれの人がたまたまこのような職で食べていた時、反乱に参加したというだけであろう。一般に中国の大衆は仕方なく農業と深く結びついて生きていたのである。農業に誇りを持ち、子孫代々自作農民として暮らしてほしい等と願う者はごく少なかったのではないか。このような、生きるも自由死ぬも自由、御勝手にという存在であった旧中国農民は、一般に農民であって農民でなく、農民としての階級意識を充分に育てる存在ではなかったと言わざるを得ない。彼等はいつも上昇転化を夢見ていたのである。それが如何に実現不可能な道であったとしても。彼らの社会的存在が彼らの意識を規定していたのである。

農民戦争の指導者の多くが農民ではなかったが、しかるに、その本質は農民戦争であると主張する論拠はなにか。共産党の唯物史観のイデオローグであった劉大年は「これが中国歴史の特色であり、秦漢から明末に至る歴代の農民運動は、その指導者を何れも別種の階級に求めた。秦末の陳勝は軍隊の小隊（屯）長、劉邦は亭長、前漢末の赤眉の徐宣は獄吏、後漢末の張角は道教集団の首領、隋末の李密は封建貴族、竇建徳は下級軍官、唐末の黄巣・王仙芝は私塩の密売者、元末の郭子興は商人、徐寿輝は小商人、朱元璋は遊行僧、民末の李自成は駅卒、という風に幾多の例がある。元来、農民は土地に束縛せられて見聞も狭いので、いきおい農民以外の出身の勇敢な指導者が現れるのを待って動くのである」[18]（「中国近代史研究中の幾個の問題」）という。宮崎市定はこの文章を引用して説得力がないという。

私は、劉大年の根本的な誤りは、農民階級や農民身分の確固たる存在を前提にして議論を展開していることにあると思う。古来、中国の農民の大多数は「老百姓」的存在であり、農業を中心としながら食うためにあらゆる仕事をやって生きていた。上記の指導者のそれぞれの職種も安定した職業だったわけではない。例えば、秦末の反乱の指導者陳勝は司馬遷によると、「こわれた瓶で窓を作り、戸を縄で結ぶような貧しい生まれで、人にこき使われて働く農民、兵役のためにさすらうよるべない民にすぎなかった」という。しかし、彼は小作をしていた頃、「燕雀いずくんぞ鴻鵠の志を知らんや」とか、「王侯将相いずくんぞ種あらんや」等と言ったというのだから、普通の貧しい無知な農民でなかったことは明らかである。また明を建国した朱元璋を、僧侶、乞食、流れ者、無産者、匪賊、盗賊等と称しても誤りではあるまい。彼の少年時代、青年時代の生業はこうした存在の総体だったからである。そうした部分が先頭に立って民衆大反乱が始まる。一旦反乱が始まって勢いがつけば、もう農業も商業もどうでもよいのだ。あらゆる食い詰めた階層の人々が家を離れ村を離れ、食・金・地位・力を求めて雲霞の如く集まって来るのである。しばしば、こうして大反乱が起こったのである。

こうした民衆運動の方向とは異なって、小作料値上げ反対、土地税値上げ反対などを要求する、明清時代の抗租・抗糧闘争と呼ばれる農民的な闘いがある。農民的であるから、大抵は局地的であり、土着的であり、小規模であり、直接生産者中心の騒動、一揆で終る。抗糧闘争は中・小地主や監生などの地方指導者が参加することもあり、規模は比較的大きくなる。これらの闘争は、ほとんど反乱には発展しない。純粋に農民的な部分は自分の土地に向かい、非農民的な部分は地方都市、都、中央に向かう。極端に言うならば、農民戦争とは、中国の「老百姓」（必ずしも農民ではない。つまり、人民大衆）が始皇帝以来専制権力によって無理矢理「農民」にされたため、彼らが憤激して貧苦の農民生活を罷めて帝王・貴族に成ろうとする戦争であり、或はまた、「農民」にされたが農業でも食えないため、都市と新天地を目指して壮大な旅に出た行為ともいえよう。

以上の考察によって、中国ではエンゲルスが言うような、農民戦争という概念は成立しない、中国民衆大反乱というべきである、というのが私の結論の一つである。これも仮説であり大きな課題として提出しておきたい。

六　農民戦争の皇権主義について

中国社会の基本的特質は、階級関係というよりも、「官・民」関係である。特に身分制が崩壊した宋代以降は純粋な官僚社会であり、官＝御上の世界に属するか、人民大衆に属するかは人々にとって決定的なことだった。皇帝から始まって末端の官僚に至るまで、国家に寄生する者はほとんど人民を搾取するだけである。地主・商工業者も人民に対する社会福祉の力は弱く村も頼りにならないとなれば、百姓で食べられなくなった人民は、血族、或は結社、宗教組織、非行グループにでも頼らなければ生きられない。特に王朝末期の全般的危機の時代には、天下麻の如くに乱れ、群盗は各地で蜂起する。人民も半ば群盗化せざるを得ない。

ところで、中国の民衆蜂起の事例をみていつも不思議に思うことがある。それは、蜂起の準備段階あるいは初期の、まだ参加者が少数の時に、最高指導者はほとんど、「真命天子、真龍天子、某皇帝の生まれ変わり、某皇帝の末裔、天生帝王、黄蓮聖母、黄天聖主、弥勒仏下生、地王・天王・人王等の諸王、五百羅漢、仏母、紫微星、大元帥、大都督等々――」[19]を自称することである。こうした傾向は、中国民衆反乱の嚆矢といわれる陳勝・呉広の反乱から既に始まっていた。初め、陳勝は民衆を欺いて始皇帝の長子扶蘇であると自称し、ついで将軍を、最後に陳王と名乗った。そして部下の呉広を都尉に任じ、更に彼を自分の代理である仮王とした。その後、部下の中から多くの王、大将軍を名乗る者が輩出している。だいたい中国では、武装蜂起する際には頭目が皇帝、天子、王とか、宗教王を名乗らなければ、ことは始まらないのである。仲間や部下は、頭目が至高の権威・権力者であると宣言しなければ誰も随いては行かない。

　こうした中国民衆反乱の伝統を、日本の百姓一揆と比較してみるとあまりの相違に驚く。先にも述べたが、江戸時代、百姓による一揆や騒擾事件は数千件ほども起こったが、自分は新天子であるとか、新将軍であるとか、あるいは京都、江戸を占領して新国家を樹立するとか宣言した例は一件もない。日本の百姓一揆は百姓＝農民階級として生きるための闘いであり、純粋な百姓の運動であるが、中国の民衆蜂起は農民では食えなくなり、あるいは馬鹿馬鹿しくて農業などやっていられないといって、農村から都市へ、また地方から中央へと、権威と権力と富を目指して出撃していく人々の反乱である。

　どうして中国ではこうなるのか。それは秦の全国統一以後、国家・社会の基本的構成が完成し、「皇帝—貴族・官僚—人民」という支配と被支配の体制が基本的に変化しなかったからである。もちろん唐代の末までは貴族社会の色彩が強かったが、宋代からは「皇帝—官僚—人民」という体制が、比較的純粋な形で完成した。日本の封建制度のように地方分権体制ではなく、「帝国一元体制」であるから、一度蜂起するや、帝都、帝王位の奪取にまで進まなければ止まないのである。宋代以降の君主独裁体制は、帝国体制がより一層純粋化した体制であり、隋唐以前の帝国の新たなる帝国への脱皮である。それとともに、古い階級制、身分制は歴史の進展と共に崩壊していったから、人民も貧民・貧農から、大地主に、大商人に、大将軍に、或は科挙制度を通して官僚にのし上がる可能性もより大きくなった。宋代以後、ほぼ古代的な身分制度はなくなったから——もちろん奴婢や賤民にされる者は沢山いたが、農民身分というものはなかった——、ある意味では中国の農民は日本の百姓より「自由」であった。

　しかし、逆に言えば、日本の領主がするような農民農村に対する厳格な管理や保護もなく、村共同体に守られるということもなかったので、宗族や郷党に頼れない者は乞食、盗賊、行商人、芸人、反逆者等々として故郷から出て行き、富貴を手中に収めた一部の者以外は何処かで野垂れ死んだ。

つまり、中国の社会は官（権力機関に属する者）と民（支配・管理され収奪される側に属する者）の対立関係が、貧富の対立と並んで最も重要だったのである。官僚たちの驚くべき無謀と蓄財、胥吏・衙役および兵士の横暴、乱暴などは国家権力が絶対だったから可能であった。現在は共産党員であるか否かが、まず第一に重要である。共産党幹部の子弟やその従者が権力を振り回している現代も、社会の構造と文化の伝統が強固に残っていることを示している。例えば毛沢東、劉少奇、林彪、鄧小平やその他の幹部家族が太子党として驚くべき権力を振るった歴史をみても分かる。

中国の農民は農民階級でも農民身分でもなく、自由な「良民」身分であり、いつでも何処にでも出て行くことのできる存在であったから、専制王朝は占田制、課田制、屯田制、均田制などの制度を設けて彼らを農村に定着させたり、農村の戸籍を作って都市への流入を防止したり、人口の多いところから戦乱で人口が激減した地方に強制連行したりしたのである。また里甲制度、保甲制度、隣保制度等を設けて農民を監視し、管理しようとしたのであった。中国の大民衆反乱を研究するには、日本やヨーロッパの農民、民衆の社会的存在形態と比較しながら研究をすることが大切である。農民と書いてあるから農民であるとか、多くの人が農業をしていたから大体が農民であった等と言って済ましていてはなるまい。その農民といわれる人々の社会的存在形態、文化の特質、国家との関係の在り方の特質を明らかにすべきだと思う。その際、日本やヨーロッパ、その他諸民族の農民と比較研究することが大切である。これを新しい問題提起としておきたい。

七　大民衆反乱と諸結社の関係について

農民戦争なる概念は適当ではない、というよりは成立しないという結論に達したので、以下は民衆反乱という語を使う。中国民衆反乱に於ては、様々な社会的・宗教的結社が中核的な役割を果たしてきた。中国民衆は、官僚機構はもちろん、村共同体の団結力にも、領主の保護・管理にも頼ることができず、散砂のごとき状態に置かれていたので、第一に血族＝宗族の団結力に頼り、第二に同じ方言を話す地域・同郷社会に頼り、第三に社会的・宗教的諸結社に頼ることになった。血族＝宗族は生存の根本組織であり、移住・移民の母胎であり、精神の置き所である。これは父祖の地に凝集するだけで、社会や政治の世界に向き合う方向性を持たない、内向きのベクトルである。しかし、社会的宗教的結社は血縁と地縁を越えて国家・社会に向き合う力と方向性を持っており、外向きのベクトルである。特に絶え間ない戦乱と災害に見舞われた時、中国民衆は内なる宗族に結集する。

しかし、この宗族にも郷村にも頼れない孤独な人々は、そこを飛び出して宗教、武術、経済活動、交通、運輸、犯罪などを紐帯にし、それらを基盤とする集団、徒党、グループ、結社をつくり、生きるための競争、闘争を始めるのである。特に、身分制社会が崩壊し、宮崎市定が主張する財政国家が成立した宋代以降は、商品生産、交換市場、貨幣経済が急速に発展したため、あたかも万人の万人に対する闘争、競争とでもいうべき状況が進行した。人々は浮沈を繰り返した果てに、生存競争に敗れた寄る辺無き貧民が大量に生まれた。そのため、「会・道・門・教・堂」等々無数の結社・組織が作られていったのである。中でも宗教的結社や秘密結社は反社会、反国家の活動を激化させていく。諸結社は競合し、連動し、連合し、結集したので、人口爆発が起こった明・清時代の民衆反乱は質量ともに大発展を遂げ、一九世紀には嘉慶白蓮教の反乱、少数民族や回民の反乱、太平天国の反乱、義和団の蜂起を生み出したのである。この点については、「中華帝国と秘密社会」（『秘密社会と国家』所収[20]）なる論文を参照されたい。

八　中国社会における官（士）と民（庶）の二元的関係について

中国の社会の特質は、官と民という二次元で区分するとよく理解できる。官人は難しい漢字を覚え、「四書五経」を習い、詩文の能力を身につけ、読書人と称し、国家試験に合格して官位につき天子の臣下となる。官人は読書、詩文、倫理、行政、財力の全ての力を管理独占する。これを官人・士人階級と呼ぼう。旧中国では知識、能力、教養を身につけた人はごく少数であり、大半の人が無学文盲である。これが民である。この差異は決定的である。

それでは、民は無力かといえば、決してそうではない。民は無学文盲であるから演劇的な、今はやりの言葉でいえばパフォーマンスの文化を発達させた。身体・言語の文化、つまり芝居がかった仕草、アクロバット、それらに基づく渾名、動作で示す暗号、異言異装、武術の鍛練、伝説・民話・伝奇小説・民間信仰の人物の憑依、呪術や予言による異能者への変身等々の伝統文化である。災害、動乱、飢饉、戦争等による非日常的世界が迫ってくると、それに対応して民衆文化は凝縮、緊張、核融合を始め、民衆文化の化身として、カリスマ的人物、人民的英雄を生み出す。

後に、中国民衆文化に圧倒的な影響を与えた水滸伝は、元末の大反乱のさなかに成立した。例えば、水滸伝の後世への影響について、相田洋は「水滸伝の世界[21]」なる論文で、次のように言っている。明末の大反乱の際、李自成の集団には水滸伝の中で活躍する英雄の渾名をそのまま用いたり、或はそれを類推できる渾名を用いている者が極めて多かった、と。また氏は、「清代における演劇と民衆運動[22]」なる論文で、演劇は観衆と舞台との間に非日常的な空間を作り出す。観衆は、舞台の上で演じられる水滸伝などの芝居の主人公と一体化し、政治的幻想の世界に舞い上がる、とも述べている。李自成の大反乱の指導者たちの多くは、個としての自分を消し去って、伝説、演劇、小説等の中に出てくる英雄、義人の名義を名乗ったり、互いにアダ名で呼び合っていた。その仮名・アダ名の数は六〇〇余にのぼり、一人で七、八の名を持っている者もいたという（王綱『明末農民軍名号考録』[23]）。こうした傾向は、明末清初の李自成の反乱で大規模に始まり、一九〇〇年の義和団運動で頂点に達した。

官は、四書五経、詩詞、官文書等々の世界で、人民に分からない難しい漢字文化を極点にまで磨きあげて聖典とし、人民と隔絶した孤高の世界を、洗練された文人の世界を築いた。こうして支配層は、官僚＝読書人＝地主という三位一体によって、政治、道徳、文化を一手に独占した。これに対して、人民は民間信仰、伝説、芝居、祭り等の土俗的な民衆文化を作りだしていく。士は天を目指し、民は地に向かう。こうして、中国の文化は二元体制の度を強めていった。後に魯迅は、中国文化の二元的分裂によって、政治世界は益々観念の度合いを高めリアリズムを喪失して虚構となり、一方民衆の世界は益々土俗の度合を高めて迷信となる、こうした中華帝国、中華文明の行き着いた閉塞状況を打破しようとしたのではなかったか。白話運動が近代への最初の文化運動であったことが、一つの証明である。

全てのものは、絶え間なき進歩、発展の過程にあるという考えは、近代の思想である。マルクス主義は、歴史は階級闘争を繰り返しながら、最後の救済＝共産革命に向かって段階的に且つ必然的に前進するとする点において、キリスト教の終末思想をもった進歩史観であり、メシア思想であった。この進歩史観＝メシア思想によって、中国五千年の歴史を唯物史観の五段階論に区分しようとしたのが、中国共産党の正統史観であった。しかし、あらゆる民族、国家、文化、文明が例外なくそれぞれ進歩、発展を遂げていくなどとは、マルクスは一度も述べたことはないのである。マルクスにとって「導きの糸」でしかなかった概念が、歴史の「絶対法則」に祭り上げられたのである。

中国は秦・漢時代に国家、社会、文明の基本的な型と構造が完成し、以後ヨーロッパ近代が侵入してくるまでの二千年の間、根本的な構造的変化はなかったのではないか。もちろん、宮崎市定が主張するような、社会・経済の段階的変化はあったが、しかしそれも、国家構造や文化、文明の基礎構造まで根本から変革するようなものではなかったのではないか。中国の多くの歴史家さえ、封建社会を秦代からアヘン戦争までの二千年間の長きに設定しているのであるから、この間の根本的な国家・社会の変化を認めていないのである。となると、この二千年の間に絶え間なく起こった大農民戦争、大民衆反乱、農民運動は、中国の国家・社会・文明の構造的な変革には全く無力であったということになろう。

このことは何を意味しているのか。これは、中華帝国＝専制的官僚体制の国家・社会・文明の中に発生した根本矛盾は、被差別身分からの解放、階級支配からの解放という形態では展開しなかった、ということを意味している。中華帝国の根本矛盾は、国家（官）と人民（民）との間に、つまり貧富の矛盾をその上位にあって調節し管理する官僚国家体制それ自身の中にあった、というべきであろう。中国共産党の幹部は大部分が貧しい階層の出身であるが、彼等が天下国家をとると、みな官になり、最高幹部は明・清時代の王侯貴族の特別居住区であった中南海に入った。しかし、彼等はこれをプロレタリアート階級と貧農階級が最終的な階級闘争に勝利した、と宣言した。先に主張したように、中国の歴史には純粋封建制度は成立しなかった。従って、身分制に基づく階級社会は完成せず、上下関係は極めて流動的であり、官・民の循環、交替、抗争という形態で国家・社会体制は展開し、中国共産党の勝利にもこの法則が大きく作用したのである。そこで、理論と現実の間に、大いなる齟齬、矛盾が生まれたのであり、それ故毛沢東の永久階級理論、人民公社論、文化大革命論もまた提起されたのである。しかしこれらの試みも、極めて流動的な「階層」を固定的な出身身分である「階級」の問題であると誤解していたために、悲劇と喜劇の中で敗北せざるを得なかったと云うべきであろう（拙稿「中国文化大革命の理想と中華帝国の政治論理」[24]を参照されたい）。

九　中国民衆反乱を如何に研究すべきか

中国では過去二千年の間、大民衆反乱が各王朝を貫いて連綿と発生してきたという歴史的事実があるが、これは中国の国家・社会の基本構造に二千年の間、根本的な質的変化がなかったことによる、と考えざるを得ない。民衆は大反乱という形態でしか政治世界に参画できなかったのであるから、この問題は、始皇帝から今日に及ぶ中国専制主義の基礎は何かという問題に帰着する。このように問題を立てると、「中国停滞性理論」の再来であるとの批判を受けるだろう。中国革命は、中国民衆の解放に、民族解放闘争の前進に、帝国主義の打倒に、それぞれ多大なる貢献をなしたという功績を認めた上で、なお且つ、共産党一党独裁体制、チベットの占領、毛沢東個人独裁、反右派闘争に象徴される知識人に対する大弾圧、大躍進なる大盲進、二千万以上の餓死者の発生、文化大革命の狂乱、農民の「盲流」、人民の金銭崇拝等を見ると、そこに専制的な中華帝国の伝統的構造、社会イデオロギーの強固なる残存を認めざるを得ない。農民解放を目指した毛沢東は、結果的に「農民戸籍」を作って農民を都市から隔離し管理し統制し収奪した。何という歴史の皮肉であろうか。

中国の国家・社会の基本構造については、K・ウィットホーゲル、木村正雄、湯浅赳男、中村哲、渡辺信一郎等の諸氏、それに中国の多くの歴史家が専制主義の基礎について、様々な理論や意見を展開してきた。これらの諸氏の研究に対する論評は省略する。中国の農民反乱、民衆反乱の研究は、まず第一に中国の国家・社会の基本構造の解明を目的としなければならないと思う。中国史上の大民衆反乱は中国専制権力の展開に対抗して発生したものである。つまり、両者は表裏一体の関係にあるからである。

専制権力に関する最近の有力な研究には、専制権力の歴史的展開を行政の中央集権化、官僚政治の純化、政治権威の皇帝一元化の過程と見なし、中国専制主義は官僚制と国家的土地所有のもと、「専制主義がストレートに人民にゆきわたる」構造の発展過程と考える人々の華々しい活躍がある（『中国史像の再構成』、『中国専制国家と社会統合』）[25]。岩井茂樹は、「中国専制国家と財政」、「徭役と財政のあいだ」[26]を発表して、明・清時代の国家財政（中央財政と地方財政の関係）、徭役制度の変遷とその国政における意味を分析した。そして、中国専制国家は社会に対しても、また国家権力機構の内部に於ても、「専制という言葉の響きとは裏腹にいちじるしく柔軟なものであり、かつその柔軟なところにおいて、小専制がたえず牙をむいている、ということに気がつく」と結論した。氏の研究は、中国専制主義が一方において驚くべき地方分散主義と潜在的な反中央主義と共存していること、中央が地方財政を枯渇させると地方は独自に人民から収奪を始めて小専制として自立し、天下麻の如くに乱れること、こうした中国史の特徴に財政史から迫ったものといえよう。

第二に、農民反乱や民衆反乱を研究して、民衆の社会、生活、文化を広く、深く理解すべきだと思う。この方面の先駆的研究については、拙稿「アジアの民衆運動と宗教」を参照されたい。最近の注目すべき研究には、相田洋『中国中世の民衆文化』（中国書店）、山田賢『移住民の秩序』（名古屋大学出版会）、佐々木衞『中国民衆の社会と秩序』（東方書店）、フィル・ビリングズリー『匪賊』（筑摩書房）、高島正男『中国の大盗賊』（中公新書）[27]等の研究がある。

これらの業績には、もう階級闘争史観の一元的な進歩と必然の歴史信仰は存在しない。従って、歴史の法則をねじ曲げる悪役捜し、階級敵の摘発と打倒の使命感ももちろん存在しない。これらの研究書に、人間とその生活、社会に対する深い観察、関心とリアルな視線を感じる。また、高島の書には、階級闘争史観のイデオロギーで汚染されている頭脳に効く、いささか度の過ぎた解毒作用もある。氏によると、中国の歴史をつくったのはインテリ（読書人）と流氓（大盗賊）であるという。『匪賊』、『中国の大盗賊』の二書をめぐって、丸谷才一、山崎正和両氏が興味深い対談をしている（『二〇世紀を読む』[28]に収録されている「匪賊と華僑」の項）。

第三に、民衆反乱によって、如何なる人的、物的、社会的、自然環境的な損害が発生したのかを研究すべきだと思う。これまでは階級闘争史観によって、「農民戦争」が如何に歴史と社会の進歩に貢献したかという観点だけで、研究が行われてきた。しかし、中国には善・悪ともに噴出する驚異的事件がしばしば起こっている。文化大革命の実態や最近の拝金主義の横行、「盲流」といわれる現象、海外への密出国、治安の悪化、公開処刑の激増等の状況から、改めて諸々の歴史の裏側を知ったのである。そして中国に於ても、一九八〇年代以降、民衆の迷信性、後進性、野蛮性を一方的に強調する知識人が多く出てきた。しかし、我々は、こうした善悪二元論から決別する必要がある。

大自然災害、大飢饉、戦争や動乱による被害、そして人間の大移動、こうした終末論的な世界を数限りなく体験してきた中国民衆が、生存のための善悪を越えた社会システム——移動、乞食、密輸、密売、掠奪、誘拐、博打、人質、訴訟等の商売や、武装結社や秘密結社に頼る人々の組織、縄張り、住み分け、連合等の社会システム、文化を営々と築いてきたのは当然である。善と悪はないまぜになって民衆文化を形成した。貧農と労働者は人間を解放する歴史的主体である、等という単純な階級闘争史観が如何に虚しいものであったか、残念ながら全世界の社会主義権力の崩壊と実態を見てしまった今日、もはや否定しようがない。

一九三四年、「長征」に旅立った中国共産軍は、想像を絶する苦難の中で一万二五〇〇キロを走破したのであるが、いったい食糧をどのようにして調達していたのであろうか。後に、長征はモーゼの「出エジプト」にも比せられる壮挙とされ、中国共産党の神話となるのであるが、当初各革命根拠地から出発した約三〇万の兵士たちは、毎日の食糧をどうして確保していたのだろうか。この最も人間的な疑問を、どうしたわけか私は最近までほとんど考えたことがなかった。彼らは数一〇万とも一〇〇万ともいわれる国民党軍の待ち伏せ、追撃にあいながら逃走したのであるから、衣食住ともに絶対的窮乏下にあったことは明らかである。しかも中共幹部は「人民の物は針一本、糸一本取ってはならない」と命じたのであった。では彼らはどうして生きていたのか。彼らは、行く先々で地主富農階級、金持ち、国民党員、つまり人民の範疇に入らない階級闘争の対象に対しては、情け容赦のない打撃を加えて金品や食糧を「調達」し、彼らから「人民の物を取り返した（？）」のであろう。

歴代の農民戦争とか民衆反乱とかいわれるものは、行く先々で無産大衆を吸収して雪達磨のように膨れあがっていくのであるが、その場合、まず第一に必要なものは食糧であり、次に衣料である。従って、大反乱であればあるほど掠奪と殺戮もまた、それに正比例して大規模であったと考えるべきであろう。そのため反乱軍は衣食住の問題を解決するために、農村から都市を攻撃せざるを得ない。中国の都市は政治権力都市であり人民搾取の拠点であったから、王侯貴族、官僚、大商人、高利貸地主が多く集まっており、人民大衆の恨みはまた格別であった。反乱の最中には、多くの都市が占領され、焼き払われ、人々が殺された。人的、物的損害は巨大な額に上ったことだろう。大反乱の全体像を知るために、中国革命も含めて破壊度、損害度についても研究しなければならない。

中国の反乱、内乱、内戦、戦争の規模は大きく、期間は長く、破壊も凄まじかった。それによる社会構成の変化、人口の流動、人心の荒廃、経済の悪化も想像を越えるものであったろう。しかし、それらは単に、中国の停滞——中国文明の衰退とか、中華帝国の衰退とかを一方的にもたらしたのではない。逆に、次々と王朝を脱皮させて、民族間の差別・対立・抗争を坩堝の中で溶解し、また各地域間の孤立、分裂、抗争や貴賤貧富の差別、対立、矛盾を石臼で轢くようにひきつぶしたのであった。中国のような農業文明地帯と遊牧文明地帯が直接相対している帝国、トルコ系、モンゴル系、イラン系、チベット系、マンシュウ系などの強力な諸民族が絶えず侵入してくる帝国では、文明間、民族間、地域間の矛盾、抗争の上に高く聳える「大統一帝国」（世界帝国型の調整機関）が必要であった。その役割は好むと好まざるに関係なく、王朝権力を戴く中国文明、中華帝国が果たしたのであった。大民衆反乱は、一面で「玉石共に焼きながら」、無意識の内に東アジアに輝く文明と帝国の再生、再建の舞台回しの役割をも果たしたのである。

中国の反乱、内乱、内戦、戦争は、一方で局部的に国土の大規模な荒廃をもたらした。特に各王朝末期のそれは凄まじく、生存者がほとんど無いといわれるほどの広大な荒廃地が各地に発生した。秦末、後漢末、隋末、唐末、元末、明末、清末等、大王朝末期の戦乱は特に巨大であった。戦乱後には、人口激減地を目指して、膨大な規模の人口移動が起こった。つまり、王朝末期の戦乱から生まれた荒廃地が、新王朝のフロンティアになるのである。しかし、この新王朝は盛時を過ぎると、人口の増加、国家機関の膨張、官僚の腐敗、社会資本の低減、家産分割による経営規模の縮小、フロンティアの消滅等の原因により生産力と財政の崩壊の段階に入る。無産者は激増して人口の大規模移動が始まる。例えば清代には、華中・華南から四川へ、山西から華北へ、山東から満州へという大規模な人口移動があった。中華帝国の全歴史からみると、人間は華北から華中へ、華中から華南へと、大移動していったのである[29]。

そして清代末期に華南のフロンティアが無くなり、中華帝国の過剰人口は行き場が無くなった。広東、広西、福建の過剰人口は、東南アジア、台湾、インドシナ半島に雪崩のように流出していく。太平天国の反乱、国共合作による北伐、孫文の広東革命政府等は、フロンティア消滅後の、南方からの帝国の矛盾の解決、帝国的論理への反撃でもあった。広東、福建の南方沿海地帯は明代から密輸・海賊行為が盛んであったが、清代から特に激しくなり、それに加えて苦力貿易により、中国人が労働者として大量に海外に輸出されるに至った[30]。こうして、中華帝国は史上初めて、なし崩し的に近代世界に編入されることになったのである。また、このことは逆にいえば、近代資本主義世界が中国に南方や沿海部から、中華帝国の政治的中心である北京に向かって侵入することを意味した。

一〇　中国大民衆反乱（農民戦争）と世界経済システム

中国農民戦争を、毛沢東や階級闘争史家のように、終始一貫中国という農業国家に固有の事象、中華帝国という二千年続く専制社会に固有の人民闘争の最高の形態であるという前提に立って議論し、研究することに疑問を感じる。或はまた、大民衆反乱を各専制王朝末期に必然的に起こる循環的な歴史事象と考える一国史的な見方にも賛成できない。このような前提は、中国を一国で完結している世界、宇宙と位置づけて、他世界、他世界システムとの関係を全く排除しているからである。もちろん、秦漢帝国時代に形成した国家、社会、文明の基礎構造が硬い核として存在しており、その生命力はきわめて強靭であったことを否定するわけではない。

しかし、第一に、元末の紅巾の反乱は、モンゴルのユーラシア世界帝国システムに繰り込まれた中国社会の構造的変化、そして漢文明の自己回復運動として、第二に、明末の反乱は、再び中華世界に収斂した明帝国を解体に追い込む満州族、倭寇勢力、ヨーロッパ銀貿易に対する、破産した奥地経済地帯の反撃として、第三に、清代の嘉慶白蓮教の反乱は、イギリスとの茶、銀交換貿易による湖北、四川の乱開発と商品経済化、清朝体制の弱体化、それによる人口大移動、移住民と旧住民の対立激化として、第四に、次の太平天国の反乱は、アヘン貿易による華南経済の世界経済への繰り込み、半植民地化、アヘン戦争による大混乱（繁栄とバブルの崩壊）、そして華南の辺境地帯・少数民族・客家によるキリスト教的異端を中核とする中華帝国の回復運動として、第五に、義和団運動は、列強による一八九八年の中国再分割競争に対する、華北民衆の反キリスト教をテコとする中華ナショナリズムの抵抗運動として、それぞれが世界史の一環として理解できるのではあるまいか。

中国大民衆反乱を、中国という一国内の農民階級による階級闘争とし、これを前提として議論を行えば、農村、農民の貧窮、地主・小作制の展開、商業高利貸資本の浸透、無産農民の反抗、革命組織の活動、人民蜂起、革命の組織化、民衆宗教の形成、人民の英雄的闘争の前進等々といった議論だけになる。

中国史を「前近代の世界帝国、文明帝国」に関する「史的システム論」の中に位置づけ、世界との貿易、それによる経済の景気・不景気、国内市場の変動、矛盾の移動と集中、或は文化・文明の抗争、地球環境の変化等々からパラダイムを組み替える、そうした視点から大民衆反乱を改めて考えてみることが必要である。[31] そうすれば、中国という一国家の固有の論理だけで完結していた研究のベクトルが、逆にその山麓へ、裾野へと下降し、次いで上昇してユーラシア大陸全体に広がり、世界史の展開基軸に結びつくのではあるまいか。

以上が、中国民衆反乱に関する、今の私の様々な想いである。

註

（1）P・ブリックレ『一五二五年の革命—ドイツ農民戦争の社会構造の研究—』（前野良爾・田中新造共訳、刀水書房、一九八八年）。

（2）林基『百姓一揆の伝統』（新評論、一九五五年）、『続百姓一揆の伝統』（新評論、一九七一年）、他に『農民闘争史』（歴史科学協議会編、校倉書房）を参照。

（3）深谷克巳「近世の農民運動史」（『歴史研究の新しい波』、山川出版社、一九八九年、所収）。

（4）網野善彦・鶴見俊輔「歴史の話」（朝日新聞社、一九九四年）。

（5）小林一美「アジアの民衆運動と宗教」（『歴史研究の新しい波』、山川出版社、一九八九年、所収）。

（6）山根幸夫編『中国農民起義文献目録』（東京女子大学東洋史研究室、一九七六年）。

（7）『中国農民戦争史論叢』（一巻は山西大学出版社、二〜四巻は河南人民出版社、五巻は中国社会科学出版社）。
（8）同上、三巻に収録。
（9）D・ヴォルコゴーノフの現代史三部作。『レーニンの秘密』（上、下、白須英子訳、NHK出版、一九九五年）。「勝利と悲劇―スターリンの政治的肖像―」（上、下、生田真司訳、朝日新聞社、一九九二年）。『トロツキー』（上、下、生田真司訳、朝日新聞社、一九九七年）。A・ラジンスキー『赤いツアーリ・スターリン、その封印された生涯―』（上、下、工藤精一郎訳、NHK出版、一九九六年）。
（10）李文海・劉仰東『太平天国社会風情』（中国人民大学出版社、一九九〇年）。
（11）『中国社会風俗史叢書』（上海文芸出版社、一九九〇年）。
（12）佐藤常雄・大石慎三郎『貧農史観を見直す』（講談社現代新書、一九九五年）。
（13）佐々木衛編『近代中国の社会と民衆文化』（東方書店、一九九二年）。
（14）『宮崎市定全集』（岩波書店、第一六巻、所収）。
（15）（16）小島晋治『太平天国革命の歴史と思想』（研文出版、一九七八年）、『太平天国運動と現代中国』（研文出版、一九九五年）。
（17）林浩『客家の原像』（藤村久雄訳、中公新書、一九九六年）。
（18）劉大年『中国近代史研究中的幾個問題』（『太平天国革命性質問題討論集』、一九六一年、所収）。
（19）（20）（24）小林一美「清代の宗教反乱」（『中世史講座』、巻七、学生社、一九八五年、所収）。「中華帝国と秘密社会」（『秘密社会と国家』、勁草書房、一九九五年、所収）。「プロレタリア文化大革命の理想と中華帝国の政治論理」（『いま、日本と中国を考える』、神奈川新聞社、一九八九年、所収）。
（21）相田洋「白蓮教の成立とその展開」（『中国民衆反乱の世界』汲古書院、一九七四年、所収）。
（22）相田洋『中国中世の民衆文化』（中国書店、一九九四年）。
（23）王綱『明末農民軍名号考録』（四川省社会科学院出版社、一九八四年）。

(25)　中国史研究会編『中国史像の再構成―国家と農民』(文理閣、一九八三年)、同会編『中国専制国家と社会統合』(文理閣、一九九〇年)、中村哲編『東アジア専制国家と社会・経済』(青木書店、一九九三年)。
(26)　岩井茂樹「傜役と財政のあいだ」(一～四、京都産業大学経済経営学会『経済経営論叢』、一九九四年)。
(27)　相田洋前掲書。山田賢『移住民の秩序―清代四川地域社会史研究―』(名古屋大学出版会、一九九五年)佐々木衛前掲書。フィル・ビリングスリー『匪賊―近代中国の辺境と中央―』(山田潤訳、筑摩書房、一九九四年)。高島政男『中国の大盗賊―天下を狙った男たち』(講談社現代新書　一九九一年)。
(28)　丸谷才一・山崎正和『二〇世紀を読む』(講談社、一九九六年)。
(29)　可児弘明・游仲薫『華僑・華人』(東方書店、一九九六年)。
(30)　可児弘明『近代中国の苦力と「猪花」』(岩波書店、一九七九年)。斯波義信『華僑』(岩波新書、一九九五年)。リン・パン『華人の歴史』(片桐和子訳、みすず書房、一九九五年)。
(31)　浜下武志『近代中国の国際的契機』(東京大学出版会、一九九〇年)。黒田明伸『中華帝国の構造と世界経済』(名古屋大学出版会、一九九四年)。

附記(二〇〇七年一〇月記)

この論文を読み直して考えることは、中国の王朝末期に集中して起こる民衆大反乱は、マルクス主義歴史学で言うところの「階級闘争」ではなかったのだと、改めて思った次第。専制的な王朝が全盛期を過ぎ支配の力が衰えると、地方の不平不満の豪族、貧民、宗教結社、少数民俗、農民等が、全国各地で反乱、闘争、一揆、騒動を起こしたが、これは彼らが階級意識に目覚め、また自己の階級の利益のために立ち上がったわけではない。国家や各種の権力に対して、生存のために抗議し反抗し、あわよくば権力を掌握して富貴を実現しようとしたためである。ではこのような反乱、反抗がどうして二千年も同じように繰り返されたのか、という問題になる。ここでは、マルクス、ウィットフォーゲル、梅棹忠夫、川勝平太、湯浅赳男等の諸氏の東洋専制社会論とアジア文明論等に立ち返って検討する必要がある。上記の諸氏の理論は皆「自然・環境—共同体—生産様式」を基礎にして立てられた理論であり、二〇世紀の「アジア的生産様式論争」と深い関係があるが、私は、まだ上記の諸氏の理論を超えた新しい大理論を知らない。彼らの理論は、今日、多くの人々に「アジア的停滞性理論」と非難されると思うが、しかし、アジアの人々が自らを呪縛する国家の起源、根源を暴いた理論として自覚・把握するならば、自らを変革し解放する理論に転化するのではないであろうか。未だ、アジアには独裁国家が誕生、復活し、延命を図っているのであり、そうした国々の中には核武装した国家が続々と誕生している。更にまた「地球環境破壊」も人類史的課題になった。こうした、実に危険性をはらむ現代に於ては、歴史家は独裁と専制の歴史的根源を解明する理論的実証的な努力を様々な形で強化する必要がある。そのためにも一方に於て、偉大な前近代アジアの諸帝国、諸王朝の国際主義、文明主義の歴史をも又発掘し発見し、改めて生命を吹き込む必要がある。

附　録

一　中国近代史研究の視点——戦後歴史学における方法論の批判と反省——

最近、中国近代史研究の方法論・観点をめぐって多くの発言がなされている。私も「中国近代史の整理について」（『歴史学研究』二一七号）、「一九世紀における中国農民闘争の諸段階」（大塚史学会編『東アジア近代史の研究』所収論文の「問題視角」）に於て、若干の発言を行った。これらに対して、前者に関しては里井彦七郎氏が「横山英氏の『辛亥革命＝変革』説について（上）」（『中国近代史研究会会報』五）という文中での批判と、後者については石田米子氏が「『佃戸の自立化・富裕化』と『資本のための隷農の創出』について」（『アジア・アフリカ人民連帯の歴史学のために』）なる文中での批判を寄せられた。里井氏の批判点は私の誤りを指摘されているところも多く、深く反省したいと思う。他の場所でそれについては書くつもりである。しかし最も根本的なところで、私の意図したこととは全く逆に評価されているので、ここに、再度私の提言を具体的に展開したいと思う。便宜上、里井氏の「中国近代化過程に関する三つの把え方」の区分に従い、それらの根本的検討を通じて、「中国近代史研究の視点」をさぐる試みをしてみようと思う。論点が「あげ足とり」や「自己弁護」という空疎な議論に陥らないように、また戦後歴史学の方法論的反省になるように、反批判も必要な点のみに限定する。関連する以下の論文を参照されたい。狭間直樹「中国近現代史研究の課題——波多野善大著『中国近代工業史の研究』を読んで」（『新しい歴史学のために』七三）、藤田敬一「帝国主義と中国」（『新しい歴史学のために』一一〇）。

一　波多野善大氏の方法と戦後歴史学

波多野善大氏の方法・観点に対する批判は、第一に我々の戦後歴史学の批判と反省の上に立って、初めて根本的批判たり得るものである。私は、氏の論理矛盾、観点の反動性を証明して、帝国主義的歴史観と弾劾する論者に対して、それが機械的な外在的な批判にとどまっていようと、その積極的な役割を評価する。しかし、戦後に於ける波多野氏的方法の歴史学は、いわゆる暴露主義的方法では克服できぬ問題を提起しているのである。これまで様々になされてきた波多野氏批判は、根本的批判としては不充分であり、それ故に我々の内面的問題とは深く係らないところで行われてきた。波多野氏の、生起した事実を機械的に因と果に系列化する非歴史的な論理構成、自己矛盾のいくつか、いやそれよりも波多野氏をこうした方法に必然的に導く問題意識、波多野氏をかくあらしめた戦後歴史学の責任の問題として全面的な検討をせずして、波多野氏における帝国主義的歴史観は、我々と本質的な対決の場を持たない。というのは、帝国主義的歴史観が、仮りにある特定の人物にだけ全く恣意的に突然に宿るものであるならば、我々の人民的立場に立つ歴史学は、それと半永久的に外在的に関係できるに過ぎず、それを完全に打倒することは物理的な消滅以外に存在しない。

帝国主義的歴史観の方法には三種類が存在する。一つは、我々の戦後歴史学の問題意識と方法の中から転生していったもの。この場合、いわゆる「大塚史学」に代表される古典的近代化論との格闘なしには、完全な克服は不可能である。二つめは、日本の独占資本主義の発展を美化し、合理化する現代的近代化論であるライシャワー・ロストウ史観。三つめは、ファシズムのイデオロギーそのものである林房雄氏の大東亜戦争肯定論である。前二者は奇妙な融合化さえしてきつつあるが、この三種の差を正当に認識する必要がある。これらすべてに対して、我々の歴史学はその暴露をもって対するが、前二者に対しては、その責務を果たすためにも、我々の歴史学の批判と反省の問題として把え直さねばならない。我々、人民的立場にたつ歴史学の弁証法的発展は、反人民的歴史観との内在的な闘争によって先ず第一に保障される。

波多野氏のような視角や方法は氏個人の問題であるばかりでなく、日本に於ける歴史学、とりわけ日本における人民的立場に立とうとした歴史学から転生した一つの産物であった。波多野氏の中国近代史研究は、今日では近代化論と全く同じであり、帝国主義を免罪する論理そのものに変質している。だが、こうした氏の諸研究はどのような問題関心から始まったのであろうか。氏の一九五〇年以降の研究は、おおざっぱに言って一つの問題意識に貫かれている。それは氏の「中国近代史に関する三つの問題」（『名古屋大学文学部紀要』、一九五七年）の副題「中国の近代化は何故おくれたか」という問題意識である。「中国が近代化に失敗した理由を、誰にでも納得がいくように根拠づける」（同論文）ことに燃やす意欲はどうして生まれたのであろうか。この「三つの問題」について里井氏が批判する諸点――人民不在、というより人民蔑視、指導者の能力を重視する観念論、帝国主義の免罪論などが、その出発＝問題設定から生まれる必然的な帰結であったとすれば、帝国主義が美化されようと、それはそれなりに論理的に一貫している。従って、論証目的とした「中国の近代化が遅れた理由を説明しなければならない」という命題自体を、必然的に提起せねばならなかった氏の問題意識に関する歴史的分析が必要である。

この命題（＝論証目的）が、どのような歴史的状況の中から生まれてきたかを、「三つの問題」について検討する。氏は冒頭でこう言う。「今次の大戦直後の時期において、日本の社会・経済・思想その他いろいろの分野における前近代性が問題にされたことがあった。それは大戦に突入し、ついに徹底的にうちのめされたわれわれがこうしたいたましい結果をもたらした基本的原因を、わが国のいろいろの分野に温存されている前近代性にもとめ、この一括して『封建性』とよばれたものを排除することをもって、戦後のわが国をたてなおす根本であると考えたからである」と。

波多野氏は戦後歴史学の出発を以上のように総括している。そして氏は、日本に於ける歴史学は、日本の未来を西欧の近代市民社会の道に求めた大塚史学の圧倒的影響下に始まったとした。以後、こうした方法で「中国の近代化の問題がとりあげられ、やはりヨーロッパの古典的近代化のコースを把握しようとした」、また「中国と同じく、欧米諸国によって近代化のコースへ引きいれられながら、その後において急速にその方向への発展をとげたわが国との対比が、問題としてとりあげられた」と述べる。ではその結果どうなったのか。波多野氏によれば、「日本が幕末においてすでに資本制生産をはらみ、したがって絶対主義への発展の必然性をもつにいたったことが明らかにされた。これによって、たとえ欧米諸国からの強制によって、近代化のコースにおしだされたとしても、その後の驚異的な資本主義化を説明する基礎がますますかたくなったのである」と言う。かくして氏の課題が生まれる。「では、中国の資本主義化の停滞した理由はどこにあったのか」と。

波多野氏は、後に明らかにするように、一九四九年頃は熱烈な大塚史学（比較史学としての）の中国史研究への適用主張論者であったが、その適用失敗によって、一九五七年には逆に中国近代化失敗論者に転化しているのである。

ところで波多野氏の問題意識の展開過程は、講座派・大塚史学の根本的意識と密接に関連していた。一九三三年に服部之総氏によって提起され、一九四〇年代に中心的課題となり、五三年の歴史学研究会の大会課題「世界史におけるアジア」でも大いに論ぜられ、六五年の歴史学研究会の大会にも大江志乃夫氏によって「それは、古くて新しい命題『なぜインドは植民地化し、なぜ中国は半植民地化し、なぜ日本だけが独立できたか』という問題を再検討」された、あの発想の歴史に係っている。

このような命題が進歩的意義をもち得るのは、主体者に次のような条件がある場合である。エドガー・スノウが「イギリス帝国主義によって保障された日本の近代、従って堕落以外の何ものも、麻薬・奴隷制・搾取・死以外の何ものも中国にもたらしえなかった」（『アジアの戦争』、みすず書房）と言うような、日本の近代の誤りを厳しく批判する、以後の主体的実践＝帝国主義批判の姿勢を、研究者が自己の歴史学に内在化させる実践が貫かれている限りに於てである。この命題それ自身が主体者の実践論と無関係な歴史の必然論として展開＝肯定されるか、或は太平洋戦争に至る絶え間ないアジア侵略の歴史を否定する反帝国主義闘争の主体者としての論理を生み出し得るかは、命題それ自体の関与するところではない。

従って、「大戦に突入し、ついに徹底的にうちのめされた我々が、こうしたいたましい結果をもたらした基本的原因……」というように、「いたましい」という感性的認識が、どうしても「徹底的にうちのめされたわれわれ」日本人に対してのみ言われているとしか考えられないような文脈で軽く処理され、戦後歴史学の課題は、それを生み出した「温存されていた前近代性」（傍点は筆者、以下同じ）を「除去」することであったというような、反帝国主義への主体的実践の志向を喪失した、乾燥した近代主義に変質した時どうなるのか。「古くて新しい命題＝なぜ中国は半植民地化したか」という命題は、「中国の近代化は何故おくれたか」という人間不在の、恐ろしく反動的な中国半植民地化の必然論の定立へと転落して行かざるを得ないのである。マルクス主義の「発展」の概念を、有機的に関連した諸矛盾の展開の中に把えるのではなく、経済主義的に把え、さらにそれを工業化・産業化論に卑俗化し、歴史発展の基準とする時、もうロストウ、ライシャワー流の「近代化論」と野合する道しかないのである。それは波多野氏の途だけの問題ではありえない。

以上に見てきたように、波多野氏的結末は、言うなれば次の二点を経過する中で決定された。第一点は、例の命題を我々にとっても最大の弱点であるところの「近代主義的アキレス腱」の虜となるなかで固定化し、ついで中国近代史を人間不在の決定論・必然論として論証し始めた点にある。もう一点は、後に見るように、まだ講座派的方法と蜜月の関係にあって、当時日本の民主主義革命の主体者たるパトスを失っていなかった比較史的方法（＝「大塚史学」）をも、それが「中国の近代化の道」を経済的発展段階では証明できぬという理由で放擲する中で完了した。この場合、大塚史学の発展論、近代社会論をマルクス主義の発展論で克服した結果としてではなく、帝国主義や支配者の観念を、即自的に且つ恣意的に代置することによって大塚史学と絶縁したことが決定的である。

※①波多野氏は、氏の問題意識「中国の近代化は何故おくれたか」を課題として設定する前提として、「日本が幕末においてすでに資本制生産をはらみ、したがって絶対主義への発展の必然性をもっていたことが明らかにされた。……（そして日本の）その後の驚異的な資本主義化を説明する基礎がますますかたくなったのである。ではなぜ中国の資本主義化は停滞するか」として、日中両国の運命の岐路を、「経済の発展段階論」に求める考えを基礎としていた。にもかかわらず、あとで「欧米諸国による資本主義の移植後における日本と中国の資本主義化の相違、資本主義移植前における両国経済の自生的発展過程において、資本主義的な生産力への傾斜があったかどうかによって説明しようとする方向は、……もはや説得力をもたないことはたしかであろう」と、自らの問題設定の根拠である前提まで同一論文（前掲「三つの問題」五七年）で否定し去るという論理の自己矛盾に陥り、一九四九年に「中国史把握の前進」（『歴史学研究』一三九号）で、「玩弄的な支那趣味的詮索や所謂風雅な高踏的趣味に基づいた」研究を真っ向から否定する科学的方法こそ大塚史学の比較史的方法であるとした主張は、全面的に捨て去られているのである。

だがここで、波多野氏のために弁じておかねばならない。氏はこのように、結果として大塚史学をすら捨て去ってしまったが、この自己矛盾は、明らかに大塚史学の生産力論をその限りにおいては正当に批判しようとした結果であった。氏は註でこういっている（三つの問題」序論）。「農民がその生産を拡大しても大塚教授が定立したほど産業革命が農民的コースによって遂行されたものではなく、商業資本も与って力があったことは、ドップ『資本主義発展の研究』（岩波現代叢書、第二巻）、矢口孝次郎『資本主義成立期の研究』（有斐閣）などが明らかにしているところである」と。

この場合注意しなければならないのは、大塚史学をマルクス主義によって批判克服するのではなく、産業資本を商業資本に解消することによって、大塚史学のみならずマルクス主義とも次元の異なる、或は完全に敵対する世界に結果として入ってしまったことである。かくして波多野氏の第二の路線が敷かれた。この途の行きつく終点は、多くの波多野氏批判論文の現象的指摘を見るまでもなく明らかである。

※②一国史発展を追求する方法＝世界史の基本法則の全盛時代に盛行した、「古くて新しい命題」をめぐる討論の中で、すでにこの命題から反動的な観点が生ずる危険は常に内包されていた。一九五三年の歴史学研究会大会でも、この命題をめぐって「経済的発展度の差異」「外圧の差異」「反封建闘争の盛り上りの差異」「民族の結集による反侵略闘争の差異」等々がそれぞれ述べられたが、結局「差異」といった内的関連をもたないものの外在的な比較論に混迷していった。そこで井上清氏がこう発言せざるを得なかった。「ちょっと待って下さい。一言だけ。私がいま中国が半植民地化したのはなぜかという問題を出したのですが、それには裏がある。というのは、中国においては半植民地化しっぱなしではなくて、その後御承知のように、反封建反帝国主義の本格的な革命が行われた。……その力がどこにあるかということ、これが十九世紀の中ごろにおいて半植民地化されたのは何故かという問の裏です。問題は両面をもっておって、半植民地化という問題を、その後の本格的な革命の力は何かということと関連さして討論していただくとありがたいと思います」と。

一九五二年の大会では、従来の比較史的方法を克服し、進んだヨーロッパと後れたアジア、先進的な日本と後進的中国というような差異を論証するのではなく、それぞれの特殊具体的な歴史の展開の中で、民衆の闘いによる社会発展の過程を明らかにすることが課題に出されていたのである。しかし、そうした新しい「世界史像」構成への積極的方法は提出されなかった。

この問題が再度とりあげられたのは、一九六一年の歴史学研究会大会における芝原拓自氏の報告「明治維新の世界史的位置」（『歴史学研究』「世界史と近代日本」）に始まる遠山・芝原論争である。この論争の全面的検討が差し迫った我々の課題であるが、その準備がないので二、三感想めいたことを述べておきたい。東アジア諸民族が一九世紀に於ける植民地化という危機を乗りこえることが可能なのはいかなる条件によってか。

この問に対してなされた、「厳マニュ段階論」（服部之総）、「近代民族形成の理論」（井上清）、それを発展的に展開した芝原・藤田両氏の「明治維新と洋務運動」（『新しい歴史学のために』九〇・九一号）は、ほぼ「国内的諸条件の差異」を基準にしている点が共通である。「経済的発展段階と国内市場の形成過程について」「国内市場形成＝近代民族形成の歴史的前提としての……」というような観点からする両国の差異の論証は極めて精密であり、私はその限りにおいて、中国が日本に遅れをとり半植民地化したという結論を承認する。差異の内容・段階の証明に関する限り、私も遠山説には賛成できない。中国はまさに太平天国の圧殺の時点で、芝原氏の言うような「差異」で敗北した。しかし、こうした差異の比較論によって、井上清氏がいう両面をもつ中国近現代史研究の新しい研究の視点、現代的課題究明の方法論が出てくるであろうか。「古くて新しい命題」自体の意義、あるいは命題の立てられ方をもう一度やり直すことが必要である。

また遠山説に関しても、氏がこれまでの比較史を克服するために、今度は発展段階論を中心とする国内的条件を全く否定し、東アジア世界史の矛盾を外在的に自己運動するものとして展開し、各民族の変革主体形成を欠落するに至った方法に疑問を感ぜざるを得ない。この方法では、両国の差異の相互規定によって展開する矛盾としての東アジア近現代史――それを克服する変革主体、変革の内容・性格を「形成」する主体者の問題としては出てこないのではないか。遠山氏の「東アジア地域史」の構想に、いかに芝原氏の論証した「差異」を内在化させるか。それが差し当たっての重要な問題のように思われる。

二　いわゆる「資本主義派」的方法について

中国近代史研究には、科学的法則的歴史把握の方法・理論を主張する基盤の中から、波多野氏に代表的にみられるような帝国主義的歴史観に奉仕するに至る途のほかに、二つの途が生まれた。

一つは、マルクス主義の「発展論」をあたかも「自然史的」な発展の過程のようにみなすか、あるいは用いることが科学（＝法則的把握）であるというような傾向であり、もう一つは、こうした傾向に反発して、階級闘争をその歴史的段階とは遊離したままで一方的に主張するような、極めて政治的且つ主観主義的な傾向である。この章では前者の方法論を若干検討することにする。

里井氏は前掲論文「中国近代化過程に関する三つのとらえ方について」（『歴史学研究』三二二号）で、資本主義的方法なるものを批判して、以下の如き欠陥を指摘した。「民族ブルジョアジー中心の観点」、「商紳ブルジョアジー中心の観点」、「マニュ資本家の国民運動に限られる視野」、「マニュへの展開を開いたという積極的側面だけを強調する」、「木を見て森をみない」、「階級問題や民族問題をぬきにしたマニュの展開」等々。里井氏の資本主義派的方法批判が、現象面での並列的欠陥列挙以上に展開され得なかった原因は、氏が克服しようとした資本主義派的方法の本質が明確に論理化されいいいいなかったためであったと思われる。そこでまず、「ブルジョア的発展」や「民族ブルジョアジーの革命性」を中国の近代史に本質的なものと見なすに至る、悪しき資本主義派の歴史的発生過程とその理論を再構成したい。

結論から先にいえば、この方法の根底には、中国史にも各社会構成体の継起的発展が貫徹しているとする、発展段階論があったといえよう。具体的な研究史に即していえば、西嶋定生氏の戦後に於ける明末清初の綿工業史研究にみられる方法論＝比較史的方法に始まる。この点では波多野氏の出発と同一であったといえるが、波多野氏が、第一章で見てきたような過程を通して変質していったのに対して、この資本主義派なるものは、一貫して「封建制から資本制へ」という大塚史学的視角を持続したのであった。

資本主義派といっても、里井氏が例示した若干の人々に限られるものでなく、多くの良心的な進歩的歴史家に共通の意識としてあったことは明らかである。例えば一九五一年頃の歴史学界を見よう。この年、里井彦七郎氏は「波多野氏『太平天国に関する二・三の問題について』を読む」（『歴史学研究』一五三号）という論文を書いている。里井氏は、波多野氏の論文（『歴史学研究』一五〇号）を批判検討して、こう言っている。波多野氏の言う太平天国における「貧農及びそれを母体とするもの」が、なに故かかる大きな運動力たり得るのであろうかと問い、「氏（波多野）は『中国的な近代への発展過程』という言葉を使われたのみだが、当然商品生産の発展に伴う農民層の分解が、特に明中期以後の問題としてもっと深く追求されるべきであろう」と。また農村工業の発展と、しかもそれが発展にもかかわらず近代化への契機たり得なかったとした西嶋氏の見解にふれて、里井氏はこう言っている。「私自身もこの点についてしっかりした見解をもつわけではないが、地主的土地所有の廃絶＝農民的土地所有の創設、侵略的外国勢力との闘いに見られる太平天国運動の力――この力の奥底には、衣料生産を指標とする商品生産の担い手たる農民層――

先の貧農層に比し中農層ともいうべき——の困難な、しかし明確な上昇的発展があったのではあるまいか。封建的土地所有に基くデスポット権力の打倒は貧農の最も要求する所であると共に、自由なる国内市場形成をめざす中農層の要求でもあり、そこに両者の同盟と共感が打ち立てられたのではあるまいか。ヨーロッパ的な所謂独立自営農＝波多野の所謂富農のみをさぐり、そのままの形の存在を認められぬ事によって、簡単に中国自体の近代への発展を否定し去るとすれば、太平天国の力はどのように評価さるべきであろうか。それは停滞性理論の姿をかえた再現ではあるまいか」と。氏は、このように波多野氏を一定の意味で正しくも批判しており、ここに両者の差異は既に現れていたと言い得る。

だが近代への発展を、「ヨーロッパ的な所謂独立自営農そのままの形の存在」に求める波多野氏の形式的比較論を批判した里井氏も、その比較があまりにも形式的であって、「そのままの形」＝「富農」ではなく、「中農」では、と言っているに過ぎないのである。近代への発展の契機を、「貧農」と同盟する「商品生産の担い手たる農民層」＝「中農」の「明確な上昇的発展」、「商品生産の発達に伴う農民層分解」、「自由なる国内市場形成をめざす中農層の要求」等に求めている限り、基本的には「世界史の基本法則」（発展段階論）と同じ発想・方法論の中にいたことは明らかである。

このような生産力的視点を固守して、中国史における前近代から近代までも一貫して把握しようとする社会構成体の継起的発展論＝経済発展段階論こそ、いわゆる「資本主義派的方法」の本質的理論であった。この考えに立つ限り、資本主義の問題である近代は、その前段階の構成体から内的必然性を伴って誕生してこざるを得ない。しかし、この「世界史の基本法則」は、遠山茂樹氏が述べているように「経済発展段階ないし、階級構成を比較する場合、国際的条件の規定という要素を捨象するのが通例」（「世界史把握の視点」、『世界史像再構成の課題』所収）という、明確な限界をもつものであった。この限界に対する反省は、既に一九五三年の歴史学研究会大会（『世界史におけるアジア』岩波書店を参照）で不充分ながら気づかれていた。しかし、今日までこの発展段階論の限界を克服する方法が創造されていないため、この理論の一貫性を追求すれば、半植民地社会である中国近代史研究では、極めて反動的な観点も生まれざるを得ないのである。つまり、我々は悪しき生産力論に陥ってゆく資本主義派的方法の最大の弱点であった、民族ブルジョアジーにしか革命的意義を見いだし得なくなる。この方法を徹底的に打破して、「半封建・半植民地社会」、これこそ資本主義の根本的問題であること、資本主義とは一国に自生的に生まれる資本主義的生産力の発展であるという資本主義理解の生産力論的理解を克服して、資本主義の運動・世界体制＝帝国主義という政治の力学まで含めて総体として把握し、これまでのニセの資本主義派ではない真の資本主義批判者たる「資本主義派」にならねばならないのである。

「封建制から資本制への移行」の観点に立つ資本主義分析は、イギリス的な農民層分解、ブルジョアジーの成長に最高度の発展のメルクマールを見いだす。だが今日、中国近代史に、それがなければ近代たり得ないとする近代主義的歴史観は通用せぬことは明らかである。しかしこのことから、人類史に普遍的に貫徹する発展段階の法則まで、そしてそれを正しく適用しようと努力して、経済構造・小農経営の歴史的段階追求の方向を目指すものまで否定するとしたら、それは誤りである。人類史からいえば、近代とはまさに資本主義の運動の時代のことである。そしてこの基礎過程が、解放の主体概念であるプロレタリアートを生みだす。もし地主・資本家・帝国主義の同盟の下に、基礎過程の進行が抑圧され、極めて奇形的に行われる場合には、客観的にはプロレタリアートの役割を農民とその軍隊が代行し、二重の課題を担わねばならないという甚だ困難な道を歩まざるを得ない。

そして農民及びその軍隊＝人民解放軍が、二重の課題——封建主義と資本主義の克服の課題を充分果たし得るかどうかは、彼らをその一点で支え得る土地改革＝農民的土地変革実現の課題（ブルジョア民主主義革命の課題）が、どれほど客観的に且つ主観的に成熟しているかどうかにかかっているのである。かかる観点——資本主義の生産力論的理解から脱して、資本主義批判の政治力学の問題にまで高めて総体的に把握する観点に立ち戻り、従来の「封建制から資本制への移行」の視角を発展的に揚棄する必要がある。このようにして、里井氏から批判されたいわゆる「資本主義派的方法」の根本的誤り、つまり経済の発展指標を無媒介に且つ即自的に変革主体そのものと等置する誤りを克服できるのではあるまいか。

変革とは、それを可能ならしめる客観的条件と変革主体形成の二つの函数によって決定されるものであって、客観的条件＝ブルジョア的発展それ自体がすべてではないことは言うまでもない。これだけでは歴史発展を可能ならしめる変革の一面だけを見ているに過ぎないのである。

三　人民闘争史的視角の発展のために

石田米子氏は、拙稿「十九世紀における中国農民闘争の諸段階」（大塚史学会編『東アジア近代史の研究』）を批判して、「『佃戸の自立化・富裕化』と『資本のための隷農の創出』について」なる文章を発表された。石田保昭・石田米子共著『アジア・アフリカ人民連帯の歴史学のために』に収められている。本節では本論の目的である「中国近代史研究の視点」確立のために、必要な論点のみ検討し、若干の論点《みとおし》を展開したい。原文に即して要約する。

Ⅰ　くりかえされる「佃戸《こさくにん》」（小作人）の自立化・富裕化

「太平天国・洋務運動・変法運動・辛亥革命等の諸運動を説明する場合に、直接生産者＝農民層の小商品生産の展開と「佃戸の自立化・富裕化」を歴史変化の条件・基礎に設定しようとする努力が著しい。こんなことをしても、結局明末で西嶋定生氏が出したと同じ結論へゆきつくことは明らかである」。

Ⅱ

「アジア的停滞論打破」問題

「小商品生産の展開による「佃戸の自立化・富裕化」の道を執拗に追求しようとする研究者のよりどころは、「アジア的停滞論打破」のスローガンである。しかしアジア的停滞論とは、つまりは帝国主義の問題であることを理解しようとせず、抽象的な一つの理論があるように考えているため、何故に、またどんなアジア的停滞論を打破せねばならないのか実感がわかない」。

「帝国主義思想の先兵としての反動的停滞論は、一九四五年、アジアにおける日本帝国主義の敗退によって基本的にはうち破られた。これは「停滞論」打破論者の功績では決してない。アジアの民衆の解放運動の前進、中国革命の前進という歴史の後にくっついて、「停滞論」打破論者が現われた。そして「世界史の基本法則」の流れとまざりあった。彼らは（筆者の私のことか）アジアや中国の民衆の解放運動からはほとんど何も学ばなかった。アジア的な封建社会の長期にわたる存在と帝国主義の圧迫に反逆したアジア民衆の心を理解しようとせず、歴史の前進とは全ての民衆の全人格的な自己解放の前進であるということを理解しようとせず、「社会のしくみ」の変化がすなわち歴史の発展であるというすりかえをやったのである。アジアの「社会のしくみ」の停滞性を認めることはアジアの民衆に対する蔑視だと主張する人びとこそ、民衆蔑視の思想をふりまく人びとである」。

〈筆者の私の註〉「社会のしくみ」という言葉はあまり明確ではないが、これまで日本で具体的な歴史分析の方法として用いられてきた「世界史の基本法則」「発展段階論」による経済段階・構造や小農経営の段階分析を指していると思われる。

Ⅲ　植民地半植民地における富農分子と「資本のための隷農」「富農分子の「人民的側面」にいつまでも未練をもつ必要はない。このような未練は、新植民地主義の支配の下にあり、未だ地主＝ブルジョアジーの専制から解放されていないアジア・アフリカの民衆の未来への展望を誤らせるものである」。

ⅠⅡⅢの諸点に見られる石田米子氏の主張の問題点はどこにあるか。西欧（特にイギリス）における独立自営農民の成立、それの分解、下からの産業資本の誕生、近代市民社会の発展という大塚史学の理論（今日までに有力な批判が提出されてはいるが、根本的に批判克服されてはいない）を唯一無二の基準にし、この尺度に合わないものをすべて「近代への契機」なしとする比較史的方法と、マルクス主義のいう世界史の発展段階が各民族固有の特殊具体的な過程（飛び越し、つぎ木）を辿りながらも、基本的には貫徹しているのだという世界史の法則的発展の見方とを混同している。マルクスの経済発展段階論に基づいて、中国史を追究する方法は正しい。もし結果としてアヘン戦争以前に、資本主義的ウクラード、いやその萌芽さえ全く論証できぬとしても、それならばその結果の故に当時の中国の経済段階を確定できるのではないか。私は石田米子氏の「期待」（!?）に反して、下からの資本主義の貫徹を論証しなかったし、またできなかった。それを方法・観点の誤りとは思わない。これは停滞性を認めるか認めないかの問題ではなく、社会経済構造を分析する方法論の問題である。また「社会のしくみ」の停滞など中国史において事実存在しなかったし、また理論だにも存在しない。従って問題は、諸矛盾の展開によって生まれる発展の契機、特質をどう論証し得るかに係っている。経済の発展段階といっても、あたかも「自然史」的発展のような形で達成されるものではないことはいうまでもない。この場合、発展＝変革の客観的条件を問題にしているだけである。従って、それは変革にむける事実の半面——農民が客観的には革命的ブルジョアジーとして対決する課題＝土地変革の経済的基礎だけを問題にしているに過ぎない。他の半面はその革命的転換を根底からゆり動かし生みだしていく「人民」の主体的力量の意義を明らかにすることである。前者だけでは客観主義的な発展論（里井氏がいう「資本主義派」にかなり見られるような）に結果し、また後者だけではナロード史観に転化してゆかざるを得まい。

停滞性論についていえば、帝国主義がアジアを停滞させて「支配」する、その支配を合理化するイデオロギーとしての停滞性理論と、アジア諸民族の古代からの解放闘争の歴史に大きな障害となって立ちはだかり、それとの戦いが極めて重要であったアジア的生産様式という個別具体的な克服すべき課題とこの二つの側面がある。前者に関しては田中正俊氏に、「アジア社会停滞論批判の方法論的反省」（『歴史評論』、六七年八・九・一〇号）という極めてすぐれた分析と理論的批判があり、私も教えられるばかりでそれ以上言及すべき余地はないが、後者に関しては、石田氏的批判では全く承服し難い。中国民衆の古代からの解放の戦いが、どのように「困難な課題」であるアジア的生産様式を打破して「社会のしくみ」に於ける発展を闘いの成果として実現したのか。その客観的成果を、発展の段階分析で実証しようとする試みがどうしてごまかしであろうか。中国にブルジョア的発展等なくともよいのではないか、ブルジョア的発展とその必然的結果としてのブルジョア革命等はブルジョアに道を開くだけであるから、それらはプロレタリアートや農民にとって毒でこそあれ薬になるはずはない、といった暗黙の前提が石田氏にあるのではないか。もしそうであるならば、「ブルジョア革命はプロレタリアートの利益を少しもあらわしてはいないという考えは全くばかげている。こういうばかげた考えは結局のところ、ブルジョア革命はプロレタリアートの利益に反するものだ。だから、われわれにはブルジョア的な政治的自由は必要ないという、すっかり古ぼけたナロードニキ主義の理論になってしまう」であろう（レーニン「民主主義革命における社会民主党の二つの戦術」の指摘）。だが、ブルジョア的発展が基本的にはつくりだすブルジョア民主主義実現の課題を、ブルジョア階級が徹底的に押し進めるものでないことはいうまでもない。それは半封建・半植民地に転落しなかったイギリスですら、それをブルジョア階級はしなかったのだから。それは「富農」の「人民的側面」にいつまでも未練をもつ必要はない、と批判する石田氏の論法にも係っている。私が富農とエセブルジョア化する地主の誕生にどうして重要な意味を与えるかといえば、それは単なる封建社会の農民ではない新しい社会実現の役割を客観的にも主観的にも果たすことのできる農村プロレタリアートを、必然的にこのブルジョア的農民（地主を当然含めての）が、その対極に生みだすからに他ならないのである。いわゆる富農の存在こそ、農民がブルジョア民主主義的な意味で革命的であり得る客観条件の成熟度を示すものである。「富農」概念をより明確にいえば、その経営規模の量的側面からいうのでは勿論なく、封建的生産関係の揚棄が、更にまた農村プロレタリアートの誕生によってブルジョア的生産関係それ自身の揚棄もが、現実の課題として提起されているという客観的条件の具体的表象としてである。

更にまたIにおいて、私が小商品生産の展開、佃戸の自立化・富裕化を言い、あたかも悪しき比較史の生産力論（＝経済主義）そのままを行っているように主張している。これは事実に合っていない。「佃戸の自立化・富裕化」といった用語を使わないのみならず、小農民経営に於ける商品生産の盛行、銭納地代のかなり広汎な出現、一田両主制や押租の展開といったより発展した段階への到達が、多くの小農経済の新たな分解・破壊をよびおこし、農民闘争の性格をも新たに規定し始めることを実証したのであって、多くの欠陥はあれ、石田氏の批判は全く逆な事実に乗っかって立てられている。しかしこれは事実を見れば判ることでたいした問題ではない。問題は、西嶋氏と同一の結論になると論理の混乱に陥り、中国史に於ける歴史発展の人類史的法則とその意味まで否定してしまわざるを得ない石田氏の非歴史的観点ではないであろうか。

中国近代史に於ける歴史発展の推進力が、農民を中心とする勤労大衆の闘争であったという狭間・石田両氏の主張に別に異論はない、というより大賛成である。中国近代史研究に於て「変革」「革命」の内容を、「歴史の民主主義的転換を根底から生みだしていく『人民』の主体的力能」（尾崎芳治氏「ブルジョア革命研究の基礎視点」中の言葉で、狭間・石田氏が引用しているわけではないが。『新しい歴史学のために』、九〇、一九六三年）といった意味で構想しようという両氏の主張を、私もまたその限りで主張する。なぜならそれは中国史ばかりでなく、近・現代の世界史に於ける「変革」をめぐる普遍的な基礎視点でなければならないからである。だから問題はそれを認めるか認めないかの問題ではない。その後の問題である。

そこで次に、中国近・現代の反帝・反封建の課題を担う主役であるとされる、石田氏の「農民」闘争を中心とする具体的な歴史分析の内容を検討せねばならない。

氏は「辛亥革命時期の民衆運動」（東京大学『東洋文化研究所紀要』、第三七冊）という論文に於て、アヘン戦争以後、近・現代中国の主要矛盾を帝国主義対人民としている。それは正しいが、近代中国の人民は明らかに氏にあっては「農民」である。主要矛盾の担い手という主体的役割を、帝国主義の侵入によって「農民」に即自的に与え、「人民概念」に等置している。この場合の「農民」に於ける人民概念が不明確である。氏は清朝をかいらい化した帝国主義と清朝のブルジョア的改良により、農民の「貧困」「破産」「遊民化」「貧困と不安のどん底」といった現象が起こることを指摘し、こうした状態に対し、革命的伝統をもつ農民が徐々に目覚めながら憤激して立ち、清朝・帝国主義に孤立無援で最後まで闘うといった一般的状況を述べただけで、農民を「人民概念」にまで高めてしまっている。その闘い方の歴史的段階、農民闘争の政治へのあらわれ方、要求の実現性等々についてはほとんど問われていないのである。こうした氏における人民概念の非歴史性は問題である。被支配階級であった農民がどうして「人民」になってゆくか、或は「人民」として全面的に且つ主体的に開花する障害は何であったか等々を明らかにすることが最も必要ではないか。

被支配階級たる農民が、即自的に且つ無媒介に反帝闘争を担う主体者としての「人民」に統括されるとどうなるか、以下にみてみよう。

帝国主義によって、「貧困においつめられ」「生活は破壊」され、「貧困と不安においつめられ」てゆく農民。「清朝支配を根底において掘り崩して」「帝国主義と孤立無援で最後まで闘った」農民。これら農民は辛亥革命で清朝はよく打倒したが、農民的土地革命の達成や帝国主義の打倒はできなかった。これら反帝・反封建の歴史的課題を果たすべき農民闘争も、氏がくり返し述べているように、一つ一つは敗北していった。そしてその原因は、その組織に於ける「孤立性」「分散性」という「弱点」にあったという。

だが孤立性・分散性は農民闘争の組織に於ける固有な属性であって、それ故に農民闘争というのではないか。だからこの説明はなにものをも説明していないのである。氏にあっては、農民の革命性を最高のものとして評価する視点と、農民闘争は個々にはその孤立性・組織上の弱点によって敗北するという市古宙三氏的なブルジョア客観主義の右翼的視点が同居している。だからここには、単なる革命のメカニズム論しか存在しないのである。農民闘争を取り扱う時には、次の点こそ重要である。

ブルジョア革命であれ、社会主義革命であれ、まだ封建的土地所有諸関係の揚棄が課題となっているところでは、農民の徹底的な革命的行動に媒介されて、初めて革命の戦果は収穫される。だが農民の闘争それ自体は客観的条件を創出しつつも、客観的必要条件を表現する限りで実現されるものであるということ、これが一般的な農民闘争の歴史的役割であり法則である。

発展段階の理論＝世界史の基本法則で中国近代の歴史発展を追求しようという論者に対しては、「変革」とは〈客観的であると同時に主体的契機を含まざるを得ないもの〉であるといい、また農民闘争論者に対しては、それは〈主体的契機を含むものであると同時に客観的条件を内に秘めなければならないのだ〉と述べる必要があろう。そうしてこそ、抽象的ではあるが言葉の真の意味の階級闘争史ができるのではないか。

中国のようにブルジョア革命の課題の一片だに解決されぬままに、帝国主義の世界体制の一環にくみ込まれた国に於ては、主観的には農民的土地変革の実現に驀進し、客観的には革命的ブルジョアジーとして行動する農民の力に援護されていた限りにおいては、微々たる前進ですら可能となった。しかし農民は中国のような帝国主義の支配体制下にあっては、彼らの要求はブルジョア的必要を反映していても、客観的には実現できない。そこで、農民の要求は主観的にも客観的にもブルジョア体制（資本制世界）を越えたものとして「表象」され「意識」されるのであって、このことが、半封建・半植民地という旧体制に対する農民の破壊力を自乗され倍加されたものにし、ついに中国共産党の指導により一挙に中国革命を達成せしめ得たのであろう。

附記（二〇〇七年九月記）

本論文は、大塚史学会編『史潮』一九六七年、第百一号に掲載され、後に野沢豊編『アジアの変革（下）』（歴史科学大系、第一四巻、校倉書房）に転載された。一九六〇年代の中頃、東京にいた大学院生が、中国史の研究を巡って、どのような思想状況や情念の下に在ったか、また、いかなる方法論を巡る論争をしていたかが分かる。今となっては当時の思想情況を示す「史料価値」があるものと考え、再録することにした。この論文を今読むと、鶴見俊輔氏が戦後日本の左翼を皮肉って書いた（?）論文「言葉のお守り的使用法について」の指摘が妥当するように思う。

附録

二　アジアの民衆運動と宗教――中国・朝鮮――

一　日本における民衆運動史研究を取りまく状況の変化

敗戦から一九七〇年代前半までの日本の主要な思想潮流は、現代世界を資本主義対社会主義、帝国主義対民族解放、独占資本対総労働、先進国対後進国といった、いくつかの二元的あるいは二分的対抗世界として把えるものであった。中国、朝鮮の民衆運動史を研究している日本の歴史研究者は、中国、朝鮮における社会主義の勝利、安保闘争の高揚、またベトナムにおける反帝民族解放戦争の前進に、世界史の必然性と未来を感じた。日本の多くの歴史研究者は、上記のような内外の革命的情勢に歴史家として寄与しようと考え、階級闘争、民族解放運動の研究に歴史的意義を認め情熱を注いだのであった。しかし、一九七〇年代中期から八〇年代初期にかけて、中国ではプロレタリア文化大革命は悲劇的失敗に終り、鄧小平の対外開放政策が始まった。また社会主義国どうしの対立抗争、ポルポト政権の大虐殺、ソ連のアフガニスタンへの侵攻等の事件が次々と起こり、社会主義国の矛盾に満ちた状況が明らかになった。

一方、日本国内に於ては資本主義が高度成長を遂げ、アメリカと経済衝突を生むようになり、労働運動や学生運動は衰退の一途を辿った。八〇年代には、日本のほかに韓国、台湾、香港、タイ、シンガポール等の資本主義がめざましく抬頭し、アジアの社会主義勢力を完全に圧倒したのである。以上のような七〇年代に始まった日本、東アジア、東南アジアを取りまく政治の構造的変化、歴史的枠組みの変化、旧来の政治的価値観の崩壊は、日本の歴史研究に決定的影響を与えた。階級闘争史観や社会主義の必然性を信じる人々は、急速に自信と展望を失ってしまった。特に日本の中国史研究者は、中国の数多くの大農民反乱、民衆運動に歴史発展の契機と動力を見い出そうと多大な情熱を注いできたのであるが、七〇年代以後混迷と模索の時代に入った。土地所有、農業生産力、階級闘争、商品生産、農奴制等々の概念と、それに基づく研究は、もはやはやらない研究課題ということになった。日本や中国の歴史の中に現代の革命、階級闘争のための教訓と理論を見い出し、未来の革命のための歴史法則を発見しようといった学問姿勢は、七〇年代に急速に衰えた。

しかし、戦後日本に於ける朝鮮史研究者は、中国史研究者とはその感性に於ても問題意識に於ても、かなり違った歴史を歩んできた。日本人研究者は、朝鮮を三五年間にわたって完全植民地にしてきた日本帝国主義の原罪を背負い、六〇数万人に達する在日朝鮮人に対する人権抑圧の克服、差別の撤廃、朝鮮の南北分断の克服、日本帝国主義批判を歴史的使命としてきた。それは、在日朝鮮人や韓国、朝鮮の歴史家の熱い想いを込めた民衆運動史の研究が、そしてまた、韓国における学生運動、労働運動の絶えることなき高揚が、ともに日本人の朝鮮民衆史研究を励まし続けたためである。日本における朝鮮民衆運動史の研究は、いまだ歴史的使命感と政治的緊張感を失っていない。

二　大農民反乱、民衆運動の研究

戦後日本の歴史研究に流れていた民衆運動、革命運動に共感を持ち、人民の目覚めと苦闘の中に歴史発展の動力を見い出そうと考えた研究者の業績は一九七〇年代に続々と著書としてまとめられた。里井彦七郎『近代中国における民衆運動とその思想』[1]、青年中国研究者会議編『中国民衆反乱の世界』[2]、小島晋治『太平天国革命の歴史と思想』[3]等が代表的なものである。また松崎つね子を中心とした中国農民戦争史研究会編の『中国農民戦争史研究』と題する雑誌が一種の熱気をおびて第六号まで発行され続けたのは、一九六八年から八一年までの間のことであった。マルクス主義歴史家でなくても、戦後の日本人中国史家は、中国の民衆運動、農民反乱に多大な関心を持ち、その意義を発見しようとして、多くの史料の注釈をし、研究論文を書いてきた。それらを基本的史料の訳注、解説、著書、論文目録としてまとめたのが谷川道雄・森正夫編『中国民衆叛乱史』（全四巻）[4]である。これは一九七八年に発刊され、八三年に完結した。このシリーズの発刊は、戦後日本における中国民衆反乱史の研究が、もはや歴史家の異端的仕事ではなく、東洋史学というアカディミズムの中で認知されたことを意味した。日本の政治的変革に寄与せんとする中国民衆反乱史研究が、いわば戦後史を終えたのである。青年中国研究者会議のメンバーや松崎つね子、石田米子らが民衆反乱、民衆運動史の研究に、反乱への共感や情念を燃やした時代が、八〇年代初期に一応の終局をみたのである。青年中国研究者会議は『中国民衆反乱の世界』の続編を八三年に出して活動を完全に停止した。松崎つね子を中心として六八年から発行されてきた雑誌『中国農民戦争史研究』は八一年に六号を出して終った。佐藤文俊は八五年に『明末農民反乱の研究』[5]を発刊したが、その多くは八〇年代初期以前に書いた論文であり、戦後の中国農民反乱、民衆運動の研究は、八〇年代初期にほぼ終了したということができる。

戦後の中国民衆運動、農民反乱史研究の成果として、次の諸点を指摘しておきたい。中国民衆はひたすら二千年にわたって専制主義に屈服し続けたのではなく、実に勇敢に無数の戦いを持続的に決行し、世界史上まれにみる壮大な活動を展開したこと、大農民反乱はしばしば専制王朝を打倒し、歴史の舞台まわしの役を演じたこと、中国民衆の戦いの歴史とその伝統が、中国人民の反帝民族解放闘争の勝利と社会主義革命の勝利の重要な前提をつくり、また革命主体形成の主要な要因となったこと。その具体的研究成果として次の諸点を確認しておかねばならない。宋代以降の民衆運動の高揚、明代以降の職人や商人等の都市民衆の闘争、宋代から清代まで徐々に活発化する抗租・抗糧等の経済闘争、元末の紅巾の乱から清末の義和団運動にまで及ぶ白蓮教系諸反乱の間断なき闘争と反乱、太平天国から辛亥革命へ、更にまた中国革命にまで連続する質的に高まった全国的規模の民衆運動等々は、どれも質量ともに新しい段階を画したものであること。

以上の諸点を一九四五年から八〇年前後までの日本に於ける中国民衆反乱史研究の成果として確認しておきたいと思う。

しかし、これまでの研究は限界に直面していたことを率直に認めなければならない。中国の農民戦争史の研究者の多くは、大農民反乱をドイツ農民戦争の「戦争」概念で積極的に評価しようとしたが、しかしその皇権主義（反乱者もまた皇帝権力の樹立をめざす傾向）と平均主義（生産力の増大ではなく既存の富の平均化の傾向）という古代的、封建的性格を克服できなかったと主張した。日本の農民反乱の研究者も、朱元璋、李自成、洪秀全ら指導者の専制皇帝への上昇転化、農民闘争への裏切りをどう説明したらよいのか、民衆運動の質量とその発展を論証しても、結局中国民衆運動はアジア的専制主義を真に革命し得なかったではないか、といった気持ちをぬぐえなかった。しかも、偉大な共産主義の革命家毛沢東のもとで独裁政治、個人崇拝、人権抑圧、官僚主義が生まれるのを見た時、社会主義への失望が高まり、中国の農民反乱、階級闘争の必然的な段階的発展として、中国社会主義革命の偉大さをみようとしたこれまでの研究姿勢や問題意識が急速に色あせた。そこで、これまでの反省と新しい出発が要請されたのである。

かくして、以後、日本人歴史家の中に、民衆の反乱や運動を政治史にひきつけ政治的要求の達成度、政治的理念の実現度に評価の力点を置くのは、人間の歴史の表面、表層を見ているに過ぎない、政治現象は一時的、表面的なものであるから、むしろ、民衆の社会組織や生活、習慣、習俗、儀礼、信仰、祝祭、差別等々といった、民衆を長期にわたって且つ生活の奥深くに於て規定している世界から、民衆運動や農民反乱、農民戦争を改めて内在的に理解すべきだ、といった反省が生まれたのである。[6] こうした反省は、七〇年代に日本に流行しはじめたアナール学派の「社会史」、現象学、文化人類学、記号論などに大きな影響を受け、民衆運動の研究に変化をもたらした。

三　中国民衆運動研究に新しい波

中国民衆運動史の研究に新しい突破口をつくろうとする試みは、一九七〇年代に問題提起として現れ、八〇年代にはいくつかの流れとなった。奥崎裕司は「中国民衆反乱史論」[7]を書き、秦代から清代までの約二千年間に起こった一五の代表的農民反乱を研究し、それらに二五種の異なった典型や特質を発見した。「逃亡、家柄・血統の否定、約法の主体的確立、社会変革の予言、死＝再生の希望、ユートピア構想、敵の徹底的殺戮、水の信仰、殺人＝救済の思想、新仏出生、禁欲主義、宣伝、流寇、均貧富、カリスマの擁立、自衛、生産力向上」等々である。奥崎は中国の長い歴史の中でくり返し起こった民衆反乱の中に、近代世界が獲得した理念、法則、概念の萠芽とその発達を敢て見ようとしなかったし、またそれらによって民衆運動史を評価しようとはしなかった。奥崎は、近代人には理解が困難でまた互いに矛盾した、人間の無限の営為の蓄積の歴史を発掘しようと思ったのである。この試みは成功したとはいえないが、壮大な模索となった。また、太平天国を中心に中国農民運動史を戦後一貫して研究し、その革命性を追求してきた小島晋治は、洪秀全の伝記を書き、革命的指導者洪秀全が南京に建国して新皇帝となり、豪華な宮殿にあまたの美女をはべらせ、また他の多くの指導者も権力者となり血なまぐさい殺し合いに狂奔する革命権力内部を鋭く分析した。また、小島は絶対正義が狂信に転化し、農民の土地改革の要求が絶対平均主義に観念化され、革命的禁欲主義が自由と人権の抑圧に転化していく、そのような農民革命権力の変質の過程を明らかにした。小島の著書は、農民革命に人間解放の夢と歴史発展の動力を託そうとしてきた従来の自己の観念を克服し、革命権力のもつ固有の隘路と矛盾を冷徹な目で政治過程論として分析した新しい試みとなった。

八〇年代に盛行したのは、政治反乱というよりも宗教的性格を色濃くもっていた民衆反乱、民衆運動の研究であった。漢代の赤眉の乱と豪族の関係を論じた土屋紀義の研究[9]、北魏の大乗教の反乱を分析した渡辺孝の研究[10]は、信仰のもつ独自な役割を追求したものである。中国民衆運動の研究者の多くを強く引きつけたのは、何といっても元末の紅巾の反乱から一九〇〇年の義和団運動にまで及ぶ白蓮教系の民衆運動や反乱の研究である。代表的なものとしては、鈴木中正『中国史における革命と宗教[11]』、相田洋「白蓮教の成立とその展開[12]」、安野省三「清代の農民反乱[13]」等の七〇年代の研究を嚆矢とし、八〇年代には相田洋「羅教の成立とその展開[14]」、鈴木中正編『千年王国的民衆運動の研究[15]』、野口鐵郎『明代白蓮教史の研究[16]』、野口鐵郎編『中国史における乱の構図[17]』、佐藤公彦「清代白蓮教の史的展開[18]」、小林一美「斉王氏の反乱[19]」、同上「清代の宗教反乱[20]」、七〇年代から精力的に宗教反乱を研究してきた浅井紀の「明清時代における聞香教と清茶門教[21]」等が続々と発表された。鈴木、野口、浅井等の研究は、中国の農民反乱や白蓮教系諸反乱を千年王国信仰とその展開として把え、尨大な史料を集めて史実を明らかにし、また西欧、西アジア、東南アジアの千年王国主義運動との類似を発見し、比較文化史的検討に努めた。それによって、中国の千年王国運動（白蓮教系反乱が中心）の革命性と歴史的限界性も明らかになったのである。

こうした方向に対して、小林、相田らは、白蓮教系諸反乱の歴史的評価よりは、その民衆運動の意志と理念を純化して革命史の理論と社会革命論の創造を目指した、といえよう。八〇年代の白蓮教系宗教反乱の研究は、実証面でも驚くべき発展を遂げ、佐藤は白蓮教系の諸組織と人物を詳細な系譜図にまとめあげる仕事に没頭している。こうした一連の研究について、福本勝清は、これらの研究が新しい感動と興奮をよぶのは「些か行きづまりを見せていた社会経済史的研究方法からの解放感、フォークロアを手がかりに明らかにされてゆく社会の周辺――それは底辺であり、周辺であり、間隙でもある――に生きる民衆の生活史、精神史の思いがけない豊かさ、そして何よりもその発想の瑞々しさといったものにあったろう[22]」と高く評価し、中国史研究にも新しい社会史、人類学的歴史研究の流れが生まれてきたと評価した。しかし、白蓮教とその反乱を対象とする中国民衆運動の研究も大きな壁に突き当たっているのである。中国に千年王国型の熱狂主義的民衆運動の流れを実証したとしても、白蓮教反乱は多くミニ専制権力の道を歩んだのであり、また鈴木がくり返し強調するように、熱気がさめると忽ち日常性へ回帰したのである。白蓮教系の諸反乱にみられた変革の世界観、特異な結社、組織、革命への持続的努力、熱狂主義等の研究によって、中国民衆運動が高い変革の意志と理念を創りだしてきたことは評価された。しかし、これらの宗教的反乱も所詮はアジア的専制主義の模倣に堕し、政治も社会も根本から変革できなかったのではないか、という想いを研究者は克服できなかった。このようにして、特に若い研究者は反乱の政治過程の分析に情熱を燃やすことに失望し、社会生活史、精神史、民俗史、つまり文化人類学的世界へ下降するようになった。

一九八〇年代の初期に戦後日本の進歩的歴史学の魅力と威力がほぼ尽き、青年中国研究者会議が『中国民衆反乱の世界』の続編を出して活動停止した八三年に、小島晋治、並木頼寿らによって、中国民衆史研究会編『老百姓の世界』の創刊号が出たのである。このことは、『民衆反乱の世界』から『民衆史』の次元に時代の関心が移ったことの明らかな証左であった。この雑誌には民衆反乱史、民衆運動史の論文も多く掲載されている。しかし、中国民衆史の研究が主流であり、民衆運動を民衆史の流れに於て把握しようとする傾向が顕著である。こうした、農民反乱史の研究から民衆史の研究へという問題関心の変化は、人間の生の営み全体を、つまり民衆の生活全体をこそ研究しなければならない、という考えが高まってきたことを反映している。人類の全般的危機、地球史的次元での危機の時代に、日本人は人類学、宗教史、文明史、文化人類学等に心ひかれるようになった[23]。中国史研究者も、民衆の反乱史、闘争史ではなく、民衆の生活、社会、信仰、習俗にやさしい目を注ぐようになっていった。そうした問題意識の変化の中で、武内房司[24]、稲田清一[25]、塚田誠之[26]らによる南方の少数民族、客家などの研究が八〇年代に始まる。今のところ少数民族の中でチワン族、ミャオ族研究が中心であるが、これまで中国史研究者の視野にほとんど入らなかった南方少数民族の歴史、習俗、信仰、民衆運動等が、若い歴史研究者によって本格的に研究され始めたことは新しい傾向である。これまで太平天国革命に南方の少数民族や客家が多く参加していたことは小島晋治の研究によって知られてきたが、少数民族それ自体を研究テーマとして本格的に取り上げるようになったのは、この一〇年ほどの間に起こった新しい流れである。明らかに日本の歴史家の間に高まった民俗学、社会史、文化人類学に対する関心が、中国史研究の中に新しい潮流を形成し始めた証左であるといえよう。

義和団運動の研究では、小林一美が『義和団戦争と明治国家[27]』を発表し、義和団運動の構造、発展過程に法則を発見しようとし、義和拳信仰に新しい解釈を行った。小林は、これまでの里井彦七郎らに代表される研究を批判し、華北民衆の生活、伝統的精神世界、結社、村落構造等に深く分け入って、義和団大衆の迷信、神がかりや特異な組織形態を中国民衆の生活論理に即して内面から理解しようとした。小林の義和団の研究は、中国の農村社会史、民衆史、民俗史に対する関心を強く持ち、新しい民衆運動研究の方向を示している。義和団運動を材料にして、中国の民衆社会を社会学的に分析した佐々木衛[28]の研究も登場した。

以上、一九八〇年代の中国民衆運動史研究の新しい問題意識、動向をみてきた。要約すれば、中国農民反乱史、特に宗教的色彩を濃厚に帯びた民衆運動史の研究に関心が集まり大きな成果があったということである。これまでのような社会経済史的分析、政治史的分析ではなく、民衆運動の宗教的理念、精神的世界の分析が中心的課題となった。これは、民衆の内面的世界を深く理解しようとする傾向が日本の中国民衆運動史研究者に高まったためである。さらにまた、民衆運動を社会史、民衆生活史あるいは文化人類学的な関心で研究しようとする傾向も顕著になった。こうした傾向は、人間を長期的に規定し、また社会と生活の深部にまで達している非政治的世界の歴史を研究し、社会と文化の大きな流れの変化を明らかにしようという意識が高まったために生まれたものである。

もう一つは、南方の少数民族や客家という、中国史研究ではほとんど無視されてきた少数者、被差別民の研究が始まったことが新しい歴史学の潮流である。少数民族、被差別民の研究は、彼らの生活、文化の総体を研究し、その固有の存在様式と独自の文化の形成過程を明らかにしようとするものである。それは、少数者、被差別民に温かい目を注ぐやさしさを若い歴史研究者が持ち、彼らの間に政治権力をめぐる優勝劣敗の世界とは別に、新しい人間価値を発見しようとする問題意識が、八〇年代に具体的な研究成果として結実していたことを意味している。

しかしながら、以上の三点に要約できる新しい潮流に若干の危惧の念を表しておきたい。確かに、民衆運動を民衆の日常生活、宗教、社会、文化の深層に於て長期的な視点でみるようになったのは大きな進歩であるが、一方で民衆運動を階級闘争、政治闘争として分析し抜く意志力と方法論を失ったのである。これは、日本人が七〇年代以降政治革命一般に幻滅を感じたこと、また日本における政治革命が遠のき、労働運動、学生運動が衰退の一途を辿ったことの反映であり、未来に向かう政治変革の展望を持てないことへの告白であろう。

中国でも最近、大農民反乱などは二千年続いた王朝交替の舞台まわしをしたに過ぎないとする理論書、金観濤著

『興盛与危機』（湖南人民出版社、一九八四年）が発表された。しかし、民衆史、社会史、民族史の方向は、これまで等閑に付されてきた個別史を豊かに発掘発見したとはいえ、決して中国の政治、国家、階級の再生産構造と矛盾の展開を追求する歴史学の基本的課題にとって代わることはできない。民衆の精神も習慣も儀礼も永遠のものではなく、主要な生産様式の下における政治・経済構成の歴史的展開に大きく規定されているのである。民衆運動がアジア的専制主義を克服し得なかったのであれば、かかる多くの大農民反乱にさえ耐え得た中国の国家史の構造に研究を進めることが必要なのである。民衆史は新しい感性を生み出したが、それは一面後退でもあり、中国社会を生産し続けてきた国家、政治の構造とその展開という大問題の研究から逃亡することは許されないだろう。

四　朝鮮民衆運動史研究の動向

日本に於ける一九八〇年代の朝鮮民衆運動史の研究を、「民衆運動と宗教」といった課題で整理することはできない。朝鮮前近代史には、中国史に於けるような宗教的大農民反乱の長期にわたる流れはなかったが、義兵を中心とした民衆蜂起は連続して起こっている。しかし、こうした方面での研究は極めて少なかった。過去数年間の主要な朝鮮民衆運動史の研究論文は、ほとんどが一八〇〇年以降を対象にし、中でも一九二〇、三〇年代に集中している。そこで、まず主要な研究論文の紹介をし、最後に、日本に於ける朝鮮民衆運動史研究の問題点にふれるという順序でまとめることとする。

鶴園裕は「平安道農民戦争における檄文」(29)で、一八一一年に平安道で起こった洪景来の乱の檄文を分析し、指導層であった有力者層、没落両班層のイデオロギーを研究した。そして、この乱は従来言われてきたような地方的反乱ではなく、「済世之聖人」の降誕と清朝北方から救援にくる鉄騎一〇万を予言する易姓革命に近い全国的、全体的展望を持つものとした。王朝打倒、交替への展望を持ちながら、平安道中心主義のような地方色が濃厚であったのは、平安道の被差別的地位によるものと推測している。末世の到来、聖人の降誕、人民の救済といったモチーフをみると、一八〇六年まで一〇年間にわたって中国五省を舞台にした嘉慶白蓮教反乱の影響があったのではないかと想像される。趙景達の「東学農民運動と甲午農民戦争の歴史的性格[30]」は、甲午農民戦争も最後は敗北に終ったのであるから、敗北の内なる原因を明らかにしなければならぬ、すべてを外国や李朝権力の弾圧のせいにするわけにはいかないと問題を提出した。そして、人民の側の弱さや矛盾は、半プロ・貧農・下層民と富農との間に階級矛盾が存在していたところにあると主張した。富農の妥協性、動揺性が人民の団結を阻害したという論理であるが、富農の実態が明確でない。この論文は、朝鮮民衆運動の弱点を朝鮮人の主体的条件の確立のために研究しなければならないという問題意識を表明したもので、日本人研究者の贖罪意識を原点においた反帝運動研究とベクトルを異にするものである。

日本人の朝鮮民衆運動の研究、とりわけ植民地下朝鮮の民族解放運動、社会主義運動の研究には、現在進行しつつある歴史状況がからみあい、さらにまた日本人＝加害者＝帝国主義国民としての贖罪、道徳的自己批判が研究の原点、姿勢として要求されてきたので、現代のイデオロギーが歴史観と深く結びつき、またそれ故に政治意識の尖鋭化がみられた。しかしそれも、八〇年代に入るとかなり状況に変化がみられるようになった。

特に一九二〇年代～三〇年代の朝鮮の民族運動、社会主義運動の研究分野で、理論的にも実証的にも、また研究姿勢と問題意識の上でも、新しい動向がみられた。大和和明「一九二〇年代前半期の朝鮮労働運動[31]」は、二一年から二五年の間の精米労働者や平壌靴下労働者の運動を分析し、階級意識の芽生えも一部に検証でき、社会主義の影響が認められるとした。また社会主義の影響によって農民運動も高まり、植民地権力との闘争が激烈になっていったが、二〇年代の中国と違って民族ブルジョアジーの運動がなく、朝鮮の解放の条件を厳しくしたと主張した。また大和は「朝鮮農民運動の転換点[32]」を発表し、全羅南道多島海地域の小作争議は地主総体を闘争対象とする争議として発展したと主張した。この争議は二五年に敗北したが、以後の農民運動、民族解放運動の発展の基礎をつくり、指導者たちも初めは民族主義者であったが、社会主義の影響を受けるようになり、階級意識も芽生え、「地主・植民地権力連合」対「農民の階級的・民族的運動」という対抗軸を形成していったと、極めて高く評価した。並木真人「植民地下朝鮮における地方民衆運動の展開[33]」は、二〇年代から三〇年代初めにかけての洪原郡の赤色農民組合の運動、赤色労働組合の運動を研究し、三二年に頂点に達した農民運動に社会主義の影響が強かったことを証明した。新納豊「植民地下の『民族経済』をめぐって—直接耕作農民を中心に[34]」は、朴玄採、趙容範が提起した植民地経済圏対民族経済圏という二元的対抗経済圏の設定を受けて、民族経済圏概念の実態を明らかにしようとした。新納は、在来市場を朝鮮民衆の自作自給的生産、交換にもとづく再生産的基盤と規定し、これが植民地経済圏の圧倒的な力にもかかわらず、日本帝国主義敗北まで存続し続け、光復以後の民族経済の基礎になったとした。金森襄作の『一九二〇年代朝鮮の社会主義運動史[35]』（未来社、一九八五年）は、これまでの定説にとらわれない大胆な見解を多く展開している。

上記した八〇年代の諸研究に於ては、これまで古典的権威をもってきた浅田喬二『日本帝国主義下の民族革命運動』や『朝鮮共産主義運動史』、『韓国共産主義運動史』といった著書のシェーマに疑問を呈したり、社会主義運動の直線的発展論や民族解放運動の感情的讃美等の傾向に、理論的、実証的な再検討を迫る傾向が濃厚になっている。特に金森は、日本人としてはじめて「何故朝鮮民族自らが民族的解放を達成できず、他律的解放を待たなければならなかったか」と問い、朝鮮人の「解放を達成できなかった運動の限界や欠陥も当然明らかにしていかねばならないはず」と主張し、初期社会主義運動の分裂抗争、弱点等について見解を述べている。金森は、日本人が朝鮮民衆運動、社会主義運動、民族解放運動の弱点、困難、限界など語りにくいとしてきた従来の傾向は、学問的厳しさと日本人の責任をむしろないがしろにするものであり、民衆の闘いが敗北したなら、どうして敗北したのかを主体の条件にも原因を求めて研究するのが真の学問的態度である、というのである。

こうした新しい歴史研究、研究姿勢それ自身について理論的検討が要請されている。つまり加害国の研究者は、被害国の民衆運動の弱点も研究しなければならないが、他民族の民衆運動の弱点をあばくことにもなるその成果は研究者の手元を離れて侵略の武器、侵略の政治イデオロギーに転化することもあり得るのであって、歴史研究の研究主体が反帝国主義、民族解放の政治的倫理的実践者であらねば、その政治的役割は悪ということになってしまうであろう。そして歴史研究者はこの悪の生産、悪の役割から完全には免れることができず、かかる原罪に自覚的でなければならないであろう。日本の外国史研究の中で朝鮮民衆運動史の研究ほど、研究と政治、研究と倫理、歴史と研究主体のあり方を問い、その矛盾と葛藤がもたらす政治的・倫理的緊迫感に包まれている分野はない。かかる意味で、金森の問題提起は歴史理論・歴史研究方法の問題として検討されねばならない。

八〇年代の日本では、韓国で発刊された近代民族運動史史料が紹介されたり、現代の韓国での近代民衆運動史の著書が多く翻訳されてきた。枚数の関係で省略する。筆者は中国史研究者であり、朝鮮史研究の紹介に誤りや欠落部分があるかもしれない。

註

(1)　里井彦七郎『近代中国における民衆運動とその思想』(東京大学出版会、一九七二年)。

(2)　青年中国研究者会議(編)『中国民衆反乱の世界』(汲古書院、一九七四年)。同(編)『続中国民衆反乱の世界』(汲古書院、一九八三年）。
（3）小島晋治『太平天国革命の歴史と思想』（研文出版、一九七八年）。
（4）谷川道雄・森正夫（編）『中国民衆叛乱史』全四巻（東洋文庫、三三六、三五一、四〇八、四一九号、平凡社、一九七八、七九、八二、八三年）。
（5）佐藤文俊『明末農民反乱の研究』（研文出版、一九八五年）。
（6）小林一美「日本における科学的歴史学と近接諸科学との関係」、滕維藻・奥崎裕司他（編）『東アジア世界史探究』（汲古書院、一九八六年）、頁五三四～五四五。
（7）奥崎裕司「中国民衆反乱史論」、前掲『続中国民衆反乱の世界』、頁四五五～五八九。
（8）小島晋治「洪秀全」（『中国の英傑』10、集英社、一九八七年）。
（9）土屋紀義「両漢交替期における豪族の動向」、前掲『続中国民衆反乱の世界』、頁四〇三～四五四。
（10）渡辺孝「北魏大乗教の乱をめぐる一考察―仏教的千年王国運動の一モデルとして」、野口鐵郎（編）『中国史における乱の構図』（雄山閣、一九八六年）、頁三五～六四。
（11）鈴木中正『中国史における革命と宗教』（東京大学出版会、一九七四年）。
（12）相田洋「白蓮教の成立とその展開」、前掲『中国民衆反乱の世界』、頁一四二～二一八。
（13）安野省三「清代の農民反乱」、『岩波講座世界歴史』12「中世」6（岩波書店、一九七一年）、頁一九七～二二八。
（14）相田洋「羅教の成立とその展開」、前掲『続中国民衆反乱の世界』、頁一～七四。
（15）鈴木中正（編）『千年王国的民衆運動の研究』（東京大学出版会、一九八二年）。
（16）野口鐵郎『明代白蓮教史の研究』（雄山閣、一九八六年）。
（17）野口鐵郎（編）『中国史における乱の構図』（雄山閣、一九八六年）。
（18）佐藤公彦「清代白蓮教の史的展開」、前掲『続中国民衆反乱の世界』、頁七五～一八四。
（19）小林一美「斉王氏の反乱」、前掲『続中国民衆反乱の世界』、頁一八五～二五一。

(20)　小林一美「清代の宗教反乱」、『中世史講座』7「中世の民衆運動」（学生社、一九八五年）、頁三〇八〜三二三。
(21)　浅井紀「明清時代における聞香教と清茶門教——灤州石仏口王氏の系譜」、前掲『千年王国的民衆運動の研究』、頁三五一〜三九八。
(22)　福井勝清「呪術・シャーマニズム・コミュニタス運動」、中国民衆史研究会（編）『老百姓の世界』（五）、一九八七年、頁七二〜八〇。
(23)　社会史、人類学的関心で書かれた論文に次のようなものがある。奥崎裕司「中国近世の『民衆法』」、『中国——社会と文化』一九八八年、(三)、頁一八〜三四。相田洋「紅巾考——中国に於ける民間武装集団の伝統」、『東洋史研究』三八（四）、一九八〇年、頁五三〜八〇。菊池秀明「反乱と色——太平軍の旗幟と衣裳」、『老百姓の世界』（五）、一九八七年、頁一一〜一四六。安野省三「中国の異端・無頼」、前掲『中世史講座』7、頁一六六〜一九一。この論文は、中国人の人肉食と入れ墨の社会史を追求したものである。社会史はやさしい目と冷酷の目の両方を持っていることをも示した。
(24)　武内房司「太平天国期の苗族反乱について——貴州東南部苗族地区を中心に」、『史潮』（一二）、一九八二年、頁二六〜五九。同「苗族の款について」、『老百姓の世界』（五）、一九八七年、頁五二〜七一。
(25)　稲田清一「太平天国期のチワン族反乱とその背景——広西省横州・永淳県の場合」、『史林』（一）、一九八八年、七一号、頁一〜三四。同「太平天国前夜の客民について」、『名古屋大学東洋史研究報告』（一一）、一九八五年、頁六〇〜九一。
(26)　塚田誠之「明代における壮（Zhuang）族の移住と生態」、『北大史学』（二五）、一九八五年、頁三七〜五五。同「明清時代における壮（Zhuang）族の佃農化に関する一考察」、『東洋学報』（一・二）、一九八五年、頁二一〜五五。同「明清時代における壮族統治体制」、『北大史学』（二七）、一九八七年、頁一〜二二。
(27)　小林一美『義和団戦争と明治国家』（汲古書院、一九八六年）。
(28)　佐々木衞「山東義和団運動の社会的性格」、『民族学研究』（二）、一九八七年、頁五〇〜七七。
(29)　鶴園裕「平安南道農民戦争における檄文」、『朝鮮史研究会論文集』二一（緑蔭書房、一九八四年）、頁一六一〜一八〇。
(30)　趙景達「東学農民運動と甲午農民戦争の歴史的性格」、『朝鮮史研究会論文集』一九（緑蔭書房、一九八二年）、頁一一七〜

一五〇。

(31) 大和和明「一九二〇年代前半期の朝鮮労働運動」、『朝鮮史研究会論文集』二〇（緑蔭書房、一九八二年）、頁一二五～一五四。

(32) 大和和明「朝鮮農民運動の転換点――一九二五年全羅南道多島海地域の小作争議分析」、『歴史評論』（四一三）、一九八四年、頁二一～二七。

(33) 並木真人「植民地下朝鮮における地方民衆運動の展開――咸鏡南道洪原郡の事例を中心に」、前掲『朝鮮史研究会論文集』二〇、頁六一～九四。

(34) 新納豊「植民地下の『民族経済』をめぐって――直接耕作農民を中心に」、前掲『朝鮮史研究会論文集』二〇、頁九五～一二四。

(35) 金森襄作『一九二〇年代朝鮮の社会主義運動史』（未来社、一九八五年）。

附記（二〇〇八年二月記）

この論文の原載は、国際歴史学会議編『歴史研究の新しい波――日本における歴史学の発達と現状Ⅷ一九八三～一九八七』（山川出版社、一九八九年）に於てである。

附録

三　書評論文、小島晋治著『太平天国革命の歴史と思想』について

この著書は、小島晋治氏がこれまで太平天国研究を中心として発表した、主なる論稿に二本の書き下ろしを加えて、一書にまとめられたものである。

戦後、日本に於ても中国と同様に、太平天国の反乱は孫文や朱徳の逸話や回想とともに新たに想起され、中国革命の源流、中国人民の英雄主義やユートピア思想が集約された運動とみなされるようになった。現実の変革運動と切り結ぶ新しい歴史学の創造を望んでいた戦後日本の青年にとって、「長髪賊の乱」は「太平天国革命」となり、それは中国社会主義革命と重なる鮮烈なる映像となった。太平天国の禁欲主義、平等観、英雄的事跡、それに天朝田畝制度や聖庫制度に象徴される「共産主義」的イメージは、今考えると切ないほどに純真だった日本の反戦的青年たちにとって、中国史研究に進む契機となり、中国史研究に存在理由を与えるものとさえ感じられた。

著者の小島氏は、そうした戦後の反戦の世代として今日に至るまでその精神を持続し、太平天国を実存的テーマというほどの重さをこめて研究課題にし続けてきた日本では稀な研究者だと（氏の後に続かんとしてきた）私には思われる。日本の中国民衆運動の研究に青春ともいうべき時期を求めるなら、増井経夫『太平天国』（一九五一年）、小島晋治「太平天国の諸様相」（一九五二年）、田中正俊「起ちあがる農民たち」（一九五四年）、田中正俊・佐伯有一「一五世紀における福建の農民反乱」（一九五四年）等々が続けざまに発表された時代がそれに相当するであろうと思う。当時

のこれらの研究には、小島氏が今日に至るまで保持しているところの、対象（中国史の研究）と主体（日本近代史の深い反省）と状況（帝国主義の敗退と社会主義の勝利）という、研究を支える三つの契機＝要素の織りなす緊張とその統一＝全体的把握の姿勢があった。

まず何はともあれ、かかる意味において、中国民衆運動の青春の記念碑ともいうべき仕事がまとめられ発刊されたことを心から喜びたい。読者は昨年本書とほぼ同時に発刊された『アジアから見た近代日本』（亜紀書房）を併せ読むならば、氏の中国史研究がすぐれて日本近代の反省と深い関わりのもとになされてきたかを知ることができるであろう。

〈本書の目次〉

本書は三部からなっている。第一部「農民革命の思想」――第一章　農民戦争における宗教、第二章　拝上帝教と拝上帝会の特質。第二部「太平天国史の諸問題」――第一章　一九世紀中葉における農民闘争と太平天国、第二章　マルクスの「太平天国」論、第三章　『李秀成親供手跡』考、第四章　太平天国運動の歴史的性格、第五章　幕末日本と太平天国。第三部「近代農民運動史研究の視点と方法」――(1)中国における太平天国研究の動向、(2)宮崎市定氏の「太平天国の性質について」について、(3)中国近・現代史研究の視点と方法、(4)里井彦七郎著『近代中国における民衆運動とその思想』を読んで、(5)J・シェノー著『中国農民反乱　一八四〇―一九四九年』。

以上が本書の構成である。内容の紹介はこの少ない枚数では不充分であるばかりか、ある場合は誤解を生じさせる恐れが多分にあるが、以下著者の論点の主要なものを幾つか紹介させていただき、若干の感想を述べさせていただきたいと思う。

一　中国の異端宗教について

第一部の「農民革命の思想」は、中国農民戦争における宗教、とりわけ異端宗教とか邪教とかよばれるものは何であり、また何によって〈異端〉となり〈邪教〉となるのか、を考察したものである。

中国古代からの摩尼教・明教・弥勒教・白蓮教等の教義や教えを分析して、これらは五穀豊穣の理想郷の提起や弥勒下生による理想世界の出現等を約束したが、それを実現するために必ずしも革命的行動を説くものではなく、念仏・焼香・善行等によって語られる限りは、貧しい大衆ばかりかしばしば王侯貴族のイデオロギーとしても採用されたと言う。従って「異端化するか、体制のイデオロギー化するかは、教義そのものよりも組織の成員の階層の相違、それに規定されるところの組織の在り方及びその現実のもろもろの行動様式や内容に表現される思想のなかに在る」とし、「中国民衆の闘争の組織が常に宗教的結社としてのみ形成された」という見解は臆断であるとして批判される。中国の宗教結社には、しばしば相互扶助の思想や共有思想、それに禁欲的な教えがあり、それらによって多くの大衆を組織して結束を固めたのであるが、「教義」そのものの中に経済的且つ現世的な平等を目指す契機はない。現世における共有制・共同使用という平等思想は、中国独自の平等思想＝大同思想として民間の異端宗教に受けつがれ、とりわけ貧しい山間部や省境地帯の寒村の人々に波及していった。しかるに太平天国の場合は、伝統的邪教とはいささか異なっている。「太平天国と他の白蓮教・明教・弥勒教などの邪教との相違は、後者が受動的な『劫』の時代の到来と結びついた明王出世・弥勒下生説や貴種信仰と結合することによって、はじめて現実の政治権力の『神聖な外被』をはぎとるのに対し、前者の太平天国は秦の始皇帝、漢の武帝以来のすべての皇帝政治を否定・弾劾しているところにあり」、また伝統的邪教が、現世利福、とりわけ治病および病気や災難などから免かれることを約束したのに対し、拝上帝教では「平民的プロレタリア的禁欲主義」の傾向が特に著しい。拝上帝教も含めて弥勒教・明教・白蓮教など中国の「邪教」は、「下積みの民衆＝主としては農民を主な構成員とすること、そして『弥勒下生』『明王出世』『上帝からの受命』説を媒介とすることによって、農民の革命闘争の重要な武器となった」。ここでは「農民の利害は〈受命者〉＝カリスマをとおして間接に表現されるしかない」のであって、首領たちが「平民的プロレタリア的禁欲主義」に基づく「世直しへの緊張と情熱」を失ってしまうやいなや、拝上帝教すら一箇の専制王朝に転化してしまう。

私は以前、この最後の氏の結論に対して、氏の「太平天国を平民的プロレタリア的禁欲主義と世直しへの緊張と情熱の有無の問題に矮小化し、中国前近代における民衆の宗教的営為も専制主義への転落の途をたちきれなかったという悲観的結論は悲しすぎはしないか」といった、今にして思えばそら恐ろしいようなことを書いたことがある。こんな調子の批判をしたこともあって、この書評もなかなか筆が進まないのであるが、私が言いたかったことは、権力というものは一度世俗的世界で勝利するや、例外なしにまた時代の制約なしに腐敗し、世俗的世界と妥協して自己を絶対化しながら自己防衛への道を辿るものであるから、「劫」思想で動いたとか、権力につきものの蜜によって侵蝕されるとか、受命者＝カリスマに農民の主体は吸収されるとかを強調して、伝統的な「邪教」の時代的制約＝限界を結論にすることは、問題を出発点に戻してしまうことになるのではないか、といったことだった。これは私自身うまく理論的に展開できない問題であり、私自身が「(白蓮教などの反乱が) ミニ皇帝化という伝統的専制主義に急速に自己退化するという隘路」等とこと新しく強調したりしたこともあったのである。彼らが中世的迷妄はもちろん権力の持つ甘い蜜から自己解放できないことなど自明のことであって、日頃貧困の中で牛馬のように働いていた人々、牛馬の如く働いても食えず流浪して歩く以外になかった人々が、いかにして英雄的な禁欲的な戦いに起ち上がっていったか、何が理想であったのか、そこが問題の始まりであり、また問題の終りではないか、とさえ思ったりしたのである。

こうした意味において、氏が否定的に評価する「劫」の思想にも改めて注目しなければならない。氏は拝上帝教と対比して、「『劫』の到来と結びつけられた明王出世・弥勒下生説と結合することによって、初めて現実の政治権力の『神聖な外被』をはぎとるに至る白蓮教・明教・弥勒教」と述べ、劫思想→終末論的予言→カリスマへの受命→下層大衆の吸引→蜂起という「革命」過程において、劫思想に「民衆が樹立さるべき権力の主体となりえない弱点」「民衆の主体形成への制約」を見ている。かつて鈴木中正氏は「劫は行動的主体によって左右し得ざる自然必然的な力を以て人間社会に生ずる転変であり、それは一種の自然必然的歴史観に外ならぬ」「かかる教説（劫の到来）は、教徒の合理的自発的態度を甚しく減殺し必然的な力に運命をまかせるという受動的な態度を増大させることになったと思う」（『清朝中期史研究』燎原書房、一九五二年第一版）とし、劫思想に否定的評価を与え、これが日本の中国民衆思想史家の常識にもなってきた。小島氏のもとで育った佐藤公彦氏は鈴木氏とは異なった視角から次のように書いている。氏は「ここで（乾隆三九年の王倫清水教叛乱）、鈴木氏がこの叛乱の宗教的要素とする「劫」についていえば、これは蜂起決定時における優れて〈技術〉的な問題として提起されていることに気付く。迫りくる弾圧、邪教として許容されない〈敵〉として否応なしに措定された時、彼らは自己の絶対的否定者としての〈敵〉を発見する。……劫とは、端的には既成世界秩序の崩壊を意味しているが、この『八月の後、四十五日の大劫有り』との劫説は、相互の生存不可能性を意味し、共同的な確認を求め、集団としての共同的実践へとおもむかせるものにほかならない」（「乾隆三十九年王倫清水教叛乱小論」『一橋論叢』第八一巻第三号）とし、劫思想を終末論的時間意識から、すぐれて主体的な歴史意識に至る過程に於て考察した。

中国の〈異端宗教的〉な民衆反乱には、二つの波長を異にした運動の流れ（精神の波動といってもよい）がある。「大劫将に至らんとす」という破局的運命を背負い、「官迫りて民反す」という以外何らの政治的目標も明確にせず、ただ怨みだけを動力にして官に復讐し続ける嘉慶白蓮教反乱に代表されるアナーキーな波動。これは政治権力の樹立という一点に集中してゆくのではなく、どこまでも横の弱者の共同性に広がってゆく。もう一つは授命を奉戴して政治的権力を目指して、皇帝を中核とする権力への強い意志に身をまかせ駆け登ってゆく波長を持つ運動である。これは面に広がるのではなく、観念の現実化に向けて点（皇帝、都など）に収斂してゆく。この二つの波長はある時は離れ、ある時は重なり、ある時は反発しながら、中国民衆の精神史を織りなしてきたように思う。ややもすれば太平天国とそれ以前の弥勒教・明教・白蓮教とを「劫」思想と禁欲主義を基準にして対比し区別する小島氏の考察は、民衆運動の思想を一面的に見すぎているように思うのである。

私もこれまで第一の波形に属するところの清代の多くの反乱者に見られる思想、「劫運まさに至らんとす」「官迫りて民反す」は、受動的な「いいわけ」にとどまるもので、新たな世界構築への契機がない、と考えてきた。しかし、生活者たる貧しい農民たちは、迫られて仕方なしに戦わざるを得ないものであって、上記のスローガンは民衆の心を直截に且つ真面目に表現したものであって、「迫られて梁山に登る」民衆蜂起の真実を、これ以上よく表現したものはあるまいとさえ思ったりするのである。「真空家郷、無生老母、無主無君」の天国を目指すに至った白蓮教は、下層大衆のアナーキーな心情を通して共食・共生の侠者の共同体に流れてゆく。中国古代の墨子の集団や老荘の思想は、弥勒教・明教・白蓮教等の世界観に受けつがれ、侠者の共同体を目指す道として展開されていったのでなかろうか。

二　「拝上帝教・拝上帝会の特質」について

この章で特に強調されているのは、被差別集団（被差別的地位）、禁欲主義、偶像破壊という三つの「革命的」要素であり、小島氏は、太平天国を他の無数の中国の反乱からきわだった存在にしたものこそ、この三つの要素であるとする。「酷烈な寒苦」に加うるに、客家農民のかかる被差別的地位・状態こそが、現存秩序のトータルな否定の志向を内包する上帝会を受け入れさせた条件であり、「上帝会は華南の後進地域である広西の、被差別集団としての客家の農民を主な構成員とする思想的・宗教的結社」として自己形成したのである。被差別集団（客家、少数民族）の自己回復の運動は、経済的地位の向上と欲求によってのみ戦われるものではなく、むしろ差別する政治・思想・道徳・倫理の破壊と、それらの新たなる創造を目指す営為を契機とするものであり、そしてその方向は、偶像破壊運動と平民的禁欲主義によって敷設され、更にまた確固たる道として打ち固められ掃き清められる、とする小島氏の論理は、日本の太平天国研究の歴史的記念碑ともいうべき位置を占める。氏は次のように言う、「偶像破壊運動として表現された所与の慣習、ひいては秩序総体の、幻想的ではあるがトータルな拒否の心情、ならびに「後来の永福」のために、「目前の快楽」を否定しようとするこの禁欲主義こそが、他の革命結社＝会党にぬきんでた強固な内的凝集力と、死をも恐れざるひたむきな戦闘性を上帝会に付与した基本的要素だと私は考える」と。客家が被差別的集団として存在していたことは明らかにされたが、その差別の歴史的形成過程と内容は未だ不明の点が多い。しかし、太平天国を含めて中国の多くの〈異端〉〈邪教〉による反乱は、「支配階級と被差別身分」「土着と移住」「放浪と定住」「漢民族と少数民族」「経済的中心地帯と辺境」「男と女」等々といった二元的対立と緊張のはざまに、自己形成の精神的母胎とエネルギーの住家をもっているのであり、小島氏がかかる観点から、拝上帝会の成立とその宗教を説得力ある論理によって分析した視点は極めて斬新であった。

西川喜久子氏は小島氏の研究を評して「（小島氏においては）貧窮農民の集団が上帝教という思想的武器を獲得して

革命化し――したがって、上帝会自体の独自性は、もっぱら上帝教という思想的要因に帰せられているわけである――さらに、抗租抗糧闘争と結びつくことによって、はじめて歴史的意義を付与された、というのが小島の基本的なとらえ方である。……太平天国運動の思想的内容から見ても、初期の禁欲主義・私有財産否定等、日常的現実の否定を特徴としており、南京城内ではこれが実行に移されて、まったく現実離れしたユートピアが、一時的ではあるが創出された。このような思想・実践は、いわば日常的経済闘争である抗租抗糧闘争とは結びつかないであろう」（「広西社会と農民の存在形態」『中国近現代史講座』第一巻、東大出版会）等とあまり同意できない批判を行っている。小島氏の第一の功績は、太平天国運動のその自己形成の契機を、徹底的に思想と倫理の論理過程に従って解明し尽くそうとしたところにあり、第二に、この独特の拝上帝教という宗教思想結社は、抗租・抗糧闘争及び他の民衆的結社の闘争との間に持つその関係の仕方において、歴史的＝時代的刻印を自からの運動に打ちあるいは打たれること、及びその関係性において運動が拡大してゆくことを明らかにし、ついで第三に、下層生活者の世界と政治権力の世界が、本来的に持つ緊張と矛盾が、どのように太平天国運動を敗北に追いやっていくかを追求したところにある。西川氏は、小島氏の民衆思想研究の方法論の持つ意義をよく理解し得なかったように思う。ただ小島氏に望みたいことは、マルクス主義歴史学における上部構造と下部構造との関係についての純理論的考察にまで問題を拡大していただきたい、ということである。「マルクスとヴェーバー」問題なのか「マルクス」なのかどうかという問題である。

三　太平天国と農民について

この章（第二部第一章）で小島氏は、宮崎市定氏の「太平天国は農民戦争ではなく、アヘン運輸業者の結社と客家農民の結びついた運動である」（「太平天国の性質について」『史林』四八―二）、という説と、それと部分的に重なる横山英氏の説（「中国史における変革期のみかた」講座社会科教育、世界史Ⅲ）を真っ向から批判し、太平天国は江西・湖南・江蘇・浙江へと経済的先進地帯に進出し強大化していったが、その原因はこれらの地帯に広まっていた抗糧暴動、阻米・搶米暴動、抗租暴動のより一層の激化に道を拓き、それらの闘争をたたかう下層農民たちの基本的要求を汲みとり、革命的禁欲主義によって人民の利益を守ろうとしたためであることを、極めて豊富な事例の発掘によって克明に論じている。またその中で、抗糧、阻米、搶米、抗租等々の暴動の地域的・経済的な差異やそれらに於ける白蓮教や会党の前衛的ともいえる役割も明らかにされた。太平天国はこの一帯への進出とともに、「三年租賦を免ず」と宣伝して農民闘争を鼓舞し、天地会などの会党や白蓮教系の結社をはるかに抜きんでる農民権力を樹立した、とされる。ではかかる権力がいかにして下層農民の要求から徐々に離れてゆくのか。小島氏の説明は、「権力の甘い蜜」によって堕落し、「南京建都以後、禁欲倫理の弛緩がさけ難く進行し」ていくこと、更に又、ついに実現できなかった唯一の土地政策＝天朝田畝制度は、「小農による単純再生産の絶対的牧歌的な安定」を目指すものであって、これは徹底した「非ブルジョア的綱領」であり、太平天国は「革命的な志向を土地制度の変革として定着するすべを知らない」というのがその結論である。

被差別的な集団、少数民族、下層貧農などを中核とする農民権力というものは、反封建的であると同時に反ブルジョア的であり、その理念は絶対平等＝単純再生産の安定に行きつく以外にないものだと私は思う。もし我々が、太平天国も反封建闘争の故にブルジョアの時代に道を拓く可能性を持っていたのだといった評価をするなら、それは誤りであると思う。小島氏には「農民戦争とは何か」という概念に関する考察はないが、私の思いつき程度で申しわけないが一言述べてみたい。

前近代の下層農民は――いや現代の小農民、たとえば三里塚の農民にも共通するのだが――（絶対）平等の小農民経営の単純再生産を、非歴史的に且つ本源的に実現する存在そのものであるようにさえ思う。単純な自己経営の牧歌的絶対化を共同体の中で超歴史的に目指す――従ってそれ自体としてはいつも敗北するのだが――故に、農民はいつの世にも反体制的な運動の基盤になり得るし、そのことによって歴史に寄与する存在とでもいうべきではなかろうか。極端に云えば、「井田制」「大同の世」の理念を、そんなことは考えもせず自から純化することによって自己を超歴史化し、ついには歴史に敗北する。そのような存在としてのみ、歴史の「進歩」に待ったをかける――そして自らの存在理由を顕現するのだ、とも言いたいのである。ロシアのステパン＝ラージンの反乱やエメリアン＝プガチョフの反乱を考察した阿部重雄氏は『帝政ロシアの農民戦争』（吉川弘文館、一九六九年）に於て、「すでに見てきたように農民たちの運動は反封建・反農奴制であったと同時に反ブルジョア的でもあった。領主側の農奴制的収奪だけでなく、国家と大商人と富裕農の存在に近代化の新しい危険を見てとって、それらにも反対していた。農民の要求が農奴制の廃止を指向したことは明らかだが、その後に資本主義がくることを歓迎してはいない。むしろその方向にも反対して、土地を農民の利用に委ね、いうならば古代の自由な小農民へあと戻りすることを欲求し、そこに理想的な社会秩序を見ていた。農民の欲していたのは必ずしも近代的な所有権ではなかった。共同体を通じての用益権であり、共同体を媒介とした自由と平等であった。これが、時にはコザックの自由といわれ、時には農民帝国というものの内容であった」「資本主義はこうした農民の反抗を何回も制圧してはじめて成長してくるのである」という総括を行っている。これは、太平天国の天朝田畝制度を見る際にもよく考えねばならないことのように思う。共同体の中で小農経営の持続を願うことは、生きものを育てる職業固有の本性であり、政治的論理では汲み尽くし得ない次元に存在の主張を持っている。

こう考えてくると、農民戦争は時代の進歩や政治に徹底的に敗北することによって、その存在理由をはじめて実現するということになる。小島晋治氏の（太平天国は）「南京建都以後、禁欲倫理の弛緩がさけ難く進行し」「権力の甘い蜜」に侵蝕され、「太平天国もまた農民に君臨する一箇の専制王朝に転化してゆく」とか、「（こうした過程を）断ちきる思想を伝統的な「邪教」の中から求めることは不可能だ」といった結論は、それはその通りであるが、「伝統的邪教徒」自体が「劫運まさに至らんとし、官迫れば我ら反する」、そして現世的利福に期待する（もちろんそれも夢に過ぎないが）以上の世界を期待していないのだから、いわずもがなのことなのだ。太平天国にとっての小天堂の建設（地上の王国の建設）は、政治的目標というよりは演劇的世界による想像力の飛翔＝解放の問題であり、指導者間の権力闘争、地主分子の浸透、権力欲の発生、劫思想の存在、カリスマの君臨などの太平天国革命を内から蝕む諸条件の指摘は、どのように史料をいじくりまわしても小島氏の分析以上には出まい。だから、遂には農民が農民を裏切り、自らが政治と生活＝農業に分裂してゆく農民戦争の固有の論理を、演劇的祝祭の日の農民的想像力と政治の論理の非和解的対立・緊張として捉え返し、さらに農民戦争に於けるかかる対立と緊張が、いかに人間的ドラマに満ち溢れたものであるか、この点をこそ究明すべきことのように思う。そこまできて、農民戦争の本質と農民の生活を通して人間というものの固有のあり方が、浮かび上がってくるのではないか。いわば「絶対矛盾の自己同一」ともいうべき世界を目指す直接生産者・農民のこの農民戦争は、つねに敗北するが故に、「限界」や「時代的制約」があるのではなく、この「限界」と「時代的制約」を発現することによって、農民たることを目指し実現せんとして自分の存在の根拠を顕現するもの、とでも言い得ようか。農民戦争とは、かかる非常識的に見える逆立ちの論理によって評価されるべきものであろう。この点に関して最近私は完全な「受動的な天意論者」になりきりたいとさえ思い始めた。太平天国が、実現不可能な天朝田畝制度を提出したことこそが、まぎれもなくそれが農民戦争であった証差である。この貧農の理想は、政治権力の中では実現できない。そもそも、村で生きものを育てる共同体的存在者である農民に、政治権力などは「本来そぐわない」のである。

四　太平天国における人物論について

『『李秀成親供手跡』考』は、名推理家の緻密な謎解きに似て一気に読ませる。曾国藩が刊行した李秀成の自供書には多くの不明の部分があった。曾のこの発刊本は、『李秀成親供手跡』が一九六二年に台湾から刊行されたことによって、大幅な削除と改竄が行われていたことが明らかになった。曾は上奏で、南京の攻略は大激戦であったこと、洪秀全は官軍の猛攻の中で服毒自殺したこと、忠王李秀成は提督が直接逮捕したこと等、全く事実に反したことを報告した。この虚報は単に湘軍の手柄を誇大に表現するためばかりでなく、その背後に曾兄弟の満州人中央に対する一定程度の「抵抗の姿勢」と両者の間にある虚々実々のかけひきがあったことを、小島氏はこの章で見事に暴きだした。曾はあまりにも虚偽に満ちた最初の虚報が暴露されないよう様々な手を打ったが、そのことによって、李秀成の自供書も以後特異な運命を辿ることになった。清朝中央は湘軍総帥の曾兄弟に南京攻略という手柄を独占させまいとし、また南京にあると思われた天朝の莫大な金銀財宝を曾に「横領」させまいと虎視眈々と監視していた。氏はそうした当時の政界の暗部を明らかにしながら、その政争の道具とされ、削除・改竄されてゆく李秀成自供書と、李秀成の運命（北京に送るか、南京で処刑するか）もその中で決定されてゆく様子を極めて説得力ある論証によって明らかにした。

続いて小島氏は、自供書から見た李秀成の評価を行っている。第二章において「李秀成については、その浙江における政策から見て、地主分子と規定することにいささかの疑義もない」、「洪秀全を明確に農民の革命分子と断定することにも……疑義をもたざるを得ない」等々といった人物評価をした小島氏は、この章に於て李秀成について以下の如き総括的評価を行っている。（1）羅爾綱の偽降説は成立し難い（曾国藩に懐柔され、投降した）。（2）拝上帝教という宗教思想を通じて提示されたユートピアへの願望や宗教的情熱は稀薄である。（3）太平天国の歴史が（自供書では）極めて軍事的側面からのみ言及されている。（4）天意という伝統的劫の観念、つまり宿命論者的人物である。（5）天王への個人的恩義、また家族や部下および治下の人々への人情の厚さが自供書では強く読みとれる。（6）ヨーロッパ勢力への敵意、反感が強い。以上の諸点は、強い説得力を持ち頷くことができる。

ところで、太平天国という地上の国家の、しかも最高の地位にいる人物が、「真に」農民の利益を一貫して代表する等ということが、そもそも可能なことなのだろうか。国家権力は、常に現にこの世上にある材料によってしか作られはしないのであるから、いかなる革命家といえども、被抑圧階級が持つ材料だけから国家権力を作ったり維持したりすることは不可能だろう。職業革命家でもない「平和」な日本の学者が、革命家であった洪秀全や李秀成の変節や堕落を云々しても、いったい何ほどの値打ちがあるのかといった〈石をもち上げて我が足をうつ〉問いは敬遠し、さらにまた処刑直前の人間の心の動揺の中で発せられた「口述」に歴史の真実があるのかといった、いつも私の心の中に沈んでくる懐疑をここで持ち出すのはやめて、こうした疑問を提出しない限りに於て小島氏の分析は全く正しいであろう。だが、李秀成や石達開が、さらには洪秀全が、農民の利益をどこでどうして汲み尽くし得なくなるのか、といった問題の提出の仕方はどうもかなり気になるのである。

私はここまできて、ハンス・エンツェンスベルガーが、スペイン内乱の「アナーキスト英雄」であったドルディーの生涯を素材にして書いた『スペインの短い夏』（晶文社）の一節を想い出さないわけにゆかぬ。「科学としての歴史は、ぼくらがもはや口承に頼らなくてもよくなって、つまり外交文書や条約文や、議事録や官報といった「ドキュメント」が存在するようになって、はじめて成立した。だが歴史家のいわゆる歴史を、胸にはぐくむ人はいない。そういう歴史への反感は根源的なものであり、拭いとれないものと思われる。学校の授業で、この反感は誰にもなじみのものだ。どこの国の民衆にとっても、歴史とはものがたりの束であり、今後もそうだろう。歴史とは記憶しうる何かであって、つぎつぎと語り伝えられるのに向いたもの、ひとつの再話である。この語り伝えは伝説を、通俗性を、また誤謬を怖れない――過去の闘争のイメージがそれにこびりついているならば。科学が絵草紙や通俗文学にたいして明らかに無力なのは、この点に由来している」。歴史科学が絵草紙や通俗文学に対して、明らかにいつも無力だとも必ずしも思わないが、歴史人物は――とりわけ民衆運動の指導者たる人物像は、集団的フィクションとして生みだされ、そしてそのフィクションである像によって人々は歴史を創造してゆくのであって、その人物の「事実」がどうであったかによって、フィクション（人民英雄）が、また歴史がつくられるのではない。「歴史とは素材からつくられる創造だ」（同上）とするなら、私は『親供手跡』の発見と発刊にもかかわらず、更には、戚本禹たちの論難にもかかわらず、「石達開と忠王李秀成は人民の英雄であった」と今もって信じている自分を隠すわけにはいかない。太平天国を戦った民衆たちが集団的フィクションとして作りだした李秀成像、石達開像は、「自供書」や「行績調査」の〝事実〟とは、必ずしも一致するのではないのである。太平天国の民衆たちが、どのような集団的イメージとして李秀成や石達開を作りだしていたのか、また民衆のそのイメージのいかなる裂け目から、悲しき「史実」がこぼれ落ちていったのか、そここそが問われて、一個人の「事実」を浮かび上がらせる狭いものから、太平天国の民衆が作り出した「物語」に至るまでの再構成の手がのびなければならないだろう。

枚数の関係でここでは論及できなかった論考、「マルクスの『太平天国論』」、「幕末日本と太平天国」及び第三部の極めて論争的な諸論文は、日中両国の近代史研究者の「研究を支える視点」・「問題意識」の「在り方」をめぐる理論的作業であり、日本人の中国史研究が持つべき姿勢と方法について貴重な反省と問題の提起を行っている。私に対する有益な批判もあるが、枚数の制約のためここで詳しく論じることは省略したい。

小島氏のこの書は、日本では初めての中国民衆思想史、太平天国の専門的研究書であり、日本の研究の水準と功績は、この書を見ればおよそのことが判断がつくといってよいであろう。かかる意味において、本書の出版を心から喜びたい。誤った紹介や批評も多いのでないかと心配であるが、書評にかえさせていただきたいと思う。

（研文出版　一九七八・一一刊　A5　四〇四頁　六五〇〇円）

附記（二〇〇八年二月記）

この原載は『史学雑誌』（第八八編七号、一九七九年七月）である。今回再録に当たって、不必要な部分を削除した。一九五〇年代から六〇年代にかけて、太平天国は本家の中国ではもちろん日本でも多くの青年の心を魅了していた。それはまさに「太平天国革命」であり、翼王石達開、忠王李秀成は、青年時代の私にとっても偉大な「英雄」であった。毛沢東社会主義が大失敗し、対外開放へ路線が百八〇度転換した今、太平天国は危険な研究テーマとなった。毛沢東時代のあの「大讃美」とは隔世の感がある。太平天国は反乱を起こして国家の中に新しい国家をつくったのであり、危険な国家転覆の企てと否定的にみられるようになったのである。この半世紀の中国の歴史の想像を絶する変化、展開には驚くばかりである。闘争も起義も今や反革命、反国家の企みとなってしまった。

附録

四　アジアにおける近代——中国の反近代、超近代、近代化をめぐって——

一　アジアの「近代」とは

近代とは資本主義という生産様式が勝利し、主要な産業が農業から工業に変わり、人間が農村から都市に集中し、歴史の推進者となったブルジョアジーが市民革命を成功させ封建的な諸権利、諸制約を廃棄して、自由・平等・人権・民主という新しい人間的価値を発見し、自覚し、それらを政治的に確立した一つの時代を指す。さて、このように政治・経済的な定義をしただけなら、近代の歴史、とりわけアジアの近代史について何一つ語ったことにならない。

近代は、しばしばヨーロッパ近代、西欧近代といわれるように、ヨーロッパで始まり、ヨーロッパで勝利し、ヨーロッパが世界に君臨した人類史の一段階をさすのであって、近代で敗者になった非ヨーロッパ世界にとっては、有史以来、未曾有の不運、不幸、悲惨、悲劇、屈辱、屈服の時代でもあったのである。今日に於てさえも、イスラム世界や中華世界は欧米「先進国」から、独裁的であると決めつけられ、しばしば政治的経済的制裁を受けている。アジアは前近代的であり、後進的であり、自由・民主・人権という近代の理念に於て半人前であるというのが、欧米人や日本人の一般的通念になってきた。近代化に成功し、一九世紀から今世紀中葉にかけて、世界に覇を唱えた十指にも満たない国々（英、仏、独、伊、墺、露、米、日）は、それ以外の国々、民族、人種、地域、文化に対して優越した地位に立ち、近代の理念を絶対的なるもの、永遠なるものと信奉し、自らを正義の伝道者としてきたのであった。歴史と文化を否定されたアジア人やアフリカ人等が抱く怨念は、未開人、落伍者の泣きごとに過ぎないと見なされた。新宿や池袋の街で他のアジア人やアフリカ人を見かける時、私の目の中に、敗戦後も立ち直り経済的に成功した一流国家と自負する優越者の目が現れることを自覚する。しかし最近は、大陸中国、台湾、香港、シンガポールの「四つの竜」や東南アジア諸国の躍進を見る時、若干の脅威を覚えることも事実である。これらの地域が、バブル崩壊後に窮地に追い込まれた日本資本主義の未来をかけた活路の地であるとしても。かかる時、自分がまさに日本の近代国民国家の産物であることを否応なしに自覚する。

日本は一八九四年の日清戦争に勝利し、一九〇〇年には義和団戦争に参加して欧米諸国とともに八カ国連合軍の一員となり、連合軍の先頭に立って天津、北京を占領した。日清戦争から第二次世界大戦終了の一九四五年まで、我が日本は朝鮮、中国の植民地化に国力の総てをかけてきた。日本近代の富国強兵の道が破産したこの敗戦の日から半世紀の今日、日清戦争から数えれば一〇〇年後の今日、状況は一八〇度変わって、日本経済は中国や東南アジア市場に頼り、活路を見いだそうとしている。アジア諸国・諸民族は長い植民地、半植民地、従属国の地位から抜けだして、二一世紀には世界の動向を決定するような勢いを示しつつある。

本稿は、この一九世紀から現在に至るまでの、アジアの「近代」の意味、位置を歴史的に振り返ってみようとするものである。

二　中国民衆の「反近代」、「超近代」の闘いとその意味

中国の近代はアヘン戦争から、つまり軍艦と大砲によるアヘン売込みと領土分割、不平等条約から始まった。もちろんそうした近代の出発は、何も中国ばかりでなく、大部分のアジア、アフリカ諸民族にも共通したことであった。西ヨーロッパに生まれた近代国民国家は、史上最も強力な国家であり、国民の精神的結集力に於て、工業生産力に於て、また軍事力に於て、アジア的専制国家、遊牧系部族国家やアフリカ・アメリカ大陸の古代国家の力を遙かに超えていた。西ヨーロッパの国民国家は、このような歴史的段階の進歩性の故に、最も侵略的な国家に発展することができたのである。このことは、近代以前の段階にいたアジア世界の人々にとっては、近代国家が史上なかった野蛮にして強力な敵として立ち現れたということである。

近代の科学・技術は、アジアの多くの人々からしばしば悪魔の魔術と見なされた。あるいは又、ヨーロッパ近代世界の侵入は、世界転倒の日の到来であるとか、終末の日、真の神の誕生の時の到来であるとか解釈されることもあった。中国ではまず太平天国の大反乱（一八五一〜一八六四）が起こった。洪秀全はエホバ（上帝）を最高神とし、その子キリストを天兄とし、自分はその弟で拝上帝教を広め天国をつくる使命を与えられたのだと宣伝した。拝上帝教徒は満州族を妖魔とみなしており、ヨーロッパ人排撃を直接の目的にしたものではない。しかし、明らかに近代ヨーロッパ世界の中国への進出が生みだした、世界転倒、終末的世界の到来というエホバ・キリスト的幻想をバネにして、太平天国運動は起こったのである。西欧近代国家の進出の真の恐ろしさを理解し得ない、しかし洋魔には毅然として立ち向かう素朴な対外認識にふさわしい初期のういういしい対応ではあった。

太平天国が滅ぼされてから約三〇年後の日清戦争での敗北と、一八九八年の中国再分割の危機を経て、真正面から西ヨーロッパ勢力に反撃する義和団運動が起こった。

義和団運動のスローガンは「扶清滅洋（清朝を扶《たす》けて洋鬼《がいこく》を滅ぼす）」であり、この最高目標を達成するために「降神付体（神を降して身体に乗り移らせ）」、神通力を獲得する。「刀槍不入（刀も銃も身体に入らない）」なる「迷信」で不死身となって外国兵と戦うのである。まさに、M・ヴェバーがいう「呪術の園」にふさわしい「近代」との対決であり、西洋諸国の侵略への反撃であった。しかし、太平天国も義和団運動も、未曾有の民族的危機の中で、自前の共同体国家を再建あるいは再生しようとするものであり、両者とも民族的アイデンティティーを回復しようとした運動であることは共通している。「扶清」の「清」とは異民族の満州王朝をいうのではなく、祖国とその山河、つまり中国を象徴していた。

太平天国と義和団は異端的宗教、邪教的外皮をまとう宗教的幻想形態をとった運動であった。闘いの過程で、両者がいかに迷盲に満ちた行為をくり返し、馬鹿げた因習に囚われていたとはいえ、ヨーロッパ近代に徹底的に敗北した清国の民衆にとっては、抵抗の民族的主体を構築することが、まず第一に要請されていたのだ。そのためには伝統的精神世界に「退歩」する以外に道はなかったのである。太平天国運動から義和団運動に至る間に、中国民衆の攻撃対象が清朝から外国（洋鬼子）に変化したことは、民族的矛盾が増大したためであるが、それとともに中国民衆の民族的抵抗のための自覚が高まったことをも示していた。その時、彼らの民族主体の形成は、ヨーロッパ近代の悪魔的威力を克服するために、中国の伝統的観念世界、精神世界へと「退歩」して行われ、闘いは反近代の方向をもって行われた。中国民衆の近代化の道は、反近代・超近代の衝動と幻想を以て進行したのである。義和団運動に典型的に示されたように、自らの風俗、習慣、信仰、神話などのフォークロアの世界の中に、反近代、超近代の想いが込められていた。まずそこで徹底的に闘うことなしに、中国の近代化の道もまた始まらなかったのであろうと思う。ヨーロッパ人を近代人たらしめている自由、平等、人権、民主等の思想、理念とは全く無縁なアジアの民衆は、伝統的な精神世界に依拠して反近代の闘いを戦わねばならなかったということである。これが彼らの近代化の第一歩だった。

こうした民族を再生、再建する運動は、しばしば熱狂主義、終末思想、新王（真主、神仏、真人）誕生の予言、降神付体信仰（不死身信仰）、世界転倒による天国誕生の確信など、いわば千年王国主義の中で拡大し発展した。一九世紀から二〇世紀初頭にかけて、中国と同じような状況下に置かれたアフリカに於てはマフディーの反乱が、南米においてはガラニ系インディオの楽園探求の放浪の旅が、北米インディアンに於てはスー族を中心にしたゴーストダンスの熱狂が起こった。その他の非ヨーロッパ世界の各地に、これに類似した反近代、超近代の無数の民衆運動が起こったのだった。彼らの戦いは、爆発的な生産力を生みだし驚異的な科学技術力を解放したヨーロッパ近代に敗北する運命を定められてはいたが、自らの近代の目覚めのためにも、反近代、超近代の戦いをしたというべきであろう。それがいかに高い代価を支払い、多大なる犠牲を自らに課すことになろうとも、自らの民族的誇り、精神的誇りのために必要であった。非ヨーロッパ世界の近代化の第一歩はこうして始まった。

三　中国近代化の第二段階——康有為、孫文の救国への主体形成

太平天国や義和団運動に参加した一九世紀の貧しい中国民衆とは異なって、ヨーロッパや日本の近代化の先進性を理解した知識人たちは、一九世紀の末から中国を変革、あるいは革命すべしと公然と叫び始めた。その代表的人物は康有為と孫文である。康有為は中国の国家と民族の滅亡という絶体絶命の危機を次のように説明する。「今や外夷こ

もごも迫り、琉球滅び、ベトナム失われ、ビルマ滅亡してより以来、わが朝の補佐たるべき羽翼はことごとく切りとられ、外夷のきっさきはまさにわが心腹に及ぼうとしております」（「清帝にたてまつる第一の上書」小島晋治訳）。この危機に対するに、司法、行政、立法の国制の全分野で、ヨーロッパ諸国や明治国家がやったと同じ大変革を実行しなければならないとする。これが、彼が主張する「変法」である。彼は光緒帝を戴いて変法維新の立役者となったが、袁世凱の密告によって、西太后が行った一八八九年のクーデタで失脚し、海外に逃亡したことはよく知られている。ここでは、そうした政治過程は省略して、康有為の中国近代化の道が、先進的な近代国民国家の道の単なる模倣ではなく、近代を批判し超越せんとする理念を強く持っていたことを強調したい。

野村浩一氏がかねてから主張しているように、康有為は中国の倫理、道徳の根幹である孔子の教えを国教として、キリスト教がヨーロッパ人の精神であったように、孔子教を中国の精神的紐帯にしようとしたのであった。とくに孔子が『礼記』の「礼運篇」で展開した「大同」世界の理想は、富国強兵と弱肉強食の近代ヨーロッパ諸国を批判し、それを超克するユートピア思想として、康有為によって改めて提出されたのであった（康有為『大同書』は十部に分かれ、数十万言に及ぶ）。新しい大同世界では「国家を認めず、全世界に一つの総政府を置き、世界を若干の区域に分かつ」のである。そこに至る過程で、「中国の国勢大いに振るう」ことを願うが、しかしそれは中国という一国ではなく「世界の衆生（恐らくヨーロッパの植民地、従属国となった人々や民族を指していると思う）がともに興起すること」をも願うのである（「礼運篇」の注）。

もちろん康有為は、男女平等、各民族独立、天預人権などを主張し、それはあたかもヨーロッパ近代市民社会が確立した権利や理念・思想を、そのまま輸入したように見えるのであるが、康有為はそれを孔子教と中国古代のユートピア思想（大同思想、天人合一思想）の再生をテコとして実現しようと考えたのである。「孔子曰く、大道の行われしと三代（夏、商、周）の英《すぐ》れしとは、われいまだ及ばざるも、その志は有す。大道の行わるるや、天下を公と為し、賢者と能者を選び、信義と和親を重んず。ゆえに人はわが親のみを親とせず、わが子のみを子とせず。老人をして天寿を全《まっと》うせしめ、壮丁をして職を持たしめ、幼児をして養育を受けしめ、寡婦、孤児、廃疾者、寄るべなき者をしてみな養護を受けしむ。男には分あり、女には帰《き》（けだかさ）あり。財貨の地に棄てらるるをにくむも、おのれの一身に蓄えんとはせず、力を振るわざるをにくむも、おのれの一身のためにせんとはせず。このゆえに陰謀は止みて興らず、窃盗乱賊も起こることなし。ゆえに門戸を閉じず。これを大同という」（小島晋治訳）。康有為はこの礼運篇の大同思想を精神の糧として、ヨーロッパ近代の悪徳と非人間性を撃《う》ち、中国の道徳の優位性を確立しようとした。これは中国古代ユートピア思想の復活という、単なる時代錯誤のアナクロニズムではない。これは政治と権力を撃つ永遠の理念、真理であり、普遍的な人倫の、ヨーロッパ近代の「諸悪」に対する優位性であった。制度、科学技術、生産力、軍事力で勝るヨーロッパ近代国家に対して、そして彼らの侵略に対して、まず理想と人倫において中国の優位性を創りだそうとしたのである。

孫文も「王道」を歩んで「大同」に至ることを主張し、中国の、そしてアジアの道徳的優位性を維新回天のテコと考えた。孫文は他の多くの中国の知識人、革命家と同じく、植民地状態に陥った中国の救国と民族の再生を根本問題と考えた。欧米や日本の近代化の状況や強国の国情をつぶさに見、つぶさに経験した現実主義者としての孫文は、欧米の近代化や近代的価値を基本的には指針とし価値判断の基準にして、中国の革命と新国家樹立を設計していた。日本の近代国家への道を学び、中国を強国にして、日本と中国が連帯して戦えば、アジア諸民族の救済と再興が可能であると考えた。ヨーロッパ近代は先進的であり、学ぶべき科学技術上の成果は多い。しかし、アフリカの黒人貿易、アヘン貿易、苦力貿易などに典型的に示されている野蛮な侵略主義、軍国主義、略奪主義にみられるヨーロッパ近代は、東洋の道徳、中国の文明に比べて劣るものと考えた。それはヨーロッパ近代国家の覇道に対する中国の王道の優位性の自認である。その至高の理念なくして、アジアの、人類の真の興起もあり得ない。日本はアジアの側に立つのではなく、ヨーロッパ近代諸国と同じく覇道の道を歩んでしまった。

孫文は晩年、日本人に王道を歩むのか、それとも覇道を歩むのかと迫り（一九二四年一一月の神戸高等女学校での講演「大アジア主義」）、大英帝国ですら、「アイルランドの自由とエジプトの独立、そしてインドの解放を許さざるを得なくなって」おり、「だからアジアの諸民族もまたこの世界の新潮流を感じとり、必ずや立ち上がってヨーロッパ諸国の強権に抵抗するにいたるでしょう。今日のトルコはその先駆です。ペルシア、アフガニスタンがこれに続き、さらにインド、マラヤがその後を追うでしょう。……列強ははじめ中国を併呑しようとしましたが、他の列強にはばまれました。そこで分割論がおこりました。ところが意外や、たまたま日本が東亜の海隅に勃興したため、分割の陰謀もついに成就しませんでした。この当時、中国の四億の人民とアジアの各民族はみな日本をアジアの救い主とみなしました。しかるに予期に反して、日本は遠大な志も高尚な計画もなく、ただヨーロッパの侵略手段を模倣することしか知らず、ついに朝鮮併呑の暴挙に出て、アジア全土の人心を失なう結果を招いたのは、まことに残念なことです」（「犬養毅への書簡」、一九二四年一月）と、日本への訣別を犬養に伝えた。そして、この書簡の中で、第一次世界大戦の惨禍の後に生まれたソヴィエト・ロシアの革命と解放の道に、孔子の大同思想の現代における実現を見たと述べている。「ソヴィエト主義というのは、孔子のいわゆる大同であります」と。

今日、ロシア革命と社会主義は全く評判が悪く、その初発から悪であったかのような論調がはびこっているが、ロシア革命と社会主義がいかにアジア諸民族の解放闘争と反帝国主義闘争を鼓舞激励したか、いかに世界史の転換に寄与したかを忘れてはならないだろう。歴史は弁証法的に展開するのであって、ロシア革命と社会主義の変質の問題も、それを受けついだ段階の人間の力の弱さの問題であるとも考えるべきであろう。マルクスやレーニンに後の歴史的責任を総て負わせるのではなく、後世の人類の歴史的認識の弱さとして、我々が引き受けるべきことでもあろう。

康有為や孫文の大同思想、王道論は、ややもすれば敗北者による「引かれものの小唄」のように冷笑される傾向がある。一応納得し、肯定したような振りをして、実は内心で大同の世や王道など所詮「古代のユートピア」に過ぎないではないか、ヨーロッパ近代国家に屈服し植民地、従属国になった国々も、やはりヨーロッパ近代の方法と理論と理想と科学技術でしか、進歩、前進はできないではないか、という反論の声がきこえる。しかし、アジアの植民地からの解放と自立は、康有為、孫文、魯迅、それにインドのガンディーやタゴール等々に代表される東洋の高い理想、高貴な志によって支えられていたのだと思う。大同の世とそれを実現するために王道を歩むべきだという考えは、中国古典文明の核心的な政治思想であり、それに根ざさなければ、中国人による中国の解放と救国、救民ではなくなってしまう。日本人やヨーロッパ人が、中国を解放し近代化するのではない。康有為や孫文は、中国人であることを根源的に規定している中国文化に解放と救国・救民の思想的根拠を置くこと、近代化を達成する中国人の民族的主体の形成を、そしてその思想的旋回軸を中国古典文明の中に見い出そうとしたのだ、と言うことができよう。そして、大同世界観と王道論は、近代資本主義が生みだす階級分裂と侵略戦争と植民地主義という三大悪、不正義を真っ向から批判する倫理的拠点になったのである。

ところで、半封建＝半植民地に転落した中国を救うには、否応なく民衆を近代的国民に転身させなければならない。天下ではなく国家、良民ではなく国民、抽象的な大同の世や太平の世ではなく富国強兵の世を建設しなければならない。それが近代国民国家の時代という、世界史上の一時代の要請なのである。康有為の場合には近代的制度の導入という抽象的主張にとどまったが、孫文の場合には三民主義（民族、民権、民生）を唱え、近代国家への具体的な方策を提出した。しかし、中国を単なるヨーロッパ近代国家のような弱肉強食型の国家にするのではなく、平均地権と土地国有政策によって、国民国家の悪を超えた大同的国民国家の創出を考えたのである。その方向と理念が「ロシアと結び、共産党と手を握り、労働者と農民を助ける（連ソ、容共、扶助工農）」という新三民主義まで行きついたのである。

四　近代化への第三段階──毛沢東らの社会主義の道

植民地、半植民地、従属国の位置に転落したアジア、アフリカ、ラテン・アメリカ等においては、帝国主義とそれに従属した国内の封建勢力の支配と収奪によって、近代国民国家をつくって資本主義的生産と国民的市場圏を実現するということはなかなか困難であった。そこで、ヨーロッパ近代資本主義の中から生まれた、最も徹底的な資本主義批判の理論と思想であるマルクス主義が、ヨーロッパの資本主義と国民国家によって最も過酷に支配され抑圧され収奪されたアジア・アフリカ・ラテンアメリカの諸民族によって、一九一七年のロシア革命の成功を契機に受け継がれることになった。中国では、貧民を国民にする段階を一挙に飛び越えて、貧民を「人民」に飛躍させる方向が中国共産党の創立によって定められた。中国共産党の中にも様々な党派の対立があり、或る時は極左路線へ、また或る時は極右路線へというような紆余曲折があったが、中国、朝鮮（→朝鮮民主主義人民共和国）、ベトナム、カンボジア等の共産主義は救国を第一の課題とし、民族を解放するために徹底的な上からの「人民」創出の道を歩んでいった。まず「人民」をつくれば、それより前の段階の「国民」創出の課題は自ら解決されるのだと考えた。「人民」を創出することができるのは共産党と労働党による独裁だけであり、政治教育と集団化、共産主義化によって一挙に近代的国民を超えた「人民」をつくり得るのだ、またそれを強行的に遂行しなければ、ヨーロッパや日本の帝国主義段階に達した近代国民国家を打倒して、自らの国家と民族を解放することはできないのだ、ということになる。

しかし、もちろん共産党は抗日民族統一戦線のために国共合作を行い、新民主主義論の路線をとったことがあったが、中華人民共和国が樹立されると、次第に一党独裁体制に進んだ。社会主義の中核的理論であるプロレタリア独裁論に基づく社会主義国家は、自由、民主、平等、人権という近代市民の諸権利のうち、まず平等の理念だけを全面化し、他の諸権利をブルジョア的なものだとして弾圧した。そのため、近代国家の国民を超えた存在である筈の「人民」が、それよりも遅れた古い存在である筈の「国民」が有する諸権利（自由、民主、人権）を禁じられ、それを持てないという矛盾を生みだした。こうして行きづまった社会主義を突破するために、なお一層強制的な、上からの全面共産主義化の方法がとられた。それが毛沢東によるプロレタリア文化大革命の発動であった。そこでは真の「人民」を一挙に生みだすために、「人民」の名による「人民の敵」に対する暴力の全面開放が行われ、多くの人民が殺されたり自殺したりした。最後には共産主義化という幻想だけが一人歩きし、国家は解体の危機に陥り、「人民」とされた人々は普通の人々に、普通の人間がもつ普通の権利（自由にしゃべり、生きて豊かに楽しく暮らす）を持ちたいということになる。以上のような過程を追って、独裁によって国民国家を超えた大同の世の「人民」を一挙に作り出し、共産主義化に至ろうとする毛沢東の文化大革命の理想は破産した。

ヨーロッパ世界は、市民革命と産業革命という二つの革命によって、一面では「市民」であるとともに、一面では「国民」である人々を生みだした。後者の「国民」としての側面は、富国強兵、植民地獲得、経済的生活の向上を要求し是認する。しかしもう一方の「市民」としては、自由、民主、人権や博愛といった市民的権利を生み出したのだった。しかし、社会主義は、「国民」を超克する「人民」を非市民的な独裁権力によって生みだそうという二律背反の試みであり、自己破産の運命を免がれることができなかった。残念ながら歴史は一夜で変えることはできず、中国社会主義は再度一歩後退して上からの民主化、人民の市民化、生産のブルジョア化をはかり、近代的な国民と市民を生み出すべき課題に取り組むことになる。それが中国近代化の第四段階である鄧小平指導の開放改革路線である。

中国の社会主義の歴史とその最大の難関はいかにして反封建、反帝国主義の闘争を行い、民族の独立と国家の樹立を果たすかということだった。国民が形成されておらず、労働者階級も成長しておらず、市民的諸権利や文化もない半封建・半植民地中国を一挙に克服し、あまつさえ近代ヨーロッパの時代をも一挙に乗り越え、前人未踏の社会主義、共産主義の理想を達成しようとする。しかしそれを可能にする力は、共産党の独裁の強化と共産主義化の幻想と熱狂主義しか存在しない。かくして幻想と熱狂は、毛沢東個人崇拝（林彪の「毛沢東天才論」）に収斂してゆかざるを得なかった。

中国社会主義は、救国、民族解放、独立というアジアの近代が目指した最大、最高の課題には成功した。しかし、それは市民的権利と自由、民主を抑圧するという多大な代価を支払って達成されたのである。しかし、今、鄧小平の時代の中国は、「人民」が市民の世界を獲得するという残された課題に取り組んでいる。中国の近代化は、市民革命から始まるヨーロッパ近代とは逆に、反近代、超近代、そして近代市民社会へという段階を経て進行する。

附記（二〇〇八年三月記）

本論考は『神奈川大学評論』（第一六号、一九九三年）に掲載されたもの。現在、中国は経済の未曾有の発展の中で、政治と経済の矛盾は次第に高まりつつある。

附録

五　時間・歴史・世界認識――竹内好『現代中国論』を半世紀ぶりに読んで思う――

一

竹内好が精力的に中国論を書き、中国革命の展開をテコにして日本の近代を痛烈に批判したのは、ほぼ五〇年前である。今、机上にある氏の『現代中国論』（河出書房「市民文庫」の一冊）は二〇一頁、昭和二八年（一九五三）刊の第六版に属するものであり、紙は褐色に変わり、裏表紙は見ているうちに取れてしまった。今の岩波文庫よりひとまわり小型で紙の質も悪いが定価は八〇円である。私が学生であった五〇年代の終りに神田の古本屋で三〇円（当時、大学の側の学生食堂で焼そば二五円、てんぷら定食四〇円であり、少しぜいたくする時にたまに食べた。その程度の値段）で買ったものである。私にとっては、ほぼ四〇年ぶりの再会である。懐かしいような、甘酢っぱいような、困ったような、それでいて原風景の鮮やかさをもって迫っているようで、不可思議な感慨にとらわれる再会である。あの悔恨の情のみ多く、しかし懐かしい青春の自画像にも似ている。

ところで、竹内好とはいかなる人物であるか。今の学生は恐らく誰も知らないであろうから、平凡社の『大百科事典』に鶴見俊輔が書いた文章などを参考にして紹介しておきたい。一九一〇～七七年。東京帝国大学の文学部支那文学科を卒業。在野の中国文学研究会を主催し、当時の日本政府や国民一般とは違う中国観を構築しようとした。日中戦争中に、代表作『魯迅』を書き、戦後日本の代表的論客となった。特に、一九四八年から五二年にかけて書いた中国論と日本近代思想批判は、戦後の学生や知識人に極めて大きな衝撃と影響を与えた。六一年には日米安保条約締結に抗議し、東京都立大学教授を辞任した。また七二年まで「中国の会」を主催し、雑誌『中国』を発行して、冷戦下の対立を越えて日中国交回復の実現に向けて尽力し、魯迅に学ぶ実践的な思想家としての志操を貫いた、云々。

ところで、本稿の目的は竹内好論を展開しようとするものではなく、彼の一九四八年から一九五二年にかけての中国論を分析検討し、その後約五〇年間の時間の推移と歴史の展開とを比較し、改めて二〇世紀後半の時間・歴史・世界認識の関係性を回顧しようとするものである。

二

『現代中国論』に収録されている論考は、すべて一九四八年から五二年にかけての五年間に書かれたものであり、中国文学研究者としての立場から中国と日本の近代を比較して、敗戦直後の「闇屋」と「こそ泥」が横行する占領下日本で、全く自信を喪失した日本人に真の近代を問い直すことを求めたものである。さて四八年とは如何なる年か。四八年の一一月一二日、東京では極東国際軍事裁判所が東条、土肥原、広田、板垣、木村、松井、武藤の七名に絞首刑の宣告を行い、アジア・太平洋における日本軍の驚くべき蛮行に判決を下した。中国では国共内戦が最終段階に入り、翌四九年一〇月には毛沢東が天安門上で中華人民共和国の建国宣言を行った。このような状況の中で、竹内はこれまでの日本人の認識、つまり中国人の近代化の能力を否定し日本の近代のみを讃美する認識に対して、日中近代評価の逆転を迫ったのである。

竹内の論評の基軸は次のようなものである。「日本人の中国にたいする侮蔑観」は「戦前も戦後も根本的な変化がなく」、戦前の日本のマルクス主義の学者たちも、「中国がいかに日本より近代化に立ち遅れているかを科学的に立証した」。しかし、一九二〇年頃中国に滞在したジョン・デューイが、「中国は、そのすべての後退性と、混乱と、弱体とにかかわらず、西洋の現代思想に滲透されている点では日本よりはるかに上にある」と言ったように、中国は強固な伝統との根底からの格闘ゆえに遅れているように見えながら、実は日本より「思想革命と心理建設」を徹底的に行ったのだ（「日本人の中国観」、四九年九月）。密輸、麻薬、張作林爆殺事件、柳条橋事件の真相を知らず、それらを憎んでいた中国人の心を知らずに、「王道」、「東亜新秩序」を声高く叫んでいた日本人の無恥、道徳的不感症。林語堂は「それを野蛮人の侵入と見た。したがって一時的な征服と見た」のである（「中国のレジスタンス」、四九年五月）。こうして、竹内の日本批判は、日本近代の全面的な否定に向かう。「日本の近代文学はダラクの歴史ではないか」、「追いつけ、追いこせ、それは日本文化の代表選手たちの標語だ。……日本文化は、構造的に優等生文化である」、「日本文化は型としては転向文化であり、中国文化は回心文化であるように思う」、「魯迅のような人間は、日本の社会からは生まれない」、「明治維新は、たしかに革命であった。しかし同時に反革命でもあった」（「近代とは何か―日本と中国の場合―」、四八年四月）。このような日本近代批判は、五〇年後の今日から見れば自虐史観と評されよう。しかし、竹内がこの時期に主張したことは、当時の最も良心的な日本人の心の琴線に触れたのである。昭和の軍人と日本人一般が行った野蛮きわまる侵略戦争の実態を知れば知るほど、日本近代の徹底的な批判が必要になった。そして明治維新は絶対主義革命である、半封建的資本主義社会、軍事的封建的帝国主義が成立したのだ、天皇制が打倒されなければ真の近代は生まれない等々の、極めて切迫した気分が人々の心をとらえた。さらにまた、五〇年六月、隣りで朝鮮戦争が起こり、日本を基地とし原爆を所有するアメリカと、中国・ソ連に支援された北朝鮮軍が死闘を開始した。日本の再軍備が現実のものになりつつあった。再び侵略の道を歩まぬためにも、野蛮な日本近代の全面批判が必要だった。竹内の批判はこうした当時の状況に方向を示し、日本人に近代史批判の論理と旋回軸を提供したのである。

すでに冷戦という名の第三次世界大戦が始まっていた。この戦争に再び日本が加担しないために、近代史批判は徹底的であることが必要だった。五〇年後に過去をあげつらう歴史評論を行うことと、昭和二〇年代の世界の状況と斬り結んで歴史の主体者になることとの間には千里の違いがある。しかし今、竹内の論文を読めば、それらの多くは日中近代優劣論の全面的な「逆転」という安易な論理に流れ、日本近代の歴史展開のリアリズムを充分に持っていなかったと、私には思われる。しかしながら当時の竹内は、この日本近代史認識に於けるリアリズムの欠如などという、半世紀後の私の感想など念頭にない、まさに一九四九年以後のアジアの運命を担わんとする「志士」であった。だから、その全エネルギーを日中国交回復に向けて注ぎこむことができたのである。昭和二〇年代は、野蛮な日本近代に対する全面批判が必要な時代であり、司馬遼太郎の『坂本竜馬』、『坂の上の雲』等が世に出てこれる状況ではなかった。司馬の『明治という国家』等に代表される歴史感覚や歴史叙述のリアリズムは、日中国交回復後の、また高度成長を遂げた一九七〇、八〇年代以降の日本に於て初めて可能になったのである。時間は勝れた実践者と勝れた歴史叙述者を同時に生むことはできない。

三

竹内の日本近代批判を支える情熱と視点は、「絶望の虚妄なるは希望にあい同じい」と書いた魯迅の苦闘を中国人民が受け継ぎ、アヘン戦争以来の半封建・半植民地の百年の歴史を覆し、ついに高いモラルに支えられた中国共産党を生み出して四九年の中国革命に成功した、まさにこの歴史的壮挙から来ている。「中共は、もっとも徹底した伝統（孔子教）の否定者であることにおいて、民族のもっとも高いモラルの体現者である」（「中国のレジスタンス」四九年五月）。全人民が中共の約束した共同綱領を信じた。「この深い信頼があればこそ、新国家は成立したのだ。では、いかにしてその信頼を中共がかちえたのかという問題になるわけだが、私は、その根本の理由は、中共がかって一度も国民にウソをつかなかったことにあるとおもう」、「中共こそ民族のもっとも高いモラルの体現者である。そして、このモラルが、新中国の力の源泉である」（「新中国の精神」四九年一二月）。この「新中国の精神」という論評は、中華人民共和国の成立宣言直後に書かれたものであり、竹内の思い入れは凄まじく、「連合政権というのは表面の擬態であって、実際は中共の一党独裁ではないか、という疑いがおこる。……私ははっきり、そうでないと主張する。……およそ独裁とは反対のものである」、「おそらく、中国の民衆が今日ほど自由をえた時代はなかっただろう」、「中国の民衆は、伝統的にソ連にいちばん好意をもっている。それはソ連が、革命後、自発的に特権を放棄し、中国を対等に遇した唯一の国だからだ」等と書いている。

この論考から半世紀後の今日、竹内の中国共産党のモラル論、連合政府論、反独裁論、中ソ関係論、新中国自由論、それに将来への見通しのことごとくが裏切られたことは誰でも知っている。五〇年後の今日、その認識の甘さ、分析の浅さ、予想の悪さを認めた上で、しかしながら、竹内の認識、分析、見通しは、当時の多くの日本人にとって「歴史的真実」であったと言わざるを得ない。それは多くの中国人にとっても「真実」であったばかりでなく、当の毛沢東にとっても大いなる「確信」であり、「決意」であったと思う。だから、欧米にいた中国系の科学者、技術者、青年が何万人も新生祖国の再建のために帰国したのである。そして、後の世界史の展開に規定されて、彼らの大多数は想像を絶する階級闘争の試練を受け迫害されることとなった。その原因を、私は一応次のように考えてみることにしよう。

中国共産党の「人民の物は針一本、糸一本も盗らない」と言われるほどのモラルの高さは何処から来たのか。それは地主階級を打倒して彼らから一切の私的所有物を奪い取る、こうした徹底的な階級闘争に拠ってこそ人民は真に解放されるとする、共産主義者のユートピア、絶対的信念から生まれたのだろう。人間を敵と味方、悪と善に分ける二元的闘争の理論は、「人民のものは針一本とらない善人」による凶行、狂信の世界を生み出すのである。従って、竹内の共産主義と中国革命に対する認識は極めて浅く、自分の願望を現実と取り違えたものと言わざるを得ない。

しかし、こうした私の竹内に対する歴史的審判は、半世紀という時間に身をまかせて行う評論にすぎない。半世紀前は、まさに竹内的認識・論理が歴史の真実であるという前提で、日本の多くの青年による中国革命史観、新中国像がつくられたのである。それに対比して、日本の近代を野蛮な半封建的近代であると否定した多くの学生、青年達は、敗戦直後から一九七〇年頃まで、マルクスを主とし、ヴェーバーを従とする理論・思想や社会分析を受け入れ、国民・人民のために尽くすという極めて計画的で倫理的な生活態度を形成した。このことは、日本の代表的な大学の経済学部で、マルクス経済学が圧倒的な力を持っていたことによっても分かろう。ここで学んだ彼等の多くが財界、官界、学界の指導者になったのである。皮肉なことに、かかるマルクス・ヴェーバー的社会科学の教養と問題意識が、後に戦後日本の経済・社会発展のエートスの役割を演じたのだ。彼等は革命の設計者ではなく、戦後資本主義の設計者になったのである。

一方、中国共産主義者のモラルはどのような運命を辿ったのか。竹内が中国共産党のモラルを讃美していた、まさに四九年から五三年の間に、中国共産党は「鎮圧反革命運動」を展開し、全国で国民党の特務・残党、匪賊集団、悪徳地主、反動的な秘密組織・宗教結社員を武力で鎮圧した。彼等の多くは武装しており、台湾国民党の大陸反抗計画に呼応して、武力行動を展開する勢力もあった。四六年から四九年までの国共内戦の爪痕はまだ癒されておらず、全国で血腥い闘争が続いていたということもあり、中国共産党は無慈悲な鎮圧を行った。四九年から五二年までの反革命鎮圧運動で死んだ者、処刑された者は極めて多く、例えば、広西の賓陽県では二五四人、同じ広西の合浦県では匪賊三三一人、悪覇地主三五人、反革命分子四〇人を、貴州の黔西県では六八六人を、それぞれ殺した（『中華人民地方志叢書』の各県志）。しかし、処刑人数を明記しない県志が多く、細かな数字は不明であるが、雑誌『争鳴』（九六年一〇月刊、香港）は、中共の秘密報告資料に拠るとして、全国で八七万三〇〇〇人が殺されたと報道している。また、同誌は、「大躍進」の失敗により二二一五万人が餓死し、文化大革命では一三万五〇〇〇人が処刑され、その他一七二万八〇〇〇人が迫害のために死んだり自殺したりしたと報道している。統計の取り方にも拠るが、私はもっと多いと想像している。こうした数字は、過去いろいろ推測を呼んできたが、ごく最近になって判明したものであり、実態が明らかになるのに、実に半世紀の時間がかかったのである。といっても、まだ分からないことが沢山あるが。

階級闘争による私有財産の廃絶、そして人民の王国樹立、そのためのプロレタリアート党独裁の正当化、世界革命の実現…、こうしたユートピア計画を確信する共産主義者が、高いモラルを持つのは当然であり、そしてこのモラルは「人民の敵」に対しては容赦のない攻撃を生んだ。カルヴァン、クロムエル、ロベスピエール、レーニン、トロツキー等に見られる、献身、犠牲、正義、理想、確信といった革命的倫理観は、良きにつけ悪しきにつけ毛沢東に於て中華帝国的規模で展開されることになった。

私は一応、このように理由を考えてみた。しかし、ロシア革命や中国革命が、その革命の初発からこれまで私が書いたような「以後の運命」の展開をすでに自ら決定し、予定していたのであろうか。実は決してそうではないと思う。

ロシア革命後の内戦、日中戦争終結後の国共内戦は、凄まじい犠牲を人民と党と国土に与えた。両共産党の人民の敵に対する無慈悲な弾圧の伝統はここに始まるのであるが、この二つの内戦は、ロシアの場合は第一次世界大戦と帝国主義の干渉戦争、中国の場合は日中戦争の後遺症（国土の荒廃、飢民・流民・難民の激増、兵匪・匪賊の横行）と大陸反攻を叫ぶ蔣介石を支援するアメリカ帝国主義の策動等々、こうした世界史の動向に深く規定されていた。また、中国社会主義の以後の展開は、朝鮮戦争、ベトナム戦争、米ソの核兵器開発競争、日本の米軍基地化によって決定的に規定されていくのである。竹内はこうした世界史の展開に参加したのであって、傍観者的に未来の予想をしたのではなかった。中国を認めず「赤い中共」を敵国として攻撃する日本国内の反動諸勢力と戦う、その思想的武器として、日本近代の批判と中国近代の評価があったのである。

四

最近、戦後の進歩的知識人・学者・評論家に対して、さまざまな批判が投げかけられている。曰く、社会主義を美化しその犯罪性に全く無知であった、中国革命を過大に讃美した、日本近代の野蛮性を告発するだけで日本近代の良き側面を全面否定した、江戸時代からの勝れた文化を封建制批判のもとで一掃しようとした、マルクス主義的なイデオロギーを振り回しただけで歴史のリアリズムが全くなかった、日本人に自虐心のみを植え付けた、西欧近代を過大に美化した、等々。私はこうした批判は、ただ時間の経過に乗っかって過去を裁いているだけであり、歴史形成の、歴史展開の内面に迫っていないと思う。なぜなら、未来を予測することは人間には不可能であり、未来に天国や地獄の必然を予言するものほど人間に政治的悲劇をもたらしたことを、これまでの歴史から学んだからである。そして、まさに一九世紀後半から、人類の世界は天国と地獄に分断され、二局対立のイデオロギー闘争の時代に入ったのだった。つまり、「帝国主義＝資本主義＝自由主義のイデオロギー」対「民族解放＝社会主義＝平等主義のイデオロギー」が、善と悪、シロとクロを決せんとして、争うこととなったのである。欧米や日本の中にも社会主義を目指す敵対者が、植民地・従属国の中にも帝国主義の下僕となる敵対者が生まれ、入り乱れて第一次世界大戦、第二次世界大戦、それに冷戦という名の第三次世界大戦が戦われたのである。竹内は、日本の文芸評論家としてではなく、冷戦下に「日中友好」のために戦った一兵士であったと評すべきであろう。竹内ばかりでなく、矢内原忠雄、大塚久雄、丸山真男、宇野弘蔵、向坂逸郎、大内兵衛、羽仁五郎、その他多くの戦後の思想家、学者、評論家の中に、私は冷戦下に平和と民主主義のために戦った兵士の面影を見るのである。彼等の多くは、戦場において独自の武器を作り、独自の戦いを英雄的に戦った。彼等は新しい世界認識を目指して歴史の創造に参加したのであり、経過した時間に乗って過去を裁く歴史の傍観者とは異なる。

私は、多くの日本人から約二〇年遅れて、最近、司馬遼太郎が好きになった。彼の幕末維新、明治国家、昭和軍人等をテーマにした作品、論評には歴史のリアリズムを感じる。躍動する人間を感じる。しかし、昔は単になかなか面白いと思ったに過ぎない彼の歴史物語や評論が、どうしてこの二〇年ほどの間に私を引き付けるようになったのだろうか。それは、私が、一三〇年前に誕生した日本国民国家の隆盛、滅亡、再建、復活、衰退という運命を、この一〇年ほどの間に朧気ながら意識し、日常の生活レベルでも強く実感し始めたことと深い関係があるように思う。それは、老人が溌剌とした幼年期、少年期の想い出を懐かしみつつ死んで行くように、二度と戻らぬ青春に対する挽歌であり、また青春の蹉跌にたいする悔恨の情である。私は司馬遼太郎に、冷戦下の日本という現実政治の場で戦う兵士を感ずることはできない。彼は日本近代の夜明けと国民国家の青春と蹉跌を懐古する、戦後日本が生んだ代表的国民詩人であるように思える。彼は晩年、衰退していく今日の日本を慨嘆し、植民地化の危機の中で近代国民国家を創設した潑剌とした明治の青年達を懐かしんだ。そして、日本国民に奮起を期待したといわれる。こうした意味で、司馬は日本最後の良き意味での国民主義者であったといえよう。戦後六〇年もの長い間、再建した日本国民国家と共に歩んだ私の、その国家「衰退」の想いが、司馬の作品を通じて原初明治への郷愁をもたらすのであろう。

竹内は、日中国交回復までと時限つきで始めた「中国の会」を七二年の国交回復とともに解散し、機関誌『中国』を廃刊処分にし、その人生を賭した実践を終えた。その年の八月、司馬遼太郎は日清・日露の両戦争を戦った秋山好古、秋山真之兄弟と正岡子規等を主人公とする歴史小説『坂の上の雲』（六八年執筆開始）を完結した。竹内型人間像から司馬的人間像へと時代の主役が交替したのである。この頃、沖縄返還、石油ショック、連合赤軍事件等が目白押しに起こり、戦後日本の政治、経済、社会が一大転換を遂げた。時代は経済万能の時代へと舵をきった。歴史創造の時代から、歴史回顧の時代へと時代が変わったのである。竹内は、四九年の中国革命に見たと確信した「歴史の真実」を七二年まで押し通した。彼の分析と見通しが、いかに現実と齟齬をきたしたとしても。

時間は歴史を裁くことはできない。歴史は時間と死闘を演じるものであり、時間は過去の歴史を眺めるだけである。時間と格闘する主体の壮絶さだけが人間の実存を証明し、世界史を日々形成するのである。以上が、竹内の評論を半世紀ぶりに読み、私の人生六〇年の経験とダブらせて、この間の時間・歴史・世界認識について考えた雑感である。

本稿執筆のために、改めて読んだ竹内好氏の著書は、『現代中国論』（河出書房、一九七一年）、『竹内好評論集、全三巻』（筑摩書房、一九六六年）、『日本と中国の間』（文芸春秋、一九七三年）である。

附記（二〇〇八年二月記）

本論考は、『神奈川大学評論』（第二五号、一九九六年）に発表したものである。竹内好を歴史家として評価することはできない。しかし彼の活動と思想は日本人に多大な影響力を与えた。歴史家と思想家の違いを改めて考えねばならぬと思う。今日、竹内の業績を手ばなしに称賛する人びとがいるが、竹内の「現代中国論」は、現実の中国革命の実態や歴史過程とは大きな乖離があった。後に彼はその点に関して真相解明の努力をせず、又徹底的な自己批判と訂正を行わなかった。一九六〇年代以降の日中国交にかけた情熱は、その贖罪の気持からきているというのが私の推測である。本書に収録するに当たって、若干の加筆と削除を行った。

汲 古 叢 書

1	秦漢財政収入の研究	山田　勝芳著	本体 16505円
2	宋代税政史研究	島居　一康著	12621円
3	中国近代製糸業史の研究	曾田　三郎著	12621円
4	明清華北定期市の研究	山根　幸夫著	7282円
5	明清史論集	中山　八郎著	12621円
6	明朝専制支配の史的構造	檀 上　寛著	13592円
7	唐代両税法研究	船越　泰次著	12621円
8	中国小説史研究－水滸伝を中心として－	中鉢　雅量著	8252円
9	唐宋変革期農業社会史研究	大澤　正昭著	8500円
10	中国古代の家と集落	堀　敏 一著	14000円
11	元代江南政治社会史研究	植 松　正著	13000円
12	明代建文朝史の研究	川越　泰博著	13000円
13	司馬遷の研究	佐藤　武敏著	12000円
14	唐の北方問題と国際秩序	石見　清裕著	14000円
15	宋代兵制史の研究	小岩井弘光著	10000円
16	魏晋南北朝時代の民族問題	川本　芳昭著	14000円
17	秦漢税役体系の研究	重近　啓樹著	8000円
18	清代農業商業化の研究	田 尻　利著	9000円
19	明代異国情報の研究	川越　泰博著	5000円
20	明清江南市鎮社会史研究	川 勝　守著	15000円
21	漢魏晋史の研究	多田　狷介著	9000円
22	春秋戦国秦漢時代出土文字資料の研究	江村　治樹著	22000円
23	明王朝中央統治機構の研究	阪倉　篤秀著	7000円
24	漢帝国の成立と劉邦集団	李　開 元著	9000円
25	宋元仏教文化史研究	竺沙　雅章著	15000円
26	アヘン貿易論争－イギリスと中国－	新村　容子著	8500円
27	明末の流賊反乱と地域社会	吉 尾　寛著	10000円
28	宋代の皇帝権力と士大夫政治	王　瑞 来著	12000円
29	明代北辺防衛体制の研究	松本　隆晴著	6500円
30	中国工業合作運動史の研究	菊池　一隆著	15000円
31	漢代都市機構の研究	佐原　康夫著	13000円
32	中国近代江南の地主制研究	夏井　春喜著	20000円
33	中国古代の聚落と地方行政	池田　雄一著	15000円
34	周代国制の研究	松井　嘉徳著	9000円
35	清代財政史研究	山 本　進著	7000円
36	明代郷村の紛争と秩序	中島　楽章著	10000円
37	明清時代華南地域史研究	松田　吉郎著	15000円
38	明清官僚制の研究	和田　正広著	22000円
39	唐末五代変革期の政治と経済	堀　敏 一著	12000円
40	唐史論攷－氏族制と均田制－	池 田　温著	近　刊

41	清末日中関係史の研究	菅 野　　正著	8000円
42	宋代中国の法制と社会	高橋　芳郎著	8000円
43	中華民国期農村土地行政史の研究	笹川　裕史著	8000円
44	五四運動在日本	小野　信爾著	8000円
45	清代徽州地域社会史研究	熊　　遠 報著	8500円
46	明治前期日中学術交流の研究	陳　　　捷著	16000円
47	明代軍政史研究	奥山　憲夫著	8000円
48	隋唐王言の研究	中村　裕一著	10000円
49	建国大学の研究	山根　幸夫著	8000円
50	魏晋南北朝官僚制研究	窪添　慶文著	14000円
51	「対支文化事業」の研究	阿 部　　洋著	22000円
52	華中農村経済と近代化	弁納　才一著	9000円
53	元代知識人と地域社会	森田　憲司著	9000円
54	王権の確立と授受	大原　良通著	8500円
55	北京遷都の研究	新 宮　　学著	12000円
56	唐令逸文の研究	中村　裕一著	17000円
57	近代中国の地方自治と明治日本	黄　　東 蘭著	11000円
58	徽州商人の研究	臼井佐知子著	10000円
59	清代中日学術交流の研究	王　　宝 平著	11000円
60	漢代儒教の史的研究	福井　重雅著	12000円
61	大業雑記の研究	中村　裕一著	14000円
62	中国古代国家と郡県社会	藤田　勝久著	12000円
63	近代中国の農村経済と地主制	小島　淑男著	7000円
64	東アジア世界の形成－中国と周辺国家	堀　　敏 一著	7000円
65	蒙地奉上－「満州国」の土地政策－	広川　佐保著	8000円
66	西域出土文物の基礎的研究	張　　娜 麗著	10000円
67	宋代官僚社会史研究	衣 川　　強著	11000円
68	六朝江南地域史研究	中村　圭爾著	15000円
69	中国古代国家形成史論	太田　幸男著	11000円
70	宋代開封の研究	久保田和男著	10000円
71	四川省と近代中国	今 井　　駿著	17000円
72	近代中国の革命と秘密結社	孫　　　江著	15000円
73	近代中国と西洋国際社会	鈴木　智夫著	7000円
74	中国古代国家の形成と青銅兵器	下田　　誠著	7500円
75	漢代の地方官吏と地域社会	髙村　武幸著	13000円
76	齊地の思想文化の展開と古代中國の形成	谷中　信一著	13500円
77	近代中国の中央と地方	金子　　肇著	11000円
78	中国古代の律令と社会	池田　雄一著	15000円
79	中華世界の国家と民衆　上巻	小林　一美著	12000円
80	中華世界の国家と民衆　下巻	小林　一美著	12000円

（表示価格は2008年７月現在の本体価格）

著 者 紹 介
小林一美（こばやし　かずみ）
長野県諏訪郡に生れる。落合村立落合小学校・同中学校、諏訪清陵高校卒業。東京教育大学文学部史学科東洋史学卒業、同大学院修了。以後、佼成学園高校教諭、名城大学理工学部助教授、神奈川大学外国語学部教授を経て、現在神奈川大学名誉教授。

主要著書等
『近代中国農村社会研究』共著、1967年、汲古書院
『東アジア近代史の研究』共著、1967年、御茶の水書房
『中国民衆反乱の世界』共編著、正編1974年、続編1983年、汲古書院
『義和団戦争と明治国家』正編1986年・増補編2008年、汲古書院
『清朝末期の戦乱』1994年、新人物往来社
『東アジア世界史探究』共編著、1986年、汲古書院
『大唐帝国の女性たち』高世瑜著、共訳、1999年、岩波書店
『ユートピアへの想像力と運動』、共編著、2001年、御茶の水書房
『わが心の家郷、わが心の旅』2006年、汲古書院

汲古叢書79
中華世界の国家と民衆　上巻
二〇〇八年八月　発行
著者　小林一美
発行者　石坂叡志
整版印刷　富士リプロ㈱
発行所　汲古書院
〒102-0072 東京都千代田区飯田橋二-五-四
電話 〇三（三二六五）九七六四
FAX 〇三（三二二二）一八四五

ISBN978-4-7629-2578-8　C3322

索　　引

人　名　索　引

な　行

は　行

ま　行

や　行

ら　行

わ 行

事　項　索　引

さ 行

た 行

な　行

は　行

ま　行

や　行

ら　行

〈附録６〉

THE OTHER SIDE OF RENT AND TAX RESISTANCE STRUGGLES: IDEOLOGY AND THE ROAD TO REBELLION

KOBAYASHI KAZUMI

Although Japanese historians have long recognized the significance of rent and tax resistance struggles in the Ming-Qing period, Kobayashi Kazumi was one of the first to examine the ideological dimension of the struggles. This essay, published in 1973 in the popular journal *Shisō*, created quite a stir in academic circles, both because of Kobayashi's criticism of previous interpretations of the rent and tax resistance movements and because of his application of contemporary political analysis to this historical issue.

Kobayashi criticizes previous scholarship on the rent and tax resistance movements for its exclusive emphasis on the economic causes—i.e., the role of the forces of production—in the development of the struggles. In his own analysis, Kobayashi certainly does not neglect economic causes. Indeed, he begins with an explanation of how economic conditions shaped the aims and the ideology of both the rent and tax resistance struggles. But he also emphasizes the developing role of ideology in the formation of the struggles. In contrast to earlier scholars, he sees the tax and rent resistance struggles as two distinct movements divided by ideological differences which inhibited the potential for common action. Finally, he recognizes the important transformative role of political and religious ideology in directing economic and social struggles toward revolution.

This essay is remarkable also for its application of certain philosophical concepts, some developed by Kobayashi himself, others drawn from the contemporary political situation of the late 1960s. First, he uses the term "indirect producers" (*seikatsusha*) to denote members of the non-elite and non-landlord

This essay was originally published as "Kōso, kōryō tōsō no kanata—Kasō seikatsusha no omoi to seijiteki shūkyōteki jiritsu no michi" [抗租抗糧闘争の彼方一下層生活者の想いと政治的宗教的自立の途] in *Shisō*, 2 (1973): 228–47. Translation by Cynthia Brokaw and Timothy Brook.

classes who produce services rather than goods. The category includes doctors, martial arts masters, county runners, hired laborers, etc. Indirect producers are contrasted conceptually with direct producers (*seisansha*), primarily the peasants, whose attachment to the land made it difficult for them to create rebel organizations. Kobayashi is particularly interested in the process whereby direct producers are transformed into indirect producers, who are uniquely qualified by their more desperate socioeconomic circumstances to form rebel sects.

Second, Kobayashi has chosen to apply the dialectical mode of analysis popular during the Cultural Revolution to his study of rent and tax resistance movements. Thus his emphasis is largely on the tensions and contradictions that run through the movements—between the two types of struggles themselves, between the economic aims and religious ideologies of the struggles, between the leadership and the masses, and so forth. Kobayashi also employs certain philosophical concepts developed within Japan in the late 1960s as part of a neo-Hegelian attempt to transcend the limitations of the traditional Marxist concept of the state. He repeatedly speaks of the state or of an alternative anti-state world as a "vision of community" (*kyōdō gensōsei*) or a "fiction" (*kyokō*). These terms are derived from the theories of state and community developed by Takimura Ryūichi and Yoshimoto Takaaki. These two theoreticians emphasize the crucial role of ideology in actively creating and sustaining social formations. In a sense, their place in intellectual debate in Japan is analogous to that of Marcuse or Gramsci in the West. Takimura abandons the orthodox Marxist definition of the state as part of the social constituton that makes up the national community; rather, he conceives of it broadly as the national community itself.[1] For Yoshimoto, the state exists not as a community but as a secondary derivation or "vision" of community. Accordingly, the state functions in a conceptually different way from primary economic and social categories, playing an ideological rather than material role.[2] Yoshimoto defines "the vision of community" as "roughly signifying the entire conceptual world beyond the mental world of people as individuals and what is produced by individuals. In other words, it connotes those concepts related to the world of people not as individuals but as members of some community." This vision was first generated historically at the level of the family or clan, then at the level of the village, and finally at the level of the state.[3]

For Kobayashi the concept of a vision of community is ap-

plicable not only to the state but also to the alternative world created by the ideology of rebellion, a world in direct contrast to the legitimate state. As visions, both are structured out of what Kobayashi terms "fictions" or "deceptions." Politics and religion are two such fictions, contributing both to the vision projected by the legitimate state and to the vision of the alternative world offered by rebellion. Rebellion achieves a revolutionary character only when it challenges and negates the political fiction of the ruling state, thereby exposing its political reality and establishing the ideological conditions for taking over state power.

Kobayashi Kazumi is associate professor at Meijō University, Nagoya.

*　　　*　　　*

Identification of the problem

The discovery of rent and tax resistance struggles and the recognition of their historical significance has been one of the most valuable contributions made by Japanese scholars to the study of Chinese history. Thanks to the research of postwar historians, these struggles are now recognized as the major mass movements against the feudal system in pre-modern China. Rent resistance struggles may be defined simply as protests by tenants against the payment of rent to their landlords; tax resistance struggles as protests against state taxation of land ownership.

Up to the present [1973], Japanese historians have been guided in their research on these struggles by two related theories: the theory of historical stages of development and the theory of the forces of production. I do not want to suggest that these approaches are invalid; on the contrary, they are generally confirmed by the historical evidence, and they have produced important interpretive conclusions. For example, the idea that the landlord-tenant relationship was the major economic relationship in Chinese feudal society, the relationship which defined the very nature of that society, is a product of the theory of historical stages. Furthermore, this theory has helped historians demonstrate the inevitability of the socialist revolution in China—that is, to show that the Communist party program succeeded because it supported both the peasants' desire for land and their opposition to land taxes.

But when applied to rent and tax resistance struggles, the two theories have tended to limit our understanding: the struggles are perceived almost exclusively as expressions of economic interests. Their political

and religious aspects and connections to political and religious rebellions are slighted. For example, the theory of the forces of production, developed during the debate over the sprouts of capitalism, has produced only the following rather crude picture of rent and tax resistance struggles: From the Song period forward the landlord-tenant system defined the basic economic structure of China. Political as well as economic power rested in the landlords' hands, since the state represented the class interests of the landlords. Rent resistance struggles were direct attacks on the economic system which supported the state, i.e., the landlord-tenant system. They became explicitly political only after uniting with tax resistance struggles.

The weakness of this argument lies in the assumption that there is an unmediated connection between economic and social struggles and religious struggles. It implies that political and religious struggles are merely intensifications of economic and social struggles. But political and religious rebellions are qualitatively different. They are spiritual transformations of economic and social struggles, transformations which purify everyday economic interests by subordinating them to a political fiction or religious vision. This ideological transformation also entails a change in the organization and material power of the struggles—indeed, the very nature of the struggles is changed. Only then can the rebels transcend their material existence, what Marx calls the "life of civil society," of "man in the proper sense, . . . in his sensuous, individual, immediate existence."[4]

Now it is necessary to extend and refine our interpretation of rent and tax resistance struggles in view of their potential for development into political and religious struggles. What relationship did they bear to contemporary religious and political rebellions? What ideological elements were peculiar to both rent and tax resistance? At what stages, and under what conditions did economic struggles develop into political and religious struggles? What were the contradictions between these two types of struggles? How could they be resolved?

This dialectical approach to the issue grows out of a method of analysis developed in the late 1960s and early 1970s to resolve the contradictions raised during the Cultural Revolution in China and during the university struggles in the rest of the world. At that time the contradictions were between individual and party, family and political independence, the forces of production and spiritual liberation, the idea of a political consensus and the reality of civil society, and nationalism and internationalism.

The dialectic at work in these contradictions will here be applied to the issue of rent and tax resistance. The central contradiction is between

the aims of the rent and tax resistance struggles as economic and social struggles and those of political and religious struggles. For economic and social struggles, the urgent problem is capturing control of the state. But it is the basic nature of political and religious struggles to transcend such concerns with material and political power, with "natural necessity, need and private interest, and the preservation of property and the egoistic self."[5] Participants in political and religious struggles strive to attain spiritual liberation, to gain the status of "true men" (*zhenren*). But how can the aims of both of these struggles be advanced at the same time? Here lies the dilemma which has defeated mankind throughout history.

In this essay I will examine how the Chinese people dealt with this problem in the nineteenth and early twentieth centuries. I will concentrate on the two periods for which materials related to this issue are most numerous, the mid-nineteenth century, during the period of the Taiping Revolution and of several White Lotus uprisings, and the early twentieth century, around the time of the 1911 Revolution.

The ideology of rent resistance

Rent resistance struggles shared certain concrete but somewhat limited goals. Most attacked a variety of inequities: the collection of subsidiary rents, arbitrary rent increases, a lack of uniformity in measures used to calculate rent, the coercion of tenants to pay rent transport costs, brutal methods of collection, and the exaction of tenant security deposits. In addition, some struggles aimed at the reduction of rents to a 4:6 ratio (40 percent to the landlord, 60 percent to the tenant), the acquisition of surface or cultivation rights (*tianmianquan*; this right could be freely bought, sold, or transferred by the tenant), and the abolition of the field rotation system (*yitian*).[6] These are all precise and relatively narrow goals. There is no evidence that any rent resistance struggles grew out of a more comprehensive and more theoretical criticism of the whole landlord-tenant relationship as a deviation from an ideal social pattern. In this section I will examine the context of the rent resistance struggles, their ideology, and the limitations of that ideology.

First, let us consider what conditions the tenants labored under, and how these shaped their justification of rent resistance. From dire economic necessity, these men were completely absorbed in the daily routine of farming. They did not have the time for philosophical speculations about the social structure. Their attacks on the landlords grew

out of their total dependence on the land for survival, out of a natural and overriding—albeit somewhat conservative—concern with material security. Under these harsh economic conditions, the acquisition of permanent tenancy and surface rights represented a significant improvement in economic status, so significant, indeed, that it was seen as the highest ambition for tenants. It is important not to slight the emotional elements of their struggles: they were moved not only by concern for their families, but also by personal bitterness over the years of exploitation by the landlords.

Understandable as this passion for permanent tenancy and surface rights may have been, however, it tended in the long run to hurt the tenants. These rights were limited and conservative, yet the tenants had invested so much labor and emotion in their acquisition that, after they had gained them, they tended to feel too easily satisfied and secure. They neglected possibilities of struggling for rights of even greater scope. Even worse, this feeling of security was completely illusory: tenants still faced a harsh and perilously insecure livelihood. Tao Xu, a scholar and local landlord living in the countryside of Yuanhe county, Suzhou prefecture, described in his *Zu he* the precarious existence of tenants in that area immediately after the Taiping Revolution:

> When people acquire something, they want it for themselves alone, and they hate to share it with anyone else: this is a universal human feeling. [Now,] if we look at land [in this locality], the wealthy men [in the county seat] despise land, the surface and subsoil rights of which cannot be purchased separately, and refuse to buy it. They acquire only the subsoil rights and allow the tenants to keep the surface rights for themselves. . . . The surface rights become the tenants' only material possession. Therefore, even if the landlords raise the rent, even if they raise the commutation rate for the rent, even if they force the tenants to pay rent when it falls due, even if they are brutally cruel to the tenants, the tenants cannot bear to give up their surface rights and move to another place. Their very livelihood and that of their descendants rely wholly on the possession of surface rights. In an extreme case, a landlord could seize his tenant's surface rights, extract the unpaid portion of the rent, and then, in the end, sell the rights to another man. At such a time, even though there would be nothing the tenant could do, the surface rights would be so precious to him that he could not leave the land.[7]

Thus the tenants' necessary attachment to permanent tenancy and

surface rights, rather than ensuring greater freedom and prosperity, in fact could leave them even more vulnerable to landlord exploitation and control than they had been before.

During the Qing, many tenants gained surface rights throughout the lower Yangzi delta. Yet, under the conditions of heightened landlord oppression described above, the very poorest tenants were forced to give up agriculture for secondary or service occupations in order to survive: they became doctors, hired laborers, county runners, etc. It was at this stage, at the nadir of their economic decline, that they turned to the path of insurrection. To the end, however, they held to the logic of peasant cultivators, and their insurrection took the form of a counterattack against the landlords. Ironically, they based this counterattack on the possession of those same surface rights which the landlords had previously used to intensify their exploitation of the tenants. Two contemporary observers, writing in *Shen bao* in 1879, noticed the connection between the system of split property rights (*yitian liangzhu*; i.e., the creation of surface and subsoil rights which could be owned separately) and tenant uprisings: "The birth of the system of split property rights opened the floodgates of rent resistance."[8] "After the introduction of surface rights, all the land was seized by the tenants. . . . The landlords had to bear the loss."[9] Thus the desire for landownership was the real motive behind the tenants' rent resistance struggles.

The whole logic of these struggles was clearly based on a kind of quantitative thinking. It was not the nature or quality of the landlord-tenant relationship which was attacked; rather, it was the degree of exploitation which drove the tenants to resistance. A handbill from the 1846 rent resistance movement in Zhaowen county (Jiangsu) provides an example of this kind of reasoning:

> The commutation rate for the rental of wheat fields has always been 2000 copper cash for each *shi* of wheat. How can they suddenly raise it to 2400 cash? The rent for cotton fields in autumn has always been 1000 cash for each *mu*. How can they now make it 1200 cash? If the rent is not paid on time, 30 cash is customarily added to each 1000 cash of overdue rent. How can they suddenly raise the penalty to 100 cash? When a landlord buys more land, he calls for us tenants and draws up contracts. They have always asked for 500 to 600 cash for each *mu*. It is our resolve to continue to work hard even if the rate is raised to 1000 cash per *mu*, but they say they will demand 2000 to 3000 cash for each *mu*. We are powerless—we can only weep as we pawn our clothing and borrow at high interest rates. Who could have foreseen the advent of such a frightful time?[10]

Here the peasants are not questioning the basic right of the landlords to extract rent. Even if the contract fees are raised to 1000 cash, they will continue to work hard on their land. It is their refusal to accept an even greater increase which is the cause of their resistance.

Because the landlords were able to use surface rights to exploit their tenants, a new kind of tenant resistance was necessary at this point. The kind of quantitative reasoning expressed above was no longer adequate. It was necessary for the peasants to change the ideological quality of their attack, to find a means of exposing and destroying the contradictions within their society. Furthermore, during the period analyzed here, the Qing state was in the process of disintegration, and that fact made it all the more important for an attack on the imperial system to be made from a sound ideological base. The necessary ideological leap would, of course, transform the organization and material power of the tenant movement also.

It may be objected here that some rent resistance struggles did achieve a revolutionary quality on their own. Admittedly, some became so violent that landlords were killed or wounded, officials attacked, and county offices and landlords' homes destroyed. But these struggles never really became more than economic and social struggles, since they never created a new political and religious ideology. Uprisings can be considered political or religious struggles only after they both develop an ideology in opposition to the state and its ideology, and unite with other sects to realize this ideology. When the people did in fact have the opportunity to make the transition to political and religious rebellion, they usually ended up either emulating the political fiction of the already-existing state, or acting according to a religious world view which they created in reaction against the state. Thus some rebel groups issued proclamations in the names of the descendants of the Han or Ming royal houses. Others developed a belief in the coming of the Maitreya Buddha, the King of Light (Ming wang), or Jehovah. Both the the White Lotus sect (Bailian jiao) and the God-worshipping Society (Bai Shangdihui), for example, awaited the coming of the Truly Mandated Son of Heaven (Zhenming tianzi).

However, before examining the development of rent resistance struggles in greater detail, I want to turn to tax resistance struggles, to analyze their ideology and their relationship to rent resistance struggles.

The ideology of tax resistance

In research to date, tax resistance struggles have been linked with

rent resistance struggles as the major popular movements against the pre-modern Chinese state. These types of uprisings have been so closely associated that historians have referred to them together in the phrase "rent and tax resistance."

This linking of the two types of struggles has led historians to neglect the real differences between them. That these differences are decisive ones is suggested by the fact that the rent and tax resistance struggles never united in their attacks against the existing system.[11] These differences cannot be explained simply by economic geography, by such external differences as those between the advanced regions with a heavy concentration of tenants and the mountainous or backward regions with a greater practice of independent cultivation.[12] Rather, the critical difference lies between the aims of the two types of struggles. Rent resistance struggles arose from the tenants' absorption in their individual struggles for survival. In contrast, the tax resistance struggles, representing the class interests of the direct producers (independent and semi-independent peasants, and middle and small landlords who worked their own land), grew from an opposition to the real workings of the bureaucracy and the state. Rent resistance struggles were limited by the tenants' attachment to the land; tax resistance struggles by their acceptance of the validity of the existing political fiction.[13] They strove to purify this fiction—that is, to make the real operation of the state match its stated ideals. Thus they attacked the bureaucracy for not living up to its principles: the public sector (*gong*), instead of "aiding the people," acted in private interests (*si*); the bureaucracy, instead of safeguarding the laws, exacted unfair taxes from the people. By concentrating on the gap between reality and theory, the tax resistance struggles neglected the real point: it was the very idea of community in the dynastic system that was inadequate.

If we look at the statements of some tax resistance leaders and theoreticians, this basic flaw becomes very clear. In most cases these men were middle- or lower-level resident landlords, local figures of note, or village leaders.[14] Here, for example, is the speech of the military licentiate who led a tax resistance struggle in Tiantai county (Zhejiang) in 1874:

> At first I joined the Nian bandits [Nian army]. . . . However, they did a great deal of harm to the people whenever they felt like it, so I captured some of them and turned them over to the government forces and devoted myself at that point to eradicating such bandits. I thought the officials would always adhere to the law and would reduce the taxes. But, contrary to my expectations, and despite the fact that the fighting had eased up, the officials, acting from selfishness, increased the taxes even more. How could the people bear this suffer-

ing? For this reason I set up the standard of "aiding the people." By uniting to take up this righteous banner, our goal is to save the people from the hardships they have suffered in the past.[15]

His anger is directed against the fact that public officials act for their private interest, that the officials whose duty it is to aid the people are in fact harming them. It is clear that he accepted the ideal of an autocratic dynasty; the problem for him was simply that the actual administrators did not live up to this ideal.

A similar attitude is expressed by a student who brought a suit against unfair tax collection in Jiashan county (Zhejiang). The examining official, Duan Guangqing, asked, "Why do you deny the responsibility of paying taxes?" The student replied, "The county officials are unjust in their tax assessments. Therefore I cannot pay the taxes. If such injustice is stopped, why should I oppose making my 'contribution to the empire'?"[16] This reference to "contributions to the empire" perfectly expresses the intellectual limitations of most leaders and ideologues of the tax resistance movement.

Furthermore, most tax resistance struggles specifically attacked administrative evils—that is, the arbitrary exactions of the county magistrate, the corruption of the clerks, and the inequity of the categorizations of classes made for the purpose of tax collection. For example, the 1852 tax resistance uprising in Yin county (Zhejiang), led by a National University student, Zhou Xiangqian, aimed at rectifying the unfairness of the tax assessment administered by the county magistrate. Sasaki Masaya evaluates the demands and attitudes of the local people and their leaders as follows: "The demands of the local people were the release of Zhou and five others from prison and the rectification of the unfairness of the tax assessment. By punishing the treasury and tax officials who had tried to enforce the taxes, they achieved fair taxes. They certainly did not deny their responsibility to pay taxes, and still less did they have any revolutionary aim."[17]

The central figures in tax resistance felt that "the harm done to the people in this way by the subordinates (clerks) of the unscrupulous magistrate was illegal. They expressed their indignation, in unity with the village people, but without any overall revolutionary plan."[18] In the end, they attacked the behavior of the clerks and evil officials as violations of the dynasty's absolute and supreme laws. Here there is no ideological disposition to deny the legal concept of absolutism or the legitimacy of the emperor. By protecting the existing concept of the state, tax resistance ideology fell into the trap of attributing all social and economic problems to the evils of policy or officials.

The relationship between rent and tax resistance

I have briefly outlined the ideologies and the ideological limitations of the two types of struggles under discussion, in an attempt to indicate the revolutionary potential of each. At this point it is instructive to compare the development of the struggles, to gain some idea of the degree to which they interacted with or reinforced each other.

Although the two types of struggles never united in their attacks against the existing system, there were certain logical relationships between them. We have seen that it was the tax resistance struggles that attacked the administration of state taxes, but the tenants involved in rent resistance were no less a part of this whole system of state taxation. It is through an examination of their participation in it that we can get some sense of the relationship between the two types of struggles and their relative revolutionary potential.

Taxes were considered contributions from the whole empire, but they were paid largely by landlords, who had a considerable stake in ensuring the stability of the state. During the period from the late-Ming Single Whip reform to the mid-Qing combination of the land and poll taxes, landowners became the real pillars of the state. They looked down on the propertyless tenants, who had no clear role in the Qing political system. By this time the definition of landlords and tenants together as "equally the [subjects and] children of the emperor" had completely lost its meaning.[19] They were in fact divided into two groups: politically powerful landlords and virtually powerless tenants. The state never acknowledged this reality but persisted in defining tenants and landlords as equals. As a result, the landlord-tenant relationship was never adequately defined in law. This anomaly left the tenants even more open to exploitation. Since the legal system did not protect them, they were completely dependent on the personality of their individual landlords.

However, one crucial fact has been omitted from this analysis. The tenants did ultimately, through their role as rent payers, have some power over the fiscal resources of the state. If tenants did not pay rent to their landlords, then the landlords could not pay taxes to the state. Thus the tenants as a group existed for the state only at the purely administrative level of tax collection. The following text of a song, written by Jin Luqing, the magistrate of Wujiang county (Jiangsu), in 1876, illustrates the connection quite clearly: "It is forbidden to

default in the payment of rents. It is forbidden to default in the payment of rents. Everyone knows that the land tax comes out of rents. If the landlords do not collect the rents, then there will be a delay in the payment of taxes to the state supported by the landlords."[20] The following two passages from the *Shen bao* reinforce the point. "The land tax comes from the rents collected by the landlords; the rents are collected by the landlords from their tenants. Therefore, the landlords and tenants should be on cordial terms, and there must be no fighting between them."[21] "The land tax is part of the fiscal administration of the state. Truly the slightest default is not allowed. However, since the rents have not come in, even though the landlords exert all their efforts to collect them, the tax cannot be completely collected."[22] Thus, though lacking any effective legal status or political definition, the tenants could still pose a challenge to political power: if they did not pay their rent to the landlords, then the fiscal resources of the state, in the form of land taxes, could simply not be ensured. State power, by upholding the logic of taxation—"taxes are from rents, and rents are from tenants"—was in the end powerless against the tenants.

It is at this point, through the obvious relationship between rent and taxes, that tax and rent resistance struggles could have shared a certain common interest and could have usefully united against the landlords and the state. Why was this unity never achieved?

The major limitation lay with the logic of the tax resistance struggles. As long as their goal remained the harmonization of the theory of the imperial system and the acts of individual officials, they could never sympathize with or represent the economic concerns of the propertyless masses. Nor could they share the vision of absolute equity and absolute equality which arose among the propertyless masses and which became the basis for the Taiping, Maitreyan, or Datong visions of community. Both were impossible because the tax resistance struggles accepted as a premise the right of landownership—that is, the right of private landowners to exist within the feudal structure.

But it must be conceded that however severe the ideological limitations of the tax resistance struggles, they did help to undermine state power and the supports of the existing order. At least they were not a hindrance to rent resistance struggles: they gave these struggles some temporal margin and spatial latitude. But the ideology of tax resistance struggles was certainly not advanced enough to develop the political and religious world views necessary to the achievement of a real revolutionary advance. Indeed, the more tax resistance struggles developed, the more local power-holders—the upper levels of village society, the literati, and licentiates who still dreamed of official careers—

were absorbed into the movement. Because of this development, tax resistance struggles were in the end co-opted into the political system, to such an extent that they were almost destroyed by the tax-reduction policy of 1863. For this reason, the paths of rent and tax resistance split apart quite sharply.

Rent resistance struggles, in contrast, could not be absorbed into the false world of the existing political fiction, simply because they did not recognize any difference between the economic and political reality and the political image embodied in the emperor. The more the ideology of rent resistance struggles developed, the more firmly it opposed the concept of the imperial system and its principles. Thus participants in these struggles, in particular the propertyless tenants and vagrant peasants, turned more easily to political and religious rebellion. They were often forced into a life of vagrancy and were easily attracted to dreams of the worlds of Taiping or Maitreya, where they would be able to return to their homes, their parents, and the graves of their ancestors. Since they were not bound to follow the logic of the existing state system, they were drawn to a religious world view which attacked the fiction that the state was based on the common interests of all the people.

Of course, as we have seen in the section on the ideology of rent resistance, these struggles did suffer from certain limitations of their own. In the economically advanced region of the lower Yangzi delta, where tenancy was highest, even propertyless tenants were simply interested in obtaining permanent tenancy and surface rights. They first became involved in rent resistance struggles as *economic* struggles, and consequently it was difficult for them to cut their ties to the land and set off on the path of political or religious rebellion.

Despite all these limitations, some of the participants in both tax resistance and rent resistance struggles did in fact move on to political and religious rebellion. The great majority of the people who were the motive force in both struggles were from the lower strata of society, the poor independent, semi-independent, and tenant peasants. Though the leaders of tax resistance struggles may have been co-opted by the state, these lower-strata participants were left unsatisfied. Similarly, though certain tenants in rent resistance struggles may have been unable to transcend their personal economic concerns, others became aware of the dangers of such concerns and sought to move beyond them. It was these people who, drawing on some ideas of tax and rent resistance struggles, were able to make the necessary "ideological leap" into political and religious rebellion.

Political and religious rebellions

Under the revolutionary conditions of the Taiping and 1911 revolutions, peasants often went beyond the limits characteristic of rent and tax resistance struggles and rose to become true political and religious rebels. In certain cases, religious sects and political cliques—such as secret societies, the Taiping Heavenly Kingdom, and the White Lotus sect—brought world views, organization, and programs from the outside and led peasants who were resisting rent and tax. Only then could these peasants make the qualitative step toward a revolutionary movement.

The Taiping period furnishes numerous examples of this development. Once secret societies established the "Great State of Cheng" (Dachengguo) in Xunzhou prefecture (Guangxi), the perennial rent resistance struggles there in the counties of Hengchun and Guan achieved for the first time a revolutionary significance, as the following passage from a proclamation by one of the Dachengguo leaders suggests: "Land is the basis of agriculture, and all dry, slash-and-burn, and wet fields were opened by the peasants. Heaven is truly angry with the landlords for collecting rents generation after generation. Henceforth landlords are not permitted to collect rents as they did in the old system."[23] A second example is the "rent reduction and interest reduction" uprising in the Hunan subprefecture of Fengzhou and the Hubei counties of Songzi and Shimen. White Lotus sectarian Peng Zhengke of Songzi, boxing master Chen Zhengjie from western Fengzhou, and White Lotus organizer Deng Zhenglei united several thousand peasants under their leadership, and for the first time developed the struggle into a "revolutionary" uprising in sympathy with the Taiping Heavenly Kingdom.[24] The following conversation during the Taiping period between the Nanjing scholar Wang Shiduo and a peasant who participated in a rent resistance struggle provides a particularly revealing third example:

"Are the officials corrupt? Do they bend the laws?"
"I don't know."
"Why do you hate them?"
"Because they collect taxes."
"Do the Long Hairs [the Taiping armies] say that they will not collect taxes?"
"I would pay taxes to the Long Hairs, but I will no longer pay rent to the landlord."

"Doesn't your land belong to the landlord? Why will you not pay rent?"

"If I paid, I wouldn't have enough for myself."[25]

The straightforward and simple logic behind this peasant's refusal to pay rent is characteristic of a petty producer; yet it also confirms that, for the peasants, the Taiping Heavenly Kingdom had become a political state with enough power to challenge the legitimacy of the ruling Qing dynasty.

During the 1911 Revolution, there are similar instances of peasants who advanced from rent resistance to the advocacy of a peasant-style revolution that would give them ownership of the land they cultivated. The Society of the Thousand (Qianrenhui), formed by the tenants of Changshu, Wuxi, and Jiangyin counties (Jiangsu), proclaimed: "The emperor is now no more, so rent does not have to be handed over."[26] In the same vein, "the tenants of Shimen county demanded that, since taxes were rescinded in honor of the birth of the Republic, rents should also be rescinded, although in the end the collection of rents was carried out just as in any other year."[27] Similarly, in Tonglizhen in Wujiang county (Jiangsu), we read: "In recent times the tide of rent resistance everywhere has been strong. The tenants of 72 polders within the area of Tonglizhen have united in common agreement, refusing to pay rent to their landlords. At the same time they use violent means to wrest back the tenancy contracts from the landlords, saying, 'Since the government has now changed, this land no longer belongs to the landlords.' "[28]

Some tax resistance struggles also went beyond the limits of social and economic struggles and developed into rebellions that were political in their goal of taking state power. Although these struggles occurred under revolutionary conditions, they actually developed through the leadership of the White Lotus and other secret societies. Kojima Shinji cites as examples of such struggles the tax resistance uprising of 1842 in Chongyang county (Hubei) and the 1853 uprising in Qingpu county (Jiangsu), the latter merging with the Small Sword Society (Xiaodaohui) uprising in Shanghai.[29] Another example of the same development is the White Lotus uprising of the Five Great Banners, which later became the large-scale rebellion of Song Jingshi's Black Banner Army, one of the Five Great Banners. Beginning in 1860 as a tax resistance struggle in western Shandong, which arose in sympathy with the Taiping and Nian Army rebellions, the struggle developed into an attack on the county prison and then became a political rebellion in which the organization and world conception of White Lotus sectarians played a decisive role.[30] Without this organization, and without the martial training groups among the people, these tax

resistance struggles could not have developed into large-scale political and religious rebellions.

As we have seen, struggles, such as rent and tax resistances struggles, which were fundamentally economic in nature, had to wait for a revolutionary situation and the leadership of a religious sect or political faction before they could become political and religious rebellions that challenged the legitimacy of the already constituted state. Local petty-producer peasants, who were the main participants in rent and tax resistance, approached this kind of rebellion only when they adopted a sect's political or religious world view and accepted its leadership. Emboldened by the new visions conferred by this world view, they broke their attachment to the small plots of land they cultivated or owned and, as members of a fictitious higher political and religious community, cast off the personal relationships that fettered them to family, clan, and native place. That the small peasants, especially those in the Yangzi river delta where narrowly economic struggles were endemic, were willing to abandon their land and form a revolutionary group aiming at state power indicates the depth of their desperation.

The world of religious and political rebels

The preceding discussion has suggested the decisive importance of the role played by religious and political groups in facilitating rebellion. The conditions under which these sects were formed is the subject of this final section, in which I examine the rebellions of the White Lotus and other heterodox sects during the first half of the nineteenth century.

Independent peasants, semi-independent peasants, and tenants were the main participants in rent and tax resistance struggles, but on their own they could not become rebels who possessed a vision of a higher community. They embraced all manner of economic livelihoods and social positions, and occasionally they joined together in common cause, yet their world ended at the level of the particular village or county town where they owned or rented land.[31] It is true that this local world of livelihood and production was decisive in providing a starting point for the development of economic movements and social attitudes: had the peasants been confined to a world of religious and political fictions abstracted and cut off from the narrowly defined world of their own native place, they would have had nothing to identify as a real object of resistance. On the other hand, however, the tenants' thorough attachment to the land they cultivated imposed limitations on rent resistance struggles.

As long as these struggles were successful in their limited aim of winning for the peasants possession of the land that provided them with the necessities of life, they were caught within almost the same limits as tax resistance struggles, which began from the premise that peasants naturally seek to keep the land that they own. Because of the success of these limited struggles in the most advanced regions of Chinese feudal society, the petty-producer peasants in these regions were in the end unable to move beyond the world of economic and social struggles to religious and political rebellion.

The central figures and charismatic leaders of religious and political rebellion, in contrast, were semi-proletarian intellectuals or impoverished semi-proletarian vagrants who had fled from their home villages. These were the people who stood at the extreme edge of power and caught a glimpse of its hidden workings: county runners, county school students, doctors working among the people, county clerks, Confucian licentiates, geomancers, martial arts masters, itinerant merchants, temporary hired laborers, fortunetellers, military deserters, and Hakka.[32] Some of them were drawn to the search for a new political authority because of the many setbacks that they had encountered after leaving their native places; others embraced a political vision because their social or occupational positions allowed them to see the degenerate reality of the ruling state. For such people, the world view of the White Lotus sect—"the native land of true emptiness, fatherless and lordless, and the unbegotten parents" (*zhenkong jiaxiang, wujun wufu, wusheng fumu*)—offered a spiritual redemption. They had no other course but to imagine themselves to be "true men" within a visionary heavenly community. Vagrants, outsiders, renegades from power, and higher-level intellectual lumpen, they first responded sympathetically to the world view of the White Lotus, and then went on to broaden that world view. Armed with this new religious and political vision, they harbored dreams of extending their ambitions and regenerating mankind.

These people inhabited a world very different from that of the peasants involved in local rent and tax resistance, for even the poorest tenant was tied to his land and even the propertyless cultivator clung to the plot he rented in order to go on living. The objective conditions that brought them to the leadership of religious and political rebellions were supplied by the great mass of desperate propertyless vagrants who were appearing in ever greater numbers from the late Qianlong era forward. Unlike the peasants in the economically advanced regions, the propertyless masses in less-developed regions had nothing that confined them to their native places. Forced into vagrancy, they drifted

into the western provinces of Sichuan, Hubei, and Shaanxi, or else gathered in the border areas among the five central provinces of Hebei, Shandong, Henan, Anhui, and Jiangsu, or the southern border region in Yunnan and Guangxi.[33] These were the people who provided the core mass of religious and political rebellion in pursuit of a visionary paradise of absolute equity and absolute equality.

The Hakka, the name by which these migrants and outsiders were known, came into conflict with the long-established indigenous residents, as Suzuki Chūsei has observed: "Between the residents and the newly arrived there were unceasing problems over the question of taxation, which resulted in a large number of murders. . . . Those who entered from Huguang came into conflict with the indigenous residents of Sichuan and incurred a great deal of enmity. Among the drifters who came in from Hunan there were also criminals and tax evaders who frequently stirred up trouble in the new areas."[34] The indigenous residents perceived the immigrants to be their natural economic enemies, usurping their privately owned land, their cultivators, and other conditions necessary for production. The local people also accused the Hakka of laying waste to their native ancestral places, of being in effect enemies of traditional communal society. The personal discrimination which resulted was exacerbated by the immigrants' dialects, which identified them clearly as outsiders. To the end they remained blocked by the fundamental barrier created by the principle of the exclusive community and the rules that protected such closed villages.

The revolutionary border regions were the areas where these contradictions in personal and socioeconomic relations were most intense, and thus it followed that they were also the places where religious sects and political groups got underway. The drifters who organized such groups succeeded initially in going beyond the small universe of the closed village community and substituting for it an "independent" world by taking up such skills as medicine, geomancy, and martial arts. In time they came to those areas where autocratic exploitation had generated the greatest number of economic contradictions, but these are regions not easily delineated by simple economic geography.

Concrete examples of such people abound. Li Wencheng, one of the most important leaders of the Heavenly Principle (Tianli) sectarians' rebellion of 1813, made his livelihood as a hired construction laborer, though in fact he achieved prominence by practicing "computation and astrology."[35] Sun Dafeng of the One Stick of Incense (Yizhuxiang) sect in 1823 was respected by the people for "curing illness by giving incense."[36] Individuals such as these glimpsed worlds unknown to the common people and were the first to form religious sects and political factions that stood up to the political fiction of the Qing dynasty. Acting

not out of private interest but out of a belief in their own absolute spiritual value, they practiced asceticism and believed themselves to be messiahs. A typical example is Liu Zhixie, one of the central White Lotus figures during the Jiaqing era.[37] A native of Taihe county in Anhui, he went to Gansu to revive the old teachings of Liu Song, who had been exiled there for the Murky Origin (Hunyuan) sect incident of 1775. Liu Zhixie returned home to lead his own rebellion, yet even in the midst of his struggles he managed to send 2000 taels in gold to his exiled teacher, which suggests his individual determination to maintain the bond with his master.[38] In a similar case, Liu Zhaokui went from Shandong to Xinjiang in 1791, traveling at great peril through Kucha, Aksu, Yarkand, and Kashgar until he reached the exiled Thunder Trigram (Zhengua) sect leader Wang Zitong, who had been made the slave of a Muslim. Liu received the secret transmission of the sect and the title "True Man of the Eastern Thunder Who Has Traveled the Hidden Road," though after returning home he was captured in the midst of rebel activity.[39] In yet another case, Zhang Xiaoyuan of Anhui "went at the command of his father Zhang Quan to Kashgar in central Asia in 1800 to deliver money to a fellow sectarian, Wang Fasheng;" he, however, deserted en route.[40] An earlier case is that of Xia Tianyou of Jiangyin county (Jiangsu), a believer of the Western Rice (Ximi) sect who in the early Qianlong era visited sect leader Zhang Baotai in Dali prefecture (Yunnan) and received scriptures from him.[41] In one final example, Zhang Wanxuan and Zhang Congzheng, the fathers of two White Lotus leaders of the Five Great Banners rebellion of 1861 in Shandong, were exiled in the Jiaqing era to Xinjiang for being White Lotus sectarians. They returned home in 1826, and at the time of the rebellion, Zhang Congzheng was still alive and, as an old White Lotus leader, had considerable influence on the rebels led by his son.[42]

Those suffering under the burdens of vagrancy and poverty looked for instruction and delivei ance to such men: the powerful, the learned, and the ascetic seekers of truth. As vagrants, it was natural that they yearned for the actualization of a visionary community. This was especially true in north China, where poor peasants could support themselves only by traveling extensively and dealing in all manner of itinerant trading or, if they were women, by marrying into other families. The leaders to whom the masses of poor people turned sympathized with their aspirations and urged them on to a visionary utopia. They were "a stratum that stood outside or at the bottom of the already existing social hierarchy, so that in a sense they were standing at the Archimedean fulcrum in relation to the customs of their society. In other words, they had, to a certain degree, fallen out of their society's nominal order and customary attitudes. Because they were not fettered

Table 1. Rebellions during the Qing: Leaders and places of origin

Name	Uprising or sect	Date	Native place	Area of activity (including flight or exile)
Liu Zhaokui[1]	Eight Trigram sect (Bagua jiao)	1791	Weinan county, Shandong	Shandong→Central Asia→Shandong (this was his journey to see Wang Zitong; see p. 233)
Shen Xun[1]	The great rebellion of the White Lotus sect in the Jiaqing era	early Jiaqing (1796–1805)	Linxiang county, Hunan	Henan
Long Tongzhi[1]	"	"	Hengshan county, Hunan	Taiping county, Anhui
Tang Mingwan[1]	"	"	Hubei	Xixiang county, Shaanxi
Liu Song[1]	"	"	Luyi county, Henan	Longde county, Gansu (in exile)
Liu Zhixie[2]	"	"	Taihe county, Anhui	→Gansu→Sichuan, Shaanxi, Hubei
Chen Jinyu[2] Chen Guangyu[2]	"	"	Jianli county, Hubei	Tenants in Zhuqi county, Hubei → rebellion in Henan
Liu Qirong[2]	"	"	Taihe county, Anhui	Xiangyang→Gansu
Wang Mingzhao[3]	"	"	Xihua county, Henan	Luyi county, Henan→Xiangyang
Yang Mingyuan[4]	A heterodox sect	1823	Miyun county, Hebei	to An county, Shandong, then plotted rebellion in Wuqing county
Lian Fangcheng[4]	White Lotus sect	1822	Shan county, Shandong	Yucheng county, Henan
Lu Zhaochang[4]	White Lotus sect	1822	Shandong	Yucheng county, Henan
Zhu Mazi[5]	"	"	Xincai county, Henan	uprising in Xincai →Anhui

Continued on next page

Table 1—*Continued*

Name	Uprising or sect	Date	Native place	Area of activity (including flight or exile)
Ma Wan-liang (Jin-zhong)[6]	Heaven Trigram sect (Qiangua jiao)	1823	Linqing county, Shandong	Tianjin, Hebei
Zhou Tian-ming[7]	Mahayana sectarian bandits (Dacheng jiaofei)	〃	Pingyuan county, Shandong	Linqing county, Shandong (his comrades were also in Lulong, Xian, and Qinghe counties)
Wang Er Dazui[8]	Four Palaces and Four Trigrams sect (Sigong sigua jiao)	〃	Dongming prefecture, Henan	Lu Zongran of Juye county, Shandong, was his teacher
Li Shiming[9]	a sect member only, not a rebel	1826	Wucheng county, Shandong	Chengde prefecture, Hebei
Zhu Wen-xiang[10]	〃	1827	Luyi county, Henan	Fuyang county, Anhui
Yuan Zhiqian[10]	Green Lotus sect (Qinglian jiao)	1828	Longli county, Guizhou	fled from Shaanxi, Sichuan to Hubei
Yang Shouyi[11]	〃	〃	Xindu county(?), Sichuan	according to orders to subordinates: one division of troops from Chengdu, Hubei, Henan→Beijing; another from Jiading→Yubiao→Beijing

[1]Suzuki, *Shinchō chūkishi kenkyū*, p. 134, n. 31.

[2]Yasuno, "Shindai no nōmin hanran," p. 213; Suzuki, *Shinchō chūkishi kenkyū*, pp. 97–104; and Sano, *Nōmin bōdō*, part 1, pp. 77–86, 92–100.

[3]Suzuki, *Shinchō chūkishi kenkyū*, pp. 98–101.

[4]*Xuanzong shilu*, Daoguang 3rd year (1823), 10th lunar month, 60:18a.

[5]Ibid., Daoguang 2nd year (1822), 12th lunar month, 46:28a; and Daoguang 3rd year (1823), 1st lunar month, 48:19b, and 2nd lunar month, 49:32b.

[6]Ibid., Daoguang 3rd year (1823), 12th lunar month, 63:23b; and Daoguang 4th year (1824), 1st lunar month, 64: 10b–11a.

[7]Ibid., Daoguang 3rd year (1823), 8th lunar month, 57:7a.

[8]Ibid., Daoguang 3rd year (1823), 8th lunar month, 57:18a.

[9]Ibid., Daoguang 6th year (1826), 4th lunar month, 97:12b.

[10]Ibid., Daoguang 7th year (1827), 5th lunar month, 117:31b.

[11]Ibid., Daoguang 8th year (1828), 7th lunar month, 139:13a–b.

by these customs, they were in a position to adopt a radically different idea of the meaning of the world and to promote a fervent moral and religious vision unobstructed by material concerns."[43] Accordingly, they frequently carried out their activities in areas far from their native places. This is demonstrated in Table 1, which outlines the places of origin and activity of religious rebels and heterodox sect leaders captured between 1791 and 1828.

The leaders and participants in religious rebellions lost their homelands and were forced by poverty to abandon their parents. An impression of the mental world inhabited by such people may be derived from the case of the sectarian leader Lian Fangcheng, who as a boy was obliged to leave his native place with his mother after his father had been exiled during a suppression of the White Lotus sect.[44] A memorial submitted in early 1823 reported that Lian Fangcheng and another White Lotus sectarian, Lu Zhaochang, had been discovered in Yucheng county (Henan) preparing banners and weapons and calling together sectarians from Henan and Hubei for an uprising scheduled for the twenty-third of the previous month. Officials crushed them with government troops, and it was reported that Lian and Lu resisted and died in battle. Many members of the Lian clan took part in the planning of this uprising, among them Lian's paternal cousin, his uncle, and his uncle's three brothers-in-law. His father, Lian Zaiyou, was no longer living at the time of the rebellion. He had been exiled in the Qianlong era, first to Guangdong and then to Heilongjiang, for practicing a "heterodox religion," probably White Lotus, but had later returned home under pardon. While his father had been in exile, Lian Fangcheng and his mother had left their home in Shan county (Shandong) and gone to Yucheng county in the neighboring province of Henan, probably because his mother was unable to make a living in Shan. Lian Fangcheng's plans for rebellion betray traces of his father's will.

We may surmise that Lian Fangcheng held the core world view of the White Lotus from a remark in a memorial by Yan Jian, the governor-general of Zhili province: "Recently in Henan and Shandong, a series of heterodox sectarian bandits have been captured. They believe in the teaching of 'the native land of true emptiness and the unbegotten parents.' " If we interpret the meaning of this doctrine within the context of Lian's life, his father exiled and his family driven from home, we could identify "the native land of true emptiness" as his old home in Shan county, a home that he wished to recover in a spiritually higher world. This White Lotus formula cannot be restricted simply to this literal interpretation, however, since Lian also used it to attract his entire clan, which was still living in their native village in Shandong. In a

similar vein, the idea of "the unbegotten parents" was for Lian a purified, universalized expression of his father's anger and his mother's loneliness. Lian Fangcheng brought to this world view a dimension of personal enmity, a fact which indicates that "the native land of true emptiness and the unbegotten parents" provided the people with an important spiritual opportunity to break through to a universal religious and political realm and construct a world that embodied a vision of higher community. The expression "fatherless and lordless" was also sometimes included in this formula, bringing into the core White Lotus world view the concept of resistance to authority.[45]

Religious and political uprisings, besides having a comprehensive world view, must also come to terms with the problem of militarization. Obliged to create armed groups, they turned to the tradition of martial training among the people.

Plentiful evidence concerning the link between martial training and rebellion may be found in the Veritable Records of the Daoguang era. In 1821 in Zhongmou county (Henan), "the criminal civilian Liu Shunyi taught combat skills, . . . concocted rumors, and fomented rebellion" among the many companions he gathered around him.[46] In 1824 there was a group in Xiayi county, also in Henan, whose anti-Qing character was expressed in the title "Great King of the Restored Ming" given to its central figure, a county runner named Zhu Xiaohe. This was a group that trained itself: "They drank together in a Taoist temple, gathering at night and dispersing at dawn. Every morning at the first light of dawn they faced north and kowtowed to Zhu Xiaomeng (Zhu Xiaohe's elder brother). They practiced with swords, rifles, and fowling pieces, and their arsenal included several hundred items."[47] In an incident of 1827, a devotional group with no plans for rebellion was judged to be a heterodox sect: when it was found that Zhu Wenxiang "taught combat skills" at the home of sect leader Wang Huilong, the group was suppressed.[48] As the result of another incident in 1827, "Na Wu, Quan Ge, Wang Qi, Wang Ba, Yan Da, Lai Si, and many other unidentified people who practiced combat skills and gathered together to rebel" were pursued for arrest.[49] In an earlier anti-Qing uprising in 1765 in Jingmen subprefecture (Hubei), Sun Dayou, one of its leaders, wandered about as a monk, practicing combat skills and proclaiming that "he had learned martial arts from an extraordinary person who had also given him heavenly writings (holy scripture) and a spirit whip (a ritual implement)." Sun also claimed that he was a descendant of the Ming royal house and gathered a group of companions to whom he taught combat skills.[50] Wang Lun, who led the Shandong rebellion of 1774, "was a native of Shouzhang county in Shandong but

lived in neighboring Yanggu county, where he 'cured illness by the circulation of psycho-physical energy (*qi*)' and taught combat and the art of refining one's energy so as to be able to go without food for half a month without dying."[51] The widespread practice of martial training is further attested in Suzuki Chūsei's studies of secret society rebels known as *guofei* and of the Jiaqing-era White Lotus rebellion.[52]

The martial arts tradition was prominent in north China, but it was to be found in central and south China as well, and thus should be understood as a nationwide phenomenon. A few examples from the abundant historical material on the tradition of martial training in the south are offered here. Liu Que, who led an uprising in Taiwan in 1702, "worked as a tax agent but was highly skilled in boxing: his martial ability made him the outstanding man in his district."[53] In Gan Fengchi's anti-Qing uprising of 1792 in Jiangsu and Zhejiang, the martial arts practitioners Zhang Yunru, Gan Fengchi, Zhou Kunlai, Yu Lian, and Fan Longyou were all famous as "intrepid knights-errant."[54] Finally, in the Iron Ruler Society (Tiechihui) in Shaowu county (Fujian) in 1753, "the criminal civilian Du Qi excelled in the art of boxing."[55]

The state feared that the tradition of martial training among the people could become a vehicle for rebellion and prohibited it in an imperial edict of 1727: "The governors-general and governors of all provinces are to order local officials to vigorously prohibit combat practice. Should anyone continue to offer or receive instruction in combat skills, he is to be investigated and arrested."[56] In the northern Jiangsu region of Xuzhou, Huaian, and Haizhou, "wearing dangerous weapons on one's person" was said to be common in 1826. The authorities regarded this as a dangerous practice and formulated a prohibition and issued strict regulations against it.[57]

The tradition of martial arts training, however, was not necessarily tied to revolutionary activity or popularly based armed uprisings. In some cases, martial skills were readily used to vandalize the people, as in the following examples. In Fuyang county (Anhui) in the early nineteenth century, it is recorded that "most of the younger men in the county practice combat skills, and they lead the lives of scoundrels. They are usually intimate with the county runners [scoundrels themselves for the most part] who are constantly inviting them to drink and sleep in prostitutes' houses, where they plot intrigues. They even set up their own private offices in these places and lock up many people there. Their depredations are daily getting worse."[58] It also often happened that many martial heroes among the people were absorbed into the landlords' counterrevolutionary armed gangs.[59] Both possibilities show how combat practices could be turned against the people.

The question here is not whether the greater number of martial arts practitioners joined the rebels' camp or went over to the side of counterrevolution. What is important is the ideological significance of martial training. Those with martial skills who personally experienced the difficulties of either the petty producers or the indirect producers did not just develop military prowess but adopted a new world view as well. Only then could they succeed in going beyond the village, the limited small universe of the producers, and set out on the long task to become the political and religious true man. Through their selfless absorption into martial training, they experienced a great spiritual liberation as they sought both to actualize a shared vision of community and to assault the status quo with an enthusiasm so exalted that it induced the reckless belief that swords and guns could not harm them. Obtaining military power inspired a feeling of liberation for the masses.

The martial arts tradition served as the concrete foundation for the qualitative transformation of religious groups into armed factions. The religious and political leaders and charismatic figures, who identified themselves as the "Truly Mandated Son of Heaven" or the "King of Light" or as a descendent of the Ming royal house, united with martial organizations. The White Lotus sect, for example, made a revolutionary advance in group militarization by having both civil (religious) and military (martial) sections under its leadership. This is illustrated in the case of Wang Lun, the leader of the Shandong rebellion of 1774 (mentioned above), who followed the Qingzhou branch of the White Lotus, known as the Pure Water sect (Qingshui jiao). "Those he trained in the circulation and refinement of psycho-physical energy he called his civil disciples, and those he trained in combat he called his military disciples. His followers gradually increased to the point that he harbored the desire to rebel."[60] The same combination of civil and military sections can be found in other cases. Among the groups that drifted into a later Shandong uprising, the Five Great Banners uprising of 1861, there were both armed groups drawn into White Lotus sectarian activities and martial heroes who, like the Black Banner leader Song Jingshi, were not sectarians. In 1952, a peasant who had voluntarily become a White Lotus member, Li Taiping, related his own experiences to a team of historians investigating the Black Banner rebellion: "The White Lotus was divided into a civil section and a military section, the civil leading the military. The civil section had 'Disciples within the Gate,' and the military section had 'Disciples outside the Gate.' In the civil section, one teacher was allowed to take only one disciple," whereas military teachers could take an unrestricted number of disciples.[61]

Without this organized unity between the civil and the military, the Black Banner rebellion would probably have been impossible. This conjunction between the religious world view of the sectarians and the martial tradition among the people enabled the rebel leaders to envision the ideal of the living "true man" and then to go on to construct an actual, practical program for attaining that vision.

Concluding thoughts

None of the uprisings initiated by religious societies described above succeeded in attaining their goals. What were the reasons for these persistent failures? The major problem seems to have been the power structure of the sects themselves, and the rift this structure created between the sect leaders and the mass of followers.

The sect leaders can generally be characterized as highly mobile, ambitious, and semi-proletarian in outlook. These qualities separated them at the very beginning from the mass of direct and indirect producers who were their followers. In addition, the charismatic nature of sect leadership and the internal power structure of the sects deepened the gulf between leaders and followers. Increasingly the leaders became enmeshed in their own ideological fictions, and as a result, they gradually lost touch with the demands of the direct and indirect producers, who were concerned largely with the basic struggle for livelihood. Although some sect leaders succeeded in forging armies with a strong unity of purpose, in the end their organizational skill served only to distance the struggles from the lives of the producers and from the "reality of civil society." Using these armies as a base, the sect leaders formed political cliques not all that different from traditional power cliques. As they themselves became more deeply enmeshed in the world of religious illusions, they set themselves up as "mini-emperors," in imitation of imperial absolutism.

Thus on the eve of the Taiping Revolution the masses were confronted with a choice: should they follow such leaders once again on their path to traditional-style absolutism, or wait for a new type of leader? The people needed leaders with a strong ethical and religious vision and a coherent world view that could reconcile and unite the multiplicity of values and vague religious teachings of the sects linked to the White Lotus. More importantly, they needed leaders who could meet the revolutionary demands of the propertyless poor and the lower-strata peasant producers in the lower Yangzi delta.

The Taiping Revolution did not succeed in becoming a mass movement. From the research of Kojima Shinji, we know that it was ultimately defeated by exactly the kinds of contradictions between the leadership and the masses that plagued all other religious sect uprisings. Nonetheless, if we study closely the development of the Taiping Heavenly Kingdom, and the process by which peasant political power was established through it, we can discern that this problem was recognized and that some tentative efforts were made to solve it. Only after we have acknowledged these efforts can we fully understand the real dramatic tensions of the "failed" Taiping Revolution.

Notes

[1]Takimura Ryūichi, *Marukusushugi kokkaron*, pp. 15–18.

[2]Yoshimoto Takaaki, "Kotai, kazoku, kyōdōsei to shite no ningen," vol. 14, pp. 229–31.

[3]Yoshimoto Takaaki, *Kyōdō gensō ron*, pp. 7, 231.

[4]Karl Marx, "On the Jewish Question," in *The Collected Works of Karl Marx and Frederick Engels*, vol. 3, p. 167. The complete passage is: "Man as a member of civil society is held to be man *in the proper sense*, *homme* as distinct from the citoyen, because he is man in his sensuous, individual, immediate existence, whereas *political* man is only abstract, artificial man, man as an allegorical, juridical person."

[5]Marx, "On the Jewish Question," p. 164. Marx is discussing the relationship between the individual and civil society: "None of the so-called rights of man, therefore, go beyond egoistic man, beyond man as a member of civil society, that is, an individual withdrawn into himself, into the confines of his private interests and private caprice, and separated from the community. In the rights of man, he is far from being conceived as a species-being; on the contrary, species-life itself, society, appears as a framework external to the individuals, as a restriction of their original independence. The sole bond holding them together is natural necessity, need and private interest, the preservation of their property and their egoistic selves."

[6]Tanaka Masatoshi, "Tachiagaru nōmintachi," pp. 194–96, 211, 214–20; and, by the same author, "Popular Uprisings, Rent Resistance, and Bondservant Rebellions in the Late Ming," translated in this volume. See also Mori Masao, "Min-Shin jidai no tochi seido," pp. 236, 260–64.

[7]Tao Xu, *Zu he*, 11b.

[8]"Tianzhu kulei" [The burdens of the landlords], *Shen bao*, Guangxu 5th year (1879), 12th lunar month, 22nd day, reprint, vol. 29, p. 18672.

[9]"Changguan pianjian" [The prejudice of the underlings in the salt office], *Shen bao*, Guangxu 5th year (1879), 11th lunar month, 27th day, in reprint, vol. 28, p. 184723. The materials in footnotes 8 and 9 were pointed out to me by Kojima Yoshio.

[10]Zheng Guangzu, "Xiangmin bufa" [The illegal acts of local people], *Yiban lu*, zashu 7:43b–44a.

[11]In the *Daqing lichao shilu* [Veritable records of the Qing dynasty], a struggle with the slogan "rent and tax resistance" is mentioned in only one place, so we cannot really confirm the existence of struggles fought in resistance to both rents and taxes. See *Xianfeng shilu*, Xianfeng 1st year (1851), 1st lunar month, 25:17a–18b.

[12]Kojima Shinji, "Taihei Tengoku to nōmin."

[13]Yokoyama Suguru, "Jūkyū seiki chūyō no kōryō fūchō," pp. 227–28. He writes:

"In their basic nature the tax resistance struggles were economic struggles whose purpose was the defense of peasant livelihood. They did not consciously make political demands against the Qing or against feudalism."

[14]Yokoyama, "Jūkyū seiki chūyō no kōryō fūchō," pp. 239–42; Kojima Shinji, "Taihei Tengoku to nōmin," part 1, pp. 48, 55–57, 70–75; part 2, section 2, p. 86; Sasaki Masaya, "Kanpō ni-nen Gin-ken no kōryō bōdō," pp. 189–92, 199; Fujioka Jirō, "1853–nen 'Katei nōmin kigi' to sono rekishiteki haikei," pp. 164–68; and Banno Ryōkichi, "Shanhai Shōtōkai no hanran," pp. 4–5, 7, 10.

[15]*Shen bao*, Tongzhi 13th year (1874), 11th lunar month, 20th day, in reprint, vol. 11, p. 6642.

[16]Duan Guangqing, *Jinghu zizhuan nianpu*, p. 153.

[17]Sasaki, "Kanpō ni-nen Gin-ken no kōryō bōdō," p. 192.

[18]Ibid., pp. 192–93.

[19]This phrase appears in an announcement of the governor of Jiangsu province dated Tongzhi 7th year (1868), 12th lunar month. The whole passage reads: "The prefectural and county officials are the parents of the people. Landlords and tenants are equally the children of the emperor." *Jiangsu shengli*, 3:35a.

[20]Jin Luqing, "Quanmin huanzu ge" [A song urging the people to pay their rent], *Shen bao*, Guangxu 2nd year (1876), 1st lunar month, 28th day, in reprint, vol. 15, p. 9254.

[21]An announcement of the Xinyang county (Jiangsu) magistrate Shen, dated Daoguang 14th year (1834), 8th lunar month, in *Baxi zhi*, zaji p. 9.

[22]"Qianliang chijin" [Tax default grievances], *Shen bao*, Guangxu 5th year (1879), 7th lunar month, 9th day, in reprint, vol. 27, p. 17392.

[23]Kojima Shinji, "Taihei Tengoku to nōmin," part 1, p. 66.

[24]Ibid., part 2, section 2, pp. 86–88.

[25]Wang Shiduo, *Yibing riji* (1856–57 diary), quoted in Kojima Shinji, "Taihei tengoku," pp. 147–48.

[26]Qi Longwei, "Qianren hui qiyi diaochaji," p. 201.

[27]Kojima Yoshio, "Shinmatsu Minkoku-shoki Kōnan no nōmin undō," p. 121.

[28]Ibid., pp. 120–21, quoting from local records of Tonglizhen.

[29]Kojima Shinji, "Taihei tengoku kakumei," p. 289.

[30]Chen Baichen, *Song Jingshi lishi diaochaji*, pp. 46–58.

[31]Yokoyama Suguru evaluates rent resistance struggles as economic struggles. He writes: "In order to develop an economic struggle into a political one, or a struggle against one official to a fight against the Qing, a separate, regimented force must appear to overcome the principle of the village community." Yokoyama, "Jūkyū seiki chūyō no kōryō fūchō," p. 231.

[32]I wish to extend my thanks to Sōda Hiroshi, from whose study of White Lotus uprisings in the Ming I have benefited greatly. (This was published subsequent to the present essay as "Byakuren-kyō no seiritsu to sono tenkai." —Trans.) It seems that the leaders of religious uprisings in both the Ming and the Qing came from almost the same stratum. Kojima Shinji deals with the Hakka, who suffered social and personal discrimination, addressing in particular the question of how their association with the visionary community of the Taiping Heavenly Kingdom took them beyond the world of the local residents. He makes an important point when he writes: "Besides intense poverty, it was the discriminated status and situation of the Hakka peasants that was above all the condition that induced them to join the God-worshipping Society, the intention of which was the total negation of the presently existing order." Kojima, "Taihei Tengoku," pp. 323–24.

[33]Suzuki Chūsei, *Shinchō chūkishi kenkyū*, p. 29; Yasuno Shōzō, "Shindai no nōmin hanran," p. 203.

[34]Suzuki, *Shinchō chūkishi kenkyū*, pp. 68–69.

[35]Sano Manabu," *Nōmin bōdō*" [Peasant uprisings], in *Shinchō shakaishi*, vol. 3, part 2, p. 17.

[36]*Xuanzong shilu*, Daoguang 3rd year (1823), 10th lunar month and 12th lunar month, 60:3b, 63:11b.
[37]Sano, "*Nōmin bōdō*," part 2, p. 22; Suzuki, *Shinchō chūkishi kenkyū*, p. 98; Yasuno, "Shindai no nōmin hanran," p. 213.
[38]Suzuki, *Shinchō chūkishi kenkyū*, p. 115.
[39]Sano, "*Nōmin bōdō*," part 1, pp. 44–45.
[40]Suzuki, *Shinchō chūkishi kenkyū*, p. 134, n. 31.
[41]Ibid., p. 134, n. 31.
[42]Chen, *Song Jingshi lishi diaochaji*, p. 52.
[43]Orihara Hiroshi, *Kiki ni okeru ningen to gakumon*, p. 192.
[44]Ibid., Daoguang 2nd year (1822), 12th lunar month, 3rd year (1823), 1st and 2nd lunar months, 46:27b–49:32b.
[45]Yasuno Shōzō comments on this White Lotus idea: "As is generally known, the White Lotus took as its mantra the eight-character phrase 'the native land of true emptiness and the unbegotten parents.' . . . The idea of 'the unbegotten parents' must have been established to negate the traditional arbitrary family order in which ranking is by age and the head of the family wields ultimate power. When this is combined with 'the native land of true emptiness, fatherless and lordless,' it becomes sufficiently serious to confront directly the politically centralized state as well as its supplementary elements, the communal earthbound society and the autocratic monarchy supported by Confucian morality." Yasuno, "Shindai no nōmin hanran," p. 200.
[46]*Xuanzong shilu*, Daoguang 1st year (1821), 2nd lunar month, 13:25a.
[47]Ibid., Daoguang 4th year (1824), 2nd lunar month, 65:25a.
[48]Ibid., Daoguang 7th year (1827), 5th lunar month, 117:31a.
[49]IIbid., Daoguang 7th year (1827), 3rd lunar month, 115:19b.
[50]Sasaki Masaya, *Shinmatsu no himitsu kessha*, vol. 1, p. 190, quoting a memorial of Qianlong 33rd year (1768), 4th lunar month, 9th day.
[51]Sano, "*Nōmin bōdō*," part 1, p. 50.
[52]Suzuki, *Shinchō chūkishi kenkyū*, pp. 83–85. Did the skill of going without food perhaps evolve as a necessity of economic life in this particular region of Shandong?
[53]Sasaki, *Shinmatsu no himitsu kessha*, p. 217, quoting the Kangxi gazetteer of Zhuluo county, *juan* 12.
[54]Ibid., p. 81, quoting a memorial of Yongzheng 7th year (1729), 12th lunar month, 4th day.
[55]Ibid., p. 184, quoting a memorial of Qianlong 18th year (1753), 10th lunar month, 6th day.
[56]Suzuki, *Shinchō chūkishi kenkyū*, p. 65, n. 75.
[57]*Xuanzong shilu*, Daoguang 6th year (1826), 3rd lunar month, 96:22b.
[58]Ibid., Daoguang 8th year (1828), 12th lunar month, 148:28a.
[59]Chen, *Song Jingshi lishi diaochaji*, p. 138.
[60]Sano, "*Nōmin bōdō*," part 1, p. 50.
[61]Chen, *Song Jingshi lishi diaochaji*, p. 46.